외식점포 점장, 슈퍼바이저, 경영자를 위한

"외식점포 성공의 비결"

# 외식점포
# 마케팅매뉴얼

Local Store Marketing Manual

박진우 저

형설출판사
www.hyungseul.co.kr

# 머리말

마케팅은 외식점포를 운영함에 필요한 역량이다. 하지만 다년간 외식업을 하면서 머릿속으로 정리되었던 부분은 외식점포를 운영함에 있어서 선행되어야 할 부분은 아니라는 것이다.

외식점포의 운영과 성공은 여러 가지 여건상 너무 어려운 부분이다. 성공하는 외식점포들을 관찰하면서 느낀 바는 역시 기본에 충실한 점포가 성공한다는 것이다. 그 기본은 마케팅이 아니라 점포의 QSC관리이다. 고객들에게 가슴으로 다가가는 서비스, 어머니가 자식에게 음식을 주는 넉넉함과 점포에서 풍겨져 나오는 안락함이 그것이다. 그래서 외식점포 마케팅 매뉴얼이란 책을 쓰면서도 머릿속은 계속 점포의 기본에서 머물러 있었다. 마케팅이 중요하지 않다는 것이 아니다. 마케팅은 반드시 필요한 요소임에 틀림이 없다. 다만 언급한 점포의 기본이 형성된 다음에 진행되어야 할 다음 사항임을 명심해야 한다. 외부가 아닌 내부로 눈을 돌리고 내부의 단단함 속에서 외부의 마케팅 활동은 전개되어야 할 것이다. 이것이 외식점포를 운영하면서 가슴 깊이 새긴 부분이다.

하지만 마케팅은 외식점포를 운영함에 있어서 필요한 부분이다. 고객들에게 알리고, 고객들에게 혜택을 제공하고 이런 고객들이 충성화 고객이 되도록 만드는 역할, 그것이 바로 마케팅의 역할이다. 그래서 마케팅 서적을 쓰기로 결심했다. 이미 시중에 많은 마케팅 서적이 나와 있고, 외식 마케팅에 관련한 서적도 나와 있다. 저자는 실무를 하면서 경험했던 것들을 바로 현장에서 적용할 수 있도록 책을 집필하여 외식점포 운영자와 관리자에게 도움을 주고 싶었다. 일반적으로 행하는 마케터들의 마케팅 부분이 아닌 점포의 점장과 관리자가 행하는 마케팅을 위주로 기술하였다. 외식점포 관리자로서 가져야할 가장 기본적인 마케팅 지식과 점포에서 활용할 수 있는 점포 마케팅 사례를 실제로 수록하면서 점포 점장과 관리자들에게 도움을 주고 싶었다. 1장부터 3장까지는 마케팅에서 알아야 할 기본적인 지식을 간략하고 쉽게 설명하였고, 이러한 이론적인 부분을 토대로 해서 외식점포에서 적용할 수 있는 점포 분석, LSM 사례, 부진점포 활성화에 대한 내용을 덧붙여 점포 관리자로서 가지고 가야할 마케팅적 소양을 배양할 수 있도록 집필한 것이다.

한 가지 바람이 있다면 이 책을 읽고 그동안 점포 마케팅으로 갈증을 느꼈던 외식점포 점장, 슈퍼바이저, 점포 관리자들이 한 가지 희망을 발견했다는 느낌을 가져주었으면 하는 바람이다. 이게 저자가 긴 시간동안 고민하고 책을 집필한 이유이다. 미약하지만 조그마한 바람이 외식점포를 운영하는 운영자들에게 희망으로 다가갔으면 한다. 많이 부족한 책이지만 이 책의 출간을 계기로 외식점포 마케팅에서 더욱 발전적인 대안들이 쏟아져 나왔으면 하는 바람도 해본다.

마지막으로 외식점포를 운영하는 모든 분들이 행복함을 느끼는 세상이 오길 바란다.

본서를 집필하는 동안 많은 도움을 주신 형설출판사 장지익 회장님과 박미경 상무님, 편집부에 감사의 말씀을 올린다. 그리고 늘 옆에서 힘이 되어주는 우리 사랑하는 가족 김수진(데레사), 아들 준성(요한), 딸 서현(비비아나)에게 고맙다는 말을 전하며, 하느님께서 주신 사랑에 감사함을 전합니다.

2014년 6월

저자 박진우

# 차 례

마케팅은 제품의 싸움이 아니라 인식의 싸움이다.
그리고 마케팅은 그런 인식을 다루는 일련의 과정이다.
마케팅은 정신적인 전투가 치러지는 게임이다.
제품이나 서비스가 아니라 인식의 싸움이기 때문이다.

Local Store
Marketing Manual

# 제1장

# 마케팅의 이해

제1절 마케팅의 이해
제2절 마케팅환경 분석
제3절 마케팅 STP 전략
제4절 마케팅믹스

· 제 1 절

# 마케팅의 이해

## 01 | 마케팅의 정의

현대 시대를 마케팅의 시대라고 한다. 제품 하나가 생산되어 소비자에게 이르기까지 마케팅을 거치지 않고 소비되는 제품이 없을 정도로 마케팅은 기업의 입장에서나 소비자의 입장에서 불가분의 관계가 되어버린듯 하다. 현대에 와서 마케팅의 개념은 기업이 소비자의 욕구를 파악하여, 이를 충족시켜 줄 수 있는 재화나 서비스를 생산한 후, 판매 · 유통시키는 활동으로 확장되었다. 이렇듯 기업이 소비자의 요구를 만족시키려고 실시하는 일련의 활동을 마케팅이라 정의할 수 있다.

마케팅이란 용어는 학자나 기관에 따라 다양하게 정의되고 있으며 그 구체적인 내용은 다음과 같다.

### 1) 미국 마케팅 협회의 정의

미국 마케팅 협회(AMA : American Marketing Association)는 1960년에 마케팅을 "생산자로부터 소비자 또는 사용자에 이르는 제품 및 서비스의 흐름을 관리하는 기업 활동"이라고 정의하였고, 1985년에 이르러 "마케팅이란 개인과 조직의 목적을 충족시키는 교환 활동을 창조하기 위하여 아이디어, 재화 그리고 서비스의 개발, 가격결정, 판매촉진, 유통을 계획하고 수행하는 과정"이라고 정의하였다.

미국 마케팅 협회의 정의에서 알 수 있듯이 마케팅은 1960년의 유통기능적인 측면에서 다기능적인 측면을 강조하는 모습으로 변화하였다.

1985년도의 정의는 다음과 같이 요약할 수 있다.

① 마케팅의 연구대상은 '교환'이고 마케팅 활동의 목표는 교환당사자 모두를 만족시키는 교환의 창출이다.
② 기업과 같은 '법인' 차원에서의 활동만이 아니라 '개인' 차원에서도 똑같은 비중으로 마케팅 활동 영역을 설정하고 있다.
③ 마케팅 활동을 영리부문만으로 한정하고 있지 않다.
④ 재화, 서비스와 같이 일반적으로 상품이라고 인식되는 것뿐만 아니라 아이디어, 생각, 사상까지도 마케팅의 대상이 될 수 있다.

### 2) 코틀러의 정의

코틀러(P. Kotler)는 "마케팅이란 선택된 고객층의 필요와 욕구를 이익획득의 목적하에서 고객에게 투입한 기업의 자원, 정책, 제 활동을 분석, 조직화 · 계획 · 통제하는 것을 말한다."라고 정의하고 있다. 코틀러의 정의는 고객의 필요와 욕구라는 명확한 목표설정을 제시하고 있고, 기업의 목표를 이루기 위한 활동까지 규명하여 고객지향의 의미, 기업관리 활동의 명확한 규정 등을 포함시킴으로써 다른 정의보다 타당성 있는 정의를 내리고 있다.

### 3) 마케팅의 일반적인 정의

마케팅이란 "변화하는 환경에 적극적으로 대응하면서, 현재 또는 잠재적 최종 소비자나 사용자의 필요와 욕구를 충족시킬 수 있는 재화와 서비스를 효과적으로 공급하기 위하여 제품 · 유통 · 촉진 · 가격 등의 경영 활동을 수행하는 기업의 일련의 활동"으로 정의할 수 있다.

이러한 마케팅의 정의에 따르면 마케팅 활동은 고객의 필요와 욕구에 초점을 두어야 하고, 필요와 욕구의 충족을 통해서 기업이익을 실현해야 하며, 고객의 필요 · 욕구 충족과 기업이익의 실현을 위해서 모든 활동들이 관리되고 실행되어야 하는 기업 활동이라고 할 수 있다.

마케팅이란 "변화하는 환경에 적극적으로 대응하면서, 현재 또는 잠재적 최종 소비자나 사용자의 필요와 욕구를 충족시킬 수 있는 재화와 서비스를 효과적으로 공급하기 위하여 제품 · 유통 · 촉진 · 가격 등의 경영 활동을 수행하는 기업의 일련의 활동"으로 정의할 수 있다.

## 02 | 마케팅 사고의 출발점

### 1) 필요와 욕구

① **필요(needs : 인간의 기본적 욕구)** : 어떤 기본적인 만족(일정한 생활수준의 유지)이 결핍됨으로써 불안(문제)을 느끼는 심적인 상태를 말하는 것으로 인간의 유지, 존속에 관련된 인적 생리와 조건의 구조와 관련되어 나타나는 것이다.

② **욕구(wants : 인간의 2차적 욕구)** : 기본적 욕구를 보다 심오하게, 특별히 만족시키는 것에 대한 바람에서 유발되는 심적 상태를 말하는 것이다. 예를 들면 미국인의 기본적인 필요는 음식이지만 그 욕구는 햄버거가 될 수 있고, 1차적 욕구는 의복을 입는 것이지만 2차적 욕구는 피에르가르뎅이 될 수 있다.

### 2) 제품과 가치

① **제품(생활자원, 욕구, 필요 충족물)** : 마케팅에 있어서는 재화를 바라보는 시야도 다른 관점과는 상이하게 나타난다. 재화를 보는 관점에 따라 경제학적인 관점에서는 돈이 될 수 있는 자원(경제재/자유재)을 의미하고, 공학적 관점에서는 물리적, 화학적 조작에 의한 구조물로 바라보며 마케팅적인 관점에서 보면 욕구와 필요의 충족물로 생각한다.

② **가치(욕구, 필요 충족성)** : 욕구(필요)를 만족시키는 제품의 일반적 능력에 대한 소비자의 판단으로 볼 수 있으며, 고객의 입장에서 제품의 가치와 지출해야 할 대가(가격)를 고려, 만족을 제일 많이 제공할 수 있는 제품에 가치를 부여한다.

### 3) 교환, 상호 호의적인 교환관계

마케팅은 고객들이 욕구와 필요를 갖고 있고, 제품에 가치를 부여한다는 사실만으로는 설명할 수 없으며 고객들이 교환을 통해서 기본적 욕구와 2차적 욕구를 충족시키고자 할 때 발생하는 것으로 설명할 수 있다.

또한 교환은 마케팅의 근거가 되는 개념으로서 대상으로부터 바람직한 것을 얻고자 할 때 반대급부로 무엇인가를 제공하는 행동이나 교환의 조건으로 설명할 수 있다.

## 03 | 마케팅의 발전과정

마케팅의 개념은 시대에 따라 변화되어 왔으며 생산지향 시대, 제품지향 시대, 판매지향 시대, 마케팅지향 시대, 사회지향 시대로 구분할 수 있다. 시대별로 마케팅의 개념을 살펴보면 다음과 같다.

### 1) 생산 콘셉트

소비자들이 폭넓게 이용할 수 있고, 또한 낮은 원가(가격)의 제품을 선호한다는 것에 근거한 콘셉트로 경영 시스템은 생산지향적이고, 생산량을 증대시키는 데에만 집착하고 유통 범위를 넓히는 데 집중하던 시대이다.

① 제품의 수요가 공급을 초과하는 상황이다.
② 팔려고 노력하지 않아도 된다.
③ 제품원가가 높아 수요가 적으므로 생산성 증가를 통해 제품원가를 낮출 수 있는 경우이다.
④ 소비자를 수단으로 생각한다.

### 2) 제품 콘셉트

소비자들이 최고의 품질, 성능을 제공하는 제품을 선호한다는 것에 근거한 콘셉트로 경영 시스템은 제품지향적이며, 좋은 제품을 생산하고 계속해서 제품을 개선하는 데 집중하던 시대이다.

① 시장이 거의 변하지 않을 경우이다.
② 이러한 관리자들은 그들이 만드는 제품에 도취되어 있어 시장이 어떻게, 어느 방향으로 변할 것인지에 대해 관심이 없다.
③ 제품의 2차적 욕구보다는 제품 자체에 집중하는 근시안적인 마케팅을 초래할 수 있다.

### 3) 판매 콘셉트

아무리 좋은 제품을 성공적으로 생산하여도 소비자들을 그대로 두면 일반적으로 제품을 많이 구입하지 않는다. 그래서 기업이 적극적으로 판매 및 촉진 활동을 전개하던 시대이다. 판매지향적인 개념은 기업이 고객에게 제품에 대한 관심을 불러일으키는 활동을 하지 않으면 구매하지 않는다는 인식에 근거하고 있다.

① 만들어진 제품의 판매가 기업의 존폐를 좌우하는 것으로 간주되어 판매 증대에 집중한다.
② 더 많이 구입하도록 하기 위해 이용 가능한 보다 효과적인 판매방법과 촉진도구를 활용한다.
③ 판매 후 그로 인해 기업에는 어떤 도움이 되었는지에 대해서는 깊은 관심을 갖지만 소비자들의 만족 여하에 관해서는 관심을 두지 않는다.

### 4) 마케팅 콘셉트

기업 목표를 달성하기 위해서는 목표 시장의 필요와 욕구를 알아내어 이를 경쟁자보다 더 효과적이고 효율적으로 충족시켜 줄 수 있어야 한다는 것이다. 즉 기업의 목표를 성취하는 열쇠는 표적 시장의 기본적인 욕구와 2차적 욕구를 정확하게 파악하고 결정하여 경쟁자보다 더욱 효과적으로 그 필요와 욕구를 만족시켜야만 한다는 마케팅 철학이다. 이때 고객만족의 개념이 도입되었으며 고객만족의 개념은 단순히 고객에게 만들어진 제품을 판매하는 것이 아니라 고객이 필요로 하는 제품을 생산하고 개발하여 고객만족을 충족시키기 위해 가격 · 유통 · 촉진관리를 통한 마케팅 활동을 체계적으로 수행하는 것이다.

▶표 1-1 판매 콘셉트와 마케팅 콘셉트의 비교

| 구분 | 판매 콘셉트 | 마케팅 콘셉트 |
|---|---|---|
| 출발점<br>초점<br>수단<br>목적 | • 공장(생산)<br>• 제품<br>• 판매 및 촉진<br>• 판매량을 통한 이익 | • 고객(시장)<br>• 고객 욕구(필요)<br>• 통합적 마케팅<br>• 고객만족을 통한 기업목적 달성 |
| 이익<br>소비자<br>기업 내 위치<br>성격 | • 기업이 구하고자 하는 것<br>• 파는 대상<br>• 1개 부문<br>• 대내적, 기업지향성 | • 기업노력의 결과<br>• 만족시켜야 할 대상 중심<br>• 대외적, 고객(시장)지향성 |

### 5) 사회지향적 마케팅 콘셉트

사회지향성을 강조하는 사회지향적 마케팅 콘셉트는 마케팅관리 활동을 할 때, 고객의 이익, 조직의 이익과 함께 마케팅관리 활동을 이끌어가는 가장 진보된 이념이라고 할 수 있다.

사회지향적 마케팅 이념이 도입된 배경은 다음과 같이 설명할 수 있다.

① 공해나 환경오염, 자연환경 훼손, 자원의 낭비, 생태계의 파괴 등 환경보호주의적 입장에서의 문제점으로 인간답게 살 권리를 저해하는 결과를 낳을 수 있다.

② 과소비, 과도한 물질주의, 수요의 조작, 문화적 오염, 과도한 정치력의 행사 등으로 인해 사회 및 소비자의 장기적 복지를 저해하는 결과를 가져올 수 있다.

③ 반경쟁적인 기업집중, 진입장벽 등으로 인해 정당한 경쟁을 미리 배제해버리는 결과를 가져올 수 있다.

**마케팅의 개념은 시대에 따라 변화되어 왔으며**
**생산지향 시대, 제품지향 시대,**
**판매지향 시대, 마케팅지향 시대,**
**사회지향 시대로 구분할 수 있다.**

제2절

# 마케팅환경 분석

## 01 마케팅 모델

▶그림 1-1 마케팅 모델

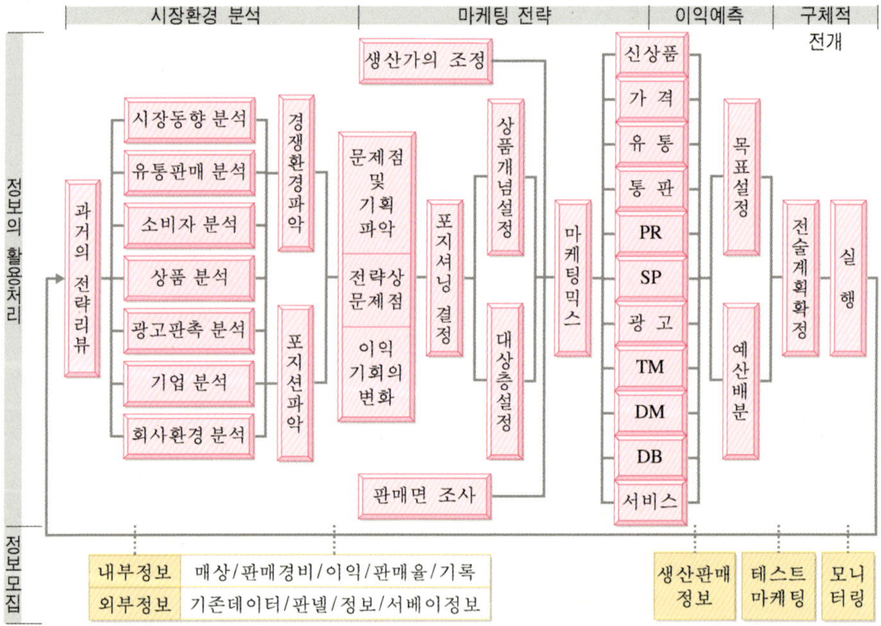


## 02 거시환경 분석

환경 분석이란 조직과 관계되는 외부요소들에 대한 분석을 의미하며, 이를 통해서 조직이 당면한 실제적 또는 잠재적인 기회와 위협을 이해하는 것을 의미한다.

기회란 조직이 적절한 전략적 대응을 취했을 경우 매출 및 이익이 현저하게 개선될 수 있는 추세나 사건을 말하며, 위협이란 적절한 대응이 없으면 기존의 매출 및 이익이 심각하게 감소할 수 있는 추세나 사건을 말한다.

거시환경 분석은 기업 활동에 영향을 미치는 기업 외부 환경요소들 중에서 기업이 통제하기 힘든 자연환경이나 사회 전체의 문화나 인구, 정치상황 혹은 경제, 기술 등의 변화추세 및 발전 가능성을 파악한 후 그 영향을 평가하려는 분석이다.

거시환경 분석은 기술, 인구통계, 정치, 경제, 문화 그리고 자연의 6가지 분야로 나누어 설명할 수 있다.

#### (1) 기술 환경

기업성과에 지대한 영향을 미칠 수 있는 과학기술적 동향이나 사건에 대한 분석이다. 즉 제품의 진부화 방지, 기술혁신의 촉진 등 산업 분야에 영향을 미치는 기술적 변화 등이다.

#### (2) 인구통계 환경

시장의 규모를 결정짓는 가장 기초적인 요인이며, 인구통계적 변수에는 연령, 소득, 교육수준, 주거지역, 가족구성 그리고 인구이동, 인구구조의 변화, 지역별 인구구조, 가구 수와 가구당 가구원 수 등이 포함된다.

#### (3) 정치 환경

정부의 정책 및 규제, 각종 정부기관의 방침, 국회의 입법, 기타 압력단체들이 모두 정치 환경을 구성하는 요소들이다. 정부는 의혹이 있는 기업에 대한 조사나 감독을 행하며, 불공정거래의 시정, 독점에 의한 경쟁제한 행위의 규제, 생활필수품의 가격결정에 대한 통제, 광고 활동에 대한 규제, 조세제도의 강화 등을 통하여 기업 활동을 규제하기도 한다.

#### (4) 경제 환경

소비자의 구매력과 소비 패턴에 영향을 미치는 요인들을 말한다. 예를 들어 임금상승률이 물가상승률을 따라주지 못하면 가처분소득의 감소를 가져오게 되며, 가처분소득의 감소는 소비자의 구매 빈도 및 가격에 대한 구매탄력성, 상품 및 점포 선택 행동에 영향을 미치게 된다. 이는 경기, 물가상승, 소득, 경상수지 등이 포함된다.

### (5) 문화 환경

사회의 기본적 가치, 지각, 선호, 행동 등에 영향을 미치는 제도나 요인으로 구성되며, 문화는 단기적으로 안정적이지만 장기적으로는 부단히 변화한다. 문화 요인에는 문화, 하위문화, 사회계층이 포함된다. 문화란 사회구성원이 공유하고 있는 규범, 가치관, 습관이며, 행동의 옳고 그름을 평가하는 기준이라 할 수 있다. 하위문화(subculture)는 한 국가의 문화 안에 있는 세부문화를 의미하는 것으로, 예를 들면 지역문화, 세대문화, 직업문화 등이 있다. 사회계층(social class)은 유사한 사회적 지위와 경제력을 보유하고 있는 사람들의 집합을 말한다.

### (6) 자연 환경

기업의 마케팅 활동에 영향을 주거나, 또는 영향을 받거나 마케팅 관리자에 의해 투입 요소로 사용되는 자연자원의 변화를 말한다. 마케팅 관리자는 원자재의 부족, 에너지 비용의 상승, 공해수준의 증가, 자연자원관리에 대한 정부의 개입 등과 같은 추세에 관심을 가져야 한다.

> **거시환경 분석은 기업 활동에 영향을 미치는**
> **기업 외부 환경요소들 중에서**
> **기업이 통제하기 힘든 자연환경이나**
> **사회 전체의 문화나 인구,**
> **정치상황 혹은 경제, 기술 등의**
> **변화추세 및 발전 가능성을**
> **파악한 후 그 영향을 평가하려는 분석이다.**

## 03 | 미시환경 분석

미시환경 분석이란 기업의 활동과 고객의 수요에 직접적이면서 구체적인 영향을 미치는 요인을 분석하는 것으로 이는 개별 기업에서 통제 가능한 환경이다. 미시환경 분석에는 산업 분석, 경쟁 분석, 고객 분석 등이 있다.

### (1) 산업 분석

산업 분석이란 특정산업의 매력도를 판단하고 특정산업에서 성공할 수 있는 핵심성공 요인이 무엇인지를 파악하는 데 목적이 있다.

산업 분석에서는 산업의 규모, 산업구조, 산업의 원가구조, 산업의 유통시스템, 산업의 성장추이와 경향, 산업의 성장률과 산업수명주기상의 단계 등을 분석한다.

산업규모는 투자의사결정을 내리고, 경쟁기업의 시장점유율을 파악하는 데 유용하다. 산업구조는 기존 경쟁기업, 잠재적 경쟁기업, 대체상품, 구매자, 공급자 등으로 구성되어 있다. 또 원가구조 분석을 통해 산업의 원가구조를 이해함으로써 현재와 미래의 핵심성공 요인에 대한 통찰력을 기를 수 있다.

따라서 산업 분석은 전체적인 분석을 통해서 산업의 매력도를 평가하여 산업에서의 핵심성공 요인을 파악하기 위한 목적을 가지고 있다.

### (2) 경쟁 분석

① 경쟁 분석의 정의

경쟁이란 한 기업이 제품시장에서 목표를 달성하기 위해 소요되는 자원의 지표로 볼 수 있다. 경쟁 분석은 주요 경쟁기업들의 성과를 분석하는 것으로 매출액, 시장점유율, 성장률, 투자수익률, 비용구조, 제품시장 내의 기업의 특성 등을 분석하고, 경쟁기업의 마케팅 목표와 마케팅 전략을 분석하는 것이다.

구체적으로 경쟁기업이 가지고 있는 목표 시장과 제품재의 포지셔닝, 경쟁기업의 약점과 단점 등을 파악하여 경쟁사에 대한 대응책을 마련하고 기업의 미래 전략을 구축하는 데 분석의 목적이 있다.

▶그림 1-2 마이클 포터(Michael Porter)의 5가지 경쟁 요인(5 forces model)

첫 번째 경쟁 요인은 산업 내 경쟁자로서 경쟁기업과의 적대 관계가 어느 정도 강한지를 나타낸다. 경쟁은 서로의 경영자원을 소모할 정도로 격렬할수록 수익성은 떨어지게 되며, 비매력적인 시장으로 가격전쟁, 광고전쟁 등 마케팅 비용이 많이 투입된다.

두 번째 경쟁 요인은 잠재적 진출기업으로서 신규 진입기업이 많을수록 업계 내 기업의 수는 증가하므로 경쟁은 치열하게 전개된다. 또 신규 진입기업은 기존 기업과의 경쟁에서 이기기 위해서 프로모션, 고품질, 저가격의 제품을 시장에 투입시키려 노력한다. 신규 진입의 위협이 클수록 업계 내의 수익은 악화된다. 진입장벽이 낮을수록 시장에 진입할 기회가 많아지게 된다. 따라서 경쟁기업뿐만 아니라 신규 진입기업에도 항상 주의를 기울여야 한다.

세 번째 경쟁 요인은 대체품이다. 대체품이란 기존의 상품과 서비스를 대체하는 상품과 서비스가 있는지를 나타낸다. 대체품은 소비자가 매력적으로 다가갈수록 수익성이 악화된다. 대체품이 등장하면 기존 상품과 서비스의 가격을 높게 책정할 수도 없고, 판매량도 떨어지며 가장 강력할 경우 산업 자체를 사라지게 만들 수도 있다.

네 번째 경쟁 요인은 공급자의 협상력이다. 이는 판매자의 교섭력과 공급업자의 교섭력이 얼마나 강한지를 나타낸다. 즉 구매자 역할을 하는 업체와 자사와의 관계를 나타낸다. 구매자의 협상력은 납품하는 상품 또는 서비스의 가격을 올리거나 품질을 낮추는 식의 행동을 통해 공급처에 압력을 가한다. 이때 압력의 강도를 높이면 비용이 증가하거나 이익률이 저하되어 산업의 수익성이 낮아진다.

다섯 번째 경쟁 요인은 구매자의 협상력이다. 소비자나 고객 기업의 교섭력이 얼마나 강한지를 나타낸 것이다. 구매자는 가격 인하와 품질 및 서비스 개선을 요구하고, 때로는 판매자들을 경쟁시킬 수 있는 힘을 갖고 있다. 구매자의 힘이 강해질수록 판매자의 힘은 약해지고, 가격 저하와 비용 증대로 산업의 수익성은 낮아진다.

> **미시환경 분석이란 기업의 활동과 고객의 수요에 직접적이면서 구체적인 영향을 미치는 요인을 분석하는 것으로 이는 개별 기업에서 통제 가능한 환경이다. 미시환경 분석에는 산업 분석, 경쟁 분석, 고객 분석 등이 있다.**

② 경쟁자 분석

경쟁자를 분석할 경우 판매량, 시장점유율, 이익 마진, 투자수익률, 현금흐름, 투자 상황 등을 분석하도록 한다.

▶표 1-2 **경쟁자 분석의 예시**

| 구분 | 판매량 | 시장점유율 | 이익 마진 | 투자수익률 | 현금흐름 | 투자 상황 |
|---|---|---|---|---|---|---|
| 경쟁자 A | A | A | D | D | B | B |
| 경쟁자 B | B | B | A | B | B | C |
| 경쟁자 C | C | C | A | B | B | A |

A : 아주 우수함 B : 우수함 C : 보통 D : 불량

▶표 1-3 경쟁자 분석 측정 예시

| 구분 | 시장점유율 | | | 마음의 점유율 | | | 열망의 점유율 | | |
|---|---|---|---|---|---|---|---|---|---|
| 기업 | 2012 | 2013 | 2014 | 2012 | 2013 | 2014 | 2012 | 2013 | 2014 |
| A | 50 | 47 | 44 | 60 | 58 | 54 | 45 | 42 | 39 |
| B | 30 | 34 | 37 | 30 | 31 | 35 | 44 | 47 | 53 |
| C | 20 | 19 | 19 | 10 | 11 | 11 | 11 | 11 | 8 |

경쟁자 분석 시 측정해야 하는 것은 시장점유율, 마음의 점유율, 열망의 점유율 등이다. 마음의 점유율은 최초 상기를 의미하며 "최초 상기로 기억나는 첫 번째 기업은 무엇인가"의 의미이며, 열망의 점유율은 구입 희망률로 "향후 구매하고 싶은 제품은 어느 것인가?"의 정도이다. 마음의 점유율과 열망의 점유율을 획득하는 기업은 시장점유율도 획득한다.

### (3) 고객 분석

고객 분석이란 상품별 주요 구매자뿐만 아니라 잠재적 고객의 인구통계학적 특성을 파악하는 것으로 고객의 구매동기, 구매목적, 정보의 원천 및 평가, 상품의 인지도, 상표 애호도, 점포 애호도 및 구매의도, 가격민감도, 가격과 품질의 상관관계, 기존상품과 서비스에 대한 만족도 등을 분석한다.

고객 분석의 목적은 시장을 세분화하여 고객의 필요와 욕구를 파악함으로써 주어진 시장에서 자사의 목표 시장을 공략하기 위해 기초 작업을 수행하는 것이라 할 수 있다.

### (4) 자사 분석

자사 분석이란 자사의 성과나 조직의 특성 등을 분석하여 자사가 가지는 자원의 강점과 약점을 파악하여 시장에서의 적절한 대응을 수립하기 위한 분석을 말한다.

자사 분석에서는 매출액, 성장률, 이익률 등의 성과 분석과 더불어 원가구조, 재무자원, 조직구조, 조직구성원, 경영철학, 문화, 보상체계, 관리제도 등을 분석하고 포트폴리오를 파악하여 과거와 현재의 전략을 검토함으로써 자사의 전략적 강점과 약점, 문제점 등을 파악하여 미래의 대안을 수립하고자 하는 것이다.

▶그림 1-3 자사 분석의 내용

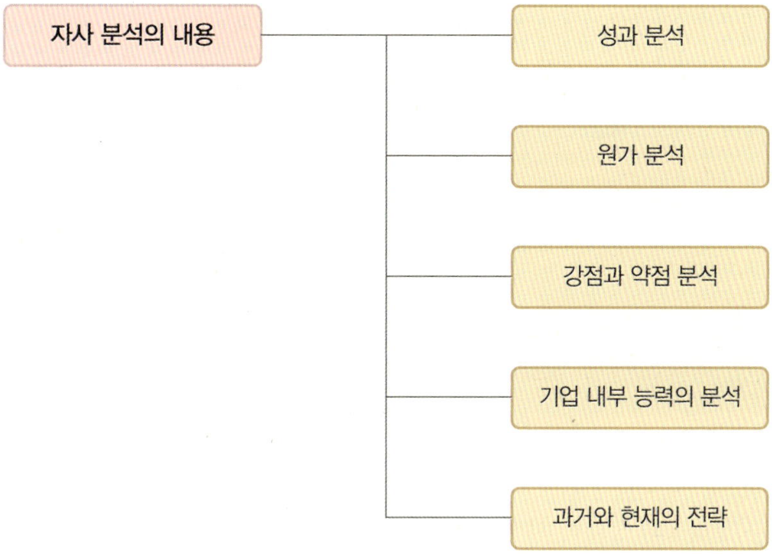


① **포트폴리오 모델(portfolio model)** : 포트폴리오 모델은 전략적 의사결정을 위한 것으로 전략적 의사결정을 위해서는 전략적 대안들을 정의하는 과정, 각 대안에 대해 장기적인 성과 가능성의 평가 과정, 평가에 대한 대안의 분류를 통해 필요한 자원을 배분하는 과정이 필요하다.

전통적인 성장기회 매트릭스는 다음과 같이 설명할 수 있다.

㉠ 신규시장은 새로운 소비자를 말하는 것이며 새로운 국제시장, 새로운 세분 시장 등을 의미한다.

㉡ 시장침투는 기존 시장에서 가격, 광고, 판매촉진 등을 이용하여 매출을 증가시키는 것을 의미한다.

㉢ 시장개발은 인구통계적인 새로운 시장의 공략, 지리적으로 새로운 시장의 개발 등을 의미한다. 다각화는 새로운 제품으로 새로운 시장에 진출하는 것으로, 전혀 새로운 제품을 가지고 새로운 시장을 개척하는 것이다. 여기서 주의해야 할 부분은 무분별한 다각화는 기업의 경쟁력에 해가 될 수 있음을 명심하여야 한다.

▶그림 1-4 전통적인 성장기회 매트릭스

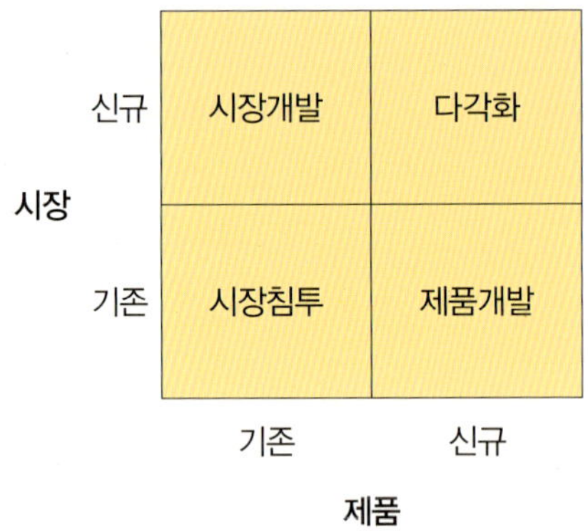


② BCG(Boston Consulting Group) 성장 · 점유율 모델 : BCG 성장 · 점유율 모델은 현금창출과 현금사용의 관점에서 전략적 대안을 평가하는 것으로 각 전략 대안을 시장성장과 상대적 시장점유율을 이용하여 분류한다.

㉠ 성장률 : 사업의 연간 성장률로서 10% 이상 성장하면 높은 것으로 분류한다.

㉡ 점유율 : 상대적 시장점유율의 경우 해당 기업이 시장기회에 대하여 경쟁사 대비 원가우위를 어느 정도 가지고 있는가를 나타낸다.

▶그림 1-5 성장 · 점유율 매트릭스(growth · share matrix)

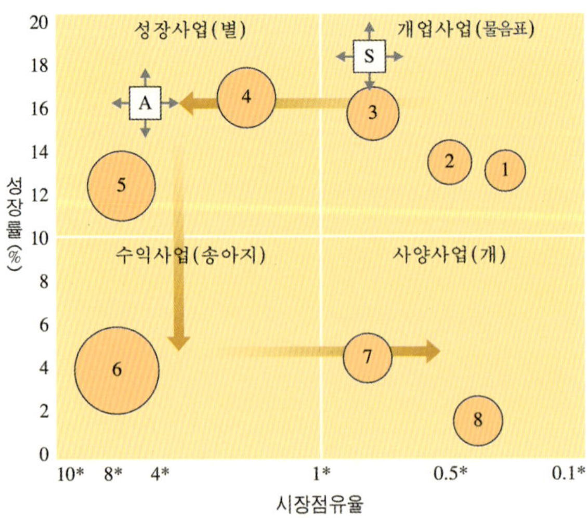

ⓒ 사업 대안과 전략 지침

| 사업 대안의 종류 | 시장위치 | 위치 분석 및 전략 지침 |
|---|---|---|
| 별 | 고성장 시장의 리더 | • 물음표가 성공하면 별이 됨.<br>• 시장의 지배적인 위치를 유지, 향상시킴.<br>• 기업에 긍정적인 현금흐름을 제공하는 것은 아님.<br>• 성공을 위해서 실질적인 자금투입 요망 |
| 물음표 | 고성장 시장의 추종자 | • 고성장률 & 저점유율로 사업 단위의 시작 시기<br>• 투자를 확대하여 시장 위치를 강화시킴.<br>• 선도기업이 존재하므로 공장/설비/인력/자금추가 요망<br>• 사업을 매각하여 투자를 회수하거나 점유율을 감소시켜 현금유입을 증가시킴. |
| 송아지 | 저성장 시장의 리더 | • 성장률이 10% 미만<br>• 시장지배적 위치를 유지하여 현금창출 능력을 확보<br>• 기업에 많은 현금을 제공<br>• 기업의 투자는 바람직하지 않음.<br>• 여기서 얻는 현금은 다른 사업에 투자할 필요가 있음. |
| 개 | 저성장 시장의 추종자 | • 저점유율 & 저성장률<br>• 현금을 창출하나 이익이 적거나 손실<br>• 철수에 대해서 심각한 고려 요망 |

③ **GE시장매력도 · 경쟁위치 매트릭스** : GE사는 시장성장률과 시장점유율의 두 요인에 의해서 중요한 투자결정을 내린다는 것은 너무 단순하다고 판단하여 시장매력도와 경쟁위치에 관련된 여러 요인을 포함하는 매트릭스를 개발했다.

이는 다수 요인의 포트폴리오 매트릭스로서 각 기업이 시장, 경쟁 등 사업의 성과에 중요한 요소에 근거하여 적절한 요인을 다수 선정하여 시장매력도와 경쟁위치를 평가한다. 평가되는 다수의 요인들 중에서 관리자들은 어느 요인을 포함시켜야 하고, 그 요인들을 어떻게 비중을 부여하여 사용하는가를 주의 깊게 고려해야 한다. 또 각 사업 대안은 해당되는 요인별로 평가하여 요인에 부여된 가중치를 곱하고 더하여 총점수로 평가한다.

㉠ **원의 크기와 반원** : 관련 시장의 크기로 사업의 크기를 의미하는 것은 아니다. 반원은 시장점유율을 의미한다.

㉡ **화살표** : 사업의 진행 방향을 의미한다.

▶그림 1-6 GE company matrix

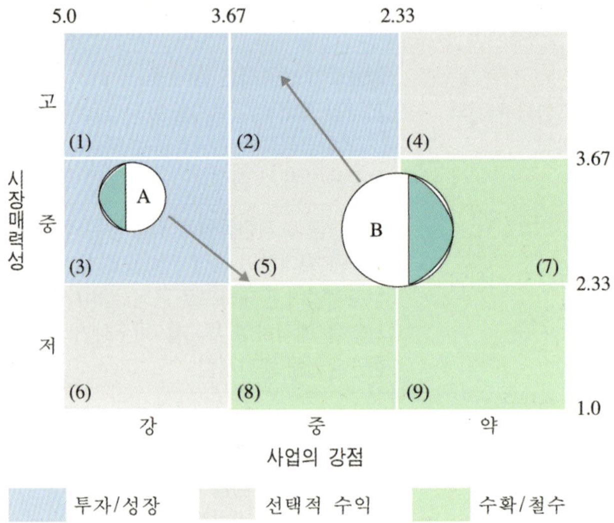


ⓒ 시장매력성과 사업강점 결정 요인

| | | 가중치 | 평점 | 가치 | | | 가중치 | 평점 | 가치 |
|---|---|---|---|---|---|---|---|---|---|
| 시장매력성 | 총시장규모 | 0.2 | 4 | 0.6 | 사업강점 | 시장점유율 | 0.2 | 4 | 0.8 |
| | 시장성장률 | 0.2 | 5 | 1 | | 점유율 성장 | 0.2 | 5 | 1 |
| | 수익률 | 0.15 | 4 | 0.6 | | 제품의 질 | 0.15 | 4 | 0.6 |
| | 경쟁강도 | 0.15 | 4 | 0.6 | | 상표 명성 | 0.15 | 2 | 0.3 |
| | 기술필요조건 | 0.05 | 4 | 0.6 | | 유통망 | 0.15 | 4 | 0.6 |
| | 인플레대응력 | 0.05 | 3 | 0.15 | | 촉진 효율성 | 0.05 | 3 | 0.15 |
| | 환경영향 | 0.05 | 2 | 0.1 | | 생산능력 | 0.05 | 2 | 0.1 |
| | 사회정치적 영향 | 0.05 | 3 | 0.06 | | 단위원가 | 0.05 | 3 | 0.05 |
| | | | | | | 생산능률 | | | |
| | | | | | | 연구개발성과 | | | |
| | | | | | | 관리인력 | | | |

*시장성장률과 시장점유율이 GE 모델의 평가항목 속에 포함된다.

㉣ **사업 대안과 전략 지침** : 투자의 수준은 시장매력도와 경쟁위치에 따라 달라지며, 시장매력도와 기업의 경쟁위치가 높은 사업에 가장 많은 투자를 한다. 시장매력도는 높으나 그 시장에서 기업의 경쟁력이 높지 않으면 경쟁위치를 유지하여야 하며, 시장매력도나 기업경쟁위치가 높지 않으면, 틈새시장을 찾아 지배적 위치를 확보하려고 노력해야 한다.

㉤ GE 모델에 따른 시장세분화 전략

| 사업의 매력성 \ 사업의 강점 | 고 | 중 | 저 |
|---|---|---|---|
| 고 | **위치확보 유지 전략**<br>• 최대성장을 위한 투자<br>• 강점 유지를 위해 집중적 노력 | **기반조성 전략**<br>• 선도력에 도전<br>• 약점영역 강화<br>• 선택으로 강점 추구 | **선택적 조성 전략**<br>• 약점보완책 모색<br>• 성장가능성이 없으면 철수<br>• 한정적 강점 특화 |
| 중 | **선택적 조성 전략**<br>• 매력적 분야에 집중적 투자<br>• 경쟁 대응능력 배양<br>• 산성 향상을 통한 수익 | **선택적 수익 관리**<br>• 기존 프로그램 지속<br>• 수익성 높고 위험이 적은 부분에 투자 | **제한적 확대/수확**<br>• 위험이 적은 확대방안<br>• 투자제한, 영업 합리화 |
| 저 | **지속/재집중 전략**<br>• 현재 수입관리<br>• 매력적 부분에 집중<br>• 강점의 지속적 강화 | **수입관리 전략**<br>• 수익성 높은 부분에서 방어 전략<br>• 제품의 고급화/투자 극소 | **철수 전략**<br>• 현금가치 극대 시 매각화<br>• 고정비 감축/투자 회피 |

· 제 3 절

# 마케팅 STP 전략

마케팅 전략 프로세스는 시장세분화, 목표 시장 설정, 포지셔닝, 차별화의 프로세스를 가지게 된다.

▶그림 1-7 STP 전략 프로세스

Market ➡ Segmentation ➡ Target ➡ Positioning ➡ Differentiation

## 01 | 시장세분화(market segmentation)

### 1) 시장세분화의 개념

마케팅에 있어서 성공하는 기업이란 동일한 욕구를 가진 구매자 집단을 적절히 식별하고 그들이 원하는 종류의 제품과 서비스를 생산하고 판매하는 기업이라 할 수 있다. 즉 세분화되지 않은 동질적인 전체 시장을 공략하기보다는 시장을 세분화하여 우리의 상품과 제품에 맞는 고객을 대상으로 마케팅 활동을 전개하는 것이 더 효과적이다. 따라서 기업은 마케팅 활동 이전에 시장을 세분화하는 작업을 진행한다.

시장세분화(market segmentation)의 의미는 크고 다양한 전체 시장을 보다 세분되고 동질적인 하위 시장으로 분할하고 이들을 충족시키는 일련의 활동이라 정의할 수 있다. 즉, 시장세분화의 의미는 이질적인 전체 시장을 동질적인 몇 개의 세분 시장으로 나누는 행위를 말하며, 각 세분 시장의 수용에 따라 마케팅 전략을 전개하는 데 그 의의가 있다.

> **시장세분화(market segmentation)의 의미는**
> **크고 다양한 전체 시장을 보다**
> **세분되고 동질적인 하위 시장으로 분할하고**
> **이들을 충족시키는 일련의 활동이라 정의할 수 있다.**

### 2) 시장세분화의 요건

시장세분화의 가장 큰 전제조건은 소비자들을 이질적인 집단으로 구분할 수 있어야 한다는 것이다. 효과적인 시장세분화를 위해서 세분화된 시장이 갖추어야 할 요건은 다음의 5가지로 요약하여 정리할 수 있다.

① **측정가능성** : 각 세분 시장의 규모나 구매력, 판매 잠재력, 비용, 이익 등은 정확히 측정 · 비교될 수 있어야 한다. 이는 곧 세분 시장에 대한 정보의 유무 및 정보의 획득가능성 여부를 말한다.

② **접근가능성** : 기업의 마케팅적 노력이 세분 시장에 서브될 수 있어야 한다. 세분 시장의 경우 법규나 사회적 제약, 유통상의 제약 요인으로 인해서 서브될 수 없는 경우가 발생하기도 한다.

③ **실질성** : 세분 시장이 충분히 크거나 수익성을 가져다 줄 수 있어야 한다는 의미로 실질성은 단기간이 아니라 상당한 기간 동안 지속적으로 유지될 수 있어야 한다.

④ **차별가능성** : 세분 시장이 개념적으로 규정될 수 있으며 그에 따른 상이한 전략이 가능해야 한다.

⑤ **행동가능성** : 선정된 세분 시장을 서브할 수 있는 마케팅 프로그램을 수립할 수 있어야 한다.

### 3) 시장세분화의 이점

① 구매자에 대한 경영자의 이해를 도와주며 고객의 구매 목적을 알 수 있게 해준다.
② 변화하는 시장의 변화추이를 파악하게 해준다.
③ 고객의 필요와 욕구를 파악하게 함으로써 고객의 필요와 욕구에 맞는 제품과 서비스를 생산할 수 있게끔 해준다.
④ 시장 상황을 알 수 있게 도와주며 기업의 강점과 약점을 파악하게 해준다.
⑤ 적절한 판촉 활동을 할 수 있도록 도와준다.
⑥ 미래에 변동되는 시장에 능동적으로 대응하고 계획을 수립할 수 있다.

### 4) 시장세분화의 변수

가장 일반적으로 사용하는 시장세분화의 변수로는 지리적 세분화, 인구통계적 세분화, 심리적 세분화, 행동적 세분화, 제품 효익에 따른 세분화이다. 시장세분화의 기준이 되는 변수들은 제품과 서비스의 성격, 고객 및 경쟁특성에 따라 다양하게 달라질 수 있다.

① **지리적 세분화(geographic segmentation)** : 전체의 시장을 기후, 지역, 자연자원, 도시와 지방, 도시 규모 등과 같이 상이한 지역 단위로 세분화하는 것으로 객관적인 경계를 확인하기가 쉽다. 또한 각 시장들에 대한 인구통계적, 사회경제적 자료도 얻기 쉬워 가장 편리하게 이용할 수 있고, 가장 많이 사용되는 세분화 변수이다.

- **지역** : 한국, 일본, 미국, 유럽, 아시아 등/부산, 대구, 서울, 광주 등
- **도시 규모** : 대도시, 소도시, 그 외 지역
- **기후** : 열대, 한대, 아열대 등

② **인구통계적 세분화(demographic segmentation)** : 전체 시장을 인구통계치에 기초하여 분할하는 것으로 지리적 세분화와 더불어 세분화 변수로 가장 많이 사용하며 지리적 세분화와 함께 세분화의 변수로 사용하기도 한다. 이는 연령 · 성별 · 소득 · 직업 등의 인구통계적 변수를 기준으로 시장을 세분화하는 것이다.

• **연령** : 시장세분화에 가장 많이 활용되는 변수이며, 연령별로 소비자를 세분화하여 사용하는 것이다. 연령대에 따라 선호도, 욕구, 구매능력이 다양하게 표출되며 나타난다.
• **성별** : 남성과 여성으로 분류하는 것으로 기본적인 세분화 변수이며 연령, 소득 등과 함께 사용되는 시장세분화 변수이다. 주로 장난감, 담배, 의류, 화장품 등에서 많이 사용되고 있는 세분화 변수이다.
• **소득** : 벌어들이는 수입에 관한 세분화이며 소득수준을 상중하로 구분하기도 하며 월 소득 기준으로 백만 원 단위로도 구분하기도 한다. 이는 생필품보다는 제품이 고가이거나 상징성 있는 제품일 경우에 세분화 변수로 많이 사용된다.
• **직업** : 이 역시 가장 기본적이면서 자주 사용하는 세분화 변수이다. 전문직, 사무직, 자영업 등 직업을 세분화한다.

③ **심리적 세분화(psychographic segmentation)** : 고객 내면의 심리적 특성과 독특한 생활양식에 근거한 세분화 기준으로서 변수로는 사회계층, 개성 및 라이프스타일 등이 많이 이용된다. 동일한 인구통계적 집단에 속한 사람들이라 하더라도 다른 심리적 태도를 갖는 경우도 많다.

• **사회계층** : 사회계층이란 직업 · 소득 · 재산 · 교육 수준 등을 전체적으로 고려하여 계층 수준을 상류층, 중류층, 하류층으로 구분하는 것을 말한다. 계층의 분류는 더 작게 세분화할 수도 있다. 계층의 분류는 시장세분화에서 중요한 부분이다. 계층별로 나타나는 소비현상은 동일한 경우가 많고 일정한 패턴을 가지고 있는 경우도 많기 때문이다.
• **개성** : 개인의 독특한 심리적 상태를 나타내는 것으로 이는 대상과 사물에 대해서 비일관성과 지속성을 지니고 있다.
• **라이프스타일** : 라이프스타일(life style)이란 사람이 살아가는 삶의 방식이나 패턴을 말하며 비슷한 라이프스타일을 보이는 소비자들은 일반적으로 태도 · 관심 · 행동 등에서 비슷한 성향을 보인다. 라이프스타일은 AIO(Activities, Interests, Opinions)에 의하여 측정된다. 이 변수를 이용할 때 다른 변수보다 더 많은 정보를 얻을 수 있어서 라이프스타일은 중요한 시장세분화 변수로 활용된다.

▶그림 1-8 세분화의 유형

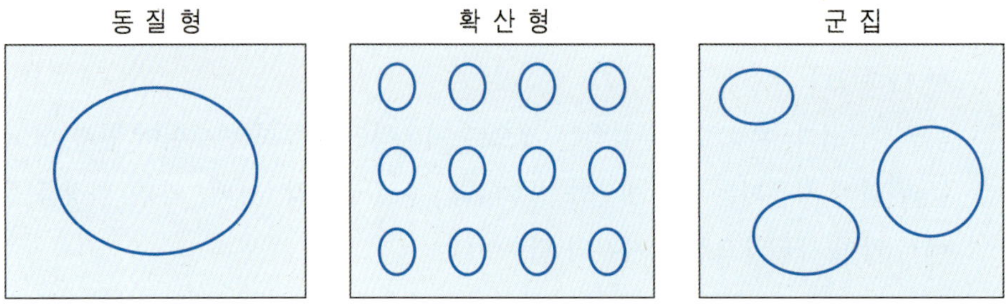


④ **행동적 세분화(behaviour segmentation)** : 고객의 특정 제품과 그 제품에 대한 서비스, 특정 상표에 대한 과거, 현재 또는 잠재적 행동차원을 세분화의 기초로 이용하는 것을 행동적 세분화라고 한다. 행동적 세분화의 구체적인 변수는 이용 빈도 세분화, 사용자 지위와 잠재력에 의한 세분화, 상표충실도에 의한 세분화, 구매동기에 의한 세분화, 혜택에 의한 세분화, 제품 관련 세분화, 유통경로에 의한 세분화, 편익추구에 의한 세분화 등으로 나눠볼 수 있다.

- **이용 빈도** : 고객의 이용 빈도에 따른 세분화로 고, 중, 저빈도 사용자로 구분할 수 있다.
- **구매동기** : 구매를 하게 되는 동기가 무엇이냐에 따른 세분화로 구매의도가 생기고, 그로 인해 실제 구매가 이루어지며 구매한 제품을 사용하는 상황을 말한다.
- **편익추구** : 편익의 종류로는 기능적 편익과 심리적 편익으로 나누어지며 기능적 편익은 제품의 속성이나 기능을 통하여 얻어지는 편익을 말하는 것이고, 심리적 편익은 제품의 이미지, 자기만족 등 심리적 측면을 통하여 얻어지는 편익을 말한다.
- **경험** : 경험에 의한 세분화는 최초 사용자, 정기적 사용자, 과거 사용자, 비사용자 등으로 세분화하는 방법이다.
- **사용률** : 사용률에 의한 세분화는 제품의 사용량에 따른 세분화로 대량, 중량, 소량 사용자로 세분화할 수 있다.
- **상표애호도** : 상표애호도란 특정 상표에 대해 상당한 기간 동안 지속적으로 나타나는 행동적 반응을 말한다. 애호도로 세분화할 경우 세분화된 시장에 적합한 마케팅 프로그램을 개발하여 적용한다면 좋은 효과를 얻을 수 있다.

▶표 1-4 상표애호도에 의한 시장세분화

| 유형 | 특징 |
|---|---|
| 애호구매자 | 진성 애호구매자, 유사 애호구매자(단순반복구매자) |
| 중상구매자 | 분할 애호구매자(자사상표뿐만 아니라 다른 상표에도 애착을 보임.), 불안정 애호구매자(선호도의 지속기간이 짧음.), 무애호소비자(상표전환이 빈번함.) |
| 타 상표 애호구매자 | 타 상표를 애호하는 소비자 |
| 비구매자 | 동종제품에 구매경험이 없는 소비자 |

*자료 : 김종의, 「소비자행동」(형설출판사, 2004), p. 294에서 인용

### 5) 세분 시장의 평가

세분 시장을 평가하기 위해서는 두 가지 요인을 살펴보아야 한다.

첫 번째로는 세분 시장의 전반적인 매력성이다. 세분 시장이 규모, 성장, 수익성, 규모경제, 낮은 위험도 등 매력적 특성이 있어야 기업이 진출할 수 있다. 즉, 세분 시장은 경쟁사에 충성하지 않는 고객에게 접근이 가능해야 하고, 기업 입장에서 얼마나 가치를 획득할 수 있는가 등의 매력도를 살펴보아야 한다.

두 번째로는 세분 시장에 대한 투자가 당기업의 특정한 목적과 재원에 대해 의미가 있어야 한다. 아무리 매력적인 시장이라 하더라도 기업의 장기적 목적과 부합하지 않으면 철수해야 하며 경쟁자 대비 우월점을 가지고 있어야 진입이 가능하다.

## 02 시장표적화(market targeting)

### 1) 시장표적화의 개념

시장을 세분화하면 세분 시장별로 기회와 위협을 파악하게 되며, 세분화된 시장을 놓고 기업이 충족시키고자 하는 목표 시장을 결정하게 된다. 목표 시장(target market)이란 기업이 구체적으로 마케팅에 집중할 시장을 말한다. 이처럼 시장세분화를 통해 확인된 여러 세분 시장들을 평가하여 어떤 세분 시장을 목표로 할 것인가를 정하는

과정이 시장표적화(market tarketing)이다. 즉 세분 시장 중에서 기업의 경쟁우위와 경쟁상황을 고려하여 기업에 있어서 가장 좋은 시장기회를 제공해 줄 수 있는 시장을 표적 시장이라 한다.

표적 시장을 선정할 때에는 반드시 표적 시장의 규모와 성장성을 고려해야 하며, 세분화된 시장을 비교하여 가장 좋은 세분 시장을 공략해야 한다. 또 세분 시장의 경쟁상황 정도를 파악해야 하며, 다수의 경쟁자가 이미 선점하고 있다면 피해야 한다. 마지막으로 기업의 목표와 자원을 고려해야 한다. 우리 기업의 목표와 부합하는지, 우리의 자원으로 충분히 공략 가능한지를 검토해야 한다.

### 2) 표적 시장 전략

① **비차별적 마케팅 전략** : 비차별적 마케팅 전략은 소비자의 욕구가 시장에서 모두 비슷하다고 보고 하나의 마케팅 프로그램을 가지고 전체의 시장을 공략하는 전략이다.

② **차별적 마케팅 전략** : 차별적 마케팅 전략은 각 세분 시장에 적합한 마케팅 프로그램을 가지고 개별적으로 세분 시장에 마케팅믹스를 적용하는 것으로 자원이 풍부할 때 사용하는 기법이다.

③ **집중화 전략** : 집중화 전략은 하나의 세분 시장을 선정하여 기업이 집중적으로 공략하는 기법이며, 차별적 마케팅 전략과 달리 기업의 자원이 한정되어 있을 때 사용하는 전략이다.

**목표 시장(target market)이란**
**기업이 구체적으로 마케팅에 집중할 시장을 말하며,**
**이처럼 시장세분화를 통해 확인된**
**여러 세분 시장들을 평가하여 어떤 세분 시장을**
**목표로 할 것인가를 정하는 과정이**
**시장표적화(market tarketing)이다.**

▶그림 1-9 표적 마케팅 전략 유형

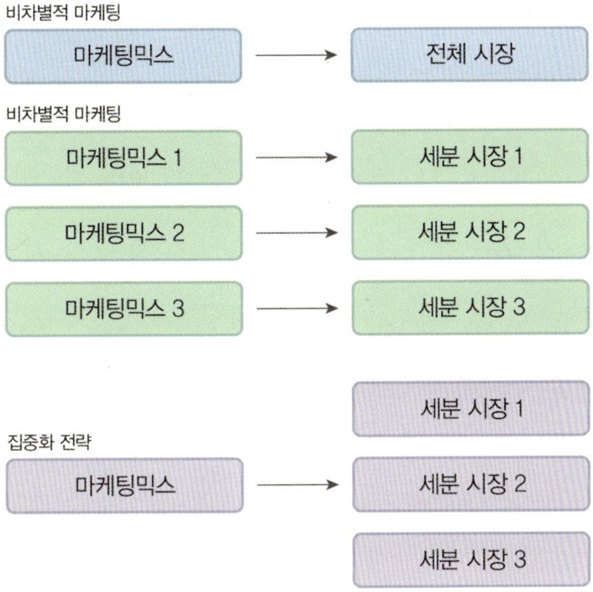


*자료 : 김소영 외 5인, 「마케팅의 이해」(형설출판사, 2012), p. 140에서 인용

### 3) 표적 시장의 선정

기업은 시장을 세분화한 이후 여러 세분 시장을 평가하게 되고 평가결과에 따라 하나 내지 그 이상의 세분 시장에 진출하려는 노력을 기울이게 된다. 세분화된 시장을 놓고 기업은 보통 5가지의 시장범위 패턴을 고려한다.

① 단일 세분 시장에 집중한다.

② 제품 전문화는 다양한 여러 고객집단의 욕구를 충족시킬 단일 서비스 상품을 개발하는 형태이다.

③ 시장 전문화는 여러 가지 다양한 서비스 상품으로 단일의 세분 시장 욕구를 충족시키는 형태이다.

④ 선별적 전문화는 기업에 매력적이고 기업의 자원이나 목표에 부합되는 몇 개의 세분 시장을 선별하여 진출하는 형태이다.

▶그림 1-10 세분 시장 선정의 5가지 방법

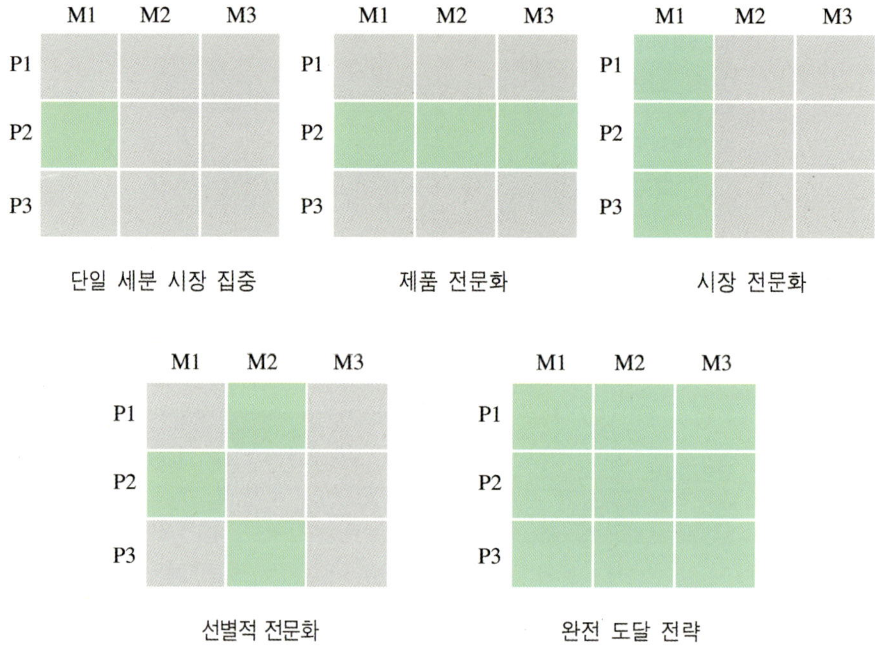


⑤ 전체 시장을 확보하기 위해 전체 세분 시장이 필요로 하는 모든 서비스 상품을 생산 · 판매하는 형태로 기업의 가용자원이 풍부할 때 사용할 수 있는 전략이다.

## 03 | 시장정위화(market positioning)

### 1) 시장정위화의 개념

시장정위화(market positioning)란 표적 고객의 마음속에 의미가 있고 특이하고 경쟁적인 자리를 확보할 수 있도록 하기 위해서 기업의 제공물과 이미지를 디자인하는 행동이라 할 수 있다. 즉, 목표 시장 내의 고객들의 심중에 특정한 위치를 차지하도록 하는 제품 서비스 및 마케팅믹스의 개발을 의미한다.

시장정위화는 특정 영역이나 속성에 있어 경쟁업자에 비해 차별적 우위를 구축하려는 것이며 선정된 고객집단의 특정 욕구에 대응시키려는 활동이다.

### 2) 시장정위화의 유형

시장정위화의 유형은 크게 객관적 정위화와 주관적 정위화로 구분할 수 있다.

① 객관적 정위화(objective positioning) : 제품이나 서비스의 물리적이고 객관적인 속성들과 관련된 측면을 반영하여 서비스의 이미지를 창조하는 것이다.

② 주관적 정위화(subjective positioning) : 제품이나 상표의 주관적 속성과 관련된 것으로 소비자의 정신지각에 속하는 인지된 이미지를 말한다.

### 3) 시장정위화 접근방법

① 속성에 의한 정위화 : 차별적 속성을 통한 독특한 효익을 소비자에게 제공한다는 인식을 심어주는 것이다.

② 사용상황에 의한 정위화 : 사용상황에 따라 효익을 소비자에게 제공한다는 인식을 심어주는 것이다.

③ 제품사용자에 의한 정위화 : 제품을 어떤 사람이 사용하는가에 따라 제품의 효익을 소비자에게 제공한다는 인식을 심어주는 것이다.

④ 가격 · 품질에 의한 정위화 : 제품의 가격과 품질로 소비자에게 효익을 제공한다는 인식을 심어주는 것이다.

⑤ 경쟁에 의한 정위화 : 1위 제품과의 비교를 통해 자사제품의 혜택을 강조하는 것이다. 광고에 있어서 설득력 있는 메시지를 전달할 필요가 있으며 경쟁기업의 약점을 노출시키는 광고 콘셉트도 필요하다.

### 4) 시장정위화의 전략 유형

① 원가우위 전략 : 원가우위 전략은 기업이 최대한 원가를 낮춘 다음, 낮은 원가를 바탕으로 소비자들에게 낮은 가격을 제시함으로써 시장에서 성공을 거두려는 전략이다.

② 차별화 전략 : 기업이 특정 시장에서 강한 정체성을 확립하기 위하여 사용하는 전략이다.

③ **집중화 전략** : 특정 시장, 특정 소비자집단, 특정 지역, 일부 품목 등을 집중적으로 공략하는 방식을 집중화 전략이라 한다. 원가우위 전략과 차별화 전략은 전체 시장을 대상으로, 집중화 전략은 특정 시장에만 집중하는 전략이다.

- 소비자의 마음속에 그 자신의 현재 위치를 더욱 공고하게 한다.
- 소비자에게 충분히 가치 있고 전혀 새로운 위치를 탐색, 점유하게 한다.
- 경쟁자를 낮게 위치화하거나 재위치화한다.
- 배타적 동호회(특별회원) 전략을 세운다.

**시장정위화(market positioning)란
표적 고객의 마음속에 의미가 있고
특이하고 경쟁적인 자리를 확보할 수 있도록
하기 위해서 기업의 제공물과 이미지를
디자인하는 행동이라 할 수 있다.**

· 제4절

# 마케팅믹스

마케팅믹스(marketing mix)란 시장의 세분화를 통해 표적 시장을 설정하고 표적 시장에서 정위화시키기 위한, 즉 시장에서의 마케팅 활동을 수행하기 위해 사용되는 하부기능을 말한다.

일반적으로 상품, 가격, 유통, 판매촉진의 네 가지를 마케팅믹스라고 부른다. 즉 마케팅믹스는 마케팅 활동을 수행하는 과정에서 표적 시장의 고객에게 만족을 주기 위해 마케팅을 배합하는 과정을 의미한다고 볼 수 있다.

마케팅 활동에서 이런 마케팅믹스를 적절하게 배합하는 것이 마케팅 활동의 성공을 의미한다고 볼 수 있다.

## 01 | 상품

### 1) 상품의 정의

상품과 제품의 사전적 의미는 "시장에서 판매할 목적으로 생산된 물건, 판매를 목적으로 생산한 재화로 상거래와 교환의 대상이 되는 것"이라고 정의하고 있으며 상품(product)은 수요에 영향을 미치는 상품이나 서비스 또는 소비자의 욕구를 충족시키는 효용을 가지고 있는 유형적인 재화나 무형적인 서비스를 말한다. 상품의 마케팅믹스 요소에는 상품의 속성, 상품의 품목수, 상품의 품질, 상표 명칭, 디자인과 포장, 상품이 가져다주는 효용, 상품에 부과된 서비스 등이 포함된다.

## 2) 상품의 구성과 분류

### (1) 상품의 구성

상품을 구성하는 요소에는 실물 형태가 있는 유형적인 것과 실물성이 전혀 존재하지 않은 완전히 무형적인 것이 있다.

#### ① 핵심 상품

구매자가 상품을 구매함으로써 얻을 수 있는 궁극적인 이익과 혜택을 주는 것으로 가장 기초적인 수준으로 인식되는 상품이다. 즉 핵심 상품은 고객의 상품을 구매하는 직접적인 원인이 된다. 또 한편으로 기업의 입장에서는 사업의 이유가 된다.

#### ② 유형 상품

구매자가 실질적으로 구매함으로써 받을 수 있는 차원에서 인식하는 상품으로 품질 수준, 모양(형태), 디자인, 상표명 및 포장과 같은 특성을 가지고 있다.

#### ③ 확장 상품

실제 상품에 추가하여 제공되는 서비스나 편익과 혜택을 포함하는 상품이다.

### (2) 상품의 분류

상품은 크게 생산재 상품과 소비재 상품으로 구분할 수 있으며 생산재 상품이란 구매자가 제품이나 서비스를 생산할 목적으로 구매하는 상품을 말하며 원자재와 부품, 자본재, 소모품과 서비스 등이 있다. 또 소비재 상품의 경우 소비자가 소비를 할 목적으로 구매하는 상품을 말한다. 소비재 상품의 경우 편의품, 선매품, 전문품 등으로 구분할 수 있다.

편의품이란 고객이 시간이나 노력을 들이지 않는 제품으로서 쉽고 편리하게 구매하는 상품을 말한다. 선매품이란 구매 전 가격, 품질, 형태 등 제품을 비교하여 선별적으로 구매하는 상품을 말한다. 전문품이란 구매자가 상당한 구매 노력을 기울여 구매하는 상품으로써 독특한 특성을 보유하고 있거나 상품 식별이 가능한 제품을 일컫는다.

▶표 1–5 소비재 상품의 분류

| 소비자 상품 | 주요 특징 | 상품 종류 |
| --- | --- | --- |
| 편의품 | • 독특한 특징과 함께 상품의 식별이 가능한 제품이다.<br>• 가격이 저렴하며 빈번하게 구매할 수 있는 제품이다.<br>• 폭넓은 유통망 체계를 구축하고 있다. | 생활필수품 |
| 선매품 | • 구매하기 전 가격, 품질, 형태 등 제품을 비교하여 선별적으로 구매하는 제품이다.<br>• 편의품보다 가격이 높으며 구매빈도가 낮다.<br>• 지역별 소수의 판매점을 통해 유통되고 있다. | 가구/의류<br>중고자동차<br>가전제품 |
| 전문품 | • 독특한 특징과 함께 상표의 식별이 가능한 제품이다.<br>• 소비자는 이 제품을 구매할 때 특별히 노력을 더 기울이게 되는 제품이다.<br>• 소수의 대리점이 넓은 상권을 포괄하여 운영한다. | 자동차<br>고급가전제품<br>스키용품 |

> 상품(product)은
> 수요에 영향을 미치는 상품이나 서비스
> 또는 소비자의 욕구를 충족시키는
> 효용을 가지고 있는 유형적인 재화나 무형적인 서비스를 말한다.

### 3) 상품의 수명주기

상품수명주기(PLC : Product Life Cycle)란 새로운 상품을 선보인 후 성장기와 성숙기를 거쳐 쇠퇴기로 이어지는 하나의 사이클을 말한다. 상품수명주기를 파악하면 적절한 마케팅 활동을 펼칠 수 있다.

상품의 수명주기는 도입기, 성장기 성숙기, 쇠퇴기의 구분이 일반적이며 S자 곡선을 보인다. 상품수명주기를 통하여 여러 가지 특징이 나타나게 되는데 이를 활용하여 시장에서 상품판매량, 지속기간, 이익 등을 예측하고 마케팅 전략을 도출하는 데 유용하게 활용할 수 있다.

▶그림 1-11 상품수명주기

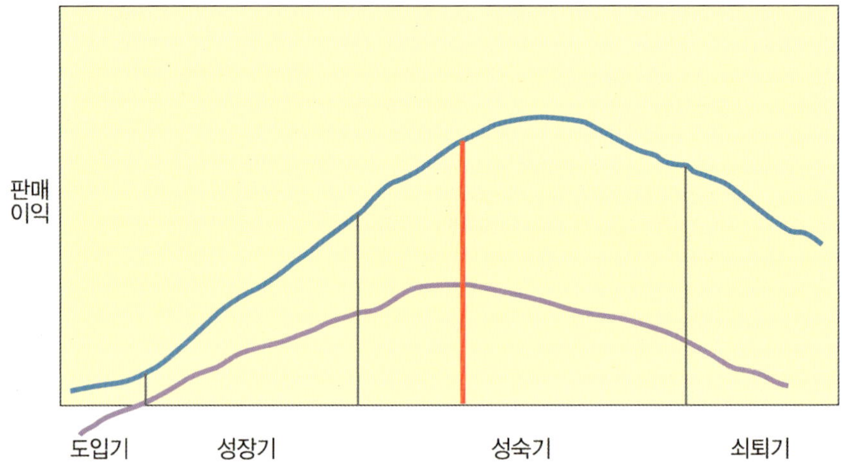


*상품수명주기는 제품마다 서로 상이하다.
*기업에서는 성숙기의 시간을 최대로 늘릴 수 있는 방안을 마련해야 한다.

### 도입기

도입기에는 판매량이 적고, 매출증가율도 낮다. 때문에 단위당 비용이 높아 이익이 없거나 적자가 발생하기도 한다. 아직 경쟁자가 출현하지 않았거나 시장진입을 고려하고 있기 때문에 경쟁이 거의 없는 상황이다. 수요의 창출이 이루어져야 하며 고객들이 상품을 사용하도록 유도해야 한다. 이 시기에는 신상품에 대해서 소비자들에게 인식시키는 것이 가장 중요하다. 이때 수요층은 대부분 신상품 구매에 따른 위험을 감수하는 혁신층이 주를 이룬다.

도입기에서 기업의 측면에서는 신상품이 가지는 효익과 유용성을 소비자들에게 알리는 역할을 진행해야 하며, 타제품이나 기존제품보다 차별적 우월성을 가지고 있다는 것을 알려야 한다.

### 성장기

성장기에는 상품의 판매량이 급속히 늘어남에 따라 수요와 매출이 급성장하며, 규모의 경제가 실현되면서 단위당 비용이 낮아지고, 수익률도 높아진다. 상품이 널리 알려지게 되고 새로운 경쟁기업들이 진입하면서 경쟁이 치열해진다. 가격이 가장 높아지는 시기이다. 성장기 말기나 성숙기 초기에는 최대이익과 매출이 실현되며, 출현된 경쟁자들로 인하여 전체 시장도 상당한 규모로 커지게 된다.

성장기 시기에는 소비자들이 대부분 상품에 대한 지식을 가지게 되고, 많은 경쟁 상품들이 시장에 등장하게 된다. 또 성장기 소비자들은 조기채택자라고 하며 상품을 구매하는 주 수요층이다. 즉 마케팅 측면에서 이들의 긍정적인 구전효과는 시장확대의 성공적인 요소가 될 수 있다.

성장기에서의 마케팅 목표는 시장점유율 확대와 이익의 확대에 있다. 이때 마케팅 활동은 상품을 다양화하거나 경쟁제품을 능가하는 차별화를 진행해야 하며, 상품의 기능과 품질향상에 집중해야 한다. 다만 성장기에서의 전략은 시장점유율과 이익 중 하나의 전략에만 치중하는 게 바람직하다.

### 성숙기

성숙기에는 대부분 상품을 구매한 시기로 경쟁이 심화되어 상품가격이 가장 낮아진 상태이며 판매량은 정점에 도달한다. 성장률 역시 이때부터 하향곡선을 그리기 시작한다. 브랜드 차별화, 특성 다양화 등을 추구하게 되고 수익률도 낮아진다.

성숙기 시기의 특징은 기업들의 과잉생산능력으로 인한 경쟁이 심화되고, 가격 경쟁이 심화된다. 판매촉진 활동 역시 활발하게 이루어져 비용의 증가로 인한 이익의 증가는 둔화되는 특징을 보이게 된다. 따라서 마케팅 활동 측면에서 굉장히 어려운 시기이기도 하다.

이 시기에는 판촉 활동 강화와 더불어 쇠퇴기를 대비하는 것 또한 필요하다. 또 상품의 가격인하, 기타 판촉 활동을 진행해야 한다. 또 도입기 이후로 가장 필요한 시기이며 성숙기 시기의 강력한 광고 활동은 성숙기를 길게 이어지게 만들기도 한다. 따라서 경쟁상품과의 차이점과 우월성을 강조하는 광고 활동을 통해 경쟁상품 소비자들을 유도하는 활동, 상품충성도를 유도하는 활동을 전개해야 한다.

### 쇠퇴기

쇠퇴기에는 수요가 줄어들어 판매량이 정체 또는 감소하게 되며 가격과 수익률이 낮아진다. 소비자들은 대부분이 최종 수용자이며, 대체상품이 등장하며 소비자의 기호가 변화하여 새로운 상품의 개발이 필요한 시기이다. 판매량 증대보다는 제조와 유통의 효율성이 이익에 더 큰 영향을 미치게 된다.

쇠퇴기에는 시장에서 철수하는 기업들이 늘어나며 가격의 대폭적인 할인, 이익률개선 등의 활동을 하게 된다. 이 시기에는 비용절감과 투자비를 회수하는 데 목표를 두고 움직여야 한다.

▶표 1-6 **상품수명주기별 마케팅 목표**

| 마케팅 목표 | 도입기 | 성장기 | 성숙기 | 쇠퇴기 |
|---|---|---|---|---|
| **마케팅 목표** | 제품인지와 사용의 증대 | 시장점유율의 확대 | 이익의 극대화, 시장점유율 방어 | 비용절감, 투자회수, 독점지위 추구 |
| **마케팅 노력 초점** | 1차 수요 자극, 성장기의 빠른 진입 | 선택적 수요 자극, 빠른 성장률 유지 | 브랜드, 경쟁우위 확보, 성숙기 유지 | 1차 수요 유지, 쇠퇴속도 감축 |

▶그림 1-12 **상품수명주기별 마케팅 전략**

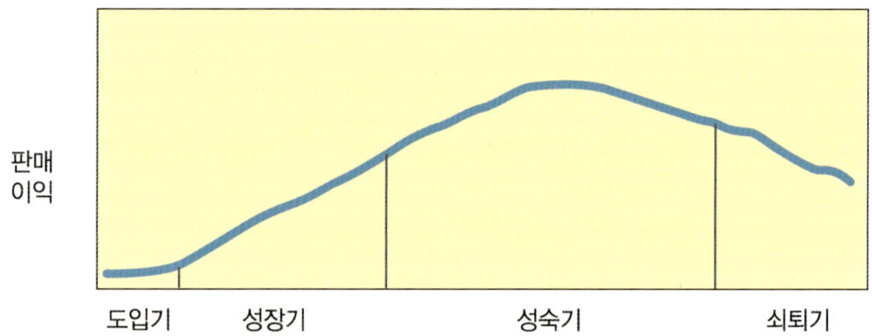


| 제품 | 기초제품 제공 | 제품확대 | 상표(모델) 다양화 | 제품 폐기 |
|---|---|---|---|---|
| 이익 | 원가가산가격 | 시장침투가격 | 경쟁대응가격 | 가격인하 |
| 유통 | 선택적 유통 | 집중적 유통 | 더욱 집중적 유통 | 유통 폐쇄 |
| 광고 | 조기 수용층 대상 인지도 | 대중시장 관심 형성 | 차별화/이점 강조 | – |
| 판촉 | 사용확대를 위한 강력한 판촉 | 수요확대로 판촉 감소 | 상표전환 위한 판촉 증대 | 최저수준 |

▶표 1-7 상품수명주기 단계별 마케팅 전략

| 구분 | | 도입기 | 성장기 | 성숙기 | 쇠퇴기 |
|---|---|---|---|---|---|
| 특성 | 판매량 | 낮다. | 급성장 | 저성장 | 감소 |
| | 구매자 | 혁신자 | 조기 채택자 | 후기 채택자 | 최종 채택자 |
| | 경쟁자 | 거의 없다. | 증가 | 많다. | 감소 |
| | 이익 | 적자 | 최대이익 | 높다. | 감소 |
| 마케팅 전략 | 목표 | • 시장규모 확대<br>• 상품인지도의 확대 | • 시장점유율 확대 | • 이익극대화<br>• 시장점유율 유지<br>• 시장점유율 방어 | • 최저이익 유지<br>• 비용절감<br>• 투자비 회수<br>• 독점적 지위 추구 |
| | 상품 | 다양한 편익 개발 | 포지션 강화<br>상품라인 확대 | 리포지셔닝<br>상품차별화 | 대체품 개발 |
| | 가격 | 높다. | 탄력적 가격 운용 | 최저가격 | 가격 감소 또는 상승 |
| | 유통 | 유통경로 확보 | 유통망 확대 | 유통망 유지 | 선택적 유통 |
| | 촉진 | 광고, 홍보 강화 | 인적 판매 강화 | 판매촉진 강화 | 최소한의 수준 |

*자료 : 김윤태, 「외식마케팅」(대왕사, 2013), p.243에서 인용

상품수명주기란
새로운 상품을 선보인 후
성장기와 성숙기를 거쳐
쇠퇴기로 이어지는 하나의 사이클을 말한다.

## 02 | 가격

### 1) 가격의 정의

가격(price)은 상품의 거래조건을 구성하는 것으로 상품과 서비스의 효용 및 가치를 금액으로 표시한 것이다. 즉 판매자에 의해서 제공되는 재화나 서비스 등에 대해 교환되는 구매자의 화폐가치의 정도를 말한다. 마케팅에서 가격은 판매량과 고객의 소비에 미치는 영향이 상당하므로 의사결정 시 매우 신중하게 다뤄져야 한다.

가격의 구성요소에는 정가, 할인가격, 할증가격, 공제, 리베이트, 지불 기간, 신용조건 등이 있다.

> **가격(price)은 상품의 거래조건을 구성하는 것으로 상품과 서비스의 효용 및 가치를 금액으로 표시한 것이다. 즉 판매자에 의해서 제공되는 재화나 서비스 등에 대해 교환되는 구매자의 화폐가치의 정도를 말한다.**

### 2) 가격관리의 중요성

가격관리의 중요성은 크게 경제적인 측면과 마케팅믹스적인 측면으로 나눠볼 수 있다.

경제적인 측면에서 가격은 효율적 자원배분의 기능 수행으로 이익의 원천이며 총수익, 총이익, 판매량에 영향을 미친다.

**총이익 = (가격 × 판매량) – 총비용**

마케팅믹스 측면에서 가격은 경쟁에 민감하게 반응하는 강력한 도구이다. 따라서 가격은 다른 어떤 마케팅믹스보다 중요성이 크다고 할 수 있다. 가격은 마케팅믹스 중 실행이 편리하고 즉시 효과가 드러나며 효과성이 탁월한 면이 있다. 따라서 쉽게 사용할 수 있으나 마케팅에 있어서 조심스럽게 다뤄야 할 부분이기도 하다.

### 3) 가격결정의 요인과 목표

가격 결정에 영향을 미치는 요인은 수요, 기업의 가격 목표, 원가 구조, 경쟁제품의 가격과 품질, 법적 요인 등이 있다.

▶그림 1-13 가격에 결정을 미치는 요인

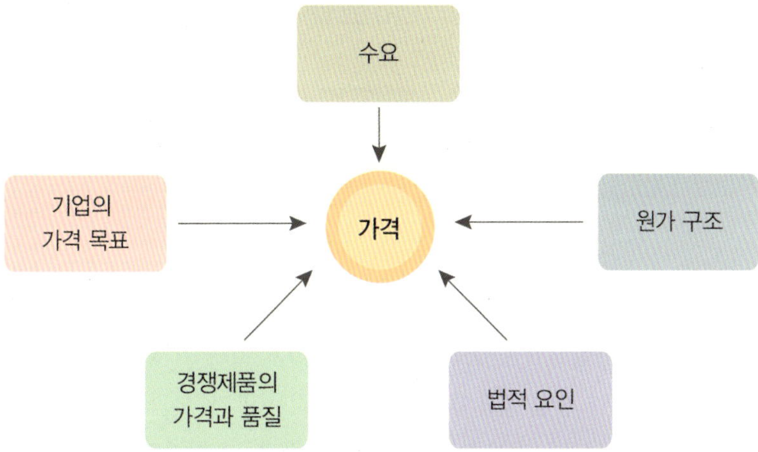


가격의 목표는 시장 확대, 수익률 확보, 기업 존속의 3가지 측면에서 살펴볼 수 있다. 시장 확대는 신제품 시 또는 새 시장의 개척 시 사용되며, 침투가격으로 확대 전략을 펼칠 때 사용된다. 수익률 확보 측면에서도 투자수익률, 매출이익률, 초기자금 회수 등 수익 확보 측면의 목표도 있다. 마지막으로 가격은 경쟁 격화, 자금조달의 어려움 등의 상황에서 기업 존속의 목표를 가지고 있다.

### 4) 가격결정방법

가격결정방법은 원가중심의 가격결정방법, 소비자중심의 가격결정방법, 경쟁자중심의 가격결정방법, 통합적 가격결정방법으로 나뉜다.

원가중심의 가격결정방법은 상품과 서비스의 생산과 판매에 들어가는 모든 비용을 충당하고 목표로 한 이익을 낼 수 있는 정도에서 가격을 결정하는 방법이다.

소비자중심의 가격결정방법은 시장에서의 소비자들의 상품과 서비스에 대한 소비

▶그림 1-14 가격결정방법

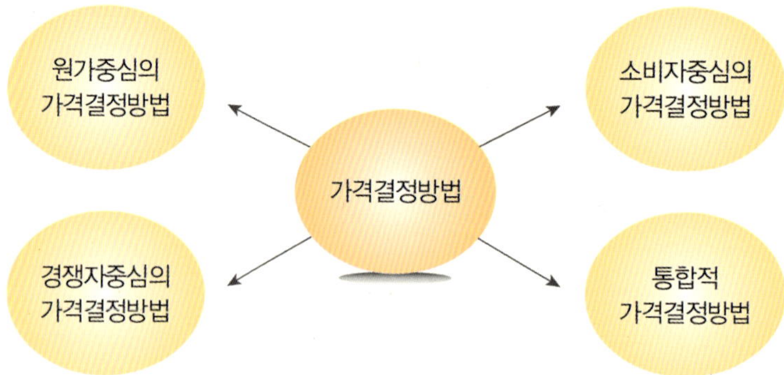


자들의 평가와 그에 따른 수요를 바탕으로 하여 가격을 결정하는 방법이다.

경쟁자중심의 가격결정방법은 경쟁사에서 채택하고 있는 가격을 자사의 상품과 서비스의 가격결정 기준에 가장 중요한 기준으로 생각하고 가격을 결정하는 방법이다.

통합적 가격결정방법이란 원가중심의 가격결정방법, 소비자중심의 가격결정방법, 경쟁자중심의 가격결정방법의 3가지 방법을 통합하여 가격을 결정하는 방식으로 가장 빈번하게 사용되는 가격결정방법이다.

## 03 | 유통

### 1) 유통의 정의

유통(place)은 마케팅경로 또는 판매경로라고도 불리며 상품의 물적 유통 및 유통경로에 관한 것으로, 상품과 서비스가 생산자로부터 최종 소비자에게 전달되고 소비되기까지의 과정에 관련된 생산자, 도매상, 소매상, 최종 소비자를 포함한 구조적인 과정이나 활동을 의미한다. 유통의 마케팅 요소에는 주문처리 방식, 운송, 보관, 재고관리, 입지조건, 중간 도매상과 중간 소매상 등이 포함된다.

▶그림 1-15 유통경로

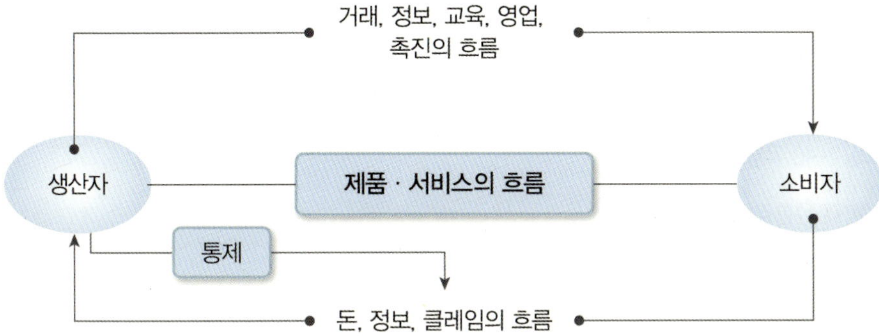


*자료 : 이훈영 · 박기용 공저, 「외식산업마케팅」(도서출판 청람, 2012), p. 287에서 인용

### 2) 유통의 기능[1)]

① 유통경로는 거래의 수를 감소시키고 거래를 촉진시킨다. 유통경로에 존재하는 중간(middlemen) 또는 경로구성원(intermediaries)은 생산자와 소비자 간의 접촉, 즉 거래회수를 줄이고 거래 비용을 감소시킴으로써 분배의 효율성 향상에 핵심적인 역할을 한다.

② 유통경로는 거래를 표준화하는 역할을 한다. 유통경로는 거래과정에서 이용되는 제품과 서비스, 가격, 구매단위, 지급조건 등을 표준화함으로써 거래가 효율적으로 이루어질 수 있도록 한다.

③ 유통경로는 생산자에게는 규모의 경제를 실현할 기회를 제공하고 구매자에게는 다양한 제품을 선택할 수 있는 기회를 준다.

④ 유통경로는 생산자에게 구매자와 경쟁자, 기타 시장환경 요인들에 대한 정보를 제공하고 소비자에게 제품에 대한 정보를 제공한다. 정보의 교차제공을 통하여 유통경로는 생산자와 소비자를 효율적으로 연결하고 서로 간의 관계를 강화시키는 역할을 한다.

⑤ 유통경로는 대 고객서비스를 제공한다. 즉 제품의 배달에서부터 설치, 사용방법의 교육 및 수리와 같은 대 고객서비스를 제공한다.

---

1) 이훈영 · 박기용, 「외식산업마케팅」(도서출판 청람, 2012), pp. 289~290

⑥ 유통경로는 외상이나 할부판매를 통한 간접금융기능을 제공함으로써 생산자의 위험을 분담한다. 특히 수요가 불확실한 신제품의 경우에 생산자로부터 일정한 양을 미리 구매하여 재고로 유지함으로써 생산자의 금융위험을 덜어주는 역할도 한다.

▶그림 1-16 **유통경로의 유형**

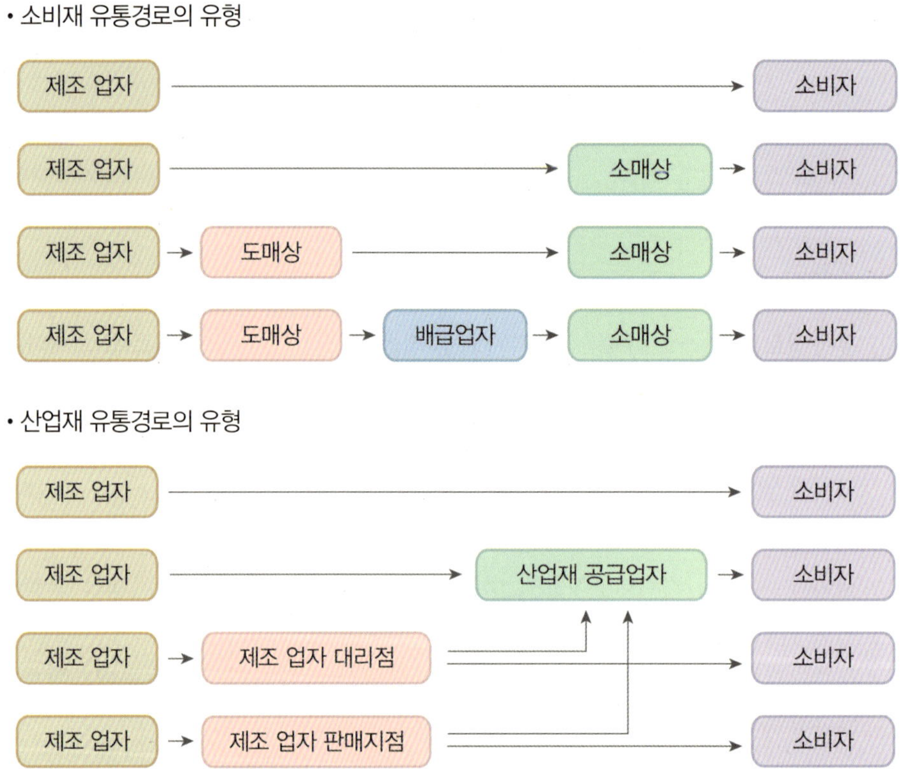


**유통(place)은 상품의 물적 유통 및 유통경로에 관한 것으로, 상품과 서비스가 생산자로부터 최종 소비자에게 전달되고 소비되기까지의 과정에 관련된 생산자, 도매상, 소매상, 최종 소비자를 포함한 구조적인 과정이나 활동을 의미한다.**

## 04 | 촉진

### 1) 촉진의 정의와 역할

촉진(promotion)은 현재의 고객과 잠재 고객과의 커뮤니케이션 활동을 통하여 상품을 홍보하고, 상품에 대한 정보를 제공하며, 구매를 유도하는 기능을 말한다. 촉진의 마케팅믹스 요소에는 판매촉진, 광고, 홍보, 인적판매 등이 있다.

미국 마케팅 협회(AMA : American Marketing Association)의 정의에 따르면 "고객의 구매를 자극하고 유통의 효율성을 향상시키기 위한 제반 마케팅 활동"이라고 정의하고 있다.

### 2) 판매촉진의 정의와 목적

판매촉진이란 말 그대로 판매를 증대하기 위한 촉진 활동을 한다는 것을 의미한다. 즉 소비자들의 구매행동을 권장하고 처음 사용하도록 권유하거나 자주, 많이 사도록 권장하는 활동이 목적이다. 때에 따라서는 상표 전환을 유도하기도 하며, 상표에 대한 충성도를 증진시키기 위해서도 판매촉진의 목적도 있다.

판매촉진의 목적을 정리하면 다음과 같다.

① 소비자들이 첫 구매를 하도록 유도한다.
② 기존 고객들이 충성도나 애호도를 증대시킨다.
③ 경쟁사 고객들이 상표 전환이나 브랜드 전환을 하도록 유도한다.
④ 상품의 재고처분 등이 필요할 경우 시행할 수도 있다.
⑤ 시장에서 점유율을 확대시킬 목적으로 사용한다.

**촉진(promotion)은 현재의 고객과
잠재 고객과의 커뮤니케이션 활동을
통하여 상품을 홍보하고, 상품에 대한 정보를 제공하며,
구매를 유도하는 기능을 말하며 촉진의 요소에는
판매촉진, 광고, 홍보, 인적판매 등이 있다.**

▶표 1-8 소비자 판매촉진 수단

| 구분 | | 특징 |
|---|---|---|
| 가격 관련판촉 | 소액 할인 | 정상가격에서 소액 할인된 가격을 표시하여 그 가격으로 판매 |
| | 쿠폰 | 소비자가 특정 제품을 구입할 때 할인혜택을 받을 수 있도록 하는 증서 |
| | 현금 환불 | 소비자가 제조업자에게 구매했다는 증거를 보내면 제조업자가 우편으로 가격의 일부를 반환해 주는 것 |
| 비가격 관련 판촉 | 경품 | 특정 제품을 정상가격으로 구입할 때 무료 혹은 저렴한 가격으로 소비자에게 제공하는 상품 |
| | 상품 | 어떤 제품을 구입한 결과로 현금, 여행, 상품 등을 얻을 수 있는 기회를 소비자에게 제공 |
| | 콘테스트 | 노래 광고 · 추측 · 제안 등에 참가한 사람 중 최고의 참가자를 선정 |
| | 추첨 | 소비자로 하여금 추첨서에 이름을 기입하도록 하는 것 |
| | 게임 | 제품 구입 시 소비자에게 빙고숫자나 빠진 글자 등을 제시하는 것 |
| | 고객보상 | 고객의 이용에 비례하여 어떤 가치를 현금 또는 다른 형태로 제공하는 것 |
| | 제품보증 | 소비자들이 품질에 민감하게 될 때 매우 중요한 촉진수단으로써 제품의 품질을 절대적으로 보장하는 것 |

*자료 : 김윤태, 「외식마케팅」(대왕사, 2013), p. 296에서 인용

### 3) 광고

광고(advertising)란 광고주가 일정의 대가를 지불하고 매체를 이용하여 자사의 상품과 서비스를 일반 대중이나 소비자에게 알리는 것을 말하며, 자사의 표적 고객에게 상품과 서비스, 기업정보 등을 제공하여 구매를 유도하는 일종의 설득적 커뮤니케이션 활동이라고 할 수 있다. 광고는 글 · 그림 · 사진 · 도안 · 영상 · 소리 등의 표현 메시지를 활용하여 신문 · 잡지 · 라디오 · 텔레비전 등의 대중매체 또는 우편 · 팜플렛 · 옥외광고 · 극장 · 인터넷 등의 다양한 전달매체에 게재 또는 방송한다.

광고의 기능을 살펴보면 다음과 같다.

① 광고는 시장의 잠재 고객에게 상품과 서비스, 자사를 알리는 기능을 한다.
② 광고는 상품과 서비스를 잠재 고객에게 알려 시장을 확대하는 기능을 가지고 있다.
③ 광고는 자사의 이미지나 상품과 서비스의 이미지를 소비자에게 긍정적으로 알리는 역할을 한다.
④ 광고는 잠재 고객뿐만 아니라 기존 고객들에게 소구하여 구매력을 자극하는 기능을 한다.

▶그림 1-17 **광고의 역할**

**광고의 종류**

광고매체를 잘 선정해야 표적 고객에게 빠르게 접근할 수 있다. 따라서 어떤 목적을 가지고 광고를 행하느냐에 따라서 광고의 효과가 달라질 수 있는 만큼 신중하게 매체를 선택해서 집행해야 한다.

㉠ 신문

신문매체는 표적 고객에게 짧은 시간에 효과적인 광고메시지를 전달할 수 있어서 좋은 광고의 방법이나 최근 인터넷이 발달함에 따라 지면신문을 읽은 독자층이 얇아졌고 광고금액에 비해서 효과가 적다는 지적이 있다. 따라서 광고의 목적이 뚜렷하고 표적 고객과 독자층이 일치할 때 사용할 수 있는 광고매체이다.

ⓛ 인터넷 광고

인터넷 광고는 적은 비용으로 많은 소비자들에게 광고할 수 있으며 그 종류로는 블로그, 홈페이지, SNS, 카카오톡 등 다양한 방법으로 접근이 가능한 광고 수단이다. 특히 현대 시대에는 모바일 마케팅은 제외할 수 없는 마케팅 수단이며, 다양한 방법으로 일대일 마케팅, 쌍방향 마케팅, 일대 다수 마케팅 등 다양한 방법으로 진행되고 있다. 염두에 두어야 할 것은 이제 인터넷 마케팅은 필수적인 요소라는 것이다.

ⓒ 전단지

가장 손쉽게, 가장 많이 사용하는 방법 중의 하나이다. 이는 사용 시 업종의 수준에 따라서 달라져야 할 것으로 판단되며, 그 효과성에 대한 검증을 철저히 해야 할 것으로 판단된다. 전단지를 진행할 때는 우리가 전달하고자 하는 메시지를 간결하고 임팩트있게 작성하는 것이 가장 중요하다고 볼 수 있다.

ⓡ 라디오

라디오매체는 광범위한 고객층에 접근할 수 있는 광고매체로서 전국단위 혹은 지역단위로 광고 집행이 가능하다. 프로그램에 따라서 고객층이 정해져 있으므로 그 정해진 고객과 우리의 목표 고객이 일치한다면 효과를 발휘할 수 있다.

최근 프로그램 스폰서로 들어가서 간접광고를 진행하는 사례도 많이 늘고 있다. 다만 광고 비용이 다른 매체에 비해서 저렴하다는 장점을 가지고 있으나 이용자층이 제한적이라는 단점 또한 가지고 있다.

ⓜ TV광고

TV매체는 가장 비용이 많이 들면서 가장 효과성이 뛰어난 광고매체이다. 일반적으로 TV 광고를 진행했을 경우 대형업체는 15%~30%의 매출 신장 효과를 가지고 온다고 한다.

하지만 전국 단위의 브랜드나 대형 기업 위주로 진행해야 효과를 볼 수 있으므로 소규모업체는 집행할 수 없는 광고 기법이다. 최근에는 케이블 TV, 지역방송으로 접근해서 소규모업체의 광고가 진행되기도 하며 효과성도 있다고 한다.

ⓑ 잡지

잡지의 독자층은 잡지별로 한정적이다. 즉 잡지의 고객은 특정한 독자층을 갖는다는 것이다. 만약 우리의 목표 고객과 잡지 고객이 일치한다면 몰입도 높은 광고효과를 볼 수 있다.

다만 잡지매체도 비교적 비용이 비싼 편이며, 고객층이 제한적이라는 단점을 가지고 있다.

ⓐ 옥외광고

일정한 장소에 게재되는 광고물로서 간판, 네온사인, 전광판 등을 활용하여 옥외 광고를 진행하는 방법이다.

ⓞ PPL

PPL(Product in Placement)은 영화, 드라마 등의 화면에서 자사의 상품이나 브랜드를 배치하여 상품이미지를 간접광고 하는 방법으로 소비자들에게 자연스럽게 노출하여 광고효과를 거두려는 기법이다.

최근 PPL은 많은 형태로 진행되고 있고 거의 대부분의 TV 드라마와 영화 속에서 일반화된 기법이다.

ⓩ POP

POP(Point Of Purchase) 광고는 점포 내에서 진행되는 광고 형태로 테이블 텐트, 포스터, 메시지 프린트카드 등 다양한 형태로 제작되어 고객들에게 필요한 정보를 제공하는 형태의 광고이다.

▶표 1-9 광고매체의 장 · 단점

| | 장점 | 단점 | 외식기업 전략 |
|---|---|---|---|
| 인터넷 매체 | • 다수 고객/비용 저렴, 쌍방향<br>• 시간, 지역, 장소 제한 없음.<br>• 전파속도 빠름. | • 광고노출 허락 필요<br>• 사생활 침해 가능성 | • 배너광고 및 지역소개를 통한 기사화<br>• 블로그 및 트위터, 페이스북 등 정보 제공<br>• 다양한 기획 : 맛, 거리, 장소 찾기 등 제공 |
| 전단지 | • 오픈/할인 즉각적 반응<br>• 가격, 메뉴, 정보 제공<br>• 저렴한 비용 | • 즉각적 반응 고객수용 한계<br>• 고객의 거부감 | • 주거지의 조간, 석간 등 표적집단 대상 활동<br>• 아르바이트 무가지 배포<br>• 호객행위 나쁜 이미지 |

| | | | |
|---|---|---|---|
| 114, 협회 공연 | • 친근함, 비용 저렴<br>• 표적 고객 즉각적 반응 | • 수용의 한계 | • 전화번호부, 114 안내, 협회 및 학회의 카탈로그, 연극 및 영화 입장권, 일반적으로 널리 이용하는 방법 |
| TV, 지역 유선 매체 | • 목소리, 동작, 행동결합<br>• 감정과 감각 등에 소구<br>• 다수 고객층에게<br>• 창의성, 이동방법 반복 시연 | • 일시적, 광고 시간 짧음.<br>• 많은 비용<br>• 광고 사이에 삽입<br>• 쉽게 잊혀짐. | • 초기 인지도 상승과 특별층 관심 주력<br>• 광고주제 선정과 이미지 중요<br>• 장기적 메시지 전달과 소재 중요성<br>• 쇼/오락의 연예인 경험담 필요성 |
| 라디오 매체 | • 대중적 접촉<br>• 표적 청중 선택 가능<br>• 구매 중/구매 시 광고<br>• 저렴한 비용 | • 청각으로 전달<br>• 집중력 떨어짐.<br>• 광고시간 짧음.<br>• 특정전파한계성 | • 점포 및 브랜드 인지도 상승<br>• 출퇴근 시간 집중<br>• 광고의 청각적 단서와 효과 사용<br>• 최소의 정보를 반복적으로 전달 |
| 신문 매체 | • 크기, 색상, 시기의 신축성<br>• 특정 독자층 침투<br>• 광고 비용 저렴<br>• 장문의 능력과 다수 접근 | • 수명이 짧음./젊은층 무관심<br>• 표적의 선별능력 저하<br>• 표적선택 어려움.<br>• 쉽게 잊혀짐. | • 초기 집중적 인지도 상승<br>• 직장인 및 장년층 표적/고관여 상세 설명<br>• 창업과 프랜차이즈 안내 효과<br>• 얼리 어답터(early adopter)인용 |
| 잡지 | • 표적 고객 선택 능력<br>• 정독 및 제독 가능<br>• 전문지/품격 가능 수명이 김. | • 기획/노출까지 시간이 김.<br>• 세분된 표적 고객<br>• 지면상의 위치 불확실 | • 전문지 : 기업 우수성, 비전, 다양한 정보 제공<br>• 일반 잡지 · 탐방과 경험담, 연예인, 스포츠인<br>• 얼리 어답터(early adopter) 경험담 |
| 옥외 광고 | • 연중 노출, 지출 비용이 적음.<br>• 광범위한 소비자의 기억 강화<br>• 빛, 색, 네온, 조명 신축성 | • 표현의 제한과 반문<br>• 제한적 노출과 측정 어려움. | • 프랜차이점 전국 동시에 동일 효과<br>• 고객 기대 유발과 창의성<br>• 상호 및 로고 집중적 부각 |

*자료 : 백남길, 「외식마케팅」(백산출판사, 2012), pp. 268~269에서 인용

### 4) 홍보의 정의와 특징

홍보(PR : Public Relations)는 대중매체를 통한 기사나 뉴스의 형태로 이루어지는 커뮤니케이션으로 제3자에 의해 객관적인 형태로 전달되는 것을 말한다. 이는 촉진믹스 중 가장 신뢰성이 높은 메시지 전달방법으로서 광고보다 높은 신뢰성을 형성한다. 광고가 비대인적, 시각적, 청각적, 감성적 메시지를 전달하는 매체라고 한다면 홍보는 판매촉진 매체로 기업 정보나 사진, 그림, 기사 등을 신문이나 잡지, TV, 라디오 등에서 무상으로 제공된다.

홍보의 수단으로써는 간행물, 언론보도, 기자회견, 캠페인 활동, 지역사회 홍보 등이 있다.

홍보는 다음과 같은 특징을 가지고 있다.

① 홍보는 다른 어떤 광고보다 높은 신뢰도를 소비자들에게 전해준다. 소비자들의 대부분은 광고보다 객관적으로 접하게 되는 홍보에 더 많은 신뢰도를 형성하게 된다.

② 홍보는 매체회사에서 비용을 부담하며 비용이 들지 않는 장점이 있다. 따라서 기업에서는 사진, 그림, 소재에 대한 정보만을 제공하면 된다.

③ 홍보는 잠재 고객들에게 많은 호응을 얻을 수 있다. 객관화된 정보에 대해서 잠재 고객들에게도 많은 어필을 할 수 있다.

### 5) 인적판매

인적판매는 대면판매라고도 하며 직접 대면이나 전화에 의한 구매자와 판매자 간의 대화를 통해 판매를 촉진시키는 양방향 커뮤니케이션 활동이다. 인적판매는 다른 기법과 비교하여 자세한 정보를 소비자에게 전달할 수 있다는 장점을 가지고 있으며 양방향으로 의사소통이 가능하므로 고관여제품의 판매에 적합한 방식이다. 광고의 경우 일방적으로 고객에게 주입시키는 커뮤니케이션 방식이지만 인적판매는 직원이 고객과 직접 대면하여 대화를 통해 고객이 요구하는 사항을 파악하는 상품, 서비스를 추천하는 대고객 커뮤니케이션 활동이다.

### 인적판매의 중요성

인적판매의 경우 대부분 고관여제품에 필요하다. 고관여제품의 경우 고객들은 많은 사고와 생각을 해서 의사결정을 하게 된다. 따라서 인적판매의 경우 고객의 사고를 집중할 수 있게 해주고, 제품구매 시 가져야 하는 위험성과 구매 후 사용 중의 위험성에 대한 부담을 인적판매를 통해서 해소할 수 있다. 따라서 인적판매의 중요성은 고관여제품 구매 시 상당히 중요한 역할을 한다.

또 신제품이 출시될 때 역시 중요한 역할을 수행하는데 신제품에 대한 확신과 관심을 인적판매는 직접적 대면을 통해서 해결해준다.

### 인적판매의 장단점

인적판매는 다음과 같은 장점을 가지고 있다.

㉠ 고객의 요구사항을 파악하여 적절하고 융통성 있게 대응할 수 있다는 장점을 가지고 있다. 다른 커뮤니케이션방법들이 일방적인 커뮤니케이션인 반면 인적판매의 경우 고객과 직접 대면함으로써 고객의 요구사항을 직접 파악해서 융통성 있게 대할 수 있는 장점을 가지고 있다.

㉡ 표적 고객에게 명확하게 접근할 수 있다. 광고나 기타 커뮤니케이션의 경우 표적 고객에게만 전달할 수 없고 일방적인 메시지를 다수의 고객에게 커뮤니케이션하는 반면 인적판매의 경우 직접적 고객, 표적 고객에게 명확히 접근해서 커뮤니케이션할 수 있는 장점을 가지고 있다.

㉢ 고객과의 직접적인 접촉을 통해서 즉각적인 효과를 발휘할 수 있다. 인적판매의 가장 큰 장점 중의 하나가 바로 고객과의 대면을 통해서 구매행동을 직접 유발하는 것이다.

인적판매의 단점은 아래와 같다.

㉠ 인적판매의 장점이 직접 대면으로 인한 판매기회의 향상이나 판매원이 한정되어 있고, 이 판매원들의 인건비가 높은 단점을 가지고 있다.

㉡ 한정된 고객들에게 접근하여 다수의 고객의 인식시키는 데 한계를 가지고 있다.

㉢ 판매원의 진실성 결여, 구매압력, 구매강요 등으로 인한 고객들에게 부정적인 이미지를 심어줄 우려가 있다.

▶표 1-10 서비스 마케팅믹스 요소

| 마케팅믹스 | 마케팅믹스 요소 |
|---|---|
| 상품 | 범위, 품질, 수준, 상표명, 서비스 라인, 보증, 애프터서비스 등 |
| 가격 | 수준, 할인(공제, 커미션), 지불 조건, 고객의 인지가치, 품질, 가격 차별화 등 |
| 장소 | 위치, 접근성, 유통경로 등 |
| 촉진 | 광고, 인적판매, 판매촉진, 홍보, PR 등 |
| 사람 | 종사원(훈련, 재량, 인센티브, 용모, 개인행동), 태도, 다른 고객의 행동과 관여 정도, 고객 간의 접촉 등 |
| 물적 증거 | 환경(가구 · 색채 · 배치 · 소음), 편의용품, 유형적 단서 등 |
| 과정 | 정책, 절차, 기계화, 종사원 재량, 고객관여, 고객 재량, 활동의 흐름 등 |

*자료 : B. H. Booms & M. J. Bitner, *Marketing Strategies and Organization Structures for Service Firms*, in J. Donnelly & W. R. Geoge(eds) (Chicago : Marketing of Services AMA, 1981).

## 참고 문헌


- 김광규 · 박철주 · 손준상 · 이원일 · 정문영. 「마케팅원론」. 형설출판사, 2014.
- 김윤태. 「외식마케팅」. 대왕사, 2013.
- 김종의. 「소비자행동론」. 형설출판사, 2005.
- 김종의 · 김소영 · 임승희 · 석유미 · 김소리. 「소비자행동론」. 형설출판사, 2013.
- 박진우. 「외식경영학」. 형설출판사, 2010.
- 박진우. 「외식점포점장매뉴얼」. 형설출판사, 2013.
- 백남길. 「외식마케팅」. 백산출판사, 2012.
- 윤훈현 옮김. 「마케팅관리론」. 석정, 2003.
- 윤훈현 · 설상철. 「마케팅원론」. 석정, 2003.
- 이훈영. 「마케팅」. 도서출판 청람, 2009.
- 이훈영 · 박기용. 「외식산업마케팅」. 도서출판 청람, 2012.
- 정규엽. 「호텔외식관광마케팅」. 연경문화사, 2004.
- 정용주. 「외식마케팅」. 백산출판사, 2012.
- 정익준. 「호텔외식산업마케팅」. 형설출판사, 2000.

- Assel, Henry, '*Consumer Behavior and Marketing Action*', 5th ed., South-Western, 1995.
- Belch, George E. & Michael A. Belch, '*Introduction to Advertising and Promotion*', 3rd. ed., Irwin, 1995.
- B. H. Booms & M. J. Bitner. '*Marketing Strategies and Organization Structures for Service Firms*', in J. Donnelly & W. R. Geoge(eds), Chicago : *Marketing of Services* AMA, 1981.
- Kotler, Bowen & Makens. '*Marketing for Hospitality and Tourism*', Prentice-Hall, 2010.
- Philip Kotler & Gary Armstrong. '*Principle of Marketing*', 12th ed., Prentice Hall, 2008.

포지셔닝 전략은 제품보다는
사람의 마음에 대해 다룬다.
궁극적으로 마케팅 활동은
사람의 마음 속을 전쟁터로
경쟁자와 싸우는 일이기 때문이다.

Local Store
Marketing Manual

# 제2장

# 소비자행동의 이해

· 제1절

# 소비자행동의 이해

기업은 자사의 서비스, 제품, 상품을 경쟁사보다 더욱 우월하게 만들어서 소비자가 선택하고 구매할 수 있도록 제품개발과 마케팅 활동에 집중하고 있다. 따라서 기업은 마케팅 활동을 통하여 기업의 소비자행동에 관여하고 영향을 미치려고 한다. 마케팅 활동은 반드시 소비자의 구매행동에 의해 영향을 받는다. 즉 소비자행동, 기업의 마케팅 활동, 기업과 소비는 상호 연관성이 있으며 지속적인 상호작용이 일어난다. 이렇듯 기업은 마케팅 활동을 효과적으로 잘 수행하기 위하여 소비자행동을 이해할 필요가 있으며 소비자행동의 분석을 통한 마케팅 활동을 수행하여야 한다.

우선 소비자란 무엇인가? 일반적으로 일상생활을 영위하기 위해서 경제적 재화를 구매, 사용, 소비하는 사람을 소비자(consumer)라고 부른다. 하지만 소비자행동을 연구할 때에는 이보다 훨씬 광범위한 영역까지 포함하여 소비자로 지칭한다. 예를 들어서 유형적 재화뿐만 아니라 서비스를 구매하는 사람, 경제적 재화나 서비스뿐만 아니라 종교단체, 학교, 교육자, 정치 등의 이념이나 아이디어를 수용하는 사람까지도 포함하고 있다. 더 넓게 무상의 이용자, 개인뿐만 아니라 조직단위까지도 소비자로 보는 경향도 있다. 따라서 소비자란 제품이나 서비스를 직접 구매하여 사용하는 개인이나 조직뿐만 아니라 구매에 대한 직간접적인 영향력을 행사하는 개인이나 조직까지도 포함하는 포괄적인 개념으로 볼 수 있다.

## 01 | 소비자행동

소비자행동이란 소비자의 외적으로 일어나는 물리적인 행동뿐만 아니라 소비자의 내면에 일어나는 심리적인 부분까지도 소비자행동 분야에 포함된다. 외적인 행동은 분명 내적인 동인이 발생하여 의사결정과정에 영향을 미치기 때문이다. 따라서 소비자행동에서는 외적인 행동과 내적인 요인을 동시에 살펴보아야 한다. 여기서 외적인 행동이란 제품이나 서비스를 구매하고 사용하는 행위, 구매결정을 위해서 정보를 수집하고 검토하는 행위를 말하며 이런 행위에 영향을 미치는 소비자의 심리적 행위를 내적인 행위라 한다.

소비자행동을 살펴보면 몇 가지의 특징을 가지고 있다.

첫째, 소비자행동은 어떤 특정한 목적을 달성하기 위해서 수단으로 수행되는 의도적인 행동이다.

둘째, 소비자행동은 상품이나 서비스를 구매하는 직접적인 행동 이외에도 상품과 서비스에 대한 탐색, 평가, 결정 등과 관련된 모든 활동을 포함하는 포괄적인 성격을 가지고 있다.

셋째, 소비자행동은 시간적 여유 또는 기간에 따라서 정보 탐색, 대안 평가 등에 있어서도 차이가 난다.

넷째, 소비자행동은 특정한 목적을 가지고 있지만 개인 외적 요인에 의해서 많은 영향을 받는다.

다섯째, 소비자행동은 개인에 따라서 다르게 나타난다. 즉 고가품을 선호하는 사람과 저렴한 할인 물품을 좋아하는 사람, 인터넷으로 검색하는 사람과 구전에 의존하는 사람 등 사람에 따라서 다양하게 나타난다.

따라서 소비자행동은 위에서 언급한 모든 사항을 포함해서 학습하고 연구해야 하는 분야이다. 특히 초세분화되고 있는 현대의 사회에서는 소비자행동을 더욱 세밀하게 연구할 필요성이 있다고 본다.

> 소비자행동이란
> 소비자의 외적으로 일어나는
> 물리적인 행동뿐만 아니라
> 소비자의 내면에 일어나는
> 심리적인 부분까지도 소비자행동 분야에 포함된다.

▶그림 2-1 소비자행동 모델

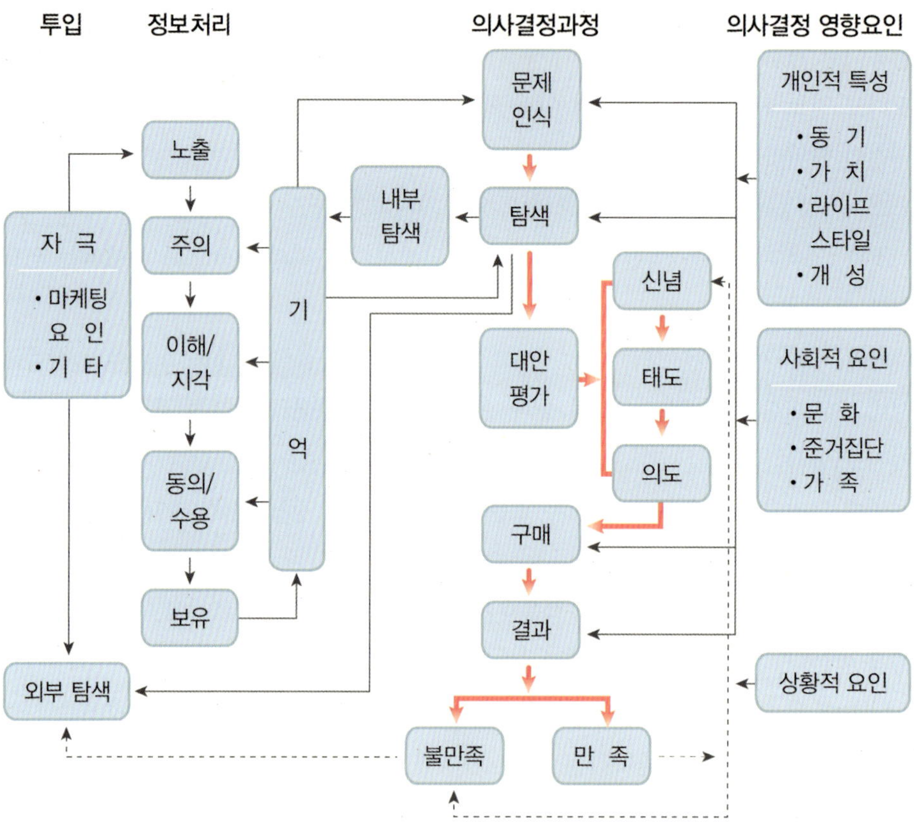


*자료 : James F. Engeld, Roger D. Blackwell, and Paul W. Miniard, *Consumer Behavior*, 5th ed., Hinsdile, III. : The Dryden Press, 1986, p. 35.

▶그림 2-2 구매자행동 모델

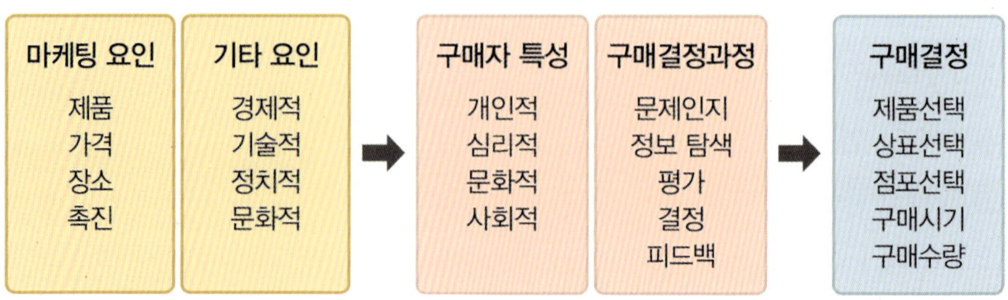

· 제2절

# 소비자의 정보처리과정

현대의 소비자들은 원하든 원하지 않든 수많은 정보 속에서 살고 있다. 소비자들은 자신의 의지와 관계없이 정보에 노출되게 되고, 주의를 기울이게 되며 내용을 지각하여 이에 대한 긍정적 반응 또는 부정적 반응을 나타내게 된다. 이를 소비자 정보처리과정이라고 한다.

소비자의 의도와 소비자가 마케팅 자극에 노출되어 주의를 기울이고 내용을 지각하여 이에 따른 긍정적인 반응과 부정적인 반응을 내기까지의 과정을 소비자 정보처리과정이라고 한다. 정보처리의 결과는 소비자의 신념과 태도변화이며 이러한 신념과 태도의 변화는 구매의사결정과정에서 즉시 사용하기도 하며, 기억 속의 저장을 통하여 향후에 사용하기도 한다.

▶그림 2-3 소비자의 정보처리과정

노출 → 주의 → 지각 → 반응 → 저장 및 기억

| | |
|---|---|
| 노출 | 감각기관을 통해 마케팅 자극을 감지하는 단계 |
| 주의 | 마케팅 자극에 주목하는 과정 |
| 지각 | 주어진 자극에 대해 의미를 부여하는 과정 |
| 반응 | 자극에 대한 소비자의 정서적, 인지적 상태 |
| 저장 및 기억 | 처리된 정보가 기억 속에 저장되는 것 |

> 소비자들은 자신의 의지와 관계없이 정보에 노출되게 되고,
> 주의를 기울이게 되며 내용을 지각하여
> 이에 대한 긍정적 반응 또는 부정적 반응을 나타내게 된다.
> 이를 소비자 정보처리과정이라고 한다.

## 01 | 노출

노출은(exposure) 정보처리과정의 첫 번째 단계이며 어떤 자극이 소비자에게 주어지면 에너지가 소비자의 오감 중 어떤 것을 활성화시킴으로써 소비자가 그 자극요인에 물리적으로 접근하게 되는 현상을 말한다. 즉 마케팅 자극에 노출되는 것부터 시작되며 이 노출은 우연적 노출과 의도적 노출로 나눌 수 있다.

우연적 노출은 소비자가 의도하지 않은 상태에서 노출되는 것이며 소비자의 의도와 관계없이 노출되게 되는 영화관람 전 광고, 각종 포스터, TV 시청 시 나오는 광고 등이 이에 해당된다. 의도적 노출은 소비자가 직접 정보를 외부로부터 찾는 경우를 말하며 소비자가 가진 정보가 부족하다고 느낄 경우 해당 정보를 인터넷에서 찾거나 기타 자료 등을 검색하여 찾는 경우가 여기에 해당된다.

마케터의 입장에서는 소비자들에게 충분히 많은 정보를 가능한 많이 알리기 위해서 노력을 기울여야 한다.

## 02 | 주의

주의(attention)란 마케팅 자극에 관심을 가지고 집중하는 과정을 말한다. 소비자는 본인의 의도에 의해서 마케팅 자극에 노출시킨 경우 주의를 기울이지만 의도하지 않은 마케팅 자극에 노출되었을 경우 본인과 관련이 있다면 주의를 기울이게 되고, 그렇지 않다면 주의하지 않게 된다. 이를 선택적 주의라고 한다.

마케터의 입장에서는 소비자들의 주의를 끌기 위해서 자극적인 정보나 다양한 방법

을 활용하여 자극을 주어야 한다.

소비자행동에서 주의현상(김종의, 형설출판사, 2005)을 세 가지 유형으로 구분하여 설명하고 있다.

① 계획적 주의(planned attention)

소비자가 의식적으로 특정자극에 관심을 보이는 현상을 말한다. 소비자는 쇼핑이나 구매에 필요한 정보를 얻기 위하여 의도적으로 정보에의 노출을 시도하고 노출된 정보를 주의 깊게 관찰하게 되는데, 이와 같은 목적지향적 주의현상을 계획적 주의라 한다.

② 무의식적 주의(involuntary attention)

외부자극이 강렬해서 무의식적으로 그 자극에 관심을 보이게 되는 현상을 말한다. 이를 테면 갑자기 비명소리가 들린다거나 불빛이 반짝거리면 사람들은 무의식중에 그 쪽으로 시선을 주게 되는데, 이와 같은 비자발적인 관심표출현상을 무의식적 주의라 한다.

③ 자발적 주의(spontaneous attention)

주의를 기울이는 행동이 의식적이긴 하지만 목적지향적은 아닌 주의의 유형을 말한다. 즉 새롭고 신기한 자극이 주어졌을 때 자연적인 호기심으로 인해 발생하는 관심표출현상을 말한다.

## 03 | 지각

지각(perception)이란 마케팅 활동과 자극에 주의를 기울이고 자극의 내용을 이해하려고 의미를 부여하는 소비자의 활동이다. 동일한 기업의 마케팅 활동과 자극이지만 소비자의 지각은 다른 경우가 많다. 이 단계에서 소비자가 어떻게 이해하고 해석하느냐에 따라서 태도와 행동이 결정되기 때문에 정보처리과정에서 가장 중요한 단계라고 할 수 있다.

소비자들은 무수히 주어지는 외적 자극에 대해서 일부분만 감지하고 이를 자기 나름대로 이해하고 해석함으로써 객관적인 현실을 주관적 현실로 변화시킨다. 이런 지각의 특성 때문에 동일한 사건과 대상에 대해서도 다른 태도와 행동을 보이게 된다. 지각에 영향을 미치는 요인으로는 욕구, 기대와 고정관념, 자극의 특성과 상황적 특성 등이 있다.

욕구는 소비자의 잠재적인 욕구로서 실체에 근거하기보다는 소비자 자신이 가지고 있는 감정이나 욕구에 기인해서 사물을 판단하는 경향을 말한다. 기대 및 고정관념에 의해서도 영향을 받는데 소비자들은 본인이 원하는 기대와 이럴 것이다는 가정하에서 사물이나 현상을 본다는 의미이다. 또 자극의 강도, 첫인상 등에 의해서도 영향을 받으며 자극이 주어지는 시간적, 공간적 상황에 따라서 영향을 받기도 한다.

## 04 | 반응

반응(response)이란 마케팅 자극에 노출되어 주의를 거쳐, 자극에 대한 지각을 하게 되고 이 지각을 바탕으로 하여 긍정적인 태도, 부정적인 태도, 중립적인 태도를 가지게 되는 것을 말한다. 소비자의 반응에는 인지적 반응과 정서적 반응이 있다.

인지적 반응은 긍정적 생각, 부정적 생각과는 무관한 것으로 소비자가 광고를 보는 동안 자연스럽게 떠오르는 생각들이다. 광고 자체에 대한 생각과 무관하다고 볼 수 있다.

정서적 반응 또한 긍정적 반응과 부정적인 반응이 있다. 소비자가 광고를 보면서 가지게 되는 여러 가지 감정과 느낌을 정서적 반응이라고 한다.

## 05 | 저장 및 기억

저장 및 기억(memory&retention)은 위와 같은 과정을 거쳐 기억 속에 저장되게 되며 소비자들은 일부 기억들만 저장하게 된다. 기억은 기존의 정보, 경험, 환경적 영향, 새로운 마케팅 자극들로부터 제공된 정보들로 구성된다. 또한 소비자는 만족과 불만족에 대해서 경험을 하게 되는데 이 부분 역시 소비자의 기억 속에 저장된다. 기억에는 단기기억과 장기기억이 있다.

## 제3절

# 소비자의 구매의사결정과정

소비자의 구매의사결정과정은 욕구 인식, 정보 탐색, 대안 평가, 구매결정, 구매 후 행동의 다섯 단계로 이루어진다. 또한 소비자들은 다양한 태도를 보이게 되는데 구매의사결정과정에 있어서 제품구매 여부, 사용경험, 기호, 계층, 가처분소득, 직업, 교육, 나이, 성별 등이 영향을 미치게 된다고 볼 수 있다.

소비자의 구매의사결정과정은 이러한 기억 속 과정에서 이루어지게 되며 기억 속 과정이 부족하다고 판단할 경우 다양한 정보를 찾게 된다. 선택된 대안들은 비교, 평가의 과정을 거쳐서 선택한 후 소비하고 사용하게 된다. 그 후 사용경험을 바탕으로 해서 만족과 불만족의 감정을 가지게 된다.

▶그림 2-4 **소비자의 구매의사결정과정**

욕구 인식 → 정보 탐색 → 대안 평가 → 구매결정 → 구매 후 행동

| | |
|---|---|
| **욕구 인식** | 실제 상태와 바람직한 상태 간의 차이를 인식하는 단계 |
| **정보 탐색** | 구매의사결정을 위해 관련 정보를 탐색하는 단계 |
| **대안 평가** | 정보 탐색을 통해 고려한 상표들을 비교, 평가하는 단계 |
| **구매결정** | 상표의 비교, 평가를 통해 특정 상표를 구매하는 단계 |
| **구매 후 행동** | 구매 후 제품 사용을 통한 소비자의 만족, 불만족 상태 |

소비자의 구매의사결정과정은 욕구 인식, 정보 탐색, 대안 평가, 구매결정, 구매 후 행동의 다섯 단계로 이루어진다.

## 01 | 욕구 인식

욕구 인식이란 소비자가 욕구를 충족시키려고 하는 행위를 말하며 욕구가 인식되었다는 것이다. 이는 문제를 인식하여 구매욕구가 발생하는 단계이며 구매의사결정과정은 "욕구 인식을 어떻게 충족시켜 나갈 것인가"하는 문제해결과정이다. 즉 소비자는 이상적인 상황과 현재의 실제적 상황 사이의 격차를 인지할 때 심리적 불안상태를 가지게 된다. 이 상황을 욕구의 인식이라 보아도 좋다. 욕구의 인식은 소비자가 기대하는 이상적 상태, 실제 상태에서 불만족을 초래하는 요인이 발생할 때 생기게 된다. 그렇다고 해서 욕구 인식이 반드시 구매의사결정과정을 유발하지는 않으며 이는 경제적 한계, 시간적 한계, 사회 규범적 사항들이 구매행동을 제한하기도 한다. 즉 실제상황과 이상적 상황의 지각된 차이가 크지 않을 때, 두 상황적 차이가 크더라도 문제를 해결할 수 있는 시간적, 경제적, 환경적 여건이 갖추어져 있지 않을 때에는 구매결정행동을 하지 않는다.

욕구 인식은 외적 자극과 내적 자극이 발생하며 내적 자극이란 생리적 욕구의 충동이나 심리적 변화와 같은 것이며, 외적 자극은 준거집단의 영향력 혹은 개인상황의 변화와 같은 것이다.

▶그림 2-5 소비자의 구매의사결정과정

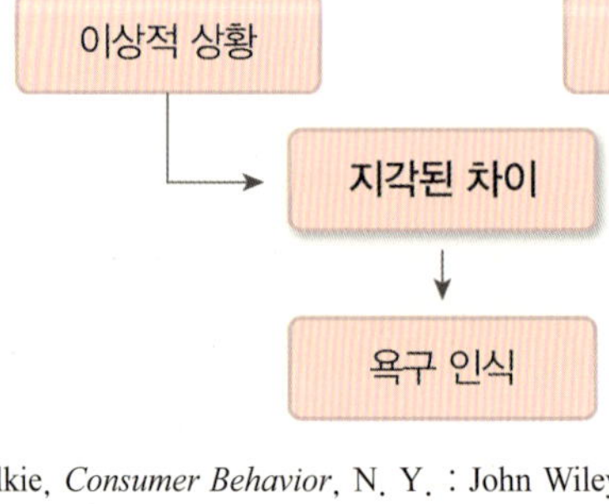


*자료 : William L. Wilkie, *Consumer Behavior*, N. Y. : John Wiley & Sons, Inc., 1986, p. 499

**욕구를 활성화시키는 요인**

㉠ 충동

동기이론에 의하면 본능적이고 생리적인 요인에 의해서 일어나는 내적 긴장상태가 충동을 불러일으킴으로서 동기가 발생하며 문제를 인식하게 된다.

㉡ 공상적 사고

소비자는 내적 충동이나 외적 자극이 선행되지 않아도 순전히 공상적 사고에 의해 문제를 인식할 수 있다. 인간은 상상할 수 있는 능력을 가지고 있으며 이 상상력은 특히 혼자 상상하는 주관적 상상력을 가지게 되는데 이를 공상적 사고라 한다. 이 공상적 사고는 욕구를 자극하게 된다.

㉢ 환경의 자극

외부의 자극에 의해서 구매행동을 일으키는 문제를 인식하고, 욕구가 발생하게 된다. 마케팅을 통한 외부의 자극을 소비자에게 준다면 소비자는 욕구가 일어날 수 있다. 신제품개발, 포장의 개발, 광고 등의 마케팅 활동은 소비자의 욕구를 활성화시킬 수 있는 원동력이 된다.

## 02 | 정보 탐색

소비자는 구매에 관한 문제를 인식하게 되면 구매를 통한 만족을 얻기 위해서 많은 양의 정보를 탐색하며 구매의사결정과정 중 2단계로서 정보 탐색을 하게 된다.

정보 탐색이란 제품, 서비스, 점포 또는 구매에 관하여 어떤 지식을 얻으려는 소비자의 의도적인 행동을 말한다. 소비자는 만족스러운 구매결정을 위하여 충분한 양의 신뢰성 있는 정보를 탐색하려고 한다.

정보 탐색은 내적 탐색과 외적 탐색으로 나뉘며, 내적 탐색이란 기억 속에 저장되어 있는 정보를 탐색하는 것이고 외적 탐색은 인적 정보와 상업적 정보 및 공공 정보를 이용하여 정보를 탐색하는 것이다. 의사결정을 할 정도의 충분한 정보를 가지고 있다면 이를 바로 대안 평가를 거쳐 구매로 이어질 수 있다. 하지만 충분한 정보를 가지고 있지 않다면 외부로부터 정보를 찾게 되는데 이를 외적 탐색이라고 한다. 정보 탐색의 양을 결정하는 변수는 관여도이다. 소비자는 관여도가 높은 제품이나 서비스일수

▶그림 2-6 **정보 탐색 모형**

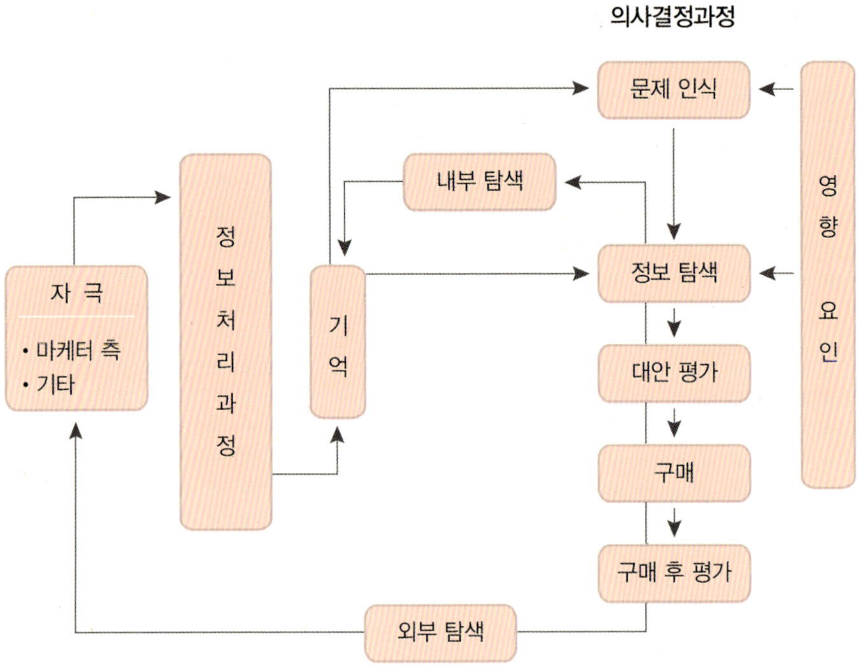


*자료 : James F. Engeld, Roger D. Blackwell, and Paul W. Miniard, *Consumer Behavior*, 5th ed., THe Dryden Press, 1986.

록 더 많은 정보를 찾으려는 성향을 가지고 있다.

정보를 탐색한다는 것은 혜택을 찾으려는 의도이며 정보 탐색의 혜택으로는 구매 후 얻게 되는 직접적인 경제적 혜택, 위험부담을 줄여주는 혜택, 만족감과 자만감을 주는 심리적 혜택 등이 있다.

### 내부 탐색

소비자가 어떤 문제를 인식하게 되었을 때 과거의 경험, 주위의 사람들을 통한 사실을 저장해 두었다가 이를 활용하게 된다. 일상적인 구매 활동을 하는 경우에는 주로 내부 탐색만을 통해서 구매결정을 하게 된다.

내부 탐색에 영향을 미치는 요인은 다음과 같다.

㉠ 과거경험에 대한 만족

과거경험에 의해서 만족한 소비자는 내부 탐색에 의해서 소비행동을 할 가능성이 크다. 만약 불만족했을 경우에는 재구매하지 않고, 새로운 대안을 찾아서 외부 탐색을 할 가능성이 크다.

㉡ 구매 주기

구매 주기가 긴 경우 저장된 정보가 퇴색되므로 외부 탐색에 의존할 가능성이 크다.

㉢ 대체재의 변화

대체재의 변화가 클수록 내부 탐색에 대한 의존도는 낮아지고, 외부 탐색에 대한 의존도는 높아진다.

**외부 탐색**

정보의 외부 탐색이란 광고, 판매원, 친구, 가족, 매체 등으로부터 새로운 정보를 수립하는 과정을 말하며, 소비자는 내부 탐색으로 부족하다고 판단할 경우 외부 탐색을 진행하게 된다.

탐색방법으로는 상표별 정보처리와 속성별 정보처리방법이 있다. 상표별 정보처리방법은 상표의 속성과 특징에 대하여 정보 탐색 후 상표별로 정보를 종합평가하는 방식이며, 속성별 정보처리방법은 제품의 특정속성에 대하여 여러 상표에 대한 정보를 탐색한 후 또 다른 속성에 대하여 다시 정보를 탐색하는 것과 같이 속성별로 정보를 탐색해가는 방법을 말한다.

## 03 | 대안 평가

구매의사결정과정의 3단계로 대안 평가가 이루어지게 되며 정보 탐색 후 고려하고 있는 여러 대안들을 심층적으로 비교, 평가하는 과정이다. 소비자들이 대안을 평가할 때 가장 먼저 선정하는 것이 평가기준의 설정이다. 평가기준은 대안들을 비교, 평가하는 데 사용하는 평가항목들을 의미한다. 평가기준으로 대표적으로 사용되는 것이 가격과 상표의 명성이다. 가격은 소비자가 특정제품에 대해서 지불할 수 있는 허용의 가격범위를 의미하며 준거가격의 역할을 수행한다. 이 준거가격은 과거 구매경험, 제품원가에 대한 지각, 대체품의 가격 등에 의해서 결정된다. 상표의 명성은 제품에 대한 신뢰를 의미하며 오래된 상표일수록 신뢰도가 높음을 의미한다. 또 상품의 명성이나 신뢰도가 좋을수록 품질수준을 객관적으로 판단할 수 있게 해주며, 위험부담을 감소시켜준다. 예를 들어서 레스토랑의 평가기준은 음식의 맛, 청결, 서비스 등일 것이다. 소비자들은 여러 선택 대안들에 대한 상대적인 평가는 평가기준과 이에 대한 신념의 결과라 할 수 있다. 평가기준은 소비자가 가장 중요하게 생각하는 속성을 중심으로 평가하게 된다.

## 04 | 구매결정

구매의사결정과정의 4단계로, 대안들을 평가한 후 후보 대안들 중에서 가장 소비자에게 혜택을 많이 주고, 우월한 상표를 어떻게 구매하겠다는 결정을 내리게 된다. 소비자는 선택된 대안을 비교, 평가하여 가장 마음에 들고 경제적으로 적합한 대안에 대해서 구매의도를 가지고 구매를 하게 된다. 하지만 대안을 비교, 평가하더라도 모두 구매행동을 하는 것은 아니다. 경제적 여건, 시간적 여건, 상품에 대한 품질 등 다양한 사유로 인해서 구매를 포기하는 경우도 생긴다.

**구매행동 유형**

㉠ 고관여 구매형

고관여 구매형이란 가장 복잡한 인지적 의사결정방식으로 구매를 결정함에 있어 완벽에 가까운 구매의사결정을 하는 소비자의 행동유형이다. 이 유형의 소비자는 구매결정 시 많은 정보를 탐색하고, 여러 가지 대안을 비교검토하며 최종 대안선정에 있어서 매우 신중한 편이다.

㉡ 상표애호 구매형

상표애호 구매형이란 다양한 상표들을 비교하는 것이 아니라 평소에 선호하는 상표를 반복적으로 구매하는 행동유형을 말한다. 복잡한 구매의사결정방식을 피하고 단순한 구매방식을 선택하는 것으로 이미 그 상표를 사용해서 만족했다면 상표에 대한 애착을 가지고 지속적으로 구매하는 방식이다.

▶그림 2-7 소비자의 구매행동 유형 및 구매결정과정

| 상표 간 차이 \ 관여도 | 높다 | 낮다 |
|---|---|---|
| 높다 | 복잡한 구매행동 | 다양한 추구 구매행동 |
| 낮다 | 불협화 감소 구매행동 | 습관적 구매행동 |

▶표 2-1 소비자 구매행동 유형

| 구매행동 유형 | 세분행동 유형 |
|---|---|
| 복잡한 구매행동 | • 고관여와 상표 차이가 높으며 소비자가 제품을 잘 모르기 때문에 학습과정이 필요하다.<br>• 마케팅 : 인쇄매체 활용 및 상표특성 차별화와 이점을 제공한다. |
| 다양성 추구 구매행동 | • 저관여와 제품 차이가 높으며 소비자는 상표를 자주 전환한다.<br>• 마케팅 : 반복적 구매, 습관적 구매로 유도/쿠폰, 가격인하, 샘플 등을 통해 다양성 추구 구매로 유도한다. |
| 불협화 감소 구매행동 | • 고관여, 상표 차이가 낮다.<br>• 마케팅 : 구매 후 사후 평가를 잘 할 수 있도록 신념과 평가를 제공한다. |
| 습관적 구매행동 | • 저관여, 상표 차이가 낮으며 정보 탐색과 특성평가가 없다.<br>• 마케팅 : 가격촉진과 판촉, 반복적인 광고, 관여도를 높여준다. |

ⓒ 다양성 추구형

다양성 추구형이란 특정한 상표에 집착하지 않고 상황에 따라서, 유인책에 따라서 상표변경을 하는 단순한 비교평가를 통해서 최종상표를 결정하는 구매행동유형을 말한다. 이 유형의 소비자들은 적극적인 정보를 탐색하지 않으며, 비교평가에도 많은 노력을 기울이지 않는다.

㉣ 타성적 반복 구매형

타성적 반복 구매형이란 상표애호 구매행동과 유사하나 행동 동인은 전혀 상이한 것으로 저관여제품을 구매할 때 상표를 자주 변경하지 않고 특정상표만을 반복해서 구매하는 행동 유형이다. 반복구매의 이유는 습관에 의존하며 상표에 대한 집착은 없다.

## 05 | 구매 후 행동

구매의사결정과정의 마지막 단계로 구매 후 평가가 이루어지게 된다. 구매 후 행동단계에서 소비자의 신념과 태도는 변화 또는 강화의 과정을 거치는데 이는 향후 구매행동에 영향을 끼치게 된다. 소비자는 자신이 지불한 금액에 대한 대가로 상품과 서비스의 품질이나 기능 등 제품의 성과에 대해서 기대를 하게 되며 기대성과와 실제성과 간의 지각차이로 인해 만족이나 불만족 상태를 느끼고 만족과 불만족은 구매 후 행동의 대표적인 예가 되며, 인지부조화(cognitive dissonance)의 성향도 나타난다.

구매 후 태도는 경험이 긍정적이면 구매 전 태도는 강화되지만 부정적이면 구매 전의 태도는 변화된다. 따라서 향후의 긍정적 경험이냐 부정적 경험이냐에 따라서 달라지며 긍정적 변화일 경우 재구매의 가능성은 높아지고 상품에 대한 애호도도 증가하게 된다.

또 인지부조화의 성향도 구매 후에 나타나게 되는데, 인지부조화란 기대성과와 인지성과보다 작거나 같을 때 발생하는 것으로 구매 후에도 자신의 의사결정에 대한 적정성 여부를 판단하게 되며 확신이 서지 않을 경우 심리적인 갈등을 겪게 되는데 이처럼 의사결정 후 발생하는 심리적 갈등을 인지부조화라 한다. 구매 후 부조화를 겪게 되면 이에 대한 해소 내지는 감소를 위해서 노력을 하게 된다. 소비자들은 구매 후에 대부분 심리적 안정 상태를 찾기 위해서 노력하게 되며 긍정적인 방향으로 마음을 전환시키려 노력한다. 따라서 소비자 본인이 선택한 것에 대한 장점을 과대평가하고, 다른 대안에 대해서는 단점을 발견하고 격하시키는 방법을 찾는 등 대안을 재평가하는 행동을 보인다.

또 선택한 대안에 대해서 긍정적인 정보를 탐색하여 자신이 선택한 대안선택이 옳다는 확신을 가지기 위해서 정보를 탐색하는 성향을 보이기도 한다.

소비자들의 심리적인 상태가 긍정적인 방법으로 이어지게 되면 만족한 상태가 되고, 반대의 경우에는 불만족으로 이어진다. 이렇게 형성된 만족과 불만족은 기억 속에 저장되게 된다.

▶그림 2-8 구매 후 평가과정

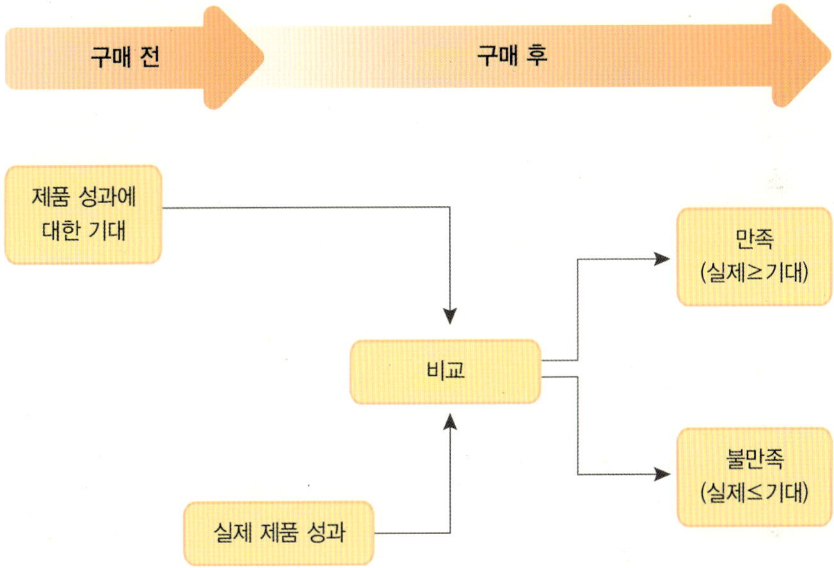


*자료 : William L. Wikie, *Consumer Behavior*, N. Y. : John Wiley & Sons, Inc., 1986, p. 559.

· 제4절

# 소비자행동의 영향 요인

## 01 | 개인심리적인 요인

같은 자극을 여러 사람들에게 주었다 하더라도 이 자극을 해석하고 수용하는 데는 다를 수 있다. 이는 바로 개인적 · 심리적 요인이 다르기 때문이다. 이렇듯 소비자의 구매행동에 영향을 미치는 개인적 · 심리적 요인에는 태도, 학습, 지각, 신념, 연령, 생활주기, 직업, 경제상황, 개성, 가치, 라이프스타일 등이 포함된다.

이런 개인 · 심리적인 상황을 이해하기 위해서는 인간의 욕구(needs)와 동기(motives)를 이해할 필요성이 있다. 욕구란 인간이 가지는 욕망을 의미하며 욕구는 동기의 원천이 된다. 동기란 행동을 유발시키는 강력하고 지속성 있는 내적 자극을 말한다. 경험지식이란 고객의 몸에 배어 있거나 기억 속에 저장되어 있는 정보이다.

매슬로우(Maslow)는 욕구 5단계로 인간의 욕구를 설명하고 있는데 하위의 욕구부터 상위의 욕구까지 5단계로 구성되어 있으며 생리적 욕구를 가장 하위단계로 보고 있고 생리적 욕구가 충족되면 안전의 욕구로 이동하게 되고 각 단계의 욕구 충족은 상위의 욕구를 지속적으로 추구하게 된다는 것이다.

① 생리적 욕구(physiological needs) : 인간의 가장 기본적인 욕구로 의식주에 대한 부분이다.

② 안전의 욕구(safety needs) : 위험과 고통으로부터의 회피 등 신체적 보호, 직업의 안정 등에 대한 욕구이다.

③ 사회적 욕구(belongingness and love needs) : 애정, 친화, 소속감, 친교, 우정 등에 대한 욕구이다.

④ 존경의 욕구(esteem needs) : 존경, 지위, 명예, 권력 등에 대한 욕구이다.

▶그림 2-9 Maslow의 욕구 5단계

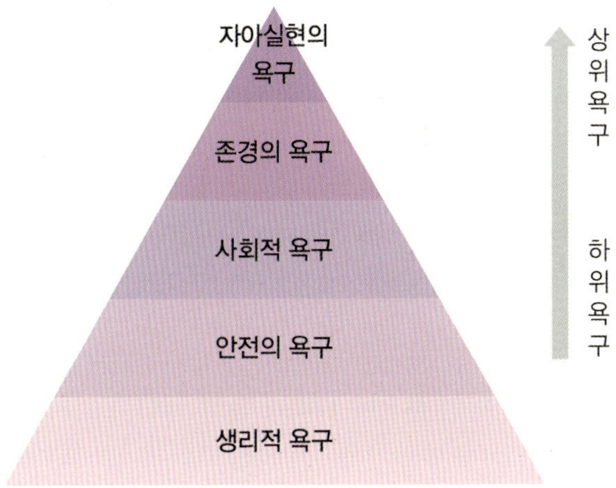


⑤ 자아실현의 욕구(self-actualization needs) : 자기완성, 삶의 보람, 성장, 성취에 대한 욕구이다.

### (1) 태도

소비자들은 선택 대안들에 대해서 비교, 평가하는 과정을 통해서 태도를 형성하게 되며, 형성된 태도는 의사결정 시 필요에 의한 사용을 하게 된다. 태도(attitude)란 어떤 대상이나 사물에 대한 긍정적 혹은 부정적인 느낌이나 전반적인 평가를 말하는 것이며 대안에 대한 긍정적 혹은 부정적 느낌뿐만 아니라 신념과 행동성향, 느낌, 생각까지 포함하는 복합적인 개념이다.

기업 마케터의 입장에서 보면 소비자의 제품과 서비스에 대한 태도는 관리되어야 하는 대상이다. 즉 부정적인 태도를 가지고 있으면 이를 호의적으로 전환하는 노력, 호의적인 태도를 가지고 있는 소비자들에게는 호의적인 태도가 유지되도록 노력을 해야 한다.

### (2) 학습

소비자에게 학습(learning)이란 직 · 간접의 다양한 경험을 통해 나타나는 제품, 상표, 상점, 광고 등에 대한 지식, 신념, 태도, 구매방법, 또는 실제 구매행동에 있어서의 변화된 행동에 영향을 미치는 것을 의미한다. 따라서 소비자들의 행동을 이해하기 위해서는 소비자들이 무엇을 어떻게 경험하는가를 알아야 한다.

### (3) 지각

지각(perception)이란 외부의 정보 혹은 자극을 이해하여 의미를 부여하는 심리적 과정이며 학습은 경험에서부터 나온 개인의 행동 유형이라 할 수 있다. 즉 지각은 외적 세계를 바라보는 시각이며 소비자행동이 유발되는 과정 중에서 가장 중요한 영향 변수이다.

① **지각적 추정** : 객관적인 분석에 의하지 않고 개인이 가지는 지각적 해석에 따라서 개발된 신념을 지각적 추정이라고 한다.

② **지각적 왜곡** : 소비자는 자신의 경험과 욕구와 기대에 따라서 사물에 대한 지각을 하기 때문에 자극을 이해, 해석하는 데 있어서 왜곡과 오해가 발생할 가능성이 크다. 이를 지각적 왜곡이라고 한다.

### (4) 신념

신념(belief)은 사람이나 사물이 특정속성에 어느 정도 보유하고 있는가에 대한 믿음을 의미한다. 태도는 어떤 객체, 즉 사람이나 사물에 대해 가지는 지속적인 감정이라 할 수 있다.

### (5) 개성

개성(personality)이란 주변 환경이나 대인관계에 대처하는 내적 · 외적 기질과 성향을 말한다. 개성을 설명하는 이론으로는 정신분석이론, 사회심리이론, 특성이론, 자기개념이론 등이 있다.[1)]

정신분석이론은 본능, 자아, 초자아 사이의 여러 개의 상호작용이 무의식적인 동기를 유발하며 무의식적인 동기가 개인의 성격 형성에 영향을 미쳐 인간행동으로 구체화된다고 보는데, 오랫동안 동기연구에 상당한 영향을 미쳤다.

---

1) 김광규 외, 「마케팅의 이해와 적용」(형설출판사, 2013)

사회심리이론은 정신분석이론과는 달리 개성 형성의 중요한 변수로 사회적 변수를 고려하며 의식적 동기를 중요시 한다. 이 분야의 한 연구자는 개성을 순응형, 공격형, 그리고 고립형으로 구분하였다. 또한 이러한 구분을 마케팅에 적용시킨 결과 개성유형에 따라 특정제품을 소비하는 양이 다른 것으로 나타났다.

특성이론은 개성이 여러 개의 특성들의 집합으로 구성되어 있다고 본다. 또한 특성요소들은 누구에게나 공통적으로 있지만 그 정도에 있어서 개인마다 다른 것으로 본다.

자아개념이론에 의하면 소비자는 여러 브랜드 대안들 중 자신의 자아개념과 일치하는 브랜드이미지를 가지고 있는 브랜드를 선호한다.

### (6) 가치

소비자는 자신의 자아개념을 구성하는 요소인 가치실현을 위해서 제품을 구매하기도 한다. 가치(value)란 소비자가 가지고 있는 욕구와 지향하고자 하는 목표의 표현으로 말할 수 있다. 즉 소비자가 추구하는 핵심적 가치, 지향하는 목표와 욕구는 소비자의 자아개념을 구성하는 요소가 된다. 기업의 마케터는 소비자가 추구하는 가치, 사회의 가치가 무엇인지를 파악하여 이에 적절하게 대응하고 가치실현을 위한 노력을 기울여야 한다.

### (7) 라이프스타일

라이프스타일(life style)은 본래 외향적으로 나타나는 개인의 행동적 국면을 표현하는 용어로서 사람들이 생활하는 방식, 그리고 시간과 돈을 사용하는 방식을 말한다. 또 특정사회, 특정집단, 또는 개인이 지니고 있는 독특한 생활양식을 의미한다.

사람들의 생활방식은 그들이 속해있는 문화권이나 사회계층, 준거집단 등의 영향을 받아 독특한 형태로 형성, 개발되기 때문에 국가별, 사회계층별, 특정집단별 또는 개인별로 상이한 라이프스타일을 보이게 된다.

라이프스타일은 일반적으로 활동(activity), 관심(interest), 의견(opinion)을 측정한다. 소비자들에게 라이프스타일을 측정하고자 수십 혹은 수백 개의 문장으로 제시하고 응답자로 하여금 진술하게 함으로써 측정한다. 이를 AIO 조사법이라고 하며 소비자들의 관심, 의견, 활동 등에 관한 조사를 통해 소비자들의 라이프스타일을 측정 · 분석하는 방법이다.

AIO 측정법은 AIO 변수 이외에도 인구통계적 특성도 측정에 포함시켜서 측정하는 것이 바람직하다. 인구통계적 특성을 측정하면 라이프스타일을 기준으로 한 시장세분화, 표적 시장의 선정이 용이해진다.

AIO 측정법은 일반적인 라이프스타일을 조사할 때도 쓰이며, 특정제품이나 상품, 서비스 등에 대한 특정문항을 만들어서 특정적 조사를 진행할 때도 쓰인다.

**활동(activities)**

일상의 활동과 행동이 측정대상이 되며 어떤 대중매체를 시청, 구독하고 어디에서 쇼핑을 하는가 등이 측정대상이 된다. 이는 소비자가 무엇을 하면서 어떻게 시간을 소비하는가를 알아보는 항목이다.

**관심(interests)**

소비자가 좋아하고 중요하게 여기는 것이 무엇인지를 알아보기 위한 것으로 특정대상, 사건, 그리고 상황에 대한 소비자의 관심정도가 측정대상이 된다.

**의견(opinions)**

소비자가 특정사물이나 사건에 대하여 어떻게 생각하고 있는가를 측정하는 것으로 다른 사람의 행동이나 태도에 대한 평가, 미래에 대한 예측, 여러 가지 현실문제에 대한 견해 등 소비자의 해석, 기대, 평가 등을 측정한다.

▶표 2-2 AIO 측정 문항의 예

| 분류 문항 | 문항 내용 | 동의함 | | | | 동의안함 |
|---|---|---|---|---|---|---|
| | | ⑤ | ④ | ③ | ② | ① |
| 휴가에 관하여 | 1. 우리집은 가족 단위로 자주 여행한다.<br>2. 나는 혼자서 원거리 여행을 즐긴다.<br>3. 휴가 땐 집에서 조용히 쉬고 싶다.<br>4. 휴가는 자녀들 중심으로 계획한다. | | | | | |
| 오락 및 휴식에 관하여 | 1. 우리 가족은 외식을 자주한다.<br>2. 우리 가족은 함께 외출하는 것을 좋아한다.<br>3. TV가 나의 주 오락원이다. | | | | | |

| | 4. 나는 모임에 가는 것보다는 집에서 조용한 저녁을 보내는 것을 좋아한다.<br>5. 나는 파티를 여는 것을 좋아한다. | | | | | |
|---|---|---|---|---|---|---|
| **스포츠에 관하여** | 1. 나는 스포츠 경기를 관전하는 것을 좋아한다.<br>2. 나는 스포츠 경기를 관전하는 것보다 직접 하는 것을 좋아한다.<br>3. 나는 팀 스포츠보다 개인 스포츠를 좋아한다. | | | | | |
| **쇼핑에 관하여** | 1. 나는 쇼핑을 즐긴다.<br>2. 나는 큰 쇼핑센터에 가는 것을 좋아한다.<br>3. 나는 인근의 쇼핑센터를 더 좋아한다.<br>4. 나는 할인 품목을 찾아 쇼핑하는 것을 좋아한다. | | | | | |

*자료 : 김종의 외 4인, 「소비자행동론」 (형설출판사, 2013), p. 258에서 인용

### ▶표 2-3 AIO 조사를 통한 라이프스타일 유형

| | 유형 | |
|---|---|---|
| 구분 | • 가격 의식형(price conscious)<br>• 유행 의식형(fashion conscious)<br>• 가정 충실형(homebody)<br>• 지역사회 봉사형(community minded)<br>• 자녀 중심 생활형(child oriented)<br>• 전형적 주부형(compulsive housekeeper)<br>• 충만형(self-confident)<br>• 의견 선도형(self-designated opinion leader)<br>• 가사 혐오 주부형(dislike housekeeping)<br>• 가내 재본 선호형(sewer)<br>• 통조림 제품 사용자(canned goods user) | • 절식주의자(dieter)<br>• 재정적 낙관주의자(financial optimist)<br>• 외상거래 애용자(credit user)<br>• 스포츠 애호가(sports spector)<br>• 요리 애호가(cook)<br>• 정보 탐색형(information seeker)<br>• 신상표 선호형(new brand tryer)<br>• 수입 만족형(satisfied with finances)<br>• 청결형(wrapper)<br>• 안목 겸비형(wide horizons)<br>• 예술 열광자(arts enthusiast) |

*자료 : William D. Wells and Douglas J. Tigert, "Activities, Interests and Opinion", *Journal of Advertising Research*, Vol.11, August 1971, p. 35.

▶그림 2-10 소비자 구매행동의 영향 모델

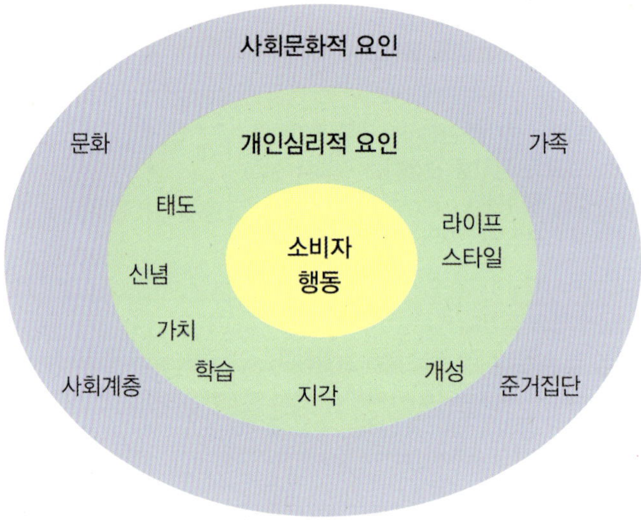


소비자의 구매행동에
영향을 미치는 개인적 · 심리적 요인에는
태도, 학습, 지각, 신념, 연령, 생활주기, 직업,
경제상황, 개성, 가치, 라이프스타일 등이 포함된다.

## 02 | 사회문화적 요인

사회문화적 요인에는 문화, 사회계층, 준거집단, 가족 등이 포함된다.

### (1) 문화

고객의 구매행동에 영향을 미치는 요인으로는 문화, 하위문화, 사회계층이 포함된다. 문화(culture)란 특정한 사회 환경에서 구성원들이 사회학습을 통해 획득하고 공유하는 생활방식과 행동양식을 말하며 사회구성원이 공유하고 있는 규범, 가치관, 습관 등으로 행동의 적부에 대한 평가기준이라 할 수 있다. 하위문화란 단일 사회 속에 세분화된 이질문화를 말하며 예를 들어서 우리 사회 구성원이면서 다른 종교를 가진 천주교, 기독교, 불교 문화 등, 또 청년층과 장년층, 경상도와 전라도, 경기도 등 다른 문화를 가지고 있는 것을 하위문화라 한다. 하위문화에는 인종, 종교문화, 세대문화, 지역문화, 교육문화 등이 포함된다. 개인의 가치 중 사회구성원들이 공통적으로 보유하고 있는 가치를 문화적 가치라고 한다.

**하위문화의 구분**

㉠ 인종을 기준으로 한 하위문화이다. 미국의 경우 흑인계, 스페인계, 인디언계, 중국계 등 다양한 인종 집단이 문화권을 형성하면 공존하고 있다.

㉡ 연령을 기준으로 한 하위문화이다. 청소년층과 장년층, 신세대와 기성세대 등 연령을 기준으로 다양한 하위문화를 형성하고 있다.

㉢ 종교별 하위문화이다. 천주교, 기독교, 불교 등 각 종교는 인생의 목표와 생활방식에 대한 나름대로의 신념체계가 구축되어 있고 이는 구성원들에게 영향을 미친다.

㉣ 지역적 특성을 가진 하위문화이다. 경상도, 전라도, 경기도, 서울 등 행정구역상의 문화적 차이가 발생하며 이를 지역적 하위문화라 한다.

▶그림 2-11 소비자 구매행동의 영향 요인 모델

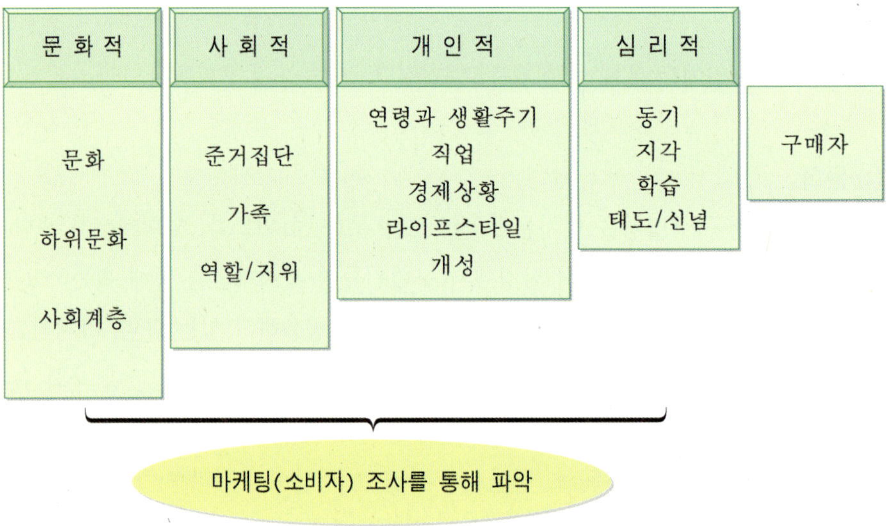


### (2) 사회계층

사회계층(social class)이란 유사한 사회적 지위와 경제력, 동일한 가치와 관심 및 행동을 보유하고 있는 사람들의 집단을 말한다. 오늘날의 사회는 혈통에 의한 신분세습보다는 주로 직업, 교육, 소득수준을 기준으로 한 사회적 신분제도가 형성되어 있다. 따라서 사회계층은 직업, 재산, 학력, 소득 등에 의하여 구분하며 높은 지위로부터 낮은 지위까지 수직적인 계층구조를 가진다.

같은 계층에 속한 사람들은 대부분 비슷한 구매행동을 보인다. 사회계층을 정리하자면 가치, 라이프스타일, 행동 등이 유사한 개인 또는 가족을 동질적인 집단으로 층화한 사회적 집단계층을 말한다.

### (3) 준거집단

준거집단(reference group)이란 개인행동에 직접적 또는 간접적으로 영향을 미치는 개인 · 집단 · 가족 · 친척 · 친구 · 직장동료 · 종교단체 등을 말한다.

그러나 속하지 않은 집단이라 하더라도 속하기를 희망하는, 즉 그의 가치나 신념, 행동 등에 영향을 줄 수 있는 집단도 준거집단이라 할 수 있다. 구매의사결정 시 준거집단은 가장 많은 영향력을 행사한다.

### 일차집단과 이차집단

일차집단이란 구성원 간에 직접 대면적 상호작용을 통해 일차적 관계를 유지하고 있는 집단을 말한다. 이차적 집단은 지속적인 대면관계를 유지하고 있지 않은 구성원들로 구성된 일반적인 사회집단을 의미한다.

일반적으로 구매의사결정과정에서는 이차집단보다는 일차집단에 의한 영향을 많이 받게 된다.

### 공식집단과 비공식집단

공식집단이란 조직적 구조와 기능이 명확히 규정되어 있는 집단으로 학교와 회사가 대표적인 공식집단의 예이다.

비공식집단은 명확한 기능도, 조직도 구조화되어 있지 않은 집단을 말한다.

### 회원집단과 비회원집단

회원집단이란 개인이 속한 집단을 말한다. 소비자는 나이, 성별, 교육수준, 결혼상태 등에 의하여 특정집단에 자동적으로 구성원 자격을 얻기도 하지만 이미 조직되어 있는 집단에 접근하여 구성원 자격을 얻기도 한다.

비회원집단은 개인이 속해 있지 않는 집단을 말한다. 개인이 속해 있지 않다 하더라도 소비자가 희망하는 집단이며 이 집단에 의해서 영향을 받을 수 있다.

### 준거집단의 기능

㉠ 사회화 기능

사회화란 그가 속해 있는 집단 즉 사회나 조직, 집단의 규범과 행동양식을 배우고 개인이 가치체계를 형성하는 과정을 말한다. 개인은 사회화 과정을 통해서 사회인으로 성장하게 된다. 준거집단은 소비자 사회화의 기능, 즉 사회 구성원들이 소비자로서 생활하는 데 필요한 지식을 습득하고 행동양식을 개발하는 데 영향을 주는데 이를 사회화 기능이라고 한다.

㉡ 정보제공 기능

준거집단은 다양한 정보를 구성원에게 제공하는 정보제공의 기능을 가지고 있고 이 정보제공을 받은 구성원은 구매 · 소비행동에 영향을 받게 되며, 구매의사결정과정에서 정보를 탐색하게 되는데 이는 준거집단으로부터 정보를 얻게 되는 경우이다.

ⓒ 자아개념의 형성

소비자는 준거집단의 다른 구성원과의 접촉을 통해서 자신의 자아개념을 형성하고 강화하고 보호하게 된다. 따라서 준거집단은 소비자의 자아개념 형성에 준거점을 제공하는 기능을 한다고 볼 수 있다.

준거집단의 기능으로는 사회화 기능, 정보제공 기능, 자아개념의 형성이 있다.

### (4) 가족

가족(family)이란 혈연, 결혼 또는 입양에 의해 맺어진 2인 이상의 집단으로 개인이 속하게 되는 1차적 집단이다.

가족의 유형으로는 핵가족과 대가족이 있다. 핵가족은 부부와 그들의 미혼 자녀로 구성된 가장 최소의 가족 단위를 말한다. 대가족은 부모가 기혼 자녀의 핵가족 구성원과 함께 구성원이 되는 확대된 가족 단위를 말한다.

개인이 사용하는 제품이나 가족 전체가 사용하는 제품의 구매 시에도 가족은 많은 영향을 미치게 된다. 제품에 따라 남편의 영향이 큰 제품, 아내의 영향이 큰 제품, 자녀의 영향이 큰 제품, 각각의 영향이 비슷한 제품, 공동결정으로 이루어지는 제품 등 다양하다. 최근에는 가족의 의사결정에 있어서 자녀들의 영향력이 상당히 커지고 있다.

사회문화적 요인에는 문화, 사회계층, 준거집단, 가족 등이 포함된다.

▶표 2-4 가족 구성원의 역할

| 구성원 | 역할 |
|---|---|
| 제안자(initator) | 특정제품의 필요성을 인식하고 그 제품의 구매를 제안하는 사람 |
| 정보수집자<br>(information gatherer) | 구매결정에 필요한 정보를 수집하고 제공하는 사람 |
| 영향력 행사자<br>(influencer) | 구매결정을 하는 과정에서 직 · 간접적으로 영향력을 행사하는 사람 |
| 구매결정자<br>(decision maker) | 구매할 제품, 장소, 시기 등에 관하여 최종적으로 결정을 내리는 사람 |
| 구매자(buyer) | 실제로 구매하는 사람 |
| 사용자<br>(user or consumer) | 구매한 제품을 실제로 사용 또는 소비하는 사람 |

*자료 : 김종의 외 5인, 「마케팅의 이해」(형설출판사, 2012), p. 100에서 인용

## 참고 문헌


- 김윤태. 「외식마케팅」. 대왕사, 2013.
- 김종의 · 김소영 · 김숙응 · 오영애 · 윤명숙 · 한동여. 「마케팅의 이해」. 형설출판사, 2005.
- 김종의. 「마케팅의 이해」. 형설출판사, 2012.
- 김종의 · 김소영 · 임승희 · 석유미 · 김소리. 「소비자행동론」. 형설출판사, 2013.
- 박진우. 「외식경영학」. 형설출판사, 2010.
- 박진우. 「외식점포 점장매뉴얼」. 형설출판사, 2013.
- 윤훈현 옮김. 「소비자행동론」. 석정, 1998.
- 이훈영 · 박기용. 「외식산업마케팅」. 도서출판 청람, 2012.

- James F. Engeld, Roger D. Blackwell, and Paul W. Miniard, '*Consumer Behavior*', 5th ed., Hinsdile, III. : The Dryden Press, 1986.
- William L. Wilkie, '*Consumer Behavior*', N. Y. : John Wiley & Sons, Inc., 1986.
- William D. Wells and Douglas J. Tigert, 'Activities, Interests and Opinion', *Journal of Advertising Re search*, Vol.11, August 1971.

브랜드를 품질 위에 구축하는 일은 모래 위에 집을 짓는 일이다.
품질을 제품 속에 빚어 넣을 수 있지만
그것과 시장에서 성공하는 것은 별 관계가 없다.

Local Store
Marketing Manual

# 제3장

# 브랜드의 이해

· 제 1 절

# 브랜드의 정의

## 01 | 브랜드의 정의와 역할

브랜드(brand)라는 말은 라틴어의 '각인시키다'라는 뜻에서 출발하였으며 "고객들에게 자사의 상품과 서비스를 구별하기 위하여 제조업자나 판매업자가 자사의 상품과 서비스에 대하여 정체성을 부여하고 다른 경쟁업자들과의 차별화를 하기 위해서 이름, 용어, 기호, 상징, 디자인, 패키지, 징글 등의 결합체를 의미한다."라고 정의할 수 있다.

미국 마케팅 협회(AMA)는 "브랜드는 판매자가 자신의 제품이나 서비스를 식별하고 다른 경쟁자와 구별하기 위해 사용하는 이름, 용어, 기호, 상징, 디자인 혹은 이들 모두의 결합체"라고 정의하고 있다. 이는 브랜드가 단순하게 상품과 서비스에 이름을 부여하는 것이 아니라 자신의 상품과 서비스에 대하여 정체성을 부여하고 경쟁 브랜드와 차별화시킬 수 있는 요소라는 것을 나타내고 있다.

전통적인 방식에서의 브랜드 정의는 기업을 포함하지 않고 있으며 기업의 정체성과 차별화를 무시한 채 상품과 서비스만을 강조해 왔다. 하지만 최근에는 기업을 브랜드의 대상으로 포함시키고 있으며 기업 브랜드는 기업과 접촉하는 중요한 커뮤니케이션 대상이 되고 있다. 또한 최근 브랜드는 상품, 서비스, 기업뿐만 아니라 연예인, 정치가, 국가, 공공기관, 도시, 마을 등 지역 단위까지도 포함하고 있다.

소비자에게 브랜드는 브랜드를 통해서 자신을 표출하며, 자신의 이미지를 상품의 이미지와 동일화시키기도 한다. 따라서 브랜드의 상징적 의미나 이미지가 소비자들에게는 상품 선택의 주요한 기준이 되기도 한다. 이러한 측면을 통해 브랜드의 중요성을 알고 그 역할에 대해 살펴볼 필요가 있다.

브랜드의 역할을 살펴보면 다음과 같다.

① 브랜드는 제품의 본질을 알려주는 역할을 한다. 즉, 브랜드 그 자체만으로 소비자는 그 브랜드가 어떤 속성을 가진 제품인지를 알 수 있다.

② 브랜드는 소비자들에게 신뢰감을 심어주는 역할을 한다. 좋은 브랜드는 고객들이 신뢰하면서 구매를 하게 된다. 따라서 브랜드 자체만으로 신뢰감을 형성할 수 있다.

③ 브랜드는 소비자의 심리를 나타내주는 역할을 한다. 해당 브랜드를 구매함으로써 자신의 의사와 자존감 등을 표출하는 행위로서 브랜드는 역할을 수행한다.

④ 브랜드는 구매결정과 행동에 있어서 소비자의 비용과 시간, 위험을 줄여주는 역할을 한다. 브랜드라는 것은 그 브랜드가 가지는 상품과 서비스에 대한 가격, 품질, 속성 등을 알 수 있게 해주기 때문에 소비자들이 제품을 선택할 때 드는 비용과 시간, 위험을 줄여주는 역할을 한다.

⑤ 기업 측면에서 살펴보면 브랜드는 법적으로 보호의 대상이 되며, 마케팅적 측면에서 활용하기도 좋으며 잘 형성된 이미지가 있다면 마케팅 비용을 절감하는 효과도 가지고 올 수 있다.

**브랜드(brand)는**
**"고객들에게 자사의 상품과 서비스를**
**구별하기 위하여 제조업자나 판매업자가 자사의**
**상품과 서비스에 대하여 정체성을 부여하고**
**다른 경쟁업자들과의 차별화를 하기 위해서**
**이름, 용어, 기호, 상징, 디자인, 패키지, 징글 등의**
**결합체를 의미한다."**
**라고 정의할 수 있다.**

## 02 | 브랜드의 구성 요소

일반적인 브랜드 구성 요소로는 브랜드 네임 · 로고 · 심벌 · 캐릭터 · 슬로건 · 패키지 · 징글 등이 있다. 즉 브랜드의 구성 요소들은 브랜드 아이덴티티(identity)를 소비자에게 전달하고 표현하는 언어적 · 시각적 요소들을 말한다. 일반적으로 브랜드의 구성 요소들은 브랜드 인지도의 향상과 긍정적 브랜드 연상을 일으키기 위한 수단으로 사용된다.

▶그림 3-1 브랜드의 구성 요소

### 1) 브랜드 네임

브랜드 네임은 브랜드 구성 요소 중 가장 중요한 요소로서 소비자들에게 브랜드 이미지를 인식시키고 고객과 커뮤니케이션하는 역할을 한다. 브랜드 네임은 소비자들에게 경쟁사나 특정 기업의 상품과 서비스와 구별하도록 하고, 숫자 · 글자 · 언어 등으로 표현한다.

브랜드 네임을 만들 때 고려해야 할 중요한 요소에는 친숙성과 차별성, 독특성이 있다. 이는 소비자들이 쉽게 받아들일 수 있도록 하는 게 가장 중요하기 때문이다.

### 2) 로고

로고는 기업, 상품, 서비스 등의 이름이 독특하게 드러나도록 만들어 상표처럼 사용되는 글자체를 말한다. 브랜드 네임에 비해서 바꾸기 편한 장점을 가지고 있으나 시간의 흐름에 따라 세련되고 현대적인 이미지를 표현할 수 있도록 지속적으로 변경해야 하는 단점을 지니고 있다.

로고를 사용하는 가장 중요한 이유는 소비자들에게 시각적으로 전달되어 이미지를 쉽게 전할 수 있고, 깊은 인상을 남길 수 있기 때문이다.

### 3) 심벌

로고와 더불어 기업이나 브랜드를 대표하는 시각적인 상징물이다. 로고가 글자체로 사용되는 시각물이라면 심벌은 기호화된 모양이나 색 등의 시각적인 정보를 담고 있는 것을 말한다.

### 4) 캐릭터

기업이 브랜드를 소비자들에게 나타내거나 인식시키기 위하여 브랜드를 의인화하여 만든 것이 캐릭터이다. 이렇듯 기업은 브랜드를 의인화하여 캐릭터로 표현하여 소비자들이 자신의 상품과 서비스에 대한 이미지를 보다 쉽게 떠오르도록 하는 역할을 한다.

따라서 캐릭터는 친근감을 가지고 있도록 제작되어야 하며 브랜드의 인지와 회상, 메시지 및 커뮤니케이션 전달 역할을 수행해야 한다. 하지만 강한 캐릭터 인상과 이미지는 브랜드, 상품과 서비스 등이 전달되지 못할 가능성도 있기 때문에 조심해서 제작해야 한다.

### 5) 슬로건

슬로건이란 브랜드를 설명하거나 브랜드에 대한 정보를 전달하기 위해서 사용되는 두 단어 이상의 문장을 의미한다. 슬로건은 소비자들에게 브랜드가 추구하는 방향을 설명하여 브랜드의 이미지를 전달하는 커뮤니케이션 역할을 하게 되며, 고객설득의 정보를 담고 있어서 차별화적인 요소를 전달하기도 한다. 또한 브랜드 네임, 로고와 심벌 등이 전달하지 못하는 애매모호한 부분을 보다 적극적으로 전달할 수 있는 역할을 수행한다.

슬로건은 소비자들이 쉽게 받아들일 수 있어야 하고, 설득력과 파괴력을 지녀야 한다. 슬로건에 이런 것들이 담겨져 있어야 소비자들이 보다 쉽게 선택하고 구매할 수 있다.

### 6) 패키지

패키지란 한국공업규격(KS)에서는 "유통과정에 있어 물품의 가치 및 상태를 보호하기 위하여 적합한 재료 또는 용기 등으로 물품을 싸는 방법 및 상태"라고 정의하고 있다. 그리고 패키지는 제품의 보호, 상품과 서비스의 이미지 전달 등의 역할을 수행한다. 즉, 패키지의 디자인은 브랜드를 차별화시키고 브랜드를 고급화할 수 있는 수단이기도 하다.

### 7) 징글

징글이란 브랜드와 관련한 소리나 음악과 같은 사운드를 의미한다. 징글은 다른 브랜드 구성 요소와 마찬가지로 브랜드의 인지와 회상 작용 등을 하며 소비자들에게 기억되기 쉽도록 제작되어야 한다.

**일반적인 브랜드 구성 요소로는
브랜드 네임 · 로고 · 심벌 · 캐릭터 · 슬로건 ·
패키지 · 징글 등이 있다.
즉 브랜드의 구성 요소들은
브랜드 아이덴티티(identity)를
소비자에게 전달하고 표현하는
언어적 · 시각적 요소들을 말한다.**

▶그림 3-2 맥도날드 브랜드의 구성 요소(예시)

로고

슬로건과 심벌

캐릭터

패키지

맥카페 로고

## 03 | 브랜딩의 장점

현대의 사회는 브랜드의 사회라고 할 수 있다. 대부분의 기업들이 자사의 상품과 서비스를 브랜드화해서 시장에 출시한다. 이는 브랜드화가 가져다주는 장점이 있기 때문이다. 브랜드화시키는 것은 구매자나 기업의 측면에서 모두 도움이 되는 면을 많이 가지고 있다.

기업의 입장에서 장점을 살펴보면 아래와 같다.

① 상품과 서비스를 브랜드화하면 소비자들이 구매결정에 대한 이해가 빠르고, 구매행동이 많아지기 때문에 광고 · 판촉 활동을 수행하기가 편리해진다. 또한 훨씬 많은 광고 · 판촉의 효과도 달성할 수 있다.

② 잘 만들어진 브랜드가 소비자들에게 긍정적인 이미지가 쌓이게 되면 향후 구매활동에 있어서 자사 상품과 서비스를 최우선적으로 고려하게 된다. 즉 소비자의 브랜드 애호도가 증가하게 된다는 것이다.

③ 브랜드화는 가격의 안정화에도 기여를 한다. 브랜드화되면 비(非)브랜드화된 상품, 서비스보다 가격 면에서 훨씬 안정화된다.

④ 브랜드화에 성공하면 브랜드 확대 전략도 비교적 쉽고 용이하다. 즉 신상품이나 서비스를 추가하여 제품믹스를 확대하는 것은 비교적 쉬워지게 된다. 또 브랜드가 시장에 좋은 이미지와 명성을 쌓은 후에는 신상품과 서비스 판매 시 리스크 없이 시장에 안착할 수 있다.

⑤ 브랜드화의 가장 중요한 이유는 브랜드가 명성을 얻으면 판매 상품과 서비스에 더 많은 가치를 부여해서 판매할 수 있다. 즉 높은 가격, 높은 판매량, 높은 수익률을 보장받을 수 있게 된다.

소비자의 입장에서 장점을 살펴보면 다음과 같다.

① 브랜드화는 소비자의 입장에서 특정상품과 서비스를 식별하고 인식하게 도움을 줌으로써 구매 활동에 필요한 정보 탐색에 들이는 시간과 비용을 절약할 수 있고, 구매 활동을 신속하게 하는 역할을 한다.

② 소비자가 구매 시 겪게 되는 위험을 브랜드화가 보호해준다. 즉 소비자들은 브랜드화된 상품을 구매할 때는 어느 정도 구매위험으로부터 벗어날 수 있다는 장점을 가지고 있다.

## 04 | 브랜드의 종류

브랜드의 계층구조는 그룹 브랜드, 기업 브랜드, 패밀리 브랜드, 개별 브랜드, 브랜드 수식어로 형성된다. 어느 계층의 브랜드를 강조하는가에 따라서 마케팅 효과가 달라지기 때문에 기업의 입장에서는 이들 중 어느 브랜드를 강조할 것인지를 고려하여 신중하게 결정하여야 한다.

### 1) 패밀리 브랜드

패밀리 브랜드란 여러 가지 다양한 카테고리의 제품에 묶어서 활용하면서 공통으로 부착하는 브랜드를 의미한다. 이는 개별 브랜드를 운영함으로써 전체 브랜드의 후광

효과를 취하는 전략이다. 패밀리 브랜드는 동일한 소비자가 비슷한 콘셉트를 가진 상품을 한 장소에서 동시에 구입하는 경향이 높은 상품군에 적용하여 사용하는 것이 좋다. 국내의 대표적인 예로 대상기업은 식품 분야에서 청정원이라는 패밀리 브랜드를 사용하고 있다.

### 2) 개별 브랜드

개별 브랜드란 한 가지 상품에 한 가지 브랜드가 부착되는 것을 말하며, 고유의 브랜드 아이덴티티를 가지고 있다. 개별 브랜드는 해당 상품, 서비스와 관련하여 충분한 투자자원을 확보하여 적용이 가능하며 소비재 마케팅에서 가장 활발하게 사용하고 있는 마케팅 기법이다.

개별 브랜드를 사용하는 여러 경우를 보면 상품과 서비스가 실패할 가능성이 높을 경우, 신제품에 기업의 다른 상품과 다르게 아이덴티티를 부여하고 싶은 경우, 새로운 틈새시장을 공략할 경우, 경쟁사와 차별화되는 상품과 서비스를 시장에 출시할 경우 등으로 볼 수 있다. 다만 브랜드의 마케팅 비용, 커뮤니케이션 비용이 상승하는 단점을 지니고 있고, 브랜드 간의 시너지 효과도 상대적으로 작다고 볼 수 있다. 대부분의 외식기업의 경우 개별 브랜드 전략을 사용하고 있다.

### 3) 기업 브랜드

기업 브랜드란 기업의 이름 자체를 상호를 대신해서 사용하는 브랜드를 말한다. 즉 기업의 상호, 법인명과 일치하는 경우가 대부분이다. 기업 브랜드는 개별 브랜드와 달리 한번 확정되면 변경되기가 어려우므로 신중을 기해서 만들어야 한다. 기업 브랜드는 하나의 브랜드로 취급되기 때문에 이런 경우 소비자들에게 신중하게 접근하여 일관성, 신뢰성, 품질, 가치 등에 대한 확신을 심어줄 수 있어야 한다.

기업 브랜드는 관리의 효율성, 고객에게 안정적 신뢰감과 일관성 등을 제공하며, 마케팅비용이 적게 드는 장점을 가지고 있으나 개별 상품의 실패 시 전체적으로 부정적인 영향을 미칠 수 있는 단점을 가지고 있다.

국내의 경우 오뚜기, 농심, 풀무원 등 식품기업이 대부분 기업 브랜드 전략을 사용하고 있다.

▶그림 3-3 외식기업의 브랜드 사용 전략

### 4) 혼합 브랜드

혼합 브랜드란 개별 브랜드와 기업 브랜드가 적절하게 믹스된 형태를 의미한다. 이는 기업 브랜드명 자체가 좋은 이미지를 가질 때 적절하게 사용하면 효과가 극대화될 수 있다.

**브랜드의 계층구조는 그룹 브랜드, 기업 브랜드, 패밀리 브랜드, 개별 브랜드, 브랜드 수식어로 형성된다.**

## 05 | 브랜드의 성공요건[1)]

기존의 브랜드들은 상품이나 기업의 특성을 직접적으로 설명하는 말이 대부분이었다. 하지만 최근에는 기업의 이미지나 상품의 특징을 우회적으로 표현하여 연상하게 하는 말이 주류를 이루고 있다.

브랜드는 그 시대적 흐름과 유행이 그대로 담겨져 있다. 특히 요즘의 젊은이들은 상품과 품질을 소비하기보다는 브랜드 자체를 소비하는 경향이 있다.

그러나 상품의 성격을 무시한 연상단어 브랜드, 숫자 브랜드, 변형어 브랜드 등은 오히려 실패할 가능성이 있다. 브랜드는 시대의 요청이나 수요자층의 취향 등을 고려해야 한다.

### 1) 시대의 요구에 부응해야 한다

지금까지도 시대적 흐름으로 자리 잡고 있는 '웰빙' 트렌드는 수많은 브랜드를 탄생시켰다. 요즘의 브랜드 네이밍은 생활환경 유지와 건강한 삶을 추구하는 현대인의 소망을 표현해야 한다.

### 2) 수요자의 취향을 겨냥해야 한다

현대를 살아가고 있는 많은 소비자들은 건강관리를 위해 식사요법과 같은 다양한 다이어트 프로그램을 선호하고 있다. 특히 피부에 대한 관심이 높고, 투자 또한 아끼지 않아 화장품 시장은 타 시장에 비해 비교적 경기불황을 타지 않는 시장이기도 하다.

이처럼 신 브랜드를 개발하기에 앞서 소비자들의 보편적인 욕구와 고민을 먼저 파악하고, 브랜드 네이밍이 소비자들의 모든 관심사항을 대변해 줄 수 없더라도 이들의 욕구와 고민에 초점을 맞추는 일이 중요한 상표 전략의 하나가 될 수도 있다.

---

1) 김윤태, 「외식마케팅」(2013, 대왕사), pp. 346~348

### 3) 강력한 인상을 주어야 한다

소비자들이 한 번 보기만 해도 그들의 뇌리에서 쉽게 사라지지 않게 하는 것이 브랜드 네이밍이다. 이는 강력한 느낌으로 소비자들을 유혹할 수 있기 때문이다.

그러나 강력한 인상을 주는 것은 좋으나 소비자의 욕구가 명확히 반영되지 않거나 부정적 이미지의 강력함은 오히려 좋지 않은 요소로 작용할 수 있으므로 주의해야 한다.

### 4) 메시지를 실어야 한다

브랜드는 상품의 특징과 차별화된 메시지를 극명한 부호나 간단명료한 조어로 전달해야 한다. 광고를 할 때도 그렇고 텔레비전 광고 외에 전단광고 시에도 간단하지만 강력한 언어로 메시지를 전달한다.

### 5) 기존 브랜드를 적극 활용한다

신 브랜드를 개발하고 소비자들에게 알리는 데는 그만한 비용이 들지만 기존 브랜드를 적절히 활용하면 최소의 비용으로 최대의 효과를 거둘 수 있다.

브랜드를 무조건 새로 창안하고 고집하는 것도 낭비가 될 수 있다. 소비자의 뇌리에 탄탄하게 자리 잡고 있는 전통 브랜드를 재구성하거나 리바이벌하는 전략적 마케팅도 얼마든지 성공할 수 있다.

### 6) 공동 브랜드를 개발한다

불황이거나 중소기업이 독자 브랜드를 개발하기에는 비용이 벅차고 위험도 크다. 이런 때일수록 같은 업종끼리 전략적 제휴로 공동 브랜드를 도입하여 경비절감을 꾀하는 게 유리하다. 수많은 상품에 두루 어울리는 공동 브랜드를 선택하는 것이다.

### 7) 반드시 사전에 권리를 취득하여야 한다

아무리 멋진 브랜드를 개발해두었다 하더라도 사전에 상표권을 법적으로 취득해 두지 않았다면 무용지물이다. 따라서 브랜드 개발 후 반드시 상표권 출원을 통한 권리화 작업을 끝낸 후 사용하여야 하며, 미래에는 권리화한 '저장 상표'를 많이 확보해둔 기업만이 치열한 브랜드 전쟁에서 승리할 수 있다.

> **브랜드는**
> **시대의 요구에 부응해야 하며,**
> **고객, 수요자의 취향을 고려하고**
> **차별화된 메시지를 지속적으로**
> **던질 수 있어야 시장에서**
> **성공할 수 있다.**

· 제2절

# 브랜드 자산

## 01 | 브랜드 자산의 정의

브랜드 자산이란 특정 브랜드와 그 브랜드 네임 및 심벌에 관련된 일련의 자산과 부채의 조합, 또는 제품이나 서비스가 브랜드를 소유함으로써 발생하게 되는 마케팅 효과를 말한다.

과거에는 기업이 가진 유형자산, 즉 설비, 토지 등이 기업의 가치를 결정하였으나 현대에 와서는 브랜드, 특허권, 노하우 등 보이지 않는 무형자산이 기업가치 평가의 핵심이 되고 있다. 특히 현대에는 상품 간 품질의 격차가 현저히 줄어들고 있어서 소비자들이 상품과 서비스 선택의 제1요소로 브랜드 이미지를 가지고 결정하게 된다. 따라서 기업은 브랜드 이미지를 강화하여 자사를 경쟁사로부터 차별화시켜서 시장점유율을 높이고 수익을 유지하는 데 가장 큰 요소인 브랜드 이미지에 많은 투자를 하게 된다. 이와 같이 경쟁사보다 더 높은 시장점유율과 수익률을 확보하여 제품을 구매하도록 소비자를 확산시키는 원동력을 브랜드 자산이라고 한다.

브랜드 자산은 브랜드 인지도와 브랜드 이미지로 구성되어 있다. 브랜드 인지도는 소비자가 과거의 경험을 통해서 보거나 들었던 특정 제품 범주에 속한 브랜드를 재인식하거나 상기할 수 있는 능력을 의미한다. 즉 브랜드 인지도가 높다는 의미는 소비자들이 브랜드를 재인식하거나 상기하게 될 가능성이 높다는 것을 의미한다. 브랜드 인지도를 높이기 위해서는 광고, 홍보, 프로모션 등 커뮤니케이션 활동을 강화하고, 브랜드 커뮤니케이션의 도구인 로고, 심벌, 캐릭터 등 브랜드 구성 요소를 활용하여 브랜드를 시각적, 언어적으로 강화해야 하는 것이다.

▶그림 3-4 브랜드 자산의 차원

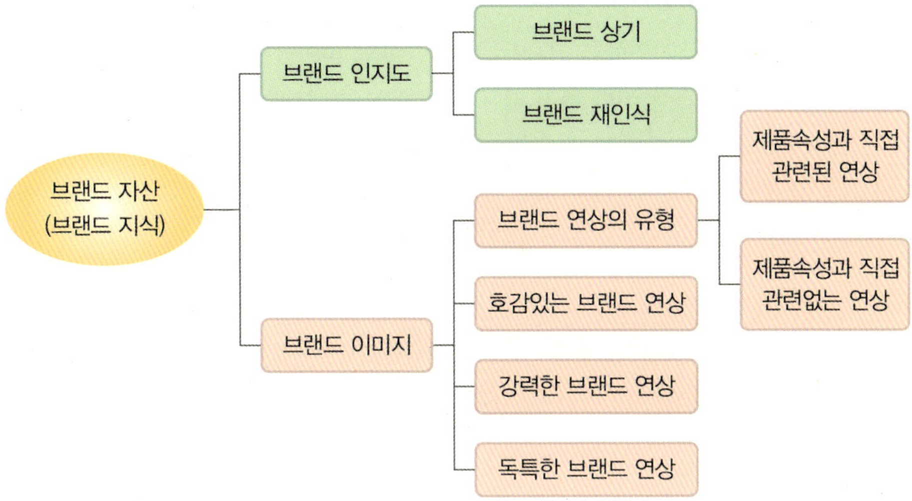


*자료 : Kevin Lane Keller(1993), Conceptualizing, Measuring, and Managing Customer-Based Brand Equity, *Journal of Marketing*, Vol.57(1), p. 7

브랜드 이미지는 소비자의 기억 속에 저장되어 있는 브랜드 연상을 통해서 형성되는 브랜드에 대한 소비자의 지각을 말한다. 이는 제품속성과 직접 관련된 브랜드 연상과 제품속성과 직접 관련이 없는 브랜드 연상으로 나눠볼 수 있다. 제품속성과 직접 관련된 브랜드 연상에는 제품 카테고리, 제품속성, 지각된 품질이 있으며 제품속성과 직접 관련이 없는 브랜드 연상으로는 가격, 사용자와 사용상황, 브랜드 개성 등이 있다.

**브랜드 자산이란 특정 브랜드와**
**그 브랜드 네임 및 심벌에 관련된**
**일련의 자산과 부채의 조합,**
**또는 제품이나 서비스가 브랜드를 소유함으로써**
**발생하게 되는 마케팅 효과를 말한다.**

## 02 | 브랜드 자산의 중요성

브랜드 자산이 중요한 이유는 브랜드 자산이 결국 소비자의 구매를 통해서 기업의 시장점유율과 수익률을 가져다 주기 때문이다. 또한 소비자들이 구매결정과 구매행동을 할 때 그 자체로 고객에게 많은 정보를 탐색해야 하는 번거로움을 해결하고 과거 경험을 통해서 형성된 브랜드에 대한 호감도가 결국 브랜드를 선택하게 하는 원동력을 제공해주기 때문이다. 기업의 입장에서 브랜드 자산은 고객이 재구매 또는 재방문하게 하거나 브랜드에 대한 애호도를 증대시키고, 신규 고객을 창출하는 힘이 된다. 그리고 점포나 브랜드를 확대할 수 있는 원동력을 제공해주기 때문에 중요하다고 볼 수 있다.

브랜드 자산을 형성하는 과정은 쉽지 않다. 지속적으로 소비자들과 커뮤니케이션하면서 장기적인 관점에서 노력을 기울여야 하고, 유통 부분에 있어서도 막대한 자본을 투자해야 한다. 또한 단기적인 이익보다 지속적인 투자로 브랜드 자산을 축적하려는 노력을 기울여야 한다.

## 03 | 브랜드 자산의 평가[2)]

브랜드 자산을 평가하는 방법으로는 매출액이나 순이익 등을 중심으로 하는 재무적 접근방법과 브랜드 로열티 등을 중심으로 하는 마케팅적 접근방법이 있다.

재무적 접근방법은 브랜드 가치를 금액으로 쉽게 환산할 수 있다는 장점을 가지고 있다. 그러나 이러한 환산액은 브랜드 가치뿐만 아니라 일반적인 기업역량 전체가 포함되기 때문에 브랜드만의 가치를 분리하여 평가하기가 어렵다는 문제가 있다.

반면에 마케팅적 접근방법은 브랜드만의 가치를 평가할 수 있다는 장점이 있지만, 질적 자료를 분석하는 위주로 행해지기 때문에 브랜드 가치를 금액으로 환산하기가 어렵다는 단점이 있다.

2) 이훈영 · 박기용, 「외식산업 마케팅」(2012, 도서출판 청람), pp. 221~224.

> **브랜드 자산을 평가하는 방법으로는**
> **매출액이나 순이익 등을**
> **중심으로 하는 재무적 접근방법과**
> **브랜드 로열티 등을 중심으로 하는**
> **마케팅적 접근방법이 있다.**

몇 가지 대표적인 브랜드 평가방법을 설명하면 다음과 같다.

### 1) 인터브랜드사의 측정방법

인터브랜드(Interbrand)사의 평가방법은 크게 두 단계로 구분된다.

첫 번째 단계는 일정한 기간 동안 실현한 이익 중 브랜드로 인해 얻을 수 있었던 부분을 구분하는 단계이다. 특정한 브랜드의 제품이 지난 3년 동안 거둔 이익의 평균치에 그 브랜드의 역할로 추정되는 가중치를 곱하여 계산한다.

그 다음 단계로 시장지배력, 안정성, 트렌드, 시장특성, 지원, 국제성, 보호력의 7가지 마케팅 영향요인을 평가한다.

이런 과정을 거쳐서 평가한 결과는 브랜드 자체의 가치뿐만 아니라 영업력, 간접비 절감, 가격 전략, A/S 등과 같은 다양한 기업 활동의 산출물이다. 따라서 브랜드가치를 이미지 측면에 한정된 이슈가 아닌 기업 활동 전반에 걸친 이슈로 볼 때, 이 방법은 매우 유용한 방법이다.

그러나 이러한 브랜드 가치의 평가방법은 평가기준 선정과 평가방법이 지나치게 주관적이라는 비판이 있다. 또한 회계상의 재무상태표는 이미 발생한 자산과 부채의 변동만을 나타내고 있으므로 브랜드와 같은 무형자산의 미래가치를 효과적으로 측정하여 자산항목에 포함시키지 못한다는 비판이 있다. 즉 브랜드 충성도와 같은 실제가치가 충분히 고려되지 않는다. 예를 들어, 브랜드 A가 브랜드 B보다 더 충성도가 높은데도 불구하고 브랜드 B가 저가격 또는 공격적인 영업을 통해 더 많은 매출과 이익을 올린 경우 브랜드의 가치가 더 높게 나올 수도 있다.

▶그림 3–5 인터브랜드사의 브랜드 자산 평가 요인

| 1 | 시장지배력(Leadership) |
|---|---|

• 기업이 속한 세분 시장에서의 브랜드 포지셔닝에 대한 평가
 – 매출, 시장점유율 동향, 가격결정력, 시장에 대한 영향도

| 2 | 안정성(Stability) |
|---|---|

• 시장에서의 브랜드의 안정성과 신뢰도 평가
 – 시장투입기간, 브랜드 특성, 브랜드 상기도, 브랜드 호감도, 매출, 시장점유율의 변천

| 3 | 트렌드(Trend) |
|---|---|

• 브랜드 사업영역 확대 가능성과 방향성에 대한 평가
 – 브랜드 이미지 영역성, 브랜드의 현대성, 브랜드의 화제성, 브랜드의 적용성

| 4 | 시장특성(Market) |
|---|---|

• 브랜드가 있는 시장환경, 경쟁환경, 성장성 평가
 – 시장규모 추이(시장동향), 경쟁 중인 타사 상황
• 주변이나 타업종에서의 진출상황 또는 진출용이성, 제품수명주기 등

| 5 | 지원(Support) |
|---|---|

• 브랜드를 어떻게 관리하고 경영지원분배를 실행하고 있는지에 대한 질적 · 양적인 측면에서의 평가
 – 경영자원 투입 정도(투자효율성), 광고 투입 정도, 판촉활동력
• 유통채널 경쟁력 개발, 체계적 진행력 등

| 6 | 국제성(Internationality) |
|---|---|

• 해외의 마케팅 능력과 가능성 평가
 – 지역별 매출, 시장점유율 동향, 브랜드 이미지(인지도, 특성)

| 7 | 보호력(Protection) |
|---|---|

• 브랜드의 법률적 보호 및 상표관리 체계의 평가

### 2) 주식의 시가총액이나 수익률로 측정하는 방법

주식시장에서 특정 기업의 주식시가총액은 그 기업의 자산가치와 미래현금흐름에 대한 모든 정보를 함축한다고 볼 수 있다. 따라서 기업의 주식시가총액에서 유형자산의 가치를 빼면 무형자산의 가치가 나온다. 여기서 다시 브랜드 가치와 무관한 연구개발, 정부규제, 특허 등을 빼고 남은 것을 기업의 브랜드 자산으로 보는 방법이다. 그러나 일반적으로 주식시장에는 개별 브랜드가 상장되는 것이 아니라 여러 개의 브랜드를 가질 수 있는 기업명이 상장되기 때문에 기업의 시가총액으로 개별 브랜드의 자산을 정확하게 평가하기는 어렵다.

### 3) 다이아몬드 브랜드파워지수(DBPI)

금강기획 마케팅 전략 연구소에서 국내 최초로 개발한 브랜드 측정지수인 DBPI(Diamond Brand Power Index)는 소비자의 관점에서 출발한 브랜드 자산의 측정방법이다. 자동차, 패스트푸드, 맥주, 고급시계, 샴푸, 치약, 두통약 등 7개 제품군의 103개 브랜드를 조사에 포함시켰다. DBPI에서는 브랜드 자산을 크게 브랜드의 애호도, 브랜드의 인지도, 지각된 품질, 그리고 브랜드 연상의 네 가지 차원에서 보고, 이것을 다시 〈그림 3－6〉과 같이 측정 가능한 8개의 요인으로 나누어 측정하였다.

▶그림 3–6 다이아몬드 브랜드파워지수(DBPI)를 측정하기 위한 8가지 요인

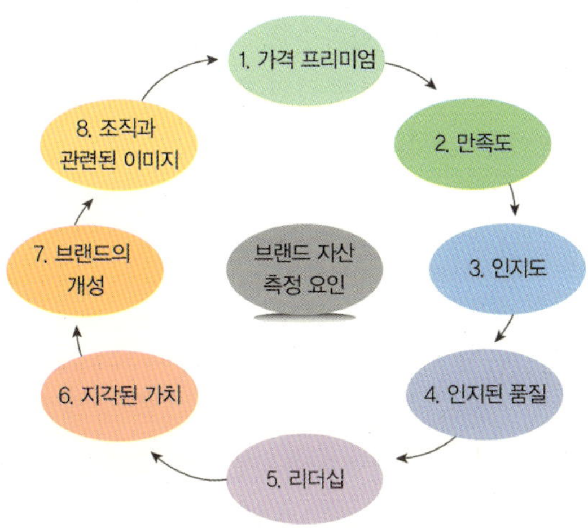

· 제3절

# 브랜드 전략

## 01 | 브랜드 개발

기업이 자사의 상품과 서비스를 브랜드화하려면 체계적인 절차에 따라서 브랜드 개발계획을 수립하여 절차대로 진행하는 것이 필요하다. 브랜드는 우리뿐만 아니라 경쟁사 역시 브랜드를 개발하고 포지셔닝시키기 위해서 다각도로 노력을 기울이고 있다. 따라서 이런 상황에 브랜드를 만들고 시장에 포지셔닝하는 것은 그리 쉬운 일만은 아니다. 만약 기업에서 브랜드를 포지셔닝시키기 위한 기회를 발견했다면 이에 맞게끔 개발과정에 착수해서 고객들과의 커뮤니케이션 과정까지 진행할 필요성이 있다.

브랜드의 개발과정은 브랜드를 포지션시킬 위치를 파악하는 것부터 경쟁사와 관계 고려, 소비자들에게 효과적으로 커뮤니케이션할 수 있는 수단의 개발까지 완벽한 과정을 거쳐야 브랜드가 개발된다.

브랜드 개발과정에서 처음으로 진행해야 할 부분은 브랜드 포지셔닝의 기회를 발견하는 것이다. 즉 소비자들의 브랜드 평가기준, 경쟁자들에 대한 소비자들의 평가기준, 세분시장에서의 시장수요 분포에 따른 우리의 브랜드 포지셔닝 기회를 찾아야 한다.

대부분의 소비자들은 상품과 서비스에 대한 편익과 속성에 의해서 브랜드를 평가하게 된다. 또 경쟁기업의 브랜드가 가지고 있는 시장에서의 브랜드의 위치는 어디이며 소비자들에게 어떻게 평가되고 있는지도 점검해야 한다. 이 점검 결과 자사 브랜드를 경쟁 브랜드와 경쟁시킬 것인가? 아니면 전혀 다르게 포지셔닝할 것인가에 대한 결정 역시 해야 한다. 이는 기업이 보유하고 있는 자원과 마케팅 능력에 따라서 판단해야 할 부분이다.

다음으로 해야 할 부분으로는 브랜드를 포지션시키는 일이다. 브랜드를 포지션시키기 위해서는 기회분석을 통해서 나온 다양한 대안을 가지고 우리에게 가장 적합한 포지션 위치를 선정하고 매력적으로 다가갈 수 있는지를 검토해서 진행해야 한다. 이때 경쟁자의 시장침투 가능성도 염두해 두어야 한다. 이미 경쟁자로서 자리를 잡은 기업도 있고, 또 향후 잠재적 진입 가능성이 있는 기업이 있을 수 있다. 따라서 현 경쟁자, 잠재적 경쟁자에 대한 파악 후 브랜드를 포지션시키는 것이 바람직하다. 그리고 자사의 이미지와 역량에 대한 판단을 해서 브랜드를 포지셔닝해야 한다. 매력적으로 다가온 시장과 우리가 장악해야 할 시장은 분명히 다를 수 있다. 그러므로 반드시 우리의 이미지와 역량에 부합하는 브랜드 포지셔닝이 될 수 있도록 해야 한다.

마지막으로 브랜드 포지셔닝의 결정 이후 이를 소비자들에게 제품의 독특성, 차별적 속성, 제품이 주는 편익 등을 강조하면서 고객들과 쌍방향 커뮤니케이션이 되도록 해야 한다. 만약 이런 부분에서 기업에서 게을리한다면 기업의 의도와 달리 전혀 다른 방향으로 포지셔닝될 가능성이 높다. 기업에서 가장 강조해서 커뮤니케이션해야 할 부분은 바로 제품의 속성이다. 다른 어떤 무엇보다도 제품의 속성은 소비자들이 가장 강하게 요구하는 부분이다. 따라서 제품의 속성과 편익에 집중하는 것이 필요하다. 또 소비자들의 관여도와 동기부여에 따라 구매를 결정하기 때문에 기업, 상품과 서비스에 대한 고객들의 관여도가 어떤지 면밀히 검토하여 결정해야 한다.

브랜드를 안착시키기 위해서 가장 필요한 것은 브랜드 커뮤니케이션이다. 이는 우리 목표 고객과 쌍방향으로 커뮤니케이션을 하느냐의 문제와 어떻게 커뮤니케이션을 하느냐의 문제이기도 하다.

▶그림 3-7 브랜드 개발과정

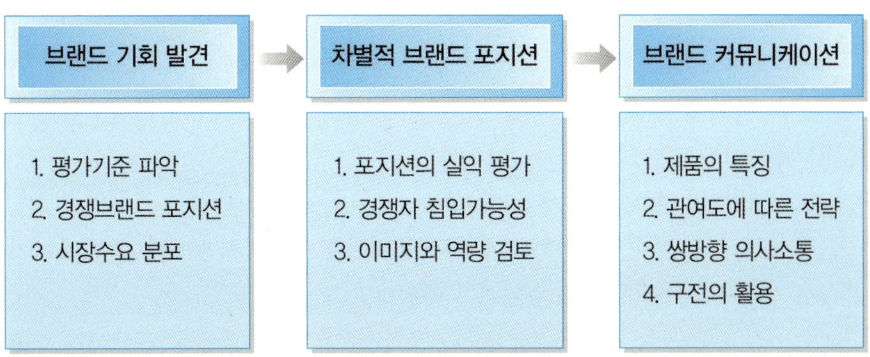


*자료 : 김광규 외 4인, 「마케팅원론」(형설출판사, 2014), p. 228에서 인용

> **브랜드의 개발과정은 브랜드를 포지션시킬 위치를**
> **파악하는 것부터 경쟁사와 관계 고려,**
> **소비자들에게 효과적으로 커뮤니케이션할 수 있는 수단의 개발까지**
> **완벽한 과정을 거쳐야 브랜드가 개발된다.**

## 02 | 브랜드 아이덴티티 수립

브랜드 아이덴티티(identity)는 브랜드 연상 요소들의 집합으로 소비자들이 브랜드에 대한 전반적인 지각을 형성하도록 하는 요소들의 총합을 의미한다. 브랜드의 본질적인 역할은 소비자들에게 브랜드에 대한 긍정적인 이미지를 형성하게 만들어 경쟁 브랜드와 차별화시키고 자사의 이미지를 소비자들에게 강하게 어필하도록 만드는 것이다. 따라서 이런 측면에서 본다면 브랜드 아이덴티티는 이런 역할을 수행하는 것이라 볼 수 있다.

브랜드에 있어서 기업의 목표는 기업의 긍정적 이미지가 소비자들에게 인식되도록 만드는 데 있다. 따라서 기업이 가진 브랜드 아이덴티티를 곧 브랜드 이미지로 동일하게 소비자가 인식하도록 만들어야 한다. 일반적으로 브랜드 아이덴티티는 브랜드 이미지와 동일한 의미로 인식되는 경우가 많지만 가장 큰 차이는 브랜드 이미지가 소비자들이 가지고 있는 브랜드에 대한 연상을 의미한다면 브랜드 아이덴티티는 소비자가 앞으로 갖게 될 브랜드의 모습과 비전을 의미한다고 볼 수 있다.

브랜드 아이덴티티는 브랜드의 구성 요소로 주로 이용하게 되는데 앞서 언급한 것처럼 브랜드 네임, 캐릭터, 심벌, 로고, 징글, 슬로건 등이다. 또한 핵심 아이덴티티와 확장 아이덴티티로 구분한다.

핵심 아이덴티티는 브랜드의 기본 정신으로 고객과의 관계 속에서 존재하는 의의와 가치를 말하며, 확장 아이덴티티는 핵심 아이덴티티를 유지하기 위해서 주변에 존재하는 유형의 제품, 시각적 · 언어적 요소들을 말한다.

가장 강력한 브랜드 아이덴티티를 형성하기 위한 좋은 방법은 좋은 품질의 상품과 서비스를 만들어서 제공하는 것이라 할 수 있다.

▶그림 3-8 브랜드 아이덴티티와 브랜드 이미지

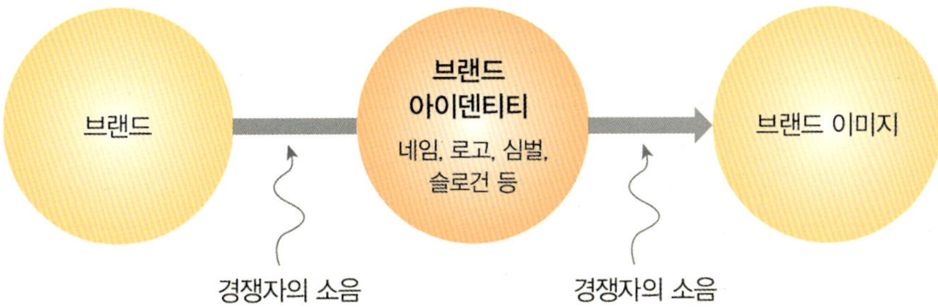


*자료 : 이훈영 · 박기용, 「외식산업 마케팅」(도서출판 청람, 2012), p. 225에서 인용

브랜드는 관점에 따라서 4가지의 아이덴티티가 형성될 수 있으며, 또 특별히 한 가지의 아이덴티티를 가진 브랜드가 있을 수 있다.

### 1) 속성 위주의 아이덴티티

상품의 속성이나 상품의 범주, 상품의 품질 등이 여기에 속하며, 이와 같은 속성 위주의 아이덴티티는 경쟁자에 의해서 쉽게 모방이 가능하며 특정상품의 범주에만 이미지가 한정되기 쉽다는 단점을 가지고 있으며, 기능적인 가치만을 강조할 수밖에 없는 한계점 역시 지니고 있다.

### 2) 제품을 만드는 조직 · 회사의 아이덴티티

상품의 속성과 직접 관련이 없는 아이덴티티로 그 제품을 만드는 기업과 조직의 아이덴티티가 있다. 이는 소비자들이 특정한 기업에 대해서 그들의 독특한 조직과 문화가 있다고 느끼는 것이다. 만약 소비자가 느끼는 것이 긍정적이라면 제품의 신뢰성과 연결될 수 있으나 그렇지 못하다면 반대의 경우가 되어 버린다. 제품을 만드는 조직 · 회사의 아이덴티티는 특정 상품에만 국한되지 않으며, 경쟁사가 모방하기 어려울 뿐만 아니라 소비자에게도 제품의 기능적 만족 외에도 감성적이고 자아 표현적 만족까지 줄 수 있다.

### 3) 의인화된 사람으로의 아이덴티티

어떤 브랜드와 관련된 인간적인 특성을 말하는 것으로 브랜드가 사람이 갖고 있는 성격과 비슷한 모습을 가지고 있다는 것을 말한다. 소비자들은 이와 같은 브랜드를 사용함으로써 자신의 자아감을 표현하고 소비자와 브랜드는 제품의 차원을 뛰어 넘어 친구, 연인과 같은 관계가 형성된다.

### 4) 가시적 상징으로의 아이덴티티

시각적으로 보이는 브랜드 로고의 형태나 색깔 등이 여기에 해당되며 이는 브랜드가 주는 제품, 서비스, 고객과의 관계, 브랜드의 퍼스낼리티 등을 쉽게 연상할 수 있다. 기업은 경쟁사와 뚜렷하게 구별되는 자사 또는 브랜드만의 가시적 상징을 가지기 위해 많은 돈을 투자하고 있다.

▶그림 3-9 브랜드 아이덴티티 시스템

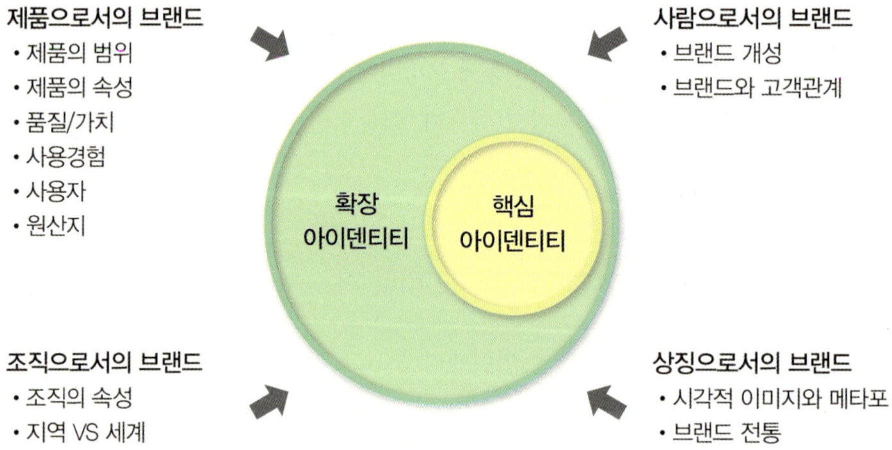


*자료 : David Aaker(1996), *Building Strong Brands*, p. 79

**브랜드 아이덴티티(identity)는**
**브랜드 연상 요소들의 집합으로**
**소비자들이 브랜드에 대한**
**전반적인 지각을 형성하도록 하는**
**요소들의 총합을 의미한다.**

## 03 | 브랜드 포지셔닝

브랜드는 브랜드 아이덴티티를 통해서 고객에게 인식되지만 브랜드 포지셔닝으로 구체적으로 실현된다. 브랜드 포지셔닝(positioning)이란 상품과 서비스 이미지를 고객에게 인식시키는 과정이다.

브랜드 포지셔닝을 진행할 때 중요한 것은 기업이 전달하고자 하는 브랜드 이미지와 소비자가 중요하다고 생각하는 이미지 모두를 고려해서 포지셔닝시켜야 한다는 것이다. 바로 이런 부분이 포지셔닝이 가장 어려운 부분인데 포지셔닝의 경우 사람에 의해서 진행되기 때문에 다소 주관적으로 움직일 수 있다.

따라서 소비자의 입장에서 포지셔닝할 필요성이 있으며, 시장의 상황에 따른 적절한 포지셔닝 전략을 세워야 한다.

포지셔닝의 4가지 전략은 아래와 같다.

### 1) 기능중심 전략

전통적인 방식의 포지셔닝 전략으로 가장 쉽고 자주 쓰이는 방법이다. 이 전략의 특징은 타 상품과 서비스, 즉 다른 경쟁사 브랜드와 비교하여 기능적인 측면을 부각시키고 그것들이 어떤 기능과 역할을 하는지를 중심으로 포지셔닝하는 방법이다.

### 2) 문제해결 전략

소비자행동에서 살펴보았지만 소비자들은 의사결정과정에서 문제를 인식하고 이를 해결하려는 행동을 취하게 된다. 따라서 문제해결 전략은 이 제품이 고객의 문제를 해결해 줄 수 있는 상품과 서비스라는 것을 강조하는 것으로 포지셔닝하는 것이다. 이와 같은 제품들은 확고한 문제해결 전략 포지셔닝으로 소비자의 마음속에 제품의 브랜드명을 일반명사처럼 인식되도록 하였다.

### 3) 경쟁자 위주의 포지셔닝 전략

자신의 위치와 경쟁자의 위치를 비교함으로써 본인이 정한 위치에서 포지셔닝하는 방법으로 가장 기초적인 형태의 포지셔닝 전략이다. 이와 같은 전략은 경쟁자의 포지셔닝을 참고하여 브랜드의 포지셔닝을 정하는 전략이다.

### 4) 심리 전략

이는 고객의 욕망이나 욕구를 충족시키기 위해서 감정을 자극하거나 심리적인 측면을 자극하는 방법의 포지셔닝 방법이다. 또 추상적이지만 소비자에게 꿈과 희망을 주는 내용으로 포지셔닝할 수도 있다.

> **브랜드 포지셔닝이란 상품과 서비스 이미지를**
> **고객에게 인식시키는 과정이다.**
> **브랜드 포지셔닝을 진행할 때 중요한 것은**
> **기업이 전달하고자 하는 브랜드 이미지와**
> **소비자가 중요하다고 생각하는 이미지 모두를 고려해서**
> **포지셔닝시켜야 한다는 것이다.**

## 04 | 브랜딩 전략

브랜딩(branding)이란 기업이 만든 브랜드를 고객에게 알리고 이를 인식시키고 고객의 마음속에 브랜드 아이덴티티를 구축하는 과정을 말하는 것이다. 다시 말해서 제품의 정보 또는 내용을 전달함과 동시에 기업과 제품을 차별화시킬 수 있는 브랜드를 구축하고 이를 소비자들에게 인지시키는 과정을 브랜딩이라고 한다.

알리스(Al Ries)는 "브랜딩은 시장에서 자사의 제품과 똑같은 제품이 없다는 인식을 잠재고객의 기억 속에 만들어 놓는 것 또는 그 과정"이라고 정의하고 있다.

브랜딩 전략에는 일반적인 브랜드 전략, 경쟁상황에 따른 브랜딩 전략, 360도 브랜딩 전략으로 나눠볼 수 있다(이훈영 · 박기용, 2012).

> **브랜딩이란 기업이 만든 브랜드를
> 고객에게 알리고 이를 인식시키고
> 고객의 마음속에 브랜드 아이덴티티를
> 구축하는 과정을 말하는 것이다.**

### 1) 일반적인 브랜딩 전략

강력한 브랜드 이미지를 형성하기 위해서는 소비자가 기억 속에 한 단어 또는 몇 개의 문자로 자사의 브랜드를 기억할 수 있도록 해야 하며, 자사 브랜드와 연관된 특정한 단어가 항상 연상될 수 있도록 해야 한다. 그래서 기업은 항상 단어와의 연관성을 가지는 브랜드를 만들기 위해 노력해야 하며, 특정업종을 대표하는 브랜드가 되기 위해서 최초가 되도록 노력해야 한다. 하지만 최초가 되지 못할 경우 핵심사업의 초점을 좁혀서 새로운 시장을 만들거나 업종을 만들어 내어야 한다. 브랜드를 강력한 브랜드로 만들기 위해서는 사업영역을 확장하기보다는 축소하여야 한다. 즉 브랜딩의 성공은 사업 확장이 아닌 사업영역의 축소라는 것을 명심해야 한다.

그리고 독점 형태의 사업보다는 후속 브랜드들이 시장 내에 진출하여 시장이 형성될 수 있도록 노력을 기울여야 한다. 따라서 선도 브랜드는 후속 브랜드를 너그럽게 받아들이며 업종 전체의 시장 파이를 높이는 데 주력하는 것이 브랜딩에 더욱 효과적이다.

일반적인 브랜딩 전략에서 마지막으로 생각해야할 것은 브랜딩을 할 때 광고보다 홍보에 초점을 맞추어야 한다. 고객의 신뢰도는 브랜드의 광고보다 홍보에 있어서 더욱 높다. 그리고 브랜드에 있어서 광고는 브랜드의 지속적인 유지를 위해서 필요하다. 따라서 광고가 지속적으로 유지되어야 함도 명심해야 한다.

### 2) 경쟁상황에 따른 브랜드 전략

경쟁상황에 따른 브랜딩 전략으로는 자신의 기존시장을 경쟁사에 빼앗기지 않으려는 서브 브랜드 전략, 확실한 차별성을 강조하기 위한 개별 브랜드 전략, 브랜드 확장 전략, 미투(me-too) 브랜드 전략 등이 있다.

서브 브랜드 전략은 기존 시장에서 1위를 유지하고 있는 기업이 경쟁기업의 신규 제품에 대한 방어 전략으로 사용하는 전략으로서, 경쟁제품과 대응할만한 서브 브랜드를 만들어 기존 브랜드를 방어하는 전략을 말한다.

개별 브랜드 전략은 제품의 차별성이 확실한 경우, 제품 자체가 독특하고, 혁신적인 경우 등 확실한 제품차별성이 있을 경우 개별 브랜드 전략을 사용한다.

브랜드 확장 전략이란 기존 시장에서 기존 브랜드의 이미지가 확고할 경우 비슷한 콘셉트의 상품이나 서비스의 군으로 브랜드를 확장하는 전략이다. 이때 주의해야할 점은 브랜드 확장 시 기존 상품군과 서비스군에서 크게 벗어나지 않는 군으로 확장을 진행해야 한다. 그렇지 못할 경우 브랜드에 부정적 영향을 미칠 수 있다. 이는 강력한 기존 브랜드를 가지고 있을 때 효과적인 브랜드 전략이라 할 수 있다.

마지막으로 미투(me-too) 브랜드 전략이다. 이미 경쟁이 포화상태에 있는 시장에 후발주자로 진입하는 경우 1등 브랜드를 모방하는 미투 브랜드 전략이 바람직하다. 이는 소극적인 마케팅 전략으로 볼 수 있으며 기업이 가진 마케팅적 역량이나 기타 역량이 부족할 경우 사용할 수 있는 방법이다.

### 3) 360도 브랜딩 전략

360도 브랜딩 전략은 모든 마케팅 채널을 고려하는 전략이다. 즉 마케팅 광고의 4대 매체인 TV, 신문, 라디오, 잡지 등의 매체는 물론 옥외, 이벤트, 인터넷, 직원교육,

홍보, 유통채널 개선 등 모든 방면의 것을 고려한 브랜딩 전략으로 볼 수 있다.

광고회사 오길비&매더(Ogilvy & Mather)에서 개발한 360도 브랜딩 전략(360 degree brand stewardship)은 고객과의 커뮤니케이션 자체를 수직적으로 생각하지 않고 둥글게 생각하는 통합적인 전략으로 브랜드와 소비자가 만나는 모든 순간과 접점(contact point)에서 브랜드 이미지가 결정될 수 있다는 생각에 기반하고 있다. 즉 브랜딩은 4대 매체 또는 인터넷에서만 일어나는 것이 아니라 브랜드와 소비자가 접촉하는 모든 접점, 예를 들어 건물의 외관, 간판, 접객 서비스의 방식, 점포의 불결함, 정성이 없어 보이는 메뉴표, 값싼 식기와 린넨류 등에 의해 브랜드 의미가 결정될 수도 있다는 것이다(이훈영 · 박기용, 2012).

즉 360도 브랜딩 전략은 브랜드의 핵심 아이디어가 정해지면 이를 어떻게 다양한 마케팅 채널을 통해서 타깃 소비자들에게 일관적으로 어떻게 전달하느냐의 방법과 문제이다.

## 참고 문헌


- 김광규 · 박철주 · 손준상 · 이원일 · 정문영. 「마케팅원론」. 형설출판사, 2014.
- 김성제. 「현대브랜드 경영전략」. 교보문고, 2006.
- 김윤태. 「외식마케팅」. 대왕사, 2013.
- 김주호. 「Branding」, Biz Prime, 2008.
- 박진우. 「외식경영학」. 형설출판사, 2010.
- 박진우. 「외식점포점장매뉴얼」. 형설출판사, 2013.
- 손영석 · 나운봉. 「브랜드 STP 전략론」. 비앤엠북스, 2006.
- 이훈영 · 박기용. 「외식산업마케팅」. 도서출판 청람, 2012.

- Chevron, Jacques. '*Marketing V. Branding*', Brandweek, 1999.
- David A. Aaker, '*Building Strong Brands*', 1996.
- David A. Aker. '*Managing Brand Equity*', The Free Press, 1991.
- Kevin, L.K. '*Strategic Brand Building, Measuring and Managing Brand Equity*', Prentice-Hall, 2003.
- Kevin L. K. 'Conceptualizing, Measuring, and Managing Customer-Based Brand Equity', *Journal of Marketing*, Vol.57(1), 1993.
- Marconi, Joe. '*The Brand Marketing Book*', NTC business Books, 1999.
- Nilson, Torsten H. '*Competitive Branding*', John Wiley & Sons, Inc, 1998.

성공적인 브랜딩프로그램은
일원성이라는 개념에 기반하고 있다.
그 목적은 잠재 고객의 마음 속에
당신의 제품이 가장 특별하다는
인식을 심어주는 것이다.

Local Store
Marketing Manual

# 제4장

# 점포 진단하기

· 제 1 절

# 점포의 진단방법

## 01 | 점포의 매출이익 피라미드

외식점포의 매출은 직원과 고객에 의해서 형성된다. 즉 훌륭한 직원들로 구성된 점포의 조직문화와 고객이 바라보는 점포의 이미지에 의해서 매출과 이익이 형성된다는 의미이다. 지속적으로 언급하는 것처럼 고객의 접점에 있는 직원들의 팀워크와 고객서비스, 메뉴품질 등 모든 것이 직원들에 의해서 움직인다. 이로 인해 점포이미지가 형성되고, 형성된 이미지는 고객이 점포를 방문하는 요인이 된다. 이때의 점포에 대한 고객의 체험은 점포방문의 지속여부를 결정하는 계기가 된다. 이러한 선순환 구조를 통해서 점포의 매출과 이익이 발생한다고 볼 수 있다. 따라서 점포를 구성하고 직원들의 태도와 자세, 팀워크, '할 수 있다.'라는 자신감과 고객들을 향한 배려와 마인드, 관리자들의 리더십 등을 통하여 고객에게 제공되는 QSC가 점포 이미지를 형성하는 것이라 할 수 있다. 이는 점포를 운영하는 기본적인 것이며, 이가 바로 매출, 이익과 더불어 점포의 운영수준이라 할 수 있다.

고객의 만족도는 QSC 레벨로 표현한다. 즉 고객만족도, 재방문 의도 등은 QSC 레벨의 정도와 거의 일치한다고 볼 수 있다. 따라서 마케팅을 진행하기 이전에 더 철저히 관리되어야 할 것이 바로 직원들의 마인드와 QSC의 레벨이다.

외식점포의 매출은 직원과 고객에 의해서 형성된다.
즉 훌륭한 직원들로 구성된 점포의 조직문화와
고객이 바라보는 점포의 이미지에 의해서
매출과 이익이 형성된다는 의미이다.

▶그림 4-1 점포의 매출이익 피라미드

*점포의 매출과 이익은 결국 직원과 고객에 의해서 만들어진다. 고객의 만족, 직원의 만족이 점포의 매출과 이익을 결정짓는다고 볼 수 있다.

▶그림 4-2 성공하는 외식점포의 요건

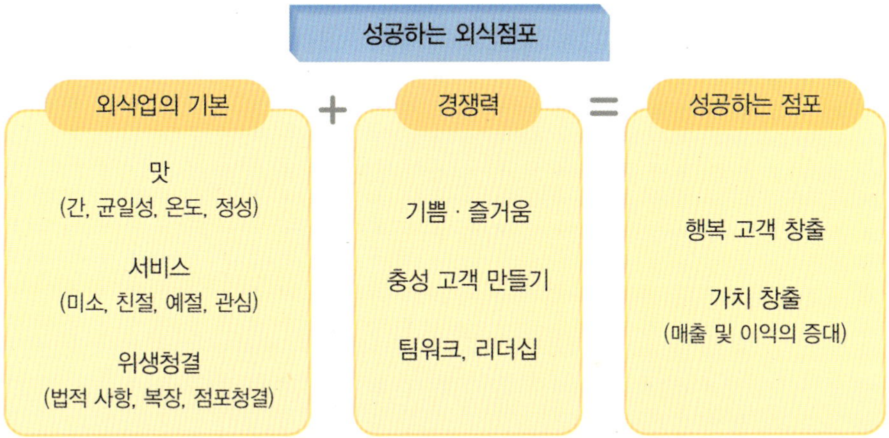

· 제2절

# 점포의 QSC 진단방법

## 01 | QSC 체크의 중요성

외식점포에 있어서 QSC의 개념만 잘 도입시킨다면 기존 고객의 충성도가 증가하게 되고 매출과 이익에 있어서 마케팅보다 더 큰 효과를 볼 수 있다. QSC를 잘 유지하고 운영한다는 것은 결국 기존 고객을 충성화시키고, 신규 고객의 만족도를 높여 고객의 유입을 통해 매출과 이익을 향상시킨다는 의미로 받아들이면 된다. 즉 QSC의 질 높은 수준의 제공이 없다는 것은 결국 매출을 올릴 수 있는 기회를 상실한다는 것과 같은 말이다.

필자가 경험하였듯이 QSC 점수를 올리는 것은 결국 매출과 이익에 연동이 된다. 이는 외식업을 운영하면서 철저하게 피부로 경험한 사실이다. 따라서 점포의 QSC 레벨만 올리는 것에 집중한다고 하더라도 이와 더불어 매출과 이익의 향상은 가지고 왔다. 만약 QSC에 문제가 있다면 어떠한 마케팅 활동도 일시적일 뿐 그 매출은 지속적일 수가 없다. QSC 레벨이 낮은 점포들은 프로모션을 했을 때와 하지 않았을 때 매출의 변동폭이 굉장히 크게 나타난다.

아래에 나타난 표에서 알 수 있듯이 QSC를 올릴 수 있는 활동들은 결국 매출의 상승을 가져오게 된다.

필자가 경험한 모점포에서는 실제 직원들과의 팀워크와 QSC의 레벨 향상에만 6개월 정도 시간을 투자하여 성공한 사례가 있는데 월매출이 1억 정도에서 6개월 후 2억까지 상승하였다. 물론 다른 요인들도 있겠지만 점장이 점포의 조직문화와 팀워크, 교육 등에 많은 시간을 투자하였고, 또 QSC 향상을 위한 꾸준한 노력의 결과라고 생각한다. 6개월의 투자치고는 굉장한 성과를 거둔 사례라 하겠다.

▶그림 4-3 외식업 경영의 기본

**외식업 경영의 기본(Q.S.C)**

| 맛(품질, Quality) | 서비스(Service) | 위생(청결, Cleanliness) |
| --- | --- | --- |
| • 간이 맞아야 한다.<br>• 균일성(일관성)<br>• 신속성<br>• 보존(Hot is hot, Cold is cold)<br>• 메뉴의 연출<br>• 신선도<br>• 동시에 제공<br>• 변화(메뉴의 개발)<br>• 정성 | • 정형화 된 기법<br>(인사 등 매뉴얼)<br>• 미소(표정, 언어, 행동)<br>• 고객에 대한 배려(예의)<br>• 고객을 위한 자기 희생 | • 직원의 몸가짐<br>• 청소 상태(일, 주, 월간)<br>• 시설관리<br>• 위생(환경)<br>• 시설에 대한 애정 |

> QSC 점수를 올리는 것은
> 결국 매출과 이익에 연동이 된다.
> 이는 외식업을 운영하면서
> 철저하게 피부로 경험한 사실이다.

그러나 한 가지 명심할 것이 있다. 요즘 대부분의 외식점포들이 QSC 수준에 대한 인식이 과거와 달리 매우 향상되어 이를 잘 준수하려고 노력하고 있다. 그러나 QSC의 향상 노력만으로는 경쟁점포와 차별화시키는 요인이 되지 못한다. 고객들에게 어떤 가치를 제공하고 점포 내의 운영과 관리를 체계적이고 과학적으로 관리하느냐도 중요한 변수가 된다. 매출과 이익을 쫓기보다는 결국 고객들에게 돌려줄 가치를 체계적이고 과학적으로 접근하느냐에 따라 달라진다는 의미이다.

따라서 점포에서 고객들에게 어떤 가치를 지속적으로 제공할 것이냐 하는 것은 외식경영자들이 지속적으로 고민해야 할 숙제이다.

▶그림 4-4 QSC의 수준과 매출과의 상관관계

| 구분 | Quality | Service | Cleanliness |
|---|---|---|---|
| 기존 평가 | 75 | 78 | 69 |
| 매출(원) | | | 80,000,000 |

⬇

| 구분 | Quality | Service | Cleanliness |
|---|---|---|---|
| 기존 평가 | 82 | 82 | 75 |
| 상향점수 | 7 | 4 | 6 |
| 매출(원) | | | 83,000,000 |

| 구분 | Quality | Service | Cleanliness |
|---|---|---|---|
| 기존 평가 | 85 | 90 | 89 |
| 상향점수 | 3 | 8 | 14 |
| 매출(원) | | | 89,000,000 |

*QSC의 월별 평가점수를 3개월로 나눠서 넣어두었다. QSC의 점수가 상향으로 올라가는 만큼 매출은 반드시 상향된 만큼 같이 연동해서 올라가게 된다. 따라서 특별한 마케팅이 없더라도 메뉴의 품질, 직원들의 서비스, 위생과 청결만 잘 관리되어도 매출과 이익은 올라간다고 볼 수 있다. 그만큼 QSC의 관리가 중요하다는 말이 된다.

▶그림 4-5 외식점포의 성공 요인

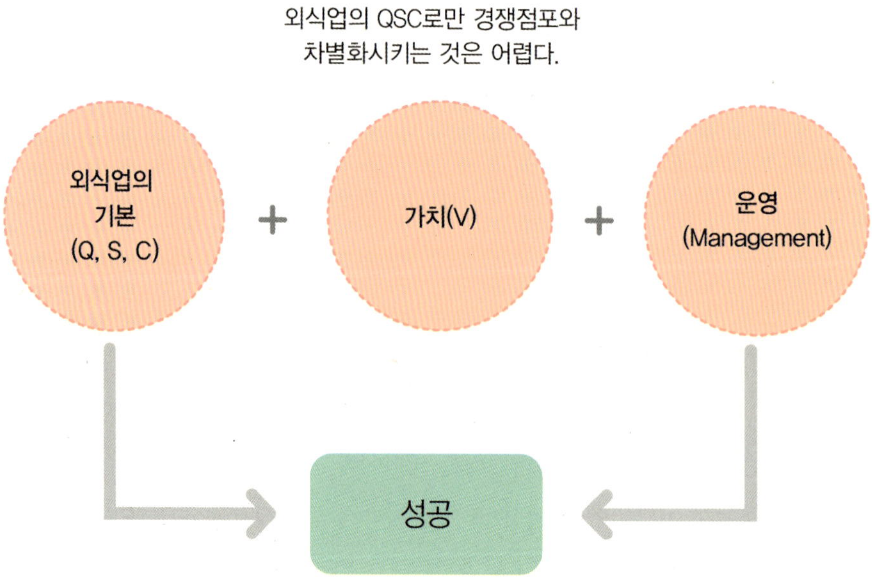

## 02 | QSC 진단방법

### 1) 고객의 소리카드

외식점포에서 많이 사용하는 것으로 점포의 테이블 내에 비치하여 고객들이 직접 작성할 수 있도록 하는 카드이다. 카드는 메뉴에 대한 평가, 서비스에 대한 평가, 위생과 청결상태에 대한 평가 등의 항목으로 구성하고 고객의 기타 의견을 적을 수 있도록 만들어서 운영하고 있다. 대부분의 고객들은 생각을 나타내지 않고 침묵으로 일관하는 경우가 많다. 따라서 고객의 소리카드를 운영할 경우 일정 부분 고객들에게 서비스 혜택을 주어서 고객들이 카드를 작성하도록 유도해야 한다. 예를 들어서 고객의 소리카드를 작성한 고객 중 매월 10명을 추첨하여 무료식사권을 제공하거나, 계산 시 일정금액을 할인해주는 등의 혜택을 제공함으로써 작성에 적극적일 수 있도록 해야 한다.

▶그림 4-6 고객의 소리카드(예시)

**고객의 소리카드**

**즐거운 식사하셨어요? 작성하신 고객의 소리에 귀 기울이며 늘 개선하도록 노력하겠습니다.**
**정성껏 작성해주신 고객님들 중 추첨을 통해 매월 10분께 식사권을 보내드립니다.**

1. 오늘 드신 메뉴는 무엇인가요? (                    )
2. 가장 맛있었던 음식은 무엇인가요? (                    )
3. 개선해야 할 메뉴나 서비스가 있었다면 적어주세요. (                    )
4. 방문 목적과 방문 인원수는? ① 단순 식사 ② 가족모임 ③ 기념일 ④ 데이트 ⑤ 기타
   총 (          )명 방문
5. 메뉴에 대한 만족도는 어떤가요? ① 매우 불만족 ② 불만족 ③ 보통 ④ 만족 ⑤ 매우 만족
6. 서비스에 대한 만족도는 어떤가요? ① 매우 불만족 ② 불만족 ③ 보통 ④ 만족 ⑤ 매우 만족
7. 전반적인 만족도는 어떤가요? ① 매우 불만족 ② 불만족 ③ 보통 ④ 만족 ⑤ 매우 만족
8. 재방문하실 의향이 있으신가요? ① YES ② NO
9. 인적사항 (성명 :          | 전화번호 :          )          □ *개인정보수집 및 활용에 동의합니다.

## 2) 고객만족도 조사

점포평가 설문조사를 통해서 진행하는 것으로 주기적으로 조사하고 싶은 평가내용을 설문지로 작성한 후 고객들이 설문에 응하도록 하며, 주 내용은 역시 QSC에 관한 내용으로 구성하여 현재 점포의 수준을 점검하는 툴로 활용한다. 이는 보통 5점 척도로 구성하여 점포의 시설, 메뉴, 서비스, 위생청결, 기타 사항에 대해서 5점, '매우 만족'부터 1점, '매우 불만족'까지 측정해서 점수로 점포를 평가하는 방법이다. 그리고 예시에는 빠져있지만 고객의 점포와 브랜드에 대한 충성도, 재방문 의도, 타인에게 추천 의도 등을 질문해서 점포에 대한 고객의 반응을 살펴볼 필요성도 있다. 내부적으로 진행할 수도 있고, 외부 전문기관에 의뢰해서 더 정확한 평가를 받아볼 수도 있다.

▶그림 4-7 고객만족도 설문조사 평가 예시

점포명 : ____________　　　　방문일시 : ____________

성별 : ① 남 ② 여　　　　연령 : ① 20대 ② 30대 ③ 40대 ④ 50대 ⑤ 60대 ⑥ 기타

직업 : ① 회사원 ② 주부 ③ 학생 ④ 기타

동반인 : ① 가족 ② 연인 ③ 친구, 선 · 후배 ④ 직장동료 ⑤ 기타

〈서비스〉

| | 매우 만족 | | 보통 | | 매우 불만족 |
|---|---|---|---|---|---|
| 1. 직원의 용모는 단정하고 깔끔하다. | ⑤ | ④ | ③ | ② | ① |
| 2. 직원들은 친절하고 예의바르다. | ⑤ | ④ | ③ | ② | ① |
| 3. 직원들은 정확한 서비스를 제공한다. | ⑤ | ④ | ③ | ② | ① |
| 4. 직원들은 신속한 서비스를 제공한다. | ⑤ | ④ | ③ | ② | ① |
| 5. 직원들은 고객을 항상 도우려고 한다. | ⑤ | ④ | ③ | ② | ① |
| 6. 직원들은 레스토랑에 대한 정확한 지식을 가지고 있다. | ⑤ | ④ | ③ | ② | ① |
| 7. 직원들은 문제발생 시 대처능력을 가지고 있다. | ⑤ | ④ | ③ | ② | ① |
| 8. 고객불만에 대해서 관리자들은 능동적으로 대처한다. | ⑤ | ④ | ③ | ② | ① |
| 9. 직원들은 계산에 대해서 정확하다. | ⑤ | ④ | ③ | ② | ① |

〈메뉴〉

| | 매우 만족 | | 보통 | | 매우 불만족 |
|---|---|---|---|---|---|
| 10. 품질에 맞는 적정한 가격이다. | ⑤ | ④ | ③ | ② | ① |
| 11. 음식의 질(신선도, 온도, 맛)이 뛰어나다. | ⑤ | ④ | ③ | ② | ① |
| 12. 적절한 시간에 음식이 제공된다. | ⑤ | ④ | ③ | ② | ① |
| 13. 음식의 양은 적절하다. | ⑤ | ④ | ③ | ② | ① |
| 14. 음식의 프레젠테이션(모양)은 적절하다. | ⑤ | ④ | ③ | ② | ① |

〈위생시설〉

| | 매우 만족 | | 보통 | | 매우 불만족 |
|---|---|---|---|---|---|
| 15. 레스토랑의 시설(화장실, 테이블 주변 등)은 청결하다. | ⑤ | ④ | ③ | ② | ① |
| 16. 음식의 제공은 위생적이다. | ⑤ | ④ | ③ | ② | ① |
| 17. 직원들은 청결(유니폼, 두발, 손톱 등)하다. | ⑤ | ④ | ③ | ② | ① |
| 18. 시설들은 깨끗한 상태로 관리되고 쾌적한 상태이다. | ⑤ | ④ | ③ | ② | ① |
| 19. 쾌적한 실내 분위기를 연출하고 있다. | ⑤ | ④ | ③ | ② | ① |

〈기타〉

| | 매우 만족 | | 보통 | | 매우 불만족 |
|---|---|---|---|---|---|
| 20. 점포분위기와 어울리는 배경음악을 사용하고 있다. | ⑤ | ④ | ③ | ② | ① |
| 21. 서비스와 관련된 자료(팸플릿, 메뉴판 등)를 잘 갖추고 있다. | ⑤ | ④ | ③ | ② | ① |
| 22. 메뉴에 대한 홍보와 행사를 진행하고 있다. | ⑤ | ④ | ③ | ② | ① |
| 23. 기타 부가적인 서비스가 다양하다. | ⑤ | ④ | ③ | ② | ① |
| 24. 정확한 약속을 이행한다(할인카드 등 정보제공 측면). | ⑤ | ④ | ③ | ② | ① |

〈전반적인 만족도〉

| | 매우 만족 | | 보통 | | 매우 불만족 |
|---|---|---|---|---|---|
| 25. 전반적인 만족도는 몇 점인가요? | ⑤ | ④ | ③ | ② | ① |
| 26. 재방문하실 의향은 몇 점인가요? | ⑤ | ④ | ③ | ② | ① |
| 27. 타인에게 추천하실 의향은 몇 점인가요? | ⑤ | ④ | ③ | ② | ① |

### 3) 미스터리 쇼퍼

미스터리 쇼퍼(mystery shopper) 제도는 체인점을 경영하는 기업에서 채택해서 QSC의 상향 평준화를 위해서 도입된 개념이다. 즉 본부의 체크나 전문가의 체크보다는 고객의 눈으로 점포를 바라보았을 때 점포의 QSC는 어떠한가를 알기 위해서 도입한 개념이라고 할 수 있다.

미스터리 쇼퍼는 고객을 가장하여 점포의 QSC 점검을 할 목적으로 투입하는 조사원이다. 미스터리 쇼퍼는 일반 고객과 동일하게 점포에 방문하여 메뉴를 주문하고, 화장실 등 위생 · 청결에 대한 점검도 하고, 메뉴도 평가하며, 직원들의 서비스도 평가하게 된다. 일부 불만을 제기하여 점포에서 불만을 처리하는 과정도 조사하게 된다. 이 조사는 직원들이 모르는 사이에 이루어지기 때문에 객관적인 평가가 가능하고, 미스터리 쇼퍼가 언제 방문할지 모르니 점포의 입장에서는 늘 긴장하면서 모든 고객들을 대하고, 표준화된 서비스와 메뉴를 제공하려고 노력하기 때문에 높은 수준의 QSC를 제공하게 되는 이점이 있다. 다만 미스터리 쇼퍼로 인한 직원들의 불만과 피로도가 있을 수도 있다. 또한 조사원들의 충분한 사전 교육이 이루어져야 하고 객관적인 평가가 이루어지도록 점포와 브랜드에 대해 철저히 이해시켜야 한다. 평가를 좀 더 객관화시키기 위해서 점수표나 평가표를 미리 만들어서 조사원들에게 제공하는 게 가장 좋은 방법이라 할 수 있다.

#### (1) 미스터리 쇼퍼의 목적

미스터리 쇼퍼 운영의 가장 큰 목적은 역시 점포의 QSC 향상에 있다. 갭버스터의 자료에 의하면 미스터리 쇼퍼 점수가 2.1% 오르면 고객불만이 5.8% 감소하고, 미스터리 쇼퍼 점수가 1% 오르면 판매량은 0.5% 증가해 영업이익이 0.6% 증가한다고 한다. 따라서 미스터리 쇼퍼의 운영은 결국 고객의 만족도 증진에 맞춰져 있으며 이런 고객만족도가 이익과 연동되어 있다는 것이다. 결국 미스터리 쇼퍼의 목적은 QSC 향상을 통한 고객만족도 향상에 있다.

#### (2) 미스터리 쇼퍼의 이점

① 점포의 현재 문제점을 명확히 파악할 수 있다. 개선책을 찾아서 고객의 불만족스러운 부분을 빠르게 해결할 수 있다.

② 점포의 QSC 수준을 향상시킬 수 있다.

③ 체인점의 경우 타점포와 비교 분석할 수 있고 체인점의 전반적인 운영수준을 향상시킬 수 있다.

④ 결과를 통해서 우수한 직원의 선발, 부족한 직원의 재교육 등을 행할 수 있다.

⑤ 기간별로 진행되는 미스터리 쇼퍼 결과의 자료를 통해서 향후 점포운영의 지침, 교육자료로 활용할 수 있다.

### (3) 미스터리 쇼퍼 프로세스

▶표 4-1 미스터리 쇼퍼 프로세스

| 평가 프로세서 | 평가 항목의 개발 | 미스터리 쇼퍼 | 평가결과 분석 | 활용 및 개선 |
|---|---|---|---|---|
| 세부 내용 | 가. 평가 항목 추출<br>나. 평가 시나리오 작성<br>다. 평가 타당성 평가<br>라. 책임자 미팅 | 가. 객관적인 평가<br>나. 고객입장 평가<br>다. 사실적인 평가 | 가. 편견 없는 보고서 작성<br>나. 주관적인 요소 가급적 배제 작성<br>다. 사실적 작성 | 가. 점포의 현재 상황을 파악하여 개선점 찾기<br>나. 직원교육 활용<br>다. 우수직원 포상 |

### (4) 미스터리 쇼퍼의 선발

미스터리 쇼퍼를 전문기관에 의뢰하는 경우가 아니고 직접 내부에서 선발하여 진행할 때에는 반드시 아래의 사항에 해당되는 쇼퍼를 선발해서 운영해야 한다.

① 외식업을 잘 이해하는 사람을 선발한다.

② 해당 브랜드의 점포를 최소한 3회 이상은 방문한 고객 또는 멤버십 고객 중 우수고객

③ 브랜드나 점포의 핵심 타깃층 고객 위주로 선발한다. 다만 다양한 고객의 관점에서 볼 때는 다양한 고객층별로 나눠서 선발해도 무방하다.

④ 멤버십 고객 위주로 선발하여도 좋다.

⑤ 브랜드나 점포를 객관적으로 판단할 수 있는 사람을 인터뷰를 통해서 선발한다.

### (5) 외식점포 미스터리 쇼퍼 리포트 예시

▶표 4-2 미스터리 쇼퍼 리포트 예시

| 방문점포 | | 방문일시 | | |
|---|---|---|---|---|
| 좌석점유율 | | 주문 메뉴 | | |
| 웨이팅 여부 | | | | |
| 질문사항 | | | | |
| 주차 및 접근성 | | 배점 | 점수 | Comment |
| 1. 주차장은 찾기 쉬웠는가? | | | | |
| 2. 주차요원은 친절하였는가? | | | | |
| 3. 주차요원의 유니폼과 명찰은 단정하였는가? | | | | |
| 4. 주차장의 환경은 쾌적하였는가? | | | | |
| 분위기 및 시설 | | 배점 | 점수 | Comment |
| 5. 배경음악은 식사하기에 적정하였는가? | | | | |
| 6. 배경음악은 매뉴얼에 맞는 음악이 나왔는가?(클래식) | | | | |
| 7. 고장난 조명은 없었는가? | | | | |
| 8. 테이블 조명은 식사하기에 적당하였는가? | | | | |
| 9. 입구는 청결하게 유지되었고, 청소가 잘되었는가? | | | | |
| 10. 테이블의 간격은 고객동선에 맞게 잘 되었는가? | | | | |
| 11. 테이블의 기물들은 청결하고 바르게 세팅되었는가? | | | | |
| 12. 테이블과 의자는 청결하며 잘 정리되었는가? | | | | |
| 직원 복장 및 태도 | | 배점 | 점수 | Comment |
| 13. 직원들의 유니폼은 단정하였는가? | | | | |
| 14. 모든 직원은 명찰을 착용하고 있었는가? | | | | |
| 15. 여직원의 경우 머리망을 하고 있었는가? | | | | |

| 16. 목걸이, 반지 등 기준에 맞는 착용을 하였는가? | | | |
|---|---|---|---|
| 17. 여직원의 경우 기본화장은 하였는가? | | | |
| **웨이팅** | **배점** | **점수** | **Comment** |
| 18. 웨이팅일 경우 대기시간에 대해서 설명하였는가? | | | |
| 19. 고객에게 정중하게 대기시간에 대한 양해를 구하였는가? | | | |
| 20. 웨이팅 푸드는 준비되었으며 공간은 청결하였는가? | | | |
| 21. 계산대에는 잡지책 등이 비치되었는가? | | | |
| **입점** | **배점** | **점수** | **Comment** |
| 22. 직원들은 입점 시 메아리 인사를 하였는가? | | | |
| 23. 쾌활한 목소리로 고객을 응대하였는가? | | | |
| **주문 및 음식 제공** | **배점** | **점수** | **Comment** |
| 24. 서버는 친절하고, 예의바르게 행동하였는가? | | | |
| 25. 메뉴를 추천하였는가? | | | |
| 26. 메뉴에 대해서 상세히 설명하였는가? | | | |
| 27. 주문한 메뉴에 대해서 다시 확인하였는가? | | | |
| 28. 주문한 메뉴의 제공시간은 적정하였는가? | | | |
| 29. 주문한 메뉴는 정확하게 나왔는가? | | | |
| **테이블 치우기** | **배점** | **점수** | **Comment** |
| 30. 식사 도중 테이블 정리를 하여주었는가? | | | |
| 31. 식사에 필요한 물품들을 챙겨주었는가? | | | |
| 32. 고객의 요청에 빠르게 응대하였는가? | | | |
| 33. 식사에 대한 만족도를 체크하였는가? | | | |
| 34. 테이블을 방문 시 또는 나갈 시 인사를 하였는가? | | | |

| 메뉴 | 배점 | 점수 | Comment |
|---|---|---|---|
| 35. 제공된 메뉴는 정확하였는가? | | | |
| 36. 메뉴의 온도는 적당하였는가? | | | |
| 37. 메뉴의 모양은 보기 좋게 담겼는가? | | | |
| 38. 기물은 깨진 것이 없고 깔끔하였는가? | | | |
| 39. 메뉴에 대한 전반적인 만족도는? | | | |
| **계산** | **배점** | **점수** | **Comment** |
| 40. 계산대 직원은 친절하게 응대하였는가? | | | |
| 41. 주문한 메뉴에 대해서 정확하게 알려주었는가? | | | |
| 42. 할인카드나 혜택에 대한 정보를 제공하였는가? | | | |
| 43. 영수증을 제공하였는가? | | | |
| 44. 감사와 배웅의 인사를 하였는가? | | | |
| **화장실 및 기타 시설** | **배점** | **점수** | **Comment** |
| 45. 화장실은 청결하였는가? | | | |
| 46. 여성용품이 비치되어 있었는가? | | | |
| 47. 어린이용 용품이 비치되어 있었는가? | | | |
| 48. 화장실 체크리스트에 체크는 되어있었는가? | | | |
| **만족도** | **배점** | **점수** | **Comment** |
| 49. 전반적인 만족도는?(5점 만점으로 평가) | | | |
| 50. 재방문 의도는?(5점 만점으로 평가) | | | |
| 51. 타인에게 추천할 의도는?(5점 만점으로 평가) | | | |

### 4) 내부 QSC 점검

내부 직원이 직접 조사하는 방식으로 QSC를 담당하는 직원이 점포를 돌면서 체크하는 방식이다. 즉 서비스를 담당하는 직원은 서비스 체크, 메뉴를 담당하는 직원은 메뉴를 체크하고, 위생사가 있다면 위생사가 담당해서 체크하는 방식이다. 전문가가 체크하기 때문에 세밀하고 객관적으로 체크할 수 있고 이를 점수화시켜서 점포의 평가방식에 활용하면 점포의 QSC 향상에 많은 도움이 될 수 있다. 만약 단일 점포를 운영하는 곳이라면 점장이나 점주가 직접 체크표를 들고 다니면서 체크하는 방식을 선택할 수 있다. 체크 후에는 반드시 개선책을 만들어서 개선보고서를 작성하도록 하고 같은 문제점이 다시 발생하지 않도록 노력을 기울여야 한다.

### 5) 홈페이지 고객의 소리

온라인 홈페이지에도 '고객의 소리'란을 만들어서 언제든지 고객이 점포 방문 후 평가에 대해서 글을 작성할 수 있도록 해야 한다. 고객의 소리카드와 마찬가지로 고객들이 의사를 개진할 수 있도록 해야 하고, 적극적인 작성이 이루어지도록 고객들에게 서비스 혜택을 제공하는 방법을 고려해야 한다. 고객의 소리카드나 홈페이지 고객의 소리 모두 고객이 적극적으로 의사를 개진할 수 있도록 하는 데 목적이 있다. 이를 통해 점포를 진단하고 평가해서 고객만족도 지표를 높여나가는 노력을 기울여야 할 것이다. 매주 단위나 매월 단위로 리포트해서 액션플랜을 수립하고 이를 교육 · 훈련하도록 한다.

## 03 QSC 진단하기

### 1) 퀄리티(Quality) 진단하기

어느 업종이나 마찬가지겠지만 상품의 질은 기업의 성공요인 중 가장 핵심이다. 외식업도 마찬가지로 가장 중요한 것을 들자면 결국 메뉴의 퀄리티가 성공을 좌지우지한다. 따라서 고객들은 메뉴의 품질에 문제가 있다면 그 상품을 구매하지 않는다. QSC 중 가장 중요한 것은 결국 메뉴 품질이며 메뉴의 품질이 성공의 여부를 결정한다. 메뉴의 품질을 유지하고 관리한다는 의미에는 음식의 간은 맞는지, 음식의 연출은 잘 되었는지, 음식의 온도는 적정한지 등등 여러 가지 요인이 있다. 따라서 이러한 부분을 잘 관리하는 것이 메뉴의 품질을 관리하는 것이다.

▶그림 4-8 Quality의 운영

메뉴 품질
(Quality)

품질의 정의

레시피에 의한 조리로 고객의
입맛에 맞는 메뉴를 제공하는 것

품질의 평가

맛(품질, Quality)

- 간이 맞아야 한다.
- 균일성(일관성)
- 신속성
- 보존(Hot is hot, Cold is cold)
- 메뉴의 연출
- 신선도
- 동시에 제공
- 변화(메뉴의 개발)
- 정성

### ① 온도

'에스프레소는 몇 도에서 가장 맛있는 맛을 낼까?', '수프는 몇 도에서 먹어야 제 맛이 날까?', '설렁탕은 몇 도에서 가장 맛있을까?' 등과 같은 메뉴 온도의 기준을 정해두어야 한다. 메뉴 온도의 기본은 뜨거운 것은 뜨겁게, 차가운 것은 차갑게 제공하는 것이다.

뜨거움과 차가움의 기준을 잘 정리해서 메뉴가 가장 맛있을 때의 온도가 몇 도인지 정확히 측정하여 그 온도대로 고객들에게 제공되도록 해야 한다. 이를 위해 점포에는 항상 디지털온도계를 비치하고 완성된 메뉴의 온도뿐만 아니라 준비되어 있는 소스의 온도, 튀김의 온도, 기름의 온도 등 조리과정 전반에 걸쳐 메뉴의 기준 온도를 지키면서 조리가 되고 있는지를 점검해야 한다.

또한 식자재를 보관하고 있는 냉장고, 냉동고의 온도 역시 기준에 맞는 온도로 세팅되어 식자재가 잘 보관되고 있는지도 점검해야 한다. 이를 위해 냉장고, 냉동고에도 일별로 3번 정도 냉장고, 냉동고의 온도를 체크할 수 있도록 체크표를 부착하는 것도 하나의 방법이다. 적정한 보관방법으로 신선하게 식자재를 보관하는 것 역시 메뉴의 품질을 결정짓는 중요한 요소이기 때문이다.

▶그림 4-9 냉장고의 온도체크표

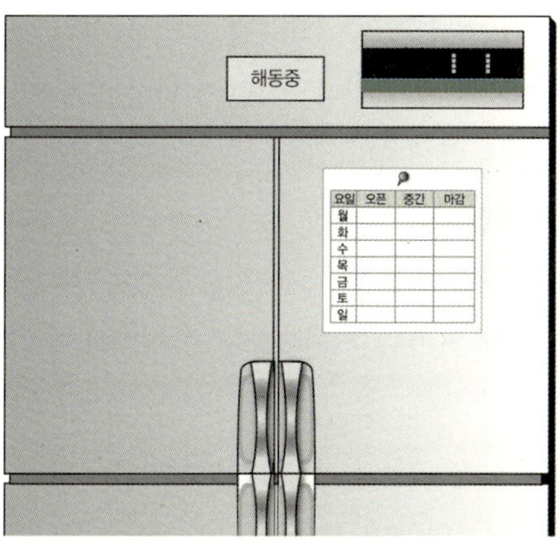


〈온도체크표〉

| 요일 | 오픈 | 중간 | 마감 |
|---|---|---|---|
| 월 | | | |
| 화 | | | |
| 수 | | | |
| 목 | | | |
| 금 | | | |
| 토 | | | |
| 일 | | | |

*점포에서 사용가능한 온도체크표, 이는 아침 근무 시작 시, 중간 근무 시, 마감 후 퇴근 전 이렇게 하루 3번 정도 체크하는 것이 바람직하다.

② 시간

여기서의 시간이란 조리시간, 식자재의 보관시간 등을 의미한다. 또한 식자재의 유통기한 등도 포함된다. 식자재를 다듬고, 조리도구를 이용하여 조리를 할 때 중요한 것은 만들어내는 시간이다. 따라서 적정한 온도를 유지하기 위해 온도계를 사용하듯, 조리를 할 때 가능한 한 타이머를 이용해서 시간을 맞춰 조리하는 능력이 필요하다. 특히 프라이어기를 사용하는 경우 동일한 온도로 동일한 시간에 튀겨내는 것이 필요하다. 이때 사용하는 것이 타이머이다. 물론 타이머가 모든 것을 말해줄 수 없으나 그 기준이 되기는 하므로 타이머 사용을 적극 권장한다. 그리고 보관시간이다. 특히 수프나 소스같은 종류의 식자재는 시간이 지남에 따라서 식자재의 퀄리티가 현저히 떨어진다. 각 식자재나 메뉴마다 보관시간을 설정해두고 보관시간이 지나면 폐기, 재준비 등의 기준을 만들어서 운영해야 한다.

시간과 관련된 또 하나의 요소는 유통기한이다. 유통기한이란 식자재가 법적으로 유통될 수 있는 기간을 말하는 것으로 법적 제재 대상이다. 유통기한이 지났다고 해서 반드시 유해한 물질은 아니지만 법적으로 규제하고 있는 부분이므로 철저하게 지켜야 한다. 유통기한이 지난 식자재를 사용할 경우 마찬가지로 품질에 안 좋은 영향을 미치므로 유통기한이 지난 식자재는 절대 사용하지 않도록 한다.

③ 기기, 기물의 점검

주방에서 사용하고 있는 모든 설비와 기기, 기물 등은 정기적으로 점검하도록 한다. 각 설비, 기기, 기물마다 점검 시기는 다르나 일 1회, 주 1회, 월 1회 등 정기적인 날짜를 정하고 그에 맞춰 점검하여 이상이 없도록 해야 한다. 이런 설비 등으로 인하여 메뉴의 퀄리티가 현저히 떨어지는 경우도 종종 발생한다.

④ 메뉴퀄리티 체크리스트를 활용한 정기적 점검

점포에 따라 많게는 몇백 가지의 식자재, 몇십 가지의 메뉴를 요리하게 된다. 따라서 메뉴에 대한 정확한 기준(레시피)에 의해서 조리되고 운영되고 있는지를 정기적으로 점검해야 한다.

메뉴의 기준을 일일이 설명하기에는 너무 많은 메뉴가 존재하므로 어려우나 기본적으로 체크해야 할 항목을 넣어서 체크리스트를 만들어 보면 〈표 4-3〉과 같다. 이를 활용할 때는 점포별, 브랜드별로 메뉴의 퀄리티에 대한 기준이 다르므로 반드시 점포에 맞는 기준을 설정하여 운영해야 한다.

▶표 4-3 메뉴퀄리티 체크리스트

| 점검항목 | | | 배점 | 점수 | 기록 사항 |
|---|---|---|---|---|---|
| 레시피 기준 | 1. 직원들은 레시피를 정확하게 숙지하고 있는가? | | 10 | | |
| | 2. 직원들은 레시피에 근거하여 조리하고 있는가? | | 10 | | |
| | 3. 레시피 북은 관리되고 있는가? | | 5 | | |
| | 4. 관리자들은 레시피를 숙지하고 있는가? | | 10 | | |
| 식자재관리 | 1. 식자재는 정확하게 검수되고 있는가? | | 5 | | |
| | 2. 식자재는 선입선출에 의거해서 사용하는가? | | 5 | | |
| | 3. 과일 · 야채 등은 기준에 의거해서 세척 · 사용하는가? | | 5 | | |
| | 4. 해동/냉각 기준을 준수하여 진행하고 있는가? | | 5 | | |
| | 5. 프렙 식자재는 생산량 예측에 근거하여 준비되는가? | | 5 | | |
| 수프 | 온도 | | 2 | | |
| | 맛 | | 2 | | |
| | 양 | | 2 | | |
| | 모양 | | 2 | | |
| 애피타이저 | 온도 | | 2 | | |
| | 맛 | | 2 | | |
| | 양 | | 2 | | |
| | 모양 | | 2 | | |
| 샐러드 | 온도 | | 2 | | |
| | 맛 | | 2 | | |
| | 양 | | 2 | | |
| | 모양 | | 2 | | |
| 메인 메뉴 | 온도 | | 2 | | |
| | 맛 | | 2 | | |
| | 양 | | 2 | | |
| | 모양 | | 2 | | |
| 디저트 | 온도 | | 2 | | |
| | 맛 | | 2 | | |
| | 양 | | 2 | | |
| | 모양 | | 2 | | |
| 총점 | | | 100 | | |

## 2) 서비스(Service) 진단하기

▶그림 4-10 Service의 운영

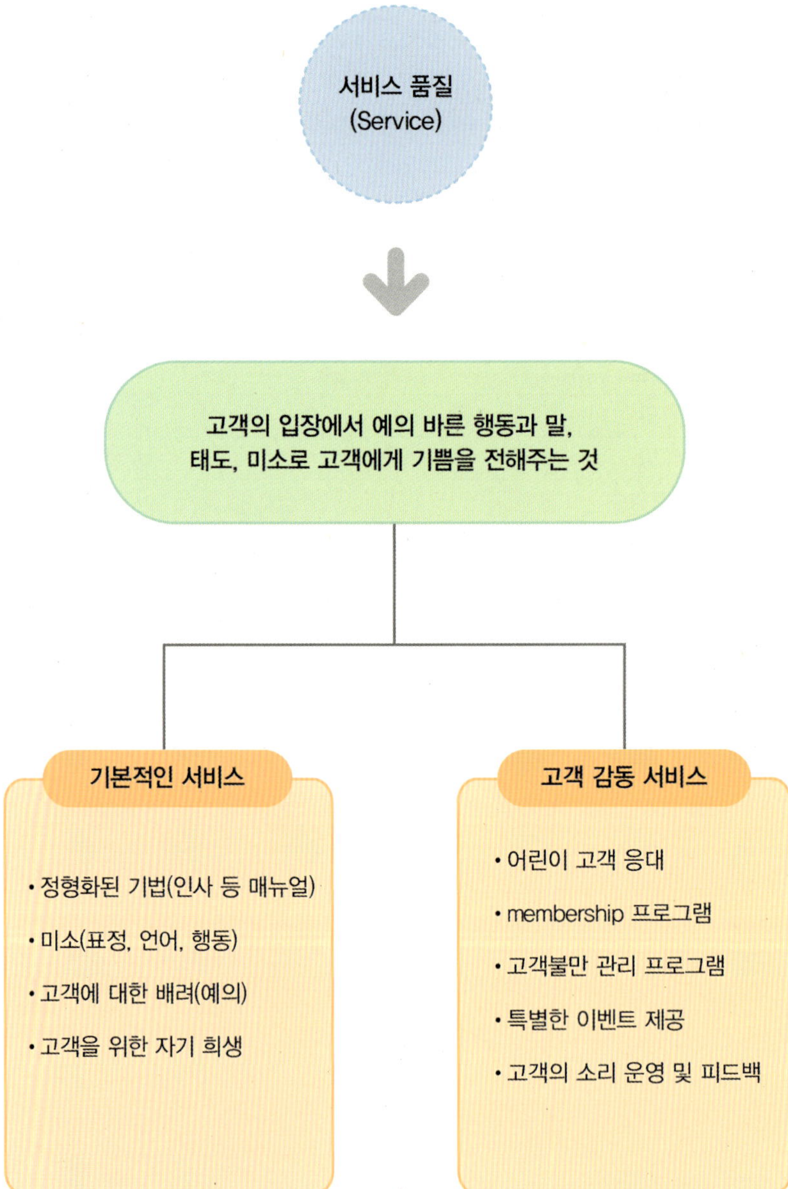

외식점포의 서비스는 다음의 3가지로 정리할 수 있다.

첫째, 서비스의 기능적인 측면과 관련하여 '외식점포 매출 증대에 기여하기 위한 종사원의 행위나 태도로 고객 서비스에 최선을 다하는 태도, 즉 고객을 배려하는 마음이다.'

둘째, 비즈니스 측면과 관련하여 '외식점포의 메뉴 판매, 서비스 제공 등을 통하여 외식 고객의 요구와 욕구를 만족시킴으로써 가치를 낳는 지식과 행위의 총체이다.'

셋째, 구조적인 측면과 관련하여 '외식점포가 점포 활동을 함에 있어서 외식 고객의 요구에 맞춰 소유권의 이전 없이 제공하는 상품적 의미, 즉 무형의 행위 또는 편익의 일체를 말한다.'

### 점포 인사의 규정과 연습

점포에서는 반드시 필요한 인사법에 대한 규정을 하고, 그 규정을 오픈과 마감 미팅 시 진행하는 것이 좋다. 그 이유는 직원들에게 그 인사가 습관이 되도록 하기 위해서이다. 따라서 아래와 같이 인사법을 정해서 지속적으로 연습시키도록 한다.

㉠ 규정 인사 예시

- 안녕하세요? 세종돈가스입니다.
- 네, 고객님 제가 도와드리겠습니다.
- 식사 맛있게 하세요.
- 즐거운 시간되십시오.
- 감사합니다. 다음에 또 뵙겠습니다.

㉡ 말하기와 듣기

- 눈 : 항상 고객과 눈 맞춤(eye contact)하도록 하고, 부드럽게 바라보도록 한다.
- 입 : 항상 고객이 편하게 들을 수 있도록 정확한 발음을 하도록 하며, 상냥함이 표현될 수 있도록 한다. 또 인사는 솔 톤으로, 대화는 미 톤으로 해서 고객이 듣기에 거부반응이 없도록 한다.
- 몸 : 상황에 따라 정중한 자세, 45도 인사, 가벼운 목례 등을 하도록 하며, 바른 자세를 취하도록 한다. 손은 방향을 지시하거나 정중한 자세의 기본이므로 필요 시 알맞은 자세를 취하도록 한다.
- 머리 : 고객이 어떤 의견이나 질의를 줄 때는 반드시 고개를 끄덕이며 고객의 대

화를 정중히 듣고 있다는 표시를 해준다. 말을 할 때나 들을 때 모두 머리는 고객을 향하도록 한다.

ⓒ 동작 및 태도

• 기본자세 : 기본자세는 몸은 곧게 세우고 걷는 모양은 항상 일자로 걷도록 하며, 보폭은 한 걸음이 너무 넓게 걷거나 좁게 걷지 않도록 한다. 눈은 정면을 향하고 팔은 자연스럽게 내리도록 한다. 점포에서는 고객이 식사를 하고 어떤 사유에서건 뛰어다니는 행동은 하지 않도록 한다.

• 손동작 : 손은 항상 모아서 사용하도록 한다. 방향을 가리킬 때는 시선과 손이 한 방향을 향하도록 하며, 고객에게 물건을 건넬 때는 반드시 두 손을 사용하도록 한다.

ⓔ 근무 시 해서는 안 되는 행동

• 직원들끼리의 잡담
• 벽에 기대서거나 먼 산을 바라보는 행동
• 노래를 따라 부르는 행동
• 하품을 하는 행동
• 담배를 피우는 행동
• 주머니에 손을 넣거나 짝다리를 짚는 행동
• 머리를 손으로 긁는 행동

> 점포의 QSC 진단을
> 디테일하게 관리하는 것이
> 마케팅 활동보다
> 선행되어야 할 요건이다.

▶그림 4-11 서비스 사이클(service cycle)

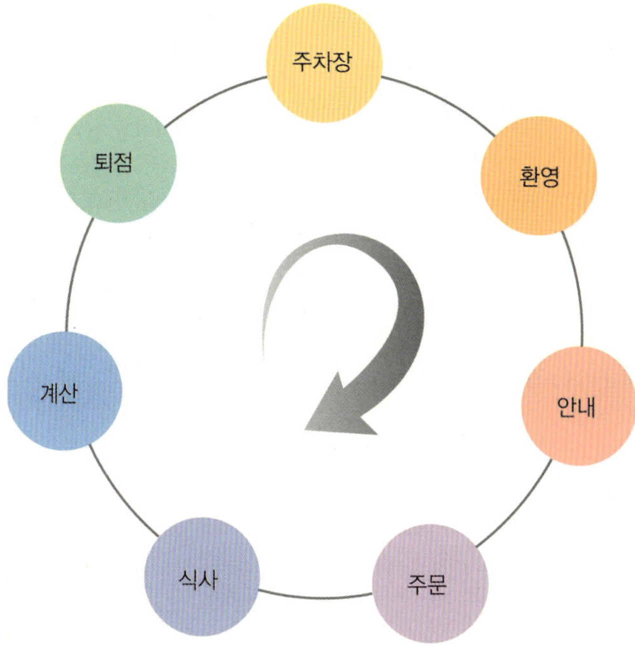


▶표 4-4 서비스 사이클별 응대방법 및 응대멘트

| 항목 | 응대방법 | 응대멘트 |
| --- | --- | --- |
| **주차장** | 1. 주차장은 찾기 쉬우며 청결한지 점검<br>2. 주차직원의 유니폼, 용모는 규정에 맞는지 점검<br>3. 주차직원의 친절성 | "안녕하세요? OOO에 오신걸 환영합니다." |
| **환영** | 1. 직원들의 유니폼, 용모는 규정에 맞는지 점검<br>2. 직원들의 눈 맞춤과 미소는 있는지 점검<br>3. 직원들의 인사가 솔톤으로 이루어지는지 점검<br>4. 전화응대는 벨이 4번 울리기 전에 받고 있으며, 친절하게 응대하는지 점검 | 1. "안녕하세요? OOO입니다."<br>2. "안녕하세요? 세종돈가스 OOO 입니다. 무엇을 도와드릴까요?" |
| **안내** | 1. 안내는 친절하게 하는지 점검<br>2. 직원들의 걸음걸이, 손동작 등 예절에 맞게 행동하는지 점검<br>3. 고객과 대화하면서 안내하는지 점검<br>4. 웨이팅 시 웨이팅 푸드 준비에 대한 점검<br>5. 웨이팅 시 대기시간에 대한 설명은 하는지 점검 | 1. "고객님, 제가 안내해드리겠습니다."<br>2. "좌석은 마음에 드시는지요?"<br>3. 잠시만 기다리시면 서버가 주문 등 안내를 해드리겠습니다. |

| 주문 | 1. 서버는 친절하게 응대하는지 점검<br>2. 추천판매, 행사 메뉴 설명등이 이루어지는지 점검<br>3. 주문한 메뉴에 대한 메뉴명, 수량 등에 대해서 다시 확인하는지 점검<br>4. 서버의 유니폼, 용모는 규정에 맞는지 점검<br>5. 서버직원의 눈맞춤과 미소는 있는지 점검 | 1. "고객님, 주문 도와드리겠습니다."<br>2. "오늘의 추천판매는 OOO입니다. 한번 드셔보시길 바랍니다."<br>3. "지금 OOO 행사를 하고 있습니다. 행사에 참여하시면 푸짐한 경품도 있으니 주문하시고 즐거움도 느껴보시기 바랍니다." |
|---|---|---|
| 식사 | 1. 주문한 메뉴가 정상적으로 나오는지 점검<br>2. 테이블 세팅은 잘 되었는지 점검<br>3. 메뉴가 주문한 대로 잘 조리되었는지 점검<br>4. 중간 테이블을 치워주면서 만족도를 체크하는지 점검 | 1. "고객님 주문하신 OOO 메뉴 나왔습니다. 식사 맛있게 하세요."<br>2. "혹시 불편한 점 있으시면 언제든 불러주십시오."<br>3. "식사는 어떠신가요? 입맛에 맞으신지요?" |
| 계산 | 1. 계산직원의 눈 맞춤과 미소는 있는지 점검<br>2. 식사한 메뉴 수량, 금액에 대해서 알리는지 점검<br>3. 할인카드, 행사사항 등에 대해서 알리는지 점검 | 1. "식사는 맛있게 하셨어요?"<br>2. "고객님 오늘 식사는 OO 메뉴와 OO 메뉴하셔서 OO원입니다."<br>3. "혹시 할인되는 카드 OOO이 있는데 가지고 계신지요?" |
| 퇴점 | 1. 퇴점 시에는 감사의 마음과 다음에 또 뵙겠다는 인사를 건네도록 한다. | "감사합니다. 다음에 또 뵙겠습니다." |

▶표 4-5 서비스 체크리스트 예시

| No. | 항목 | 세부 체크 내용 | 배점 | 점수 |
|---|---|---|---|---|
| 1 | 외부 및 주차장 | 점포 간판이 청결하고 가시성이 확보되어 있는가? | 2 | |
| 2 | | 점포의 주차장은 청결하고 주차가 편리하며, 직원들은 친절한가? | 2 | |
| 3 | | 고객 출입구의 청결상태는 양호한가? | 2 | |
| 4 | 전화 응대 | 전화벨이 4번 이상 울리기 전에 받는가?<br>그 이후에 전화를 받았다면 사과의 응대를 하였는가? | 3 | |
| 5 | | 전화응대 시 매뉴얼대로 응대하였는가?<br>㉄ 안녕하세요? ㅇㅇ점 ㅇㅇㅇ입니다. 무엇을 도와드릴까요? 등 | 2 | |
| 6 | | 통화 종료 시 마무리 인사를 하였는가?<br>㉄ 전화 주셔서 감사합니다. | 2 | |
| 7 | | 고객이 전화를 끊고 난 후 수화기를 내려놓았는가? | 2 | |
| 8 | | 전반적으로 응대직원은 친절하였는가? | 2 | |

| | | | | |
|---|---|---|---|---|
| 9 | 예약 | 예약 문의를 했을 때 직원은 친절하게, 성심성의껏 답변하였는가? | 2 | |
| 10 | | 고객의 요구 조건을 상세하게 질문하였는가? | 2 | |
| 11 | | 예약이 안 되었을 경우 차선책을 마련해주기 위해 노력하였는가? | 2 | |
| 12 | | 전반적으로 예약 담당직원은 친절하였는가? | 2 | |
| 13 | 안내 | 고객 입장 후 눈을 맞추면서 반갑게 인사를 하였는가? | 2 | |
| 14 | | 고객의 인원수를 확인하고, 인원수에 맞게 좌석으로 안내하였는가? | 2 | |
| 15 | | 고객과 대화를 나누면서 좌석으로 안내하였는가? | 2 | |
| 16 | | 매장 이용 정보에 대해서 안내해주었는가? | 2 | |
| 17 | | 웨이팅이 있을 시 웨이팅 시간에 대해서 정확히 말하였는가? | 2 | |
| 18 | | 웨이팅이 있을 시 웨이팅 푸드는 준비되어 있는가? | 2 | |
| 19 | | 안내대는 청결하게 잘 정리되어 있었는가? | 2 | |
| 20 | | 안내직원은 전반적으로 친절하였는가? | 2 | |
| 21 | 주문 | 주문 요청 시 즉각적으로 응대하였는가? | 2 | |
| 22 | | 주문 시 추천판매를 하였고, 행사/메뉴에 대한 정보를 제공하였는가? | 2 | |
| 23 | | 직원은 메뉴에 대한 정확한 지식을 가지고 있었는가? | 2 | |
| 24 | | 주문 후 주문한 메뉴명, 수량 등에 대해서 정확하게 확인하였는가? | 2 | |
| 25 | | 주문 후 메뉴 제공시간, 기타 필요사항 등을 체크하고 알려준 후 마무리 인사를 하였는가? | 2 | |
| 26 | | 서버는 전반적으로 친절하였는가? | 2 | |
| 27 | 테이블 세팅 | 테이블은 깨끗하고 잘 정리되어 있었는가? | 2 | |
| 28 | | 각종 POP/행사정보 등은 잘 정리되어 있었는가? | 2 | |
| 29 | | 테이블 기물이 세팅되어 있고, 깨끗했는가? | 2 | |
| 30 | 메뉴 제공 및 서비스 | 메뉴는 주문한 대로 정확하게 제공되었는가? | 2 | |
| 31 | | 서버는 메뉴 제공 시 메뉴명, 필요사항에 대해서 언급하였는가? | 2 | |
| 32 | | 메뉴는 전반적으로 깔끔하게 제공되었는가? | 2 | |
| 33 | | 메뉴 제공 후 맛있게 드시라는 인사를 하였는가? | 2 | |
| 34 | | 식사 중 만족도 체크를 하고, 필요시 도움을 주었는가? | 2 | |
| 35 | 유니폼 및 청결 | 직원들의 유니폼은 청결하고, 깔끔하며 잘 다려져 있었는가? | 2 | |
| 36 | | 명찰을 착용하고, 규정된 복장으로 입고 있었는가? | 2 | |
| 37 | | 손톱, 머리, 립스틱, 귀걸이 등은 단정하게 되어 있었는가? | 2 | |
| 38 | | 신발은 잘 닦여 있고, 깔끔하였는가? | 2 | |

| 39 | 계산 | 계산직원은 계산 시에 눈을 맞췄는가? | 2 | |
|---|---|---|---|---|
| 40 | | 식사 만족도에 대한 질문을 하였는가?<br>예) 식사 맛있게 하셨어요? | 2 | |
| 41 | | 주문한 메뉴 수량, 금액 등에 대해서 확인하였는가? | 2 | |
| 42 | | 할인카드, 행사사항 등에 대해서 체크하고 도움을 주었는가? | 2 | |
| 43 | | 고객의 카드나 현금을 두 손으로 받았으며, 두 손으로 건넸는가? | 2 | |
| 44 | | 환송인사를 하였는가? | 2 | |
| 45 | | 계산원은 전반적으로 친절하였는가? | 2 | |
| 46 | 매니저 | 매니저는 점포에 상주하면서 근무하고 있는가? | 3 | |
| 47 | | 매니저는 점포에서 고객들을 응대하고 있는가? | 3 | |
| 48 | | 고객불평 시 매니저가 직접 응대하고 있는가? | 3 | |

### 3) 위생청결(Cleanliness) 진단하기

위생의 사전적 의미는 건강의 보전, 증진을 도모하고 질병의 예방과 치유에 힘쓰는 일로 정의할 수 있으며, 식품위생은 우리나라 식품위생법 제2조 8항에 따라 "식품위생이라 함은 식품, 첨가물, 기구 또는 용기, 포장을 대상으로 하는 음식에 관한 위생을 말하며 식품의 재배, 생산, 제조로부터 최종적으로 사람이 섭취하기까지의 모든 단계에 걸친 식품의 안전성, 건전성 및 완전 무결성을 확보하기 위한 모든 필요한 수단을 말한다."라고 정의할 수 있다.

외식점포에서 가장 신경을 써서 관리해야 할 부분이 바로 고객이 안전하게 음식을 드실 수 있도록 하는 음식의 위생이며, 이를 관리하기 위해서는 법적인 사항을 중점적으로 관리하여야 한다. 법적인 사항은 개인의 위생, 보관방법의 관리, 해동과 냉각관리, 원산지관리, 조리기구의 위생관리 등이다. 자세한 사항은 「외식점포 점장매뉴얼」(형설출판사, 2013)을 참조하기 바라며, 본 장에서는 주요 부분만 언급하도록 하겠다.

▶그림 4-12 Cleanliness의 운영

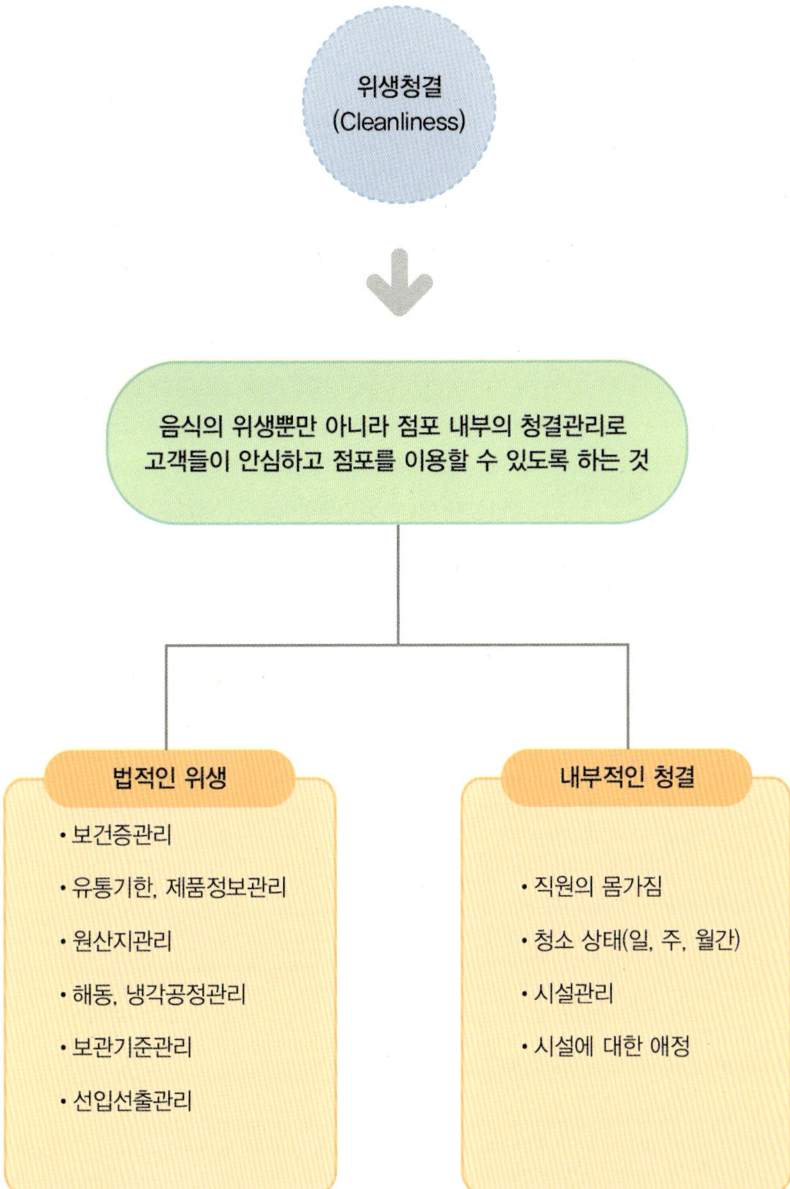

▶표 4-6 식품행정 처분 기준

<table>
<tr><th rowspan="2">위반사항</th><th colspan="3">행정 처분 기준</th><th rowspan="2">적용법 조항</th></tr>
<tr><th>1차</th><th>2차</th><th>3차</th></tr>
<tr><td>영업정지기간 중 영업</td><td>영업허가 취소</td><td></td><td></td><td>제75조 제2항</td></tr>
<tr><td>청소년 유흥접객원 고용</td><td>영업허가 취소</td><td></td><td></td><td rowspan="4">제44조 제2항</td></tr>
<tr><td>청소년 고용(고용금지업소)</td><td>영업정지 3월</td><td>영업허가 취소</td><td></td></tr>
<tr><td>청소년 주류 제공</td><td>영업정지 2월</td><td>영업정지 3월</td><td>영업허가 취소</td></tr>
<tr><td>청소년 출입(출입금지업소)</td><td>영업정지 1월</td><td>영업정지 2월</td><td>영업정지 3월</td></tr>
<tr><td>업소 내 도박 기타 사행 행위나 풍기문란 행위 미방지</td><td>영업정지 2월</td><td>영업정지 3월</td><td>영업허가 취소</td><td>제44조</td></tr>
<tr><td>호객 행위</td><td rowspan="2">영업정지 15일</td><td rowspan="2">영업정지 1월</td><td rowspan="2">영업정지 3월</td><td rowspan="2">제44조</td></tr>
<tr><td>유통기한 경과식품 보관</td></tr>
<tr><td>영업장의 면적을 변경하고 변경 신고를 하지 아니함</td><td>영업정지 7일</td><td>영업정리 15일</td><td>영업정지 1월</td><td>제37조</td></tr>
<tr><td>허가받은 업종 외 타업종과 미분리(미구획)</td><td>시설개수 명령</td><td>영업정리 15일</td><td>영업정지 1월</td><td>제36조</td></tr>
<tr><td>시설기준 위반</td><td>시설개수 명령</td><td>영업정리 15일</td><td>영업정지 1월</td><td>제36조</td></tr>
<tr><td>일반, 휴게 객실 내 음향 및 반주시설, 특수조명설치</td><td>시설개수 명령</td><td>영업정지 1월</td><td>영업정지 2월</td><td>제36조</td></tr>
<tr><td>일반, 휴게음식점 영업장에 무도장설치</td><td>시설개수 명령</td><td>영업정지 15일</td><td>영업정지 1월</td><td>제36조</td></tr>
<tr><td>일반, 휴게, 단란에서 유흥접객원 고용</td><td>영업정지 1월</td><td>영업정지 2월</td><td>허가취소, 영업소 폐쇄</td><td>제44조</td></tr>
<tr><td>일반, 휴게에서 손님이 노래 부르도록 허용</td><td>영업정리 1월</td><td>영업정지 2월</td><td>영업정지 3월</td><td>제44조</td></tr>
<tr><td>영업장 외 테이블 영업</td><td rowspan="3">시정명령</td><td rowspan="3">영업정지 7일</td><td rowspan="3">영업정지 15일</td><td rowspan="3">제44조</td></tr>
<tr><td>신고한 상호와 상이함</td></tr>
<tr><td>식품 내 이물 발견</td></tr>
<tr><td>모범업소로 오인, 혼동할 우려가 있는 표시</td><td>시정명령</td><td>영업정리 5일</td><td>영업정지 10일</td><td>제44조</td></tr>
<tr><td>주재료가 다른 경우</td><td rowspan="2">영업정지 7일</td><td rowspan="2">영업정지 15일</td><td rowspan="2">영업정지 1월</td><td rowspan="2">제44조</td></tr>
<tr><td>중량이 30% 이상 부족</td></tr>
<tr><td>중량이 20~30% 부족</td><td>시정명령</td><td>영업정지 7일</td><td>영업정지 15일</td><td>제44조</td></tr>
</table>

<table>
<tr><td>식중독균 기준 위반(식품)</td><td>영업정지 1월</td><td>영업정지 3월</td><td>영업허가 취소</td><td rowspan="2">제7조 제4항</td></tr>
<tr><td>식중독균 기준 위반(조리도구)</td><td>시정명령</td><td>영업정지 7일</td><td>영업정리 15일</td></tr>
<tr><td>세균 기준 위반(식품)</td><td>영업정지 15일</td><td>영업정지 1월</td><td>영업정지 2월</td><td rowspan="2">제7조 제4항</td></tr>
<tr><td>세균 기준 위반(조리기구)</td><td>시정명령</td><td>영업정지 7일</td><td>영업정지 15일</td></tr>
<tr><td>무표시(한글 미표시) 제품 사용</td><td>영업정지 1월</td><td>영업정지 2월</td><td>영업정지 3월</td><td>제10조</td></tr>
<tr><td>식중독 발생</td><td>영업정지 1월</td><td>영업정지 2월</td><td>영업소 폐쇄</td><td>제4조</td></tr>
<tr><td>남은 음식 재사용</td><td>영업정지 15일</td><td>영업정지 2월</td><td>영업정지 3월</td><td>제44조</td></tr>
<tr><td>신고증, 허가증 미비치</td><td colspan="3">과태료 30만 원(시행규칙 제98조 경미한 사항)</td><td>제44조</td></tr>
<tr><td>건강진단 미필</td><td colspan="3">과태료(30만 원 이상)</td><td>제40조</td></tr>
<tr><td>종업원 위생모 미착용</td><td colspan="3">과태료(20만 원 이상)</td><td>제3조</td></tr>
<tr><td>조리장, 식품보관실 등 위생불량</td><td colspan="3">과태료 50만 원</td><td>제3조</td></tr>
<tr><td>조리기구(도마, 칼) 위생불량</td><td colspan="3">과태료 20만 원</td><td>제3조</td></tr>
</table>

### (1) 개인위생관리

① 개인용모기준

㉠ 유니폼 : 유니폼은 항상 다림질된 상태로 규정된 것을 착용하도록 한다. 손상이 되거나 위생적으로 문제가 있다고 판단되는 유니폼은 착용하지 않도록 한다. 신발은 규정에 맞는 것을 착용하고 수시로 닦아서 이물질을 제거하도록 한다.

㉡ 얼굴 : 수염과 코털은 항상 청결하게 관리한다. 여성의 경우 짙은 화장은 피하고 가벼운 화장을 하며, 립스틱은 강렬한 색상을 피한다. 향이 강한 향수는 사용하지 않도록 하며, 자극적인 냄새가 나는 화장품도 피한다. 입에서 냄새가 나지 않도록 구강청결에 신경을 쓴다.

㉢ 손과 손톱 : 손톱은 뒤로 돌려보아서 흰색 부분이 보이지 않도록 짧게 한다. 손톱은 매니큐어를 바르지 않는다. 손 씻기를 생활화한다.

㉣ 두발관리 : 헤어제품을 사용하여 머리카락이 흘러내리지 않도록 한다. 남자의 경우 뒷머리가 옷깃에 닿지 않도록 하며, 옆머리는 귀를 덮지 않도록 구레나룻은 기르지 않도록 한다. 여성의 경우 머리망, 핀을 사용하여 깔끔하게 정리한다. 색이 진한 염색과 탈색은 하지 않도록 한다.

▶그림 4-13 개인위생 및 복장 규정

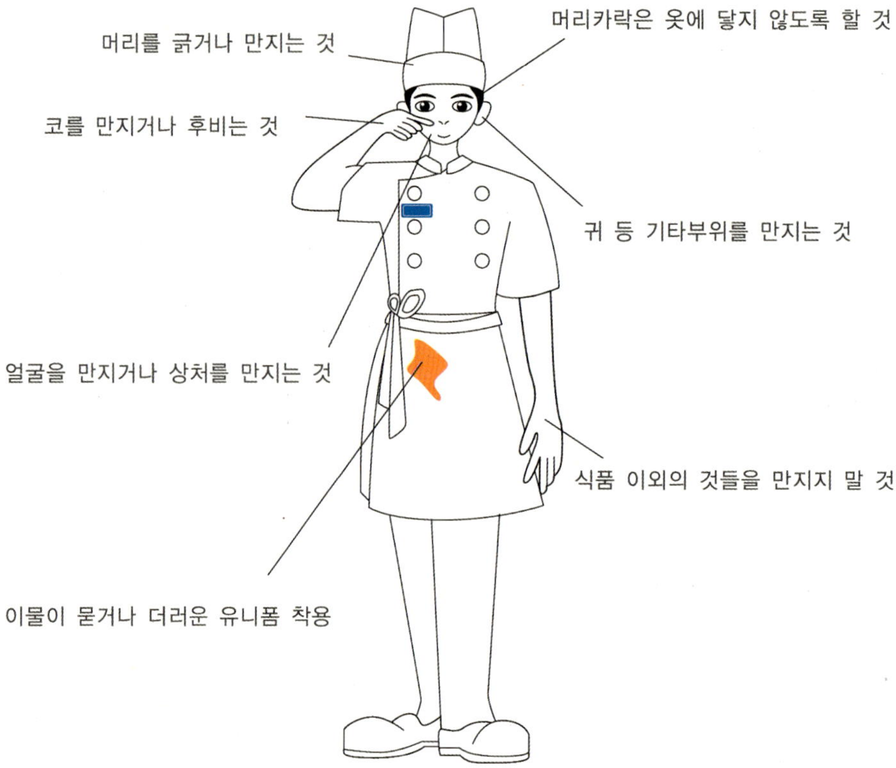


② 보건증관리

식품접객업소의 종사원은 1년에 한 번 보건소나 지정된 의료기관에서 건강진단을 받고, 이를 확인한 건강진단 수첩을 점포에 제출해야 하며, 건강관리를 위하여 관리자는 수시로 결석상태의 점검과 원인을 분석하여 건강상태를 점검해야 한다. 또한 종사원이 병에 걸렸을 때에는 완전히 치유될 때까지 업무를 중지시켜야 한다.

점포에서는 건강진단 수첩(보건증)을 근무하는 동안 보관하고 있어야 한다.

### (2) 유통기한 및 제품정보의 관리

유통기한은 제품의 제조일로부터 소비자에게 판매가 허용되는 기한을 의미하는 것으로 이 기간 내에 보관기준(온도와 습도)을 준수하여 보관 · 유통한 식품은 안전성이 보장됨을 의미한다. 그러나 유통기한이 초과되었다고 해서 반드시 유해한 식품은 아니며 다만 법적으로 위반 식품에 해당된다. 그러므로 유통기한이 초과된 식품을 보관, 조리에 사용하는 것은 법적인 제재를 받게 된다.

품별 표시사항이란 식품위생법에서 정하고 있는 법적 사항으로 표시 대상은 식품제조 · 가공업자가 생산한 식품, 식품첨가물 제조업자가 생산한 식품첨가물, 식품소분업자가 소분하는 식품 또는 식품첨가물, 방사선 조사식품, 수입식품 또는 수입식품첨가물, 용기 · 포장에 넣어진 식품 또는 수입 농축산물 등이다. 표시 내용으로 제품명, 식품의 유형, 제조연월일, 유통기한, 내용량, 원재료명, 성분 및 함량, 영양성분, 기타 세부표시 기준(보관 및 취급 주의사항, 포장재질) 등이 있다.

### (3) 보관방법의 관리

식품 표시사항에 기재된 내용 중 '보관방법'은 '유통기한'과 마찬가지로 사용하는 자가 준수해야 하는 법적인 사항으로 보관기준을 준수하지 않은 경우에도 행정처분 및 과태료가 부과된다.

▶표 4-7 보관방법

| 구분 | 내용 |
|---|---|
| 냉장보관 | • 0~10℃의 냉장실에 보관해야 함. |
| 개봉 후 냉장보관 | • 밀봉되거나 포장된 포장지를 개봉한 후 냉장보관 해야 함. |
| 냉동보관 | • −18℃ 미만의 냉동실에 보관해야 함.<br>• 냉장해동, 상온해동 시 "해동 중"이라는 표기 필요함. |
| 실온보관 | • 1~35℃의 온도 범위에서 보관해야 함. |
| 상온보관 | • 15~25℃의 온도 범위에서 보관해야 함. |
| 건냉암소<br>서늘한 곳, 냉소 | • 건조하고 냉랭하며 직사광선이 들지 않는 곳에서 보관해야 함.<br>• 0~15℃의 장소를 의미함. |

### (4) 식품의 해동과 냉각관리

해동이란 0℃ 이하로 동결된 식재를 0~5℃ 사이로 녹이는 과정을 의미하는 것으로 냉동식품을 녹이는 방법에 따라 미생물의 성장을 방지할 수도 있고, 미생물의 번식을 더 높일 수도 있다. 해동방법에는 냉장해동과 상온해동이 있으며, 해동을 할 때는 위험온도구간을 빨리 벗어날 수 있도록 해야 한다.

식품의 냉각이란 60℃ 이상의 식품을 10℃ 이하로 식히는 과정으로 위험온도구간인 20~45℃ 구간을 빨리 벗어나기 위한 과정이다. 세균이 성장하기에 적합한 온도인 위험온도구간에 식품을 방치하는 것은 위험하기 때문에 조리된 식품을 냉각하는 과정에서 미생물의 성장을 최소화하기 위해서는 가능한 빨리 이 온도구간을 벗어나야 한다.

냉각 시에는 될 수 있으면 소분해서 냉각해야 하며, 얇고 넓은 금속용기를 사용하는 것이 효과적이다. 적절한 식품의 냉각방법은 급속냉각기를 사용하는 방법, 얼음통을 이용해서 식히는 방법 등이 있다.

#### (5) 원산지관리

농수산물이 생산, 채취, 포획된 국가, 지역이나 해역을 의미하는 것으로 표시 대상으로는 국산 농산물(202품목), 농산물 가공품(258, 주정제외 12. 4. 11 시행), 수입 농산물과 그 가공품(161), 국산 수산물 및 원양산 수산물(191), 수산물 가공품(37), 음식점의 원료 농수산물의 표시(농식품 6품목, 수산물 6품목)를 말한다.

음식점의 경우 쇠고기, 돼지고기, 닭고기, 오리고기, 양(염소)고기, 쌀(밥류), 배추김치(원료 중 고춧가루를 포함), 넙치, 조피볼락, 참돔, 미꾸라지, 뱀장어, 낙지, 명태(황태, 북어 등 건조한 것은 제외), 고등어, 갈치 등이 대상 품목이다.

**대상음식점**

㉠ **일반음식점** : 음식류를 조리하여 판매, 식사류와 함께 음주 행위가 허용(일반음식점, 뷔페, 예식장, 장례식장 등)

㉡ **휴게음식점** : 패스트푸드점, 분식점 형태의 음식물을 조리 판매하고 음주 행위는 불가(패스트푸드점, 분식점 등)

㉢ **위탁급식영업** : 계약에 의하여 집단급식소 내에서 음식물을 조리, 제공

㉣ **집단급식소** : 영리를 목적으로 하지 않고 계속적으로 특정 다수인(상시 1회 50명 이상)에게 음식물을 제공하는 급식소(학교, 기업체, 기숙사, 공공기관, 병원 등)

▶표 4-8 위생 체크리스트 예시

| 체크 항목 | 세부 체크 항목 | 배점 100점 | 점수 | 비고 |
|---|---|---|---|---|
| 개인 위생 관리 | 1. 손 전용세제를 사용하고 있으며 손 씻기를 잘 시행하고 있는가? | 3 | | |
| | 2. 보건증은 유효기간에 맞게 보관하고 있는가? | 3 | | |
| | 3. 직원들의 유니폼은 청결하며 손, 두발 등의 상태는 어떠한가? | 3 | | |
| | 4. 건강 이상자는 작업에서 배제하고 있는가? | 3 | | |
| 검수 관리 | 1. 검수일지는 작성하고 있으며 잘 보관되어 있는가? | 3 | | |
| | 2. 검수자는 위생장갑을 착용하고 작업에 임하는가? | 3 | | |
| | 3. 검수 시 이상품목은 반품하고 있는가? | 3 | | |
| | 4. 검수 장소는 청결하고 깔끔하게 운영되는가? | 3 | | |
| | 5. 식재를 안전하게 정리하는가(바닥 방치 금지, 구분 보관 등)? | 3 | | |
| 시설 · 기물 냉장 · 냉동고 관리 | 1. 냉장, 냉동고의 온도는 이상이 없는가? | 3 | | |
| | 2. 보관된 모든 식재는 덮개로 덮어 보관하고 있는가? | 3 | | |
| | 3. 모든 설비는 관리 담당자가 지정되어있는가? | 3 | | |
| | 4. 설비들의 청소상태는 양호한가? | 3 | | |
| | 5. 칼, 도마는 세척하고 구분하여 사용하는가? | 3 | | |
| | 6. 음용수와 식용 얼음은 위생적으로 취급되고 있는가? | 3 | | |
| | 7. 조리용 기물은 재질이 적절하고 청결하게 관리되는가? | 3 | | |
| | 8. 쓰레기통은 밀폐형이고 덮개가 있는가? | 3 | | |
| | 9. 식기세척대는 청결하고 스케일링이 되고 있는가? | 3 | | |
| | 10. 살균소독제를 사용하여 조리기물을 소독하고 있는가? | 3 | | |
| | 11. 정기적인 방역을 실시하고 있는가? | 3 | | |

| | | | | |
|---|---|---|---|---|
| 식자재 위생 관리 | 1. 무표시 식재, 변질 식재, 유통기한 경과 식재는 없는가? | 10 | | |
| | 2. 냉동식품을 위생적으로 해동하고 있는가? | 3 | | |
| | 3. 반조리식품을 위생적으로 냉각하는가? | 3 | | |
| | 4. 조리된 식품을 위생적으로 취급하는가? | 3 | | |
| | 5. prep된 식재는 냉장으로 잘 보관되어있는가? | 3 | | |
| | 6. prep label이 부착되어 있고, 기간이 경과하지 않았는가? | 3 | | |
| | 7. 원산지 표기가 잘 되어있는가? | 3 | | |
| 기타 위생 관리 | 1. 창고는 잘 정리되어있는가? | 3 | | |
| | 2. 상온 식재의 보관이 잘 되어있으며, 유통기한 경과제품은 없는가? | 3 | | |
| | 3. 식재가 개봉된 채로 방치되어있지는 않은가? | 3 | | |
| | 4. 주방 바닥은 청결하며 배수상태는 양호한가? | 3 | | |

▶**표 4-9 화장실 체크리스트 예시**

| 체크 항목 | | 시간대 | | | | | | | | |
|---|---|---|---|---|---|---|---|---|---|---|
| 1 | 화장실에서 불쾌한 냄새가 나지는 않는가? | 11시 | 12시 | 13시 | 14시 | 16시 | 18시 | 19시 | 20시 | 21시 |
| 2 | 화장실에 비품(비누, 티슈)이 잘 갖춰져 있는가? | | | | | | | | | |
| 3 | 화장실에 구강청정제가 구비되어있는가? | | | | | | | | | |
| 4 | 화장실 변기는 청결한가? | | | | | | | | | |
| 5 | 화장실 비데는 잘 작동하며 청결한가? | | | | | | | | | |
| 6 | 변기의 물은 잘 내려가는가? | | | | | | | | | |

| | | | | | | | | | | |
|---|---|---|---|---|---|---|---|---|---|---|
| 7 | 화장실의 천장, 벽면은 깨끗한가? | | | | | | | | | |
| 8 | 화장실의 바닥은 미끄럽지 않고 청결한가? | | | | | | | | | |
| 9 | 화장실의 문은 잘 잠기고 깨끗한가? | | | | | | | | | |
| 10 | 화장실 내의 휴지는 깔끔하게 정리되어있는가? | | | | | | | | | |
| 11 | 화장실 조명은 잘 작동하는가? | | | | | | | | | |
| 12 | 환기팬은 정상적으로 작동하는가? | | | | | | | | | |
| 13 | 휴지통은 청결하고 비치되어있는가? | | | | | | | | | |
| 14 | 방향제는 이상이 없는가? | | | | | | | | | |
| 15 | 화장실의 청소도구는 깨끗한가? | | | | | | | | | |
| 16 | 핸드 드라이기는 잘 작동하는가? | | | | | | | | | |
| 17 | 핸드 드라이기는 청결한가? | | | | | | | | | |
| 18 | 화장실의 거울은 잘 닦여져 있는가? | | | | | | | | | |
| | | | | | | | | | | |
| | | | | | | | | | | |
| | | | | | | | | | | |
| | | | | | | | | | | |
| | | | | | | | | | | |
| | | | | | | | | | | |
| | | | | | | | | | | |
| | 청소 담당자 사인 | | | | | | | | | |
| | 매니저(점장) 확인 사인 | | | | | | | | | |

▶표 4-10 청소계획표 체크리스트 예시

| 포지션 | 구분 | 청소 범위 | 청소 주기 | 날짜 계획 | 월 | 화 | 수 | 목 | 금 | 토 | 일 | 책임자 사인 |
|---|---|---|---|---|---|---|---|---|---|---|---|---|
| 홀 | 테이블 상판 및 하판 | 섹션 1 | 주 1회 | | | | | | | | | |
| | | 섹션 2 | | | | | | | | | | |
| | | 섹션 3 | | | | | | | | | | |
| | | 섹션 4 | | | | | | | | | | |
| | 의자 | 섹션 1 | 주 1회 | | | | | | | | | |
| | | 섹션 2 | | | | | | | | | | |
| | | 섹션 3 | | | | | | | | | | |
| | | 섹션 4 | | | | | | | | | | |
| | 서비스 스테이션 | 스테이션 3개 모두 | 주 1회 | | | | | | | | | |
| | 계산대 | 전체 | 주 1회 | | | | | | | | | |
| | 웨이팅 공간 | 잡지대 및 쇼파, 웨이팅 푸드 테이블 | 매일 | | | | | | | | | |
| 홀 | 쇼케이스 냉장고 | 냉장고 2대 | 월 1회 | | | | | | | | | |
| | 실버류 표백 | 포크, 스푼, 나이프 | 월 1회 | | | | | | | | | |
| | 홀기물 표백 | 앞접시, 소스접시 | 월 1회 | | | | | | | | | |
| | 기물카트 표백 | 카트 전체 | 주 1회 | | | | | | | | | |
| | 룸유리 및 전체 유리 | 유리 전체 | 월 1회 | | | | | | | | | |

| | 소모품 창고 | 소모품 및 기타 제품 정리 및 청소 | 주 1회 | | | | | | | | | |
|---|---|---|---|---|---|---|---|---|---|---|---|---|
| | 냉난방기 | 홀 냉난방기 필터 및 외관 | 월 1회 | | | | | | | | | |
| | 화장실 청소 | 변기 및 기타 제품 | 매일 | | | | | | | | | |
| 주방 | Walk-in 냉장고 | 전체 | 월 1회 | | | | | | | | | |
| | 냉장고 | 주별 1대씩 | 주 1회 | | | | | | | | | |
| | 냉동고 | 주별 1대씩 | 주 1회 | | | | | | | | | |
| | 작업대 및 선반대 | | 주 1회 | | | | | | | | | |
| | 식자재 창고 | | 월 1회 | | | | | | | | | |
| | 설비 | 밥솥, 소스통 | 월 2회 | | | | | | | | | |
| | 후드 및 후드망 | | 주 1회 | | | | | | | | | |
| | 식기세척기 | | 월 2회 | | | | | | | | | |
| | 급기 | 급기 전체 | 월 1회 | | | | | | | | | |
| 주방 | 트랜치 | | 주 1회 | | | | | | | | | |
| | 자외선 소독기 | | 주 1회 | | | | | | | | | |
| | 기물 표백 | | 월 1회 | | | | | | | | | |
| | 칼 · 도마 표백 | | 매일 | | | | | | | | | |
| | 실버류 표백 | 소스통 등 | 월 1회 | | | | | | | | | |
| | 쓰레기통 세척 | | 주 1회 | | | | | | | | | |

## 예시 세종돈가스의 QSC 현황표

세종돈가스의 고객만족도 조사 QSC 월별 점수는 아래와 같다. 아래의 〈표 4-11〉에서 보이는 것처럼 2013년 10월부터 QSC 점수가 현저히 떨어짐을 알 수가 있다. 이런 경우 매출과 이익에 어떠한 영향을 미칠까? 10월부터 12월의 QSC 지표는 몇 개월 후 고객의 재방문에 영향을 미치게 된다. 브랜드나 점포에 따라서 고객의 방문주기는 다르겠지만 아래의 표를 통해서 보면 3개월 정도의 방문주기를 보이고 있다고 하겠다. 따라서 QSC의 점수는 향후 매출과 점포이익에 영향을 미침을 명심하고 매월 QSC를 강화하는 활동을 점포에서는 지속적으로 활동해 나가야 한다.

▶표 4-11 세종돈가스의 고객만족도 조사 QSC 월별 점수

| 연도 | 1월 | 2월 | 3월 | 4월 | 5월 | 6월 | 7월 | 8월 | 9월 | 10월 | 11월 | 12월 | 합계 |
|---|---|---|---|---|---|---|---|---|---|---|---|---|---|
| 2013년 | 90 | 91 | 89 | 92 | 90 | 93 | 93 | 89 | 88 | 75 | 78 | 80 | 87.3 |
| 2014년 | 79 | 80 | 73 | 80 | | | | | | | | | 78.0 |

▶표 4-12 QSC 점수와 매출과의 상관관계

| 구분 | 매출 | 영업이익 | QSC 평균 |
|---|---|---|---|
| 1월 | 120,000 | 24,060 | 90 |
| 2월 | 115,000 | 24,095 | 91 |
| 3월 | 125,000 | 27,760 | 89 |
| 4월 | 90,000 | 11,620 | 92 |
| 5월 | 135,000 | 33,935 | 90 |
| 6월 | 110,000 | 19,290 | 92 |
| 7월 | 140,000 | 37,480 | 93 |
| 8월 | 143,000 | 38,852 | 93 |
| 9월 | 118,000 | 23,358 | 89 |
| 10월 | 119,000 | 23,129 | 88 |
| 11월 | 120,000 | 24,660 | 75 |
| 12월 | 150,000 | 42,370 | 78 |
| 1월 | 108,000 | 15,099 | 80 |
| 2월 | 97,750 | 9,875 | 79 |
| 3월 | 108,750 | 16,209 | 80 |
| 4월 | 74,700 | (818) | 73 |
| 5월 | 128,250 | 24,268 | 80 |

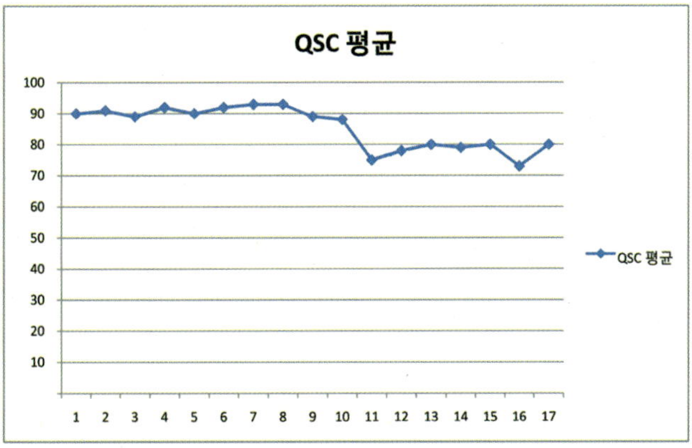


*(매출과 이익 단위 : 천 원), (QSC 평균 : 백점 만점)

위의 표에서 보면 11월부터 1월까지 QSC 평균이 급격히 하락했고 이는 1월 매출부터 5월까지 이익과 매출에 모두 좋지 않은 영향을 미침을 알 수가 있다. 그리고 1월부터 5월까지 역시 QSC의 지표도 좋지 못하다. 이는 결국 6월부터 몇 개월 동안의 매출 역시 좋지 않은 결과를 가져올 수 있다고 유추해 볼 수 있는 것이다. 여기서 점포에서 행해야 할 가장 큰 행동은 QSC를 향상할 수 있는 방법을 모아 액션플랜(Action Plan)을 수립하고 수립된 액션플랜을 직원들과 공유하고 실천하면서 QSC, 고객만족도 지표를 높여가는 것이다. QSC는 점포의 매출과 이익에 가장 큰 영향을 미치는 지표임을 명심해야 한다.

## 04 | 매출 분석하기

매출은 외식점포 운영의 가장 기본이 되며, 매출추이는 외식점포 현재의 위치를 잘 나타내 준다.

외식점포에 있어서 매출관리의 기본은 매출, 고객수, 객단가, 좌석회전율, 좌석당 매출액 등의 분석에서 시작되며, 비교대상이 되는 수치는 예산과 예측, 동일 브랜드 체인 점포 · 타 경쟁업체와의 매출비교 등이다.

- 매출액은 점포운영의 최종 결과물로서의 의미를 가진다.
- 고객수는 고객의 점포 선호도를 알 수 있는 척도가 된다.
- 고객층의 분포는 현재 점포의 주 이용대상자를 파악하게 하며 마케팅의 척도를 나타내 준다.
- 객단가는 현재 외식점포의 시장 내에서의 positioning을 보여 준다.
- 좌석회전율과 좌석당 매출액은 점포의 영업상 효율성을 나타내 주는 수치로서의 의미가 있다.

따라서 외식점포 경영자들은 매출을 항상 분석하여 분석된 결과에 따라서 문제점을 발견하고 대안을 설정하여 점포의 방향을 제시하여야 한다.

① 매출(sales) : 매출은 고객이 지불하는 가격으로 고객수×객단가로 구할 수 있다. 오늘 고객수가 600명이고 객단가가 약 8,333원이라면 매출액은 약 5,000,000원이 된다.

② 객단가(average check) : 총매출액을 고객수로 나누어 산출할 수 있으며, 객단가는 매출의 분석, 매출전략, 고객이 평가하는 점포의 수준 등을 체크할 수 있는 중요 자료가 된다. 예를 들어 점포의 오늘 매출이 5,000,000원이고, 고객수가 600명이라면 객단가는 약 8,333원이 된다. 객단가 자체에 외식점포의 많은 요소들이 결부되어 있으므로 점포를 평가하는 잣대로 활용될 수 있다. 객단가는 상권, 점포 수, 고객수와도 관련되어 있다. 객단가가 낮으면 상권 자체가 좁지만 객단가가 높으면 넓은 상권이 필요하다. 또한 객단가가 낮으면 객단가가 높은 경우보다 많은 사이트를 확보하여 점포를 운영할 수 있다. 객단가가 낮을 경우 점포의 회전율을 높여 매출을 증대시켜야 하므로 메뉴의 생산속도, 서비스의 속도가 빨라야 한다. 객단가의 높고 낮음의 판별은 다양하게 이루어질 수 있으나 통상적으로 5천 원 미만, 1만 원, 1만 5천 원~2만 5천 원, 3만 원~5만 원, 5만 원 이상으로 구분하여 사용하면 된다.

③ 고객수(guests) : 고객수는 점포에 방문한 내점 객수를 의미한다. 다른 어떤 수치보다 고객수가 가장 중요한 수치이다. 고객수는 점포의 미래를 평가하는 중요한 잣대이며, 점장은 고객수의 증감에 민감하게 반응하여야 한다.

④ 좌석회전율(turnover rate) : 좌석회전율은 방문한 고객수÷좌석수를 의미하며, 좌석이 몇 번 회전하였는가를 나타내는 수치이다. 오늘 방문한 고객수가 600명이고 점포의 좌석 수는 150석이라고 하면 좌석회전율은 600명÷150석이므로 4.0회전이다. 좌석회전율은 소수점 첫째자리까지 구한다.

⑤ 직원당 매출(sales per person) : 직원당 매출액은 일정 기간 동안 1인의 직원이 발생시킨 매출액으로 직원의 생산성과 매출효율성을 평가하는 자료가 된다. 일정 기간의 점포의 편의에 따라 설정하며, 직원별로 매출액을 산출하여 직원평가의 지표로 활용하고 문제점 발생 시 빠르게 조치를 취하여야 한다.

⑥ 일행당 매출(sales per party) : 계산된 계산서별 평균 매출금액으로 일행 평균 계산금액으로 생각하면 된다. 이 매출과 더불어 일행당 방문 고객의 수, 빈도 등도 함께 체크해야 한다. 점포의 주요 방문객 수의 체크는 테이블 운영의 지표로 활용할 수 있다.

매출액을 분석할 때는 위에서 제시한 매출액, 고객수, 객단가, 좌석회전율, 직원당 매출, 일행당 매출 모두를 같이 분석해서 전반적인 흐름을 파악해야 한다. 매출이라는 것은 결국 여러 가지 것들이 모여서 형성되는 결과적인 수치이다. 따라서 매출액을 살펴볼 때 다른 수치와 비교 분석하면서 수치의 의미를 파악하도록 노력한다. 수치 분석 후 점포의 마케팅 방향을 명확히 설정하여 어느 부분에 집중할지도 빠르게 결정하도록 한다.

**매출관리의 기본은 매출, 고객수, 객단가,**
**좌석회전율, 좌석당 매출액 등의 분석에서 시작되며,**
**비교대상이 되는 수치는 예산과 예측,**
**동일 브랜드 체인 점포 ·**
**타 경쟁업체와의 매출비교 등이다.**

## 예시 세종돈가스의 매출액 분석표

### ▶표 4-13 세종돈가스 매출액 분석

매출액 (단위 : 천 원)

| 연도 | 1월 | 2월 | 3월 | 4월 | 5월 | 6월 | 7월 | 8월 | 9월 | 10월 | 11월 | 12월 | 합계 |
|---|---|---|---|---|---|---|---|---|---|---|---|---|---|
| 2013년 | 120,000 | 115,000 | 125,000 | 90,000 | 135,000 | 110,000 | 140,000 | 143,000 | 118,000 | 119,000 | 120,000 | 150,000 | 1,485,000 |
| 2014년 | 108,000 | 97,750 | 108,750 | 74,700 | 128,250 | | | | | | | | 517,450 |
| 전년비 | 90.0% | 85.0% | 87.0% | 83.0% | 95.0% | 0.0% | 0.0% | 0.0% | 0.0% | 0.0% | 0.0% | 0.0% | |

객단가

| 연도 | 1월 | 2월 | 3월 | 4월 | 5월 | 6월 | 7월 | 8월 | 9월 | 10월 | 11월 | 12월 | 합계 |
|---|---|---|---|---|---|---|---|---|---|---|---|---|---|
| 2013년 | 9,500 | 9,630 | 9,550 | 9,600 | 9,700 | 9,500 | 9,650 | 9,650 | 9,400 | 9,450 | 9,550 | 9,800 | |
| 2014년 | 9,800 | 10,300 | 10,350 | 10,500 | 10,200 | | | | | | | | |
| 전년비 | 103.2% | 107.0% | 108.4% | 109.4% | | | | | | | | | |

고객수

| 연도 | 1월 | 2월 | 3월 | 4월 | 5월 | 6월 | 7월 | 8월 | 9월 | 10월 | 11월 | 12월 | 합계 |
|---|---|---|---|---|---|---|---|---|---|---|---|---|---|
| 2013년 | 12,632 | 11,942 | 13,089 | 9,375 | 13,918 | 11,579 | 14,508 | 14,819 | 12,553 | 12,593 | 12,565 | 15,306 | 154,878 |
| 2014년 | 11,020 | 9,490 | 10,507 | 7,114 | 12,574 | | | | | | | | |
| 전년비 | 87.2% | 79.5% | 80.3% | 75.9% | 90.3% | | | | | | | | |

좌석회전율

| 연도 | 1월 | 2월 | 3월 | 4월 | 5월 | 6월 | 7월 | 8월 | 9월 | 10월 | 11월 | 12월 | 합계 |
|---|---|---|---|---|---|---|---|---|---|---|---|---|---|
| 영업일수 | 31 | 28 | 31 | 30 | 31 | 30 | 31 | 31 | 30 | 31 | 30 | 31 | 365 |
| 좌석수 | 150 | 150 | 100 | 100 | 100 | 100 | 100 | 100 | 100 | 100 | 100 | 100 | 1,300 |
| 총좌석수 | 4,650 | 4,200 | 4,650 | 4,500 | 4,650 | 4,500 | 4,650 | 4,650 | 4,500 | 4,650 | 4,500 | 4,650 | 54,750 |
| 2013고객수 | 12,632 | 11,942 | 13,089 | 9,375 | 13,918 | 11,579 | 14,508 | 14,819 | 12,553 | 12,593 | 12,565 | 15,306 | 154,878 |
| 2014고객수 | 11,020 | 9,490 | 10,507 | 7,114 | 12,574 | | | | | | | | |
| 2013년 | 2.72 | 2.84 | 2.81 | 2.08 | 2.99 | 2.57 | 3.12 | 3.19 | 2.79 | 2.71 | 2.79 | 3.29 | 2.83 |
| 2014년 | 2.37 | 2.26 | 2.26 | 1.58 | 2.70 | | | | | | | | |
| 전년비 | 87.2% | 79.5% | 80.3% | 75.9% | 90.3% | 0.0% | 0.0% | 0.0% | 0.0% | 0.0% | 0.0% | 0.0% | 0.0% |

### 매출액 추이

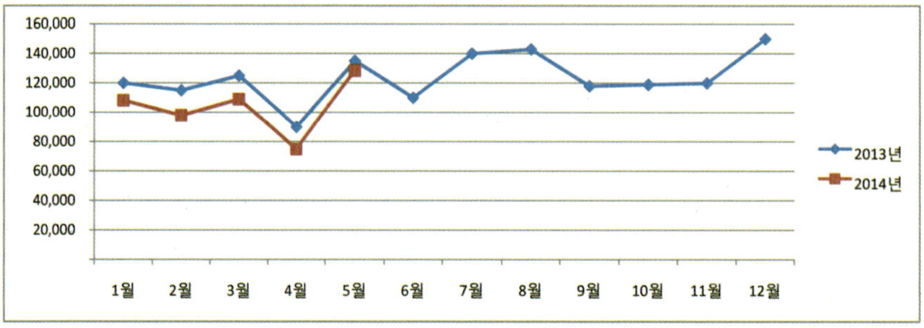

객단가 추이

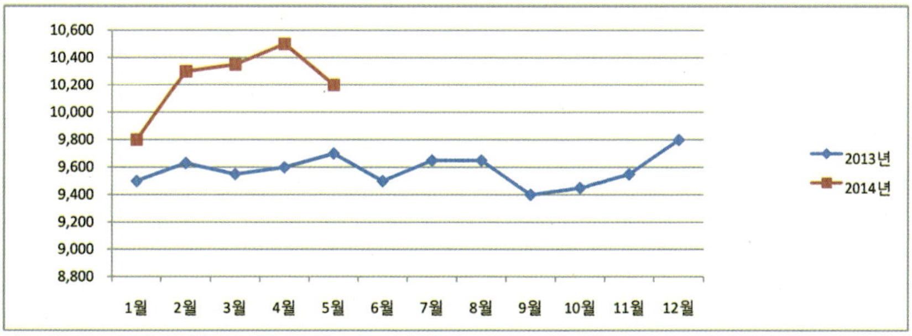


고객수 추이

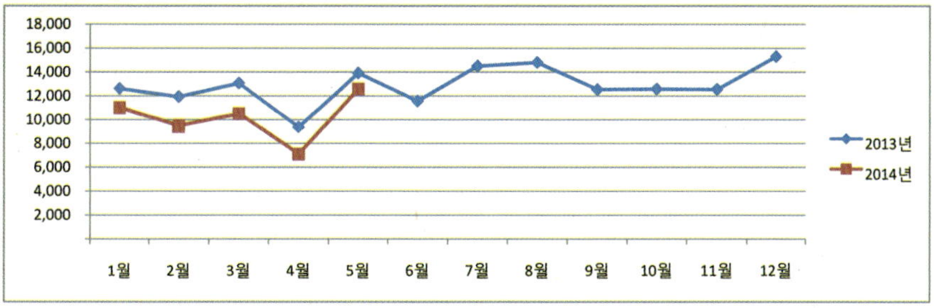


좌석회전율

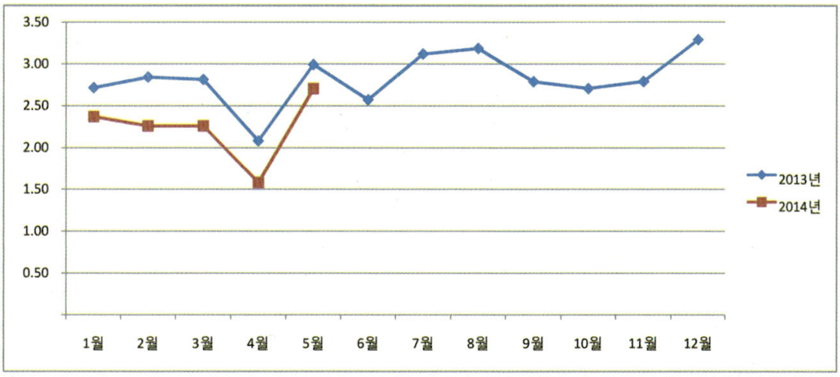


위의 〈표 4-13〉을 보면 몇 가지 착안점들을 찾을 수 있다. 2014년 1월부터 전년 대비 매출액은 약 83~95% 수준에 머물고 있고, 고객수는 이보다 더한 79.5~90.3% 정도 수준으로 매출액보다 더 심각한 수준으로 떨어지고 있다. 하지만 객단가는 300~800원 정도로 전년비보다 상승하고 있는 상황이다. 이는 점포에서 매출액을 파악할 때 가장 좋지 않은 시나리오인 것이다. 매출액과 고객수는 감소하고 객단가가 증가하는 현상은 외식점포에서 가장 피해야 할 수치들이다. 이런 결과를 놓고 본다면 내 · 외부적인 요인이 많이 발생했다고 판단할 수 있다. 점포 내부로의 문제점도 진단해 보아야 한다. 앞서 언급한 것처럼 점포 내의 QSC 질의 저하는 기존 고객의 방문 빈도를 줄이는 역할을 하였을 것이고, 또 위의 결과에서 보면 신규 고객의 창출 역시 이루어지지 않았다고 보는 게 맞을 듯하다. 결과론적으로 상권의 큰 변화가 없고, 점포 내부의 문제점을 찾으려고 한다면 QSC의 질적 저하(기존 고객의 방문 빈도 하락), 신규 고객의 창출 미흡 등이다. 이러다 보니 매출액을 올리기 위한 자구책으로 객단가의 상승으로 매출을 만회하려고 추천판매와 객단가 올리기 활동을 하고 있는 것이다. 언급한 것처럼 객단가의 상승보다는 고객수의 상승에 집중해야 함을 명심해야 한다. 따라서 위의 결과로 볼 때 신규 고객 창출을 위한 마케팅 활동, 기존 고객 충성도 증가를 위한 QSC의 점검과 상승 활동, 내부 고객만족을 위한 프로모션 활동 등을 병행되어야 할 것으로 판단되며, 이가 선행되지 않으면 5월 이후의 매출은 더욱더 급락할 것으로 판단된다.

▶표 4-14 시간대별 매출 분석

| 시간 | 고객수 | 비율 |
|---|---:|---:|
| 11시~12시 | 620 | 2% |
| 12시~13시 | 10,236 | 33% |
| 13시~14시 | 4,653 | 15% |
| 14시~15시 | 1,551 | 5% |
| 15시~16시 | 620 | 2% |
| 16시~17시 | 620 | 2% |
| 17시~18시 | 1,551 | 5% |
| 18시~19시 | 3,102 | 10% |
| 19시~20시 | 5,583 | 18% |
| 20시~21시 | 1,861 | 6% |
| 21시~22시 | 620 | 2% |
| 합계 | 31,017 | 100% |

### 시간대별 매출 분석

3개월간의 시간대별 매출액을 분석한 결과 64대 36으로 런치 비중이 훨씬 높았다. 또 시간대별로 보면 취약시간이 11시부터 12시 사이, 14시부터 18시 사이이다. 이는 어떻게 보면 전형적인 레스토랑의 유형인지는 모르겠다. 필자의 생각은 취약한 시간을 공략하기보다는 고객이 집중되는 시간이 더 집중(마케팅, 운영)을 하자는 것이 생각이다. 즉 이 점포를 보면 런치에 가장 많은 고객이 집중되는 점포이다. 따라서 특성상 런치영업의 활성화가 점포의 활성화에 가장 많은 도움이 된다. 따라서 직장인들이나 젊은 층이 주를 이루는 점포라 유추할 수 있는데 직장인들의 식사시간의 매출은 회전율의 싸움이다. 따라서 필자가 만약 경영자라면 11시 30분 이전에 오는 고객들에게 할인혜택을 주어서 12시 이전에 회전을 한번 시키는 방법을 강구할 것 같다. 즉 한정된 런치시간에 회전을 한 번 더 시킴으로써 런치 매출을 극대화시키는 데 중점을 두는 것이 더욱 효과적일 수 있다는 말이다. 그러나 디너의 영업은 객단가도 높고, 식사에 대한 비중을 대부분의 고객은 높게 두는 편이다. 따라서 비중이 36%인 디너매출의 비중 역시 높일 필요가 있다. 디너 매출을 높이기 위한 방편을 마련하는 것도 점포의 운영의 중요한 부분임을 명심해야 한다. 주중 디너와 주말 영업을 잡지 못하면 매출을 올릴 수 있는 한계점이 있다. 레스토랑에서 가장 매출에 영향을 많이 주는 시간대는 역시 주중 디너와 주말에 있다.

▶표 4-15 고객층별 매출 분석

2013년 1월

| 시간 | 고객수 | 비율 |
|---|---|---|
| 연인친구 | 4,485 | 35.5% |
| 회사원 | 3,432 | 27.2% |
| 주부 | 1,653 | 13.1% |
| 가족 | 3,007 | 23.8% |
| 외국인 | 35 | 0.3% |
| 기타 | 20 | 0.2% |
| 합계 | 12,632 | 100% |

2014년 1월

| 시간 | 고객수 | 비율 |
|---|---|---|
| 연인친구 | 4,203 | 38.1% |
| 회사원 | 2,220 | 20.1% |
| 주부 | 1,655 | 15.0% |
| 가족 | 2,870 | 26.0% |
| 외국인 | 48 | 0.4% |
| 기타 | 24 | 0.2% |
| 합계 | 11,020 | 100% |

### 고객층별 매출 분석

고객층별 분석을 통해서 우리의 고객층이 어떻게 움직이고 있는지를 살펴보아야 한다. 위의 표에서 보면 우리의 1차 고객층은 연인친구 2차 고객층은 직장인이다. 전년대비 고객수가 1,612명이 줄었다. 이를 객단가 9,500원으로 환산하면 15,314,000원의 큰 매출액이 줄어든 것이다. 점포에서 이 정도 매출이면 실로 큰 금액이다. 그런데 고객층별 분석을 보면 다른 고객층의 비중보다 직장인의 매출비중이 7% 정도 줄었고 고객수로 따지면 1,212명이 줄었다. 즉 대부분의 매출의 하락은 직장인 고객이 줄어들면서 생긴 것으로 판단할 수 있다. 그러면 점포에서는 직장인 고객이 감소인 원인을 찾아야 한다. 직장인들이 불편해하고 직장인으로서 불만인 점이 있기 때문에 이 정도의 고객감소가 이루어진 것이다. 즉 런치가격이 비싼 점, 런치시간에 가면 항상 대기해서 시간이 많이 걸리는 점 등등 런치 시간대의 문제점을 밝혀서 이를 완벽하게 해결해주어야 한다는 것이다. 이러한 이유에서 고객층별 분석은 상당히 중요하다.

## 05 | 경쟁점 진단하기

경쟁점 조사표를 활용해서 매월 또는 분기별로 경쟁점을 지속적으로 관찰하고 상권 내에서 고객들이 어떻게 평가하고 어떤 반응이 있는지를 살펴보아야 한다. 경쟁점의 움직임에 민감하게 반응하는 점포만이 우수한 점포로 살아남을 수 있다.

필자가 점포를 운영할 때 멀리서 경쟁점을 찾지 않았고 바로 옆 인근 경쟁점만을 공략하기 위해서 지속적인 노력을 기울였다. 대부분 경쟁점을 멀리서 찾고, 여러 점포를 생각한다. 하지만 사실 옆에 있는 경쟁점 하나만 이기면 원하는 목표와 매출을 확보할 수 있다. 따라서 인근 경쟁점포 하나만 이기기 위한 전략을 마련하면 된다. 그러기 위해서는 경쟁점의 강약점을 파악하고 분석해하며 객관적인 시각으로 경쟁점을 바로 볼 수 있어야 한다.

필자의 경우 점포의 마케팅이나 프로모션에 대한 생각이 딱히 나지 않을 경우 상권을 돌아다니면서 경쟁점의 마케팅 활동을 카피해서 점포에 적용하기도 했다. 경쟁점의 우수한 점을 받아들이는 태도 역시 마케팅 활동에서 중요한 부분이다. 그리고 우리 점포의 강점과 약점은 무엇인지 파악해서 강점은 살려나가고 부족한 부분은 보완해 나가는 노력을 기울여야 한다.

따라서 모든 조사방식을 통해서 더욱 강력한 마케팅 활동을 함으로써 경쟁점을 이기는 노력을 기울여야 한다.

▶표 4-16 경쟁점 조사표

| 매장명 | | 작성자 | | 작성일 | |
|---|---|---|---|---|---|
| 경쟁점 | | | 주소지 | | |
| 경쟁점 거리 | | | 영업시간 | | |
| 경쟁점 매출 | | | 주요 고객층 | | |
| 좌석수 | | | 객단가 | | |
| 주차장 유무 | | | 입점 형태 | | |
| 오픈일 | | | 주요 메뉴 | | |

| 주요 메뉴 | 가격 | 맛 | 외형 | 주요 특색 |
|---|---|---|---|---|
| | | | | |
| | | | | |
| | | | | |
| | | | | |
| Quality(품질) | | | | |
| Service(서비스) : 인사, 미소, 서비스 시간 등 | | | | |
| Cleanliness(위생, 청결) | | | | |
| LSM | | | | |
| 경쟁점의 강점 | | | | |
| 경쟁점의 약점 | | | | |
| 주요 이슈 사항 | | | | |

경쟁점 조사표를 활용해서 매월 또는 분기별로
경쟁점을 지속적으로 관찰하고 상권 내에서 고객들이
어떻게 평가하고 어떤 반응이 있는지를
살펴보아야 한다. 경쟁점의 움직임에 민감하게 반응하는
점포만이 우수한 점포로 살아남을 수 있다.

## 06 | 메뉴 분석하기

메뉴 분석의 단계는 개발된 메뉴들이 종류와 가격 면에서 고객들의 요구와 욕구를 충족시키고, 점포 운영의 적절한 수익을 산출할 만큼 합리적인지의 여부를 분석하는 작업으로 메뉴개발에 있어 매우 중요한 마감 단계이다. 또 메뉴 분석은 경쟁업체 혹은 내부의 다른 메뉴들 사이에 비교, 분석을 위하여 이용되기도 하며, 이것을 바탕으로 해서 향후 메뉴를 계획할 때 반영할 수 있다.

메뉴 분석은 재고관리와 원가관리를 위한 다양한 경영자료를 제시하기도 한다. 따라서 메뉴 분석은 정기적(1개월, 분기, 반기)으로 실시해야 한다.

메뉴 분석 방법에는 인기지수 분석법(popularity index), 허스트 메뉴 평가법(Hurst method), ABC 분석방법, 메뉴공학(menu enginnering) 등의 기법이 있다. 이 장에서는 ABC 분석방법과 메뉴공학 2가지 기법을 가지고 세종돈가스의 사례를 예시로 들고자 한다. 자세한 분석방법은 「외식점포 점장매뉴얼」(형설출판사, 2013)을 참조하기 바란다.

메뉴 분석은 재고관리와 원가관리를 위한 다양한 경영자료를
제시하기도 한다. 따라서 메뉴 분석은
정기적(1개월, 분기, 반기)으로 실시해야 한다.

세종돈가스의 1분기 동안 다음과 같은 메뉴의 판매량을 보였다.

▶표 4-17 세종돈가스의 1분기 메뉴 판매량

| 메뉴명 | 판매가 | 원가 | 원가율 | 1분기판매량 |
|---|---|---|---|---|
| 생선가스 | 8,900 | 2,225 | 25.0% | 3,703 |
| 치즈돈가스 | 10,900 | 3,270 | 30.0% | 3,701 |
| 치킨가스 | 9,900 | 2,673 | 27.0% | 1,652 |

| 세종돈가스 | 7,900 | 2,212 | 28.0% | 7,894 |
|---|---|---|---|---|
| 왕돈가스 | 9,900 | 3,267 | 33.0% | 4,705 |
| 소바정식 | 9,900 | 2,574 | 26.0% | 700 |
| 우동정식 | 8,900 | 2,225 | 25.0% | 2,509 |
| 알밥정식 | 11,900 | 3,927 | 33.0% | 2,498 |
| 모듬튀김 | 5,900 | 2,360 | 40.0% | 339 |
| 치킨샐러드 | 6,900 | 2,070 | 30.0% | 1,023 |
| 우동 | 4,900 | 1,372 | 28.0% | 998 |
| 치즈돈가스정식 | 13,900 | 4,309 | 31.0% | 555 |
| 어린이돈가스 | 4,900 | 1,715 | 35.0% | 825 |
| 총합계 | | | | 31,102 |

### (1) 세종돈가스 ABC 분석

상품의 20%가 매출의 80%를 차지한다는 2080법칙을 적용할 수 있는, 고객이 선호하는 메뉴의 대부분은 극히 일부분의 메뉴에 의해 구성된다는 것을 알 수 있게 해주는 분석법이다. 이러한 분석법은 요리 부분만을 대상으로 고객이 좋아하는 일부 메뉴가 무엇인가를 알아내어 보다 많이, 그리고 오랫동안 고객에게 인기를 유지할 수 있도록 하는 방법이다.

ABC 분석방법을 통해서 메뉴판매량의 순위와 더불어 표준원가를 산출할 수 있고, 산출된 표준원가를 바탕으로 하여 실제 점포에서 반영되는 할인율과 로스율, 쿠폰회수현황 등을 파악해서 보이지 않는 손실율도 구할 수가 있다. 대부분 간편한 메뉴를 취급하는 단품 메뉴 점포, 국내 패스트푸드 점포에서 사용하고 있는 이 메뉴 분석방법은 단순해서 편리하게 사용하고 있으나 단순 판매수와 판매금액만이 기준이므로 점포 내부적으로 인력강도, 점포컨디션 등과 판매수량, 원가정보 등의 연동이 무시되고 있기 때문에 정확한 분석의 결과를 얻기 어렵다는 한계점을 지니고 있다. 그렇지만 단순한 분석을 넘어서 이를 활용하여 다양한 분석방법과 연동한다면 좋은 결과를 산출할 수 있는 분석방법이라 판단된다.

ABC 분석방법을 구체적으로 살펴보면 다음과 같다.

① 1개월간의 판매된 메뉴 수와 금액을 합계한다.

② 매출액이 많은 순서로 나열한다. 이 때 하나도 판매되지 않은 메뉴도 기재한다.

③ 총합계를 낸다.

④ 각각의 메뉴 금액을 총합계로 나누어 전체에서 차지하는 %를 낸다.

⑤ %의 누계를 낸다.

⑥ 누계수치를 70%까지 A 부문, 90%까지 B 부문, 나머지 100%까지 C 부문으로 한다(A, B, C로 나누는 비율은 점포의 특수성을 반영해서 설정).

〈표 4 - 18〉 세종돈가스의 1분기 ABC 분석표를 보면 A 메뉴군에 4종, B 메뉴군에 3종, C 메뉴군에 6종이 포함되어 있다. 이 결과로만 본다면 C 메뉴군이 전체 메뉴군 중 46%를 차지하고 있어서 문제가 있어 보인다. 메뉴군이 골고루 분포되지 못하고 있다는 얘기가 되는 것이다. C 메뉴군에 대한 B 메뉴군으로 올릴 수 있는 방안을 마련해야 한다. 행사를 통한 셀링과 판매량이 너무 저조한 모듬튀김의 메뉴 삭제 또는 메뉴개선 방안 등을 마련하는 것도 방법일 것이다.

또 실제원가와 표준원가와의 차이를 보면 5,371,149원이다. 이 차액은 너무 큰 원가차이다. 몇 가지 문제점이 있겠지만 메뉴의 폐기량, 레시피대로 조리를 하였는지, 쿠폰과 할인 등 어떤 이유에서 차이가 났는지를 밝혀야 한다. 차이의 이유를 밝히고 액션플랜을 수립하여 문제점 해결을 위한 방안을 만들어야 한다.

### (2) 세종돈가스의 메뉴공학 분석

메뉴 엔지니어링이란 외식점포 경영자 또는 관리자가 현재 또는 미래의 메뉴를 평가하는 데 활용될 수 있게 단계적으로 체계화시킨 평가의 절차이다. 이는 협의로는 메뉴 가격결정을 위한 접근방법이라고 할 수 있으며, 공헌이익과 메뉴믹스(메뉴 판매량 비율)의 2가지를 활용하여 메뉴의 현재의 상황을 파악하여 향후 미래 운영방안을 마련하고자 하는 분석방법이다. 즉 마케팅적 접근에 의해 메뉴의 가격, 디자인, 내용을 평가하는 기법으로 메뉴의 시장성을 평가할 수 있는 우수한 방법이라고 할 수 있다.

대부분의 외식점포에서 사용하는 방법으로 간단하면서도 다양한 정보를 포함하고 있어서 자주 사용되고 있다.

▶표 4-18 세종돈가스의 1분기 ABC 분석표

| NO | 메뉴명 | 판매수량 | 판매가 | 매출액 | 판매비율 | 누계판매비율 | 원가 | 총원가 | 총공헌이익 | 원가율 | 메뉴판정 |
|---|---|---|---|---|---|---|---|---|---|---|---|
| 1 | 세종돈가스 | 7,894 | 7,900 | 62,362,600 | 22.0% | 22.0% | 2,112 | 16,672,128 | 45,690,472 | 26.7% | A |
| 2 | 왕돈가스 | 4,705 | 9,900 | 46,579,500 | 16.4% | 38.5% | 3,267 | 15,371,235 | 31,208,265 | 33.0% | A |
| 3 | 치즈돈가스 | 3,701 | 10,900 | 40,340,900 | 14.2% | 52.7% | 3,270 | 12,102,270 | 28,238,630 | 30.0% | A |
| 4 | 생선가스 | 3,703 | 8,900 | 32,956,700 | 11.6% | 64.3% | 2,225 | 8,239,175 | 24,717,525 | 25.0% | A |
| 5 | 알밥정식 | 2,498 | 11,900 | 29,726,200 | 10.5% | 74.8% | 3,927 | 9,809,646 | 19,916,554 | 33.0% | B |
| 6 | 우동정식 | 2,509 | 8,900 | 22,330,100 | 7.9% | 82.7% | 2,225 | 5,582,525 | 16,747,575 | 25.0% | B |
| 7 | 치킨가스 | 1,652 | 9,900 | 16,354,800 | 5.8% | 88.5% | 2,673 | 4,415,796 | 11,939,004 | 27.0% | B |
| 8 | 치즈돈가스정식 | 555 | 13,900 | 7,714,500 | 2.7% | 91.2% | 4,309 | 2,391,495 | 5,323,005 | 31.0% | C |
| 9 | 치킨샐러드 | 1,023 | 6,900 | 7,058,700 | 2.5% | 93.7% | 2,070 | 2,117,610 | 4,941,090 | 30.0% | C |
| 10 | 소바정식 | 700 | 9,900 | 6,930,000 | 2.4% | 96.1% | 2,574 | 1,801,800 | 5,128,200 | 26.0% | C |
| 11 | 우동 | 998 | 4,900 | 4,890,200 | 1.7% | 97.9% | 1,372 | 1,369,256 | 3,520,944 | 28.0% | C |
| 12 | 어린이돈가스 | 825 | 4,900 | 4,042,500 | 1.4% | 99.3% | 1,715 | 1,414,875 | 2,627,625 | 35.0% | C |
| 13 | 모듬튀김 | 339 | 5,900 | 2,000,100 | 0.7% | 100.0% | 2,360 | 800,040 | 1,200,060 | 40.0% | C |
| 합계 | | 31,102 | | 283,286,800 | 100.0% | | | 82,087,851 | 201,198,949 | | |

| 실제 원가 | 87,459,000 |
|---|---|
| 표준 원가 | 82,087,851 |
| 원가 차이 | 5,371,149 |

▶표 4-19 세종돈가스의 1분기 메뉴공학(Menu Engineering) 분석표

| NO | 메뉴명 | 판매량 | 메뉴믹스 | 품목원가 | 판매가 | 품목공헌마진 | 품목총원가 | 품목총매출 | 총공헌마진 | 공헌마진 분류 | 메뉴믹스 분류 | 메뉴판정 |
|---|---|---|---|---|---|---|---|---|---|---|---|---|
| 1 | 생선가스 | 3,703 | 11.9% | 2,225 | 8,900 | 6,675 | 8,239,175 | 32,956,700 | 24,717,525 | 고 | 고 | 별 |
| 2 | 치즈돈가스 | 3,701 | 11.9% | 3,270 | 10,900 | 7,630 | 12,102,270 | 40,340,900 | 28,238,630 | 고 | 고 | 별 |
| 3 | 치킨가스 | 1,652 | 5.3% | 2,673 | 9,900 | 7,227 | 4,415,796 | 16,354,800 | 11,939,004 | 고 | 저 | 퍼즐 |
| 4 | 세종돈가스 | 7,894 | 25.4% | 2,112 | 7,900 | 5,788 | 16,672,128 | 62,362,600 | 45,690,472 | 저 | 고 | 밭갈이말 |
| 5 | 왕돈가스 | 4,705 | 15.1% | 3,267 | 9,900 | 6,633 | 15,371,235 | 46,579,500 | 31,208,265 | 고 | 고 | 별 |
| 6 | 소바정식 | 700 | 2.3% | 2,574 | 9,900 | 7,326 | 1,801,800 | 6,930,000 | 5,128,200 | 고 | 저 | 퍼즐 |
| 7 | 우동정식 | 2,509 | 8.1% | 2,225 | 8,900 | 6,675 | 5,582,525 | 22,330,100 | 16,747,575 | 고 | 고 | 별 |
| 8 | 알밥정식 | 2,498 | 8.0% | 3,927 | 11,900 | 7,973 | 9,809,646 | 29,726,200 | 19,916,554 | 고 | 고 | 별 |
| 9 | 모듬튀김 | 339 | 1.1% | 2,360 | 5,900 | 3,540 | 800,040 | 2,000,100 | 1,200,060 | 저 | 저 | 문제아 |
| 10 | 치킨샐러드 | 1,023 | 3.3% | 2,070 | 6,900 | 4,830 | 2,117,610 | 7,058,700 | 4,941,090 | 저 | 저 | 문제아 |
| 11 | 우동 | 998 | 3.2% | 1,372 | 4,900 | 3,528 | 1,369,256 | 4,890,200 | 3,520,944 | 저 | 저 | 문제아 |
| 12 | 치즈돈가스정식 | 555 | 1.8% | 4,309 | 13,900 | 9,591 | 2,391,495 | 7,714,500 | 5,323,005 | 고 | 저 | 퍼즐 |
| 13 | 어린이돈가스 | 825 | 2.7% | 1,715 | 4,900 | 3,185 | 1,414,875 | 4,042,500 | 2,627,625 | 저 | 저 | 문제아 |
| 합계 | | 31,102 | 100.0% | | | | 82,087,851 | 283,286,800 | 201,198,949 | | | |

| 평균 공헌 마진 | 6,469 |
|---|---|
| 메뉴믹스 분류기준 | 5.38% |

① 별(생선가스, 치즈돈가스, 왕돈가스, 알밥정식) : 별에 속하는 메뉴 품목들은 점포의 매출과 공헌이익에 절대적으로 기여하는 품목들이므로 품질과 1인 분량을 엄격히 표준화, 규격화하여 그 질을 유지하거나 지속적으로 원가에 대한 투자를 하거나, 또 메뉴 품질을 업그레이드하거나 품질 향상을 위한 노력을 기울여 고객만족도를 극대화시키는 메뉴로 발전해 나가야 한다. 특히 이 메뉴군에 속하는 것을 점포의 핵심 메뉴로 만들도록 하고, 고객만족에 대해 점포를 지속적으로 트래킹해 나가는 것이 중요하다. 또한 보다 높은 판매를 위해 메뉴판에서 가장 눈에 잘 띄는 곳에 배치하도록 한다. 본래 '별'에 해당하는 품목들은 가격탄력성이 적기 때문에 메뉴 가격을 약간 상향조정해도 매출에는 큰 변화가 없지만 현재도 수익률이 높은 편이므로 무리한 조정은 하지 않는 것이 좋다.

㉠ 현재의 가격 수준을 엄격히 지킨다. 고객만족도가 손상되지 않는 범위 내에서 조금 상향 조정해도 무리는 없다. 가격의 조정은 마케팅관점에서 항상 가장 마지막에 손을 보아야 할 부분이다.
㉡ 가격의 변화에 고객이 민감한 반응을 보이지 않기 때문에 가격인상을 시도해 볼 수 있다.
㉢ 메뉴상 최상의 위치에 배열한다(메뉴판상 가장 눈에 잘 띄는 위치를 선정해서 세팅한다).

② 퍼즐(치킨가스/소바정식/치즈돈가스정식) : 치킨가스, 소바정식, 치즈돈가스정식 3가지의 메뉴가 퍼즐항목에 속하며 퍼즐로 판정되는 품목은 공헌이익은 높지만 인기가 낮은 판매량이 떨어지는 품목이므로 판매량을 늘리기 위한 노력을 기울여야 한다. 판촉촉진을 위한 프로모션을 진행하거나, 메뉴판상의 배치조정으로 고객들의 관심을 유도해 보거나 메뉴의 이름이나 가격을 보다 쉽게 받아들일 수 있는 방향으로 분위기를 바꾸는 방법도 생각해 볼 수 있다. 이는 노동력이나 숙련도가 요구되며, 생산성이 현저히 떨어지는 메뉴라면 과감하게 메뉴에서 제거하는 것도 하나의 방법이다. 그리고 퍼즐 메뉴들은 그 낮은 인기도로 인하여 품질이나 조리, 재고 누적 등의 문제를 일으킬 수 있으므로 가능한 이에 해당하는 메뉴 수를 줄여나가도록 한다.

㉠ 메뉴에서 삭제한다. 특히 생산하는 데 특별한 기능이나 노동력이 요구되며 생산성이 떨어지는 메뉴라면 삭제하는 것도 하나의 방법이다.
㉡ 메뉴상 좋은 위치에 배치하여 판매량을 늘리도록 해야 한다.
㉢ 메뉴명을 바꾸어 고객이 선택율을 높이도록 한다.
㉣ 판매촉진을 통하여 선호도를 높인다. 원가율이 좋기 때문에 다른 메뉴와 합쳐서 세트 메뉴를 구성한다.
㉤ 판매가의 인하를 통하여 선호도를 높인다.
㉥ 이 그룹군에 속하는 아이템의 수를 최소화한다.

③ 밭갈이말(세종돈가스) : 판매량이 높아 고객들로부터 인기는 있지만 공헌이익이 낮은 메뉴로 이익측면의 문제를 우선 해결해야 한다. 가격탄력성을 시험해 본 후 만약 가격탄력성이 크면 최소한의 비용만을 인상시킨 후 '별'에 속한 메뉴의 가격을 올려 부담해야 할 원가를 대신 부담시키도록 한다. 대체적으로 '별'에 속하는 메뉴는 가격의 인상에 민감하지 않기 때문에 세종돈가스의 가격을 올리는 모험을 하기 보다는 별에 속한 메뉴의 판매가격을 올려 세종돈가스의 가격고정이 줄 수 있는 비용을 만회할 수 있기 때문이다. 세종돈가스는 굳이 고객들에게 어필하지 않아도 잘 나가는 메뉴이고, 판매에 대해서 고객들이 인지하고 있기 때문에 메뉴판에서 눈에 잘 안 띄는 곳으로 옮기고, 이익이 높은 다른 메뉴들을 눈에 잘 띄는 곳으로 배치해 고객들이 이익이 더 높은 것을 선택하도록 유도한다. 가격을 올리지 않고 단가가 싼 다른 몇 개의 품목들과 묶어서 패키지(세트) 메뉴로 판매하는 것도 매출과 이익을 증가시킬 수 있으며, 1인 분량을 줄이는 방법도 생각해 볼 수 있지만 정량을 줄이는 대안은 가급적 선택하지 않는 것이 좋다. 또한 고려해야 할 것이 세종돈가스의 경우 점포의 대표 메뉴로서 역할을 하기 때문에 가급적 여러 가지 것들을 적용하지 않고 그대로 유지하는 것이 현 상황에서는 좋을 것으로 판단된다.

㉠ 1인 분량을 약간 줄이는 방법도 있다. 다만 이 방법은 사용하지 않는 것이 좋다. 꼭 필요할 경우만 사용한다. 고객이 먹는 음식의 정량을 줄이는 방법은 가급적 선택하지 않도록 한다.

㉡ 판매가를 약간 상향조정한다.

㉢ 인기가 많아 판매량이 높기 때문에 메뉴상 아이템의 배열을 재고한다.

㉣ 식자재의 원가가 높은 아이템과 조화를 통해 전체적인 원가를 줄여 판매가를 그대로 유지하면서 공헌이익을 높일 수 있는 방안을 강구한다.

④ 문제아(모듬튀김/치킨샐러드/우동/어린이돈가스) : 인기가 없고, 이익도 별로 없는 메뉴이므로 우선 메뉴판에서 제거하는 방법을 생각해 볼 수 있다. 모듬튀김의 경우 빼버려도 다른 메뉴 품목에 거의 영향을 주지 않으므로 과감하게 제거하는 것도 무리가 없다. 만약 여기 속한 메뉴군이 조금이라도 고객들의 인기를 얻고 있다면 시장잠재력이 있다는 증거이므로 퍼즐 수준으로 그 기여도나 메뉴믹스를 끌어올리기 위해 가격을 올려보는 것도 하나의 대안이 될 수 있다. 어린이 돈가스의 경우 어린이를 위한 메뉴로써의 특성을 가지고 있기 때문에 가급적 손을 대지 않는 것이 바람직하다.

㉠ 메뉴에서 삭제하는 것도 방법이다. 다만 삭제 후 메뉴구성을 위해서 신 메뉴를 개발하는 방법이다. 주기적으로 메뉴 분석을 통해서 이 그룹에 해당하는 메뉴는 제거하여 신 메뉴를 출시하여 메뉴를 계획성 있게 움직이도록 한다.

㉡ 판매가를 인상하여 '퍼즐'군의 아이템을 만든다.

㉢ 삭제할 수 없는 점포의 중요 상징성이 있는 메뉴라면 그대로 두는 것도 방법이다. 다만 재고의 누적을 방지하기 위하여 식자재의 흐름에 관심을 기울여야 한다.

## 07 | 점포현황 요약표 작성

점포현황 요약표는 점포의 현황에 대한 상황을 한눈에 파악하기 위하여 기본적인 정보부터 운영과 관련된 지표들을 모두 적어 놓는 표이다. 따라서 점장이나 슈퍼바이저 등이 점포의 현황을 분석하는 자료의 툴로 활용할 수 있다. 그리고 점장이 지표들을 정리함으로써 점포의 장점과 문제점을 진단할 수 있다.

점포현황 요약표에는 크게 점포의 임대현황, 점포의 인원구조, 매출현황표, 주요

비용 지표, QSC 지표, 주요 메뉴 판매현황, 고객층 분석, 점포 마케팅현황, 기타 점포 관련 내용 등으로 구성되어 있다. 말 그대로 점포에서 일어나는 모든 지표와 수치가 종합된 점포종합 요약표라 할 수 있다. 이 자료를 잘 활용하여 점포의 운영관련 개선점을 찾고, 액션플랜을 수립 시 자료로 적극 활용해야 한다. 점포현황표는 매월 작성하는 것을 원칙으로 한다.

점포의 임대현황에는 점포의 임대에 대한 내용 즉, 점포의 평수, 좌석수, 보증금, 임대료, 관리비, 점포개설 관련 총투자비, 계약기간, 계약만료일, 손익분기점 등을 작성하도록 한다.

점포의 인원구조에는 매월말 현 인원구조, 주방인원, 홀인원 등을 작성하고 현재 총 인원구조에 대해서 파악하도록 한다.

매출현황표는 매출, 고객수, 객단가, 영업이익 등을 기재하고 매출정보에는 전년 매출액을 기록하여 전년 대비 현재의 매출현황을 파악할 수 있도록 한다.

주요 비용 지표는 인건비와 식자재비의 프라임코스트(prime cost)와 주요 비용인 수도광열비와 소모품비에 대한 기록을 해두는 것이다. 매월 비용의 움직임을 관찰하면서 문제점이 없는지도 점검하도록 한다.

매출과 더불어 중요한 지표는 역시 점포의 QSC 지표이다. 따라서 매월 점검으로 나오는 QSC를 작성하고 매출과 움직임과 더불어 QSC에서의 문제점이 없는지도 살펴보아야 한다.

다음으로는 주요 메뉴 판매현황이다. 메뉴 중 점포의 입장에서 주요 메뉴라고 할 만한 메뉴가 어떻게 판매되고 있는지를 점검하는 표이다. 메뉴 분석을 통해서 메뉴의 현황을 파악하겠지만 주요 메뉴의 판매량이 어떻게 움직이고 있는지도 파악해야 한다.

다음은 고객층 분석이다. 우리 점포의 주요 고객군과 기타 고객군의 비율이 어떻게 되는지 파악해야 하며, 만약 어느 한계층의 고객군의 비율이 빠지거나 늘어난다면 새로운 징조이므로 이를 파악하도록 해야 한다.

그래서 고객층 비율을 분류해서 매월 넣어두도록 한다. 예를 들어서 가족 고객의 비율이 줄고 있다면 분명 점포에서 가족 고객의 만족도가 떨어지고 있다는 증거이다. 그러므로 점포에서는 가족 고객이 왜 줄어드는지 그들이 무엇에 만족하지 못하는지를 파악해야 한다.

**점포현황 요약표에는 크게 점포의 임대현황, 점포의 인원구조, 매출현황표, 주요 비용 지표, QSC 지표, 주요 메뉴 판매현황, 고객층 분석, 점포 마케팅현황, 기타 점포 관련 내용 등으로 구성되어 있다.**

**예시** 세종돈가스의 매출액 분석표

주어진 2014년 4월 자료를 활용하여 점포현황 요약표를 작성하시오.

1) 매출 87,500,000원 회전율? 고객수 9,308 객단가 9,400

2) 영업이익은 매출액의 15%

3) 인건비 23,625,000원 평균직원수 월초 31/월말 27

4) 식자재 금액

기초재고 4,000,000원 당기매입액 29,625,000원 기말재고 3,000,000원

5) 수도광열비 3,950,000원

6) 소모품비 매출액의 2%

7) QSC 점수 Q : 87 S : 85 C : 80

8) 메뉴 판매량

세종돈가스 2,277 생선가스 1,295 왕돈가스 1,795 알밥정식 960

9) 고객비율

연인친구 38.0% 회사원 18.0% 주부 20.0%

외국인 1% 기타 0%

▶표 4-20 **점포현황 요약표 예시**

## 세종돈가스 명동점 점포현황표

1. 점포명 명동점

2. 점포의 임대현황

| 평수 | 좌석수 | 보증금 | 임대료 | 관리비 | 총투자비 | 계약기간 | 계약만료일 | BEP |
|---|---|---|---|---|---|---|---|---|
| 100 | 120 | 1.0억 | 5백만 원 | 평당 5천 원 | 3.0억 | 5년 | 2016.12.31 | 9천만 원 |

3. 현인원 구조

| 총인원 | 매니저팀 | 주방 | 홀 |
|---|---|---|---|
| 30 | 5 | 10 | 15 |

4. 매출현황표

[단위 : 매출/영업이익, 천 원 객단가, 원]

| 구분 | | 1월 | 2월 | 3월 | 4월 | 5월 | 6월 | 7월 | 8월 | 9월 | 10월 | 11월 | 12월 | 합계 |
|---|---|---|---|---|---|---|---|---|---|---|---|---|---|---|
| 매출 | 영업일수 | 31 | 28 | 31 | 30 | 31 | 30 | 31 | 31 | 30 | 31 | 30 | 31 | 365 |
| | 2013 | 120,000 | 115,000 | 125,000 | 90,000 | 135,000 | 110,000 | 140,000 | 143,000 | 118,000 | 119,000 | 120,000 | 150,000 | 1,485,000 |
| | 2014 | 108,000 | 97,750 | 108,750 | | | | | | | | | | |
| | 전년비 | 90.0% | 85.0% | 87.0% | 0.0% | 0.0% | 0.0% | 0.0% | 0.0% | 0.0% | 0.0% | 0.0% | 0.0% | 0.0% |
| | 일평균매출(13년) | 3,871 | 4,107 | 4,032 | 3,000 | 4,355 | 3,667 | 4,516 | 4,613 | 3,933 | 3,839 | 4,000 | 4,839 | 48,772 |
| | 일평균매출(14년) | 3,484 | 3,491 | 3,508 | - | - | - | - | - | - | - | - | - | - |
| | 좌석회전율(13년) | 3.40 | 3.55 | 3.52 | 2.60 | 3.74 | 3.22 | 3.90 | 3.98 | 3.49 | 3.385 | 3.49 | 4.11 | 3.54 |
| | 좌석회전율(14년) | 2.96 | 2.82 | 2.82 | | | | | | | | | | |
| 고객수 | 2013 | 12,632 | 11,942 | 13,089 | 9,375 | 13,918 | 11,579 | 14,508 | 14,819 | 12,553 | 12,593 | 12,565 | 15,306 | 154,878 |
| | 2014 | 11,020 | 9,490 | 10,507 | | | | | | | | | | |
| | 전년비 | 87.2% | 79.5% | 80.3% | 0.0% | 0.0% | 0.0% | 0.0% | 0.0% | 0.0% | 0.0% | 0.0% | 0.0% | 0.0% |
| 객단가 | 2013 | 9,500 | 9,630 | 9,550 | 9,600 | 9,700 | 9,500 | 9,650 | 9,650 | 9,400 | 9,450 | 9,550 | 9,800 | 9,588 |
| | 2014 | 9,800 | 10,300 | 10,350 | | | | | | | | | | |
| | 전년비 | 103.2% | 107.0% | 108.4% | 0.0% | 0.0% | 0.0% | 0.0% | 0.0% | 0.0% | 0.0% | 0.0% | 0.0% | 0.0% |
| 영업이익 | 2013 | 24,060 | 24,095 | 27,760 | 11,620 | 33,935 | 19,290 | 37,480 | 38,852 | 23,358 | 23,129 | 24,660 | 42,370 | 330,609 |
| | 2014 | 15,099 | 9,875 | 16,209 | | | | | | | | | | |
| | 전년비 | 62.8% | 41.0% | 58.4% | | | | | | | | | | |

5. 주요 비용 지표

[단위 : 천 원, %]

| | | | | | | | | | | | | | | |
|---|---|---|---|---|---|---|---|---|---|---|---|---|---|---|
| 인건비 | 인건비(천 원) | 31,230 | 29,110 | 29,820 | | | | | | | | | | 90,160 |
| | 인건비율 | 28.9% | 29.8% | 27.4% | | | | | | | | | | |
| | 평균 직원수 | 32 | 31 | 31 | | | | | | | | | | |
| 식자재비 | 식자재비(천 원) | 35,856 | 33,724 | 36,975 | | | | | | | | | | 106555.0 |
| | 식자재 비율 | 33.2% | 34.5% | 34.0% | | | | | | | | | | |
| | 기말재고(천 원) | 3,000 | 3,200 | 2,800 | | | | | | | | | | |
| 수도광열비 | 수도광열비 | 3,780 | 3,421 | 3,806 | | | | | | | | | | |
| | 매출대비 비율 | 3.5% | 3.5% | 3.5% | | | | | | | | | | |
| 소모품비 | 소모품비 | 2,160 | 1,955 | 2,175 | | | | | | | | | | |

| 구분 | 1월 | 2월 | 3월 | 4월 | 5월 | 6월 | 7월 | 8월 | 9월 | 10월 | 11월 | 12월 | 평균점 |
|---|---|---|---|---|---|---|---|---|---|---|---|---|---|
| **Qulity** | 82.0 | 83.0 | 76.0 | | | | | | | | | | |
| **Serivce** | 78.0 | 77.0 | 74.0 | | | | | | | | | | |
| **Cleanliness** | 77.0 | 81.0 | 68.0 | | | | | | | | | | |
| **Average** | 79 | 80 | 73 | | | | | | | | | | |

## 7. 주요 메뉴 판매량

| 메뉴 | 판매가 | 1월 | 2월 | 3월 | 4월 | 5월 | 6월 | 7월 | 8월 | 9월 | 10월 | 11월 | 12월 | 월평균판매량 |
|---|---|---|---|---|---|---|---|---|---|---|---|---|---|---|
| 세종돈가스 | 7,900 | 2,777 | 2,631 | 2,486 | | | | | | | | | | |
| 생선가스 | 8,900 | 1,238 | 1,093 | 1,372 | | | | | | | | | | |
| 치즈돈가스 | 10,900 | 1,230 | 990 | 1,481 | | | | | | | | | | |
| 왕돈가스 | 9,900 | 1,673 | 1,248 | 1,784 | | | | | | | | | | |
| 알밥정식 | 11,900 | 850 | 697 | 951 | | | | | | | | | | |

## 8. 고객층 분석(비율)

| 구분 | 1월 | 2월 | 3월 | 4월 | 5월 | 6월 | 7월 | 8월 | 9월 | 10월 | 11월 | 12월 | 비율 |
|---|---|---|---|---|---|---|---|---|---|---|---|---|---|
| 연인친구 | 38.0% | 37.5% | 39.0% | | | | | | | | | | |
| 회사원 | 20.0% | 18.0% | 17.0% | | | | | | | | | | |
| 주부 | 15.0% | 16.0% | 19.0% | | | | | | | | | | |
| 가족 | 26.0% | 28.0% | 23.5% | | | | | | | | | | |
| 외국인 | 0.5% | 0.5% | 1.0% | | | | | | | | | | |
| 기타 | 0.5% | 0.0% | 0.5% | | | | | | | | | | |
| 합계 | 100.0% | 100.0% | 100.0% | 0.0% | 0.0% | 0.0% | 0.0% | 0.0% | 0.0% | 0.0% | 0.0% | 0.0% | 0.0% |

## 9. 점포 마케팅현황

| 행사명 | 기간 | 주요내용 | 효과 | 행사명 | 기간 | 주요내용 | 효과 |
|---|---|---|---|---|---|---|---|
| 스탬프쿠폰 | ~2014.5.31 | 10번 도장 받으면 1인 식사 무료 | 진행 중 | | | | |
| 명함추첨 | 매월 | 매월 2분 추첨 | 2인 식사권 제공 | | | | |
| **문고 | ~2014.6.30 | 하우스샐러드 무료 쿠폰 제공 | 일4매 유입 | | | | |
| | | | | | | | |
| | | | | | | | |
| | | | | | | | |
| | | | | | | | |
| | | | | | | | |
| | | | | | | | |

## 10. 기타 특이사항

· 제3절

# 점포평가 및 실행방안 도출

## 01 | 우리 점포 LSM 활동 평가

▶표 4-21 세종돈가스 점포 마케팅 활동 체크

점포명 ____________ 작성자 ____________ 작성일 ____________

| 점포 마케팅 내용 | 실행 여부 | 효과성 정도 | 기타 상황 |
|---|---|---|---|
| 점포의 외부 홍보현황 | ○ | 입간판 설치 | |
| 전단지, 팸플릿 등의 비치와 배포 | | | |
| 무료 쿠폰의 제공 | ○ | 할인쿠폰 | 점포 고객 제공 |
| 지역 백화점, 마트와의 제휴 | | | |
| 영화관, 소극장, 서점 등과의 제휴 | | | |
| 어린이 선물 배포 및 메뉴 행사 | | | |
| 평일 집객 활동을 위한 활동 | | | |
| 학생(직장인 등 타깃층)을 위한 활동 | | | |
| 매일 바뀌는 추천 메뉴 실시 여부 | | | |
| 명함 추첨 이벤트 실시 여부 | ○ | 식사권 제공 | 매월 추첨 |
| 메뉴 내 POP 홍보물 게시 | | | |
| 기타 활동 | | | |

## 02 | 점포의 진단과 평가 요약서

점포 마케팅현황을 살펴보면 점포 마케팅을 거의 진행하지 않고 있다. 100점 만점 기준으로 보면 25점 정도의 수준이다. 외부의 제휴처를 통한 제휴 마케팅과 홍보 등도 진행하지 않고 있고, 내부적으로 점포 프로모션 역시 진행되지 않고 있다. 위 점포의 경우 마케팅 활동에 대한 교육부터 진행까지 전반적인 재검토가 이루어져야 할 것으로 판단된다.

**예시** 액션 플랜(Action plan) 작성 양식 샘플

1. 점포 평가 의견

세종돈가스 명동점의 점포 내부의 문제점을 진단한 결과 현재 매출하락의 문제점과 QSC 지표의 지속적인 하락, 메뉴판매와 만족도 있어서의 문제 3가지로 나눠서 생각해 볼 필요가 있다.

우선 매출의 경우 2014년 1월부터 전년비 매출액 월별 약 10~17%까지 하락하고 있는 추세이다. 이에 대한 문제점을 파악하는 것이 우선 과제일 것으로 판단된다.

QSC 지표의 경우 2013년 11월부터 2014년 1분기까지 많은 폭으로 하락하고 있으며, 심각한 수준을 나타내고 있다. QSC 지표 향상을 위한 전략안을 점포에서 만들어서 활용해야 할 것으로 판단된다. QSC 지표의 하락이 결국 매출의 하락과 연동되어 있다고 유추해볼 수 있다. QSC 향상을 위한 다각적인 방법을 만들어서 점포에 우선 적용해야 할 필요성이 있다.

메뉴의 경우 ABC 평가를 통해서 본 C 메뉴군이 6개, 메뉴 공학 분석을 통해서 본 문제아 메뉴가 4개로써 메뉴의 구성과 운영에도 문제점이 있음을 드러내 보이고 있다. 따라서 메뉴 운영에 대한 고객만족도 측면과 운영 측면을 고려하여 부분 개정 또는 일부 점포 특성상 맞는 운영을 할 필요성 이 있다고 하겠다. 그리고 ABC 분석을 통해서 나온 표준원가와 실제 원가 편차가 상당히 높다. 이 부분에 대해서 개선책도 마련해야 할 것으로 판단된다.

마케팅 활동 평가서를 통해서 본 마케팅 활동의 경우 마케팅 활동이 거의 무의미한 수준이다. 지속적인 점포 마케팅 계획을 통한 실행을 진행해야 할 것으로 판단된다.

2. 점포 평가 점수

| 구분 | 매출 | 이익 | Quality | Service | Cleanliness | 마케팅 역량 | 점포문화 | 합계 |
|---|---|---|---|---|---|---|---|---|
| 배분 | 100 | 100 | 100 | 100 | 100 | 100 | 100 | 700 |
| 평점 | 85 | 85 | 75 | 80 | 75 | 25 | 65 | 490 |

| 평점 | 490 | 점포 등급 | C |
|---|---|---|---|

| 등급 | 점수 |
|---|---|
| A | 600점 이상 |
| B | 500점 이상 |
| C | 400점 이상 |
| D | 400점 미만 |

3. 점포의 부문별 진단

| 평가 항목 | 평가 내용 |
|---|---|
| 매출적인 측면 | 1. 2014년 1월부터 매출액이 급감하고 있음.<br>2. 객단가는 전년비 300~700원 사이로 급증함. 추천판매와 고단가 메뉴 판매 위주로 점포가 운영되고 있음이 보여짐. 이는 당장의 매출확보를 위한 임시방편적인 것으로 점포에서 진행하고 있는 것으로 판단됨.<br>3. 고객수는 매출보다 더 심각한 수준으로 전년비 약 25~13% 정도 수준으로 고객확보 측면에서 심각한 수준으로 나타나고 있음. 불만족 요소들을 빠르게 찾아내서 개선해야 할 것으로 판단됨.<br>4. 고객의 집객이 런치 2시간, 디너 2시간으로 너무 편중되어서 편중현상을 줄일 수 있는 방안을 만들어야 할 것으로 판단됨.<br>5. 고객층 측면에서 회사원 고객의 방문비중이 많이 줄어듦. 직장인 고객의 만족도를 증진하기 위한 다양한 방편을 만들어야 할 것으로 판단됨. |

| | |
|---|---|
| **이익적인 측면** | 1. 영업이익이 약 15~30%인 것이 2014년 들어 10%에서 월 적자인 달이 발생함. 영업이익측면에서는 매출보다 더욱 심각한 수준의 현상이 나타나고 있음.<br>2. 식자재 원가, 수도광열비 등 전년비 상승하고 로스가 많이 발생하고 있음.<br>3. 고정비적 성격인 인건비 등 개선책 마련 필요함. |
| Quality | 1. 고객만족도 조사를 통해서 본 메뉴만족도가 낮은 메뉴들이 많음.<br>2. 메뉴의 레시피 준수 수준도 70%대로 낮은 수준임.<br>3. 메뉴평가를 통해서 본 C 메뉴군, 문제아 메뉴군 다수 포진. 따라서 메뉴개편 및 일부개편을 통한 메뉴 재편에 대한 고려를 해야 할 것으로 판단됨. |
| Service | 1. 직원들의 추천판매와 셀링은 우수한 면을 보임.<br>2. 기본적인 눈 맞춤, 인사 등은 형식적으로 매뉴얼상 응대수준임.<br>3. 유니폼 스탠다드 등도 잘 지켜지지 않음.<br>4. 테이블 접근 시 등 상냥한 멘트 등이 이루어지지 않고 있음.<br>5. 고객 문제 발생 시 또는 클레임 제기 시 적극적인 응대가 이루어지지 않고 있음. |
| Cleanliness | 1. 주방의 내부 위생 상태는 양호한 편임.<br>2. 점포 홀 테이블과 의자의 청결 상태 미흡함.<br>3. 홀 내 조명 등 교체가 필요한 것 등이 많음.<br>4. 유리창, 간판 등 청소 필요함.<br>5. 냉장고, 냉동고 등 청소 필요함.<br>6. 점포 전반에 관한 대청소 필요함. |
| **마케팅 역량** | 1. 외부 홍보의 경우 점포 출입구에 입간판 설치가 전부임.<br>2. 내부 고객들에게 쿠폰발행, 명함추첨 행사가 마케팅 활동의 전부임.<br>3. 외부의 제휴 프로모션, 제휴 활동 등이 전무함.<br>4. 외부 홍보를 위한 툴이 전혀 없음.<br>5. 내부 프로모션도 실시하지 않고 있음.<br>6. 마케팅 관련 활동이 거의 실시하지 않을 정도로 심각한 수준임. |
| **점포 조직문화** | 1. QSC 활동에 대한 의식이 결여됨.<br>2. 점장의 마케팅 활동 등에 대한 리더십 결여됨.<br>3. 점포 홀, 주방 직원들 간의 갈등 심화됨.<br>4. 팀워크 향상을 위한 프로그램 미가동됨.<br>5. 매니저먼트팀의 솔선수범 정신이 결여됨. |

4. 평가를 통한 문제점 정리

(1) 매출적인 측면

| 구분 | 세부 내용 |
|---|---|
| 문제점 | 1. 2014년 1월부터 매출액이 급감하고 있음.<br>2. 객단가는 전년비 300~700원 사이로 급증함. 추천판매와 고단가 메뉴 판매 위주로 점포가 운영되고 있음이 보여짐. 이는 당장의 매출확보를 위한 임시방편적인 것으로 점포에서 진행하고 있는 것으로 판단됨.<br>3. 고객수는 매출보다 더 심각한 수준으로 전년비 약 25~13% 정도 수준으로 고객확보 측면에서 심각한 수준으로 나타나고 있음. 불만족 요소들을 빠르게 찾아내서 개선해야 할 것으로 판단됨.<br>4. 고객의 집객이 런치 2시간, 디너 2시간으로 너무 편중되어서 편중현상을 줄일 수 있는 방안을 만들어야 할 것으로 판단됨.<br>5. 고객층 측면에서 회사원 고객의 방문 비중이 많이 줄어듦. 직장인 고객의 만족도를 증진하기 위한 다양한 방편을 만들어야 할 것으로 판단됨. |
| Action Plan | 1. 적정 객단가 수준 유지를 위한 당분간 추천판매 진행하지 않음.<br>2. 고객수 확보를 위한 월별 제휴처 확보 3곳 이상 진행<br>3. 외부 홍보를 할 수 있는 제휴처 선정 후 외부 홍보 진행<br>4. 전 고객 대상 고객만족도 조사 진행 후 액션플랜 수립<br>5. 런치시간 회전율 극대화를 위한 Early bird 행사 진행(11시 30분 이전 입점 고객 대상 할인 행사 진행) |

(2) 이익적인 측면

| 구분 | 세부 내용 |
|---|---|
| 문제점 | 1. 영업이익이 약 15~30%인 것이 2014년 들어 10%에서 월 적자인 달이 발생함. 영업이익 측면에서는 매출보다 더욱 심각한 수준의 현상이 나타나고 있음.<br>2. 식자재 원가, 수도광열비 등 전년비 상승하고 로스가 많이 발생하고 있음.<br>3. 고정비적 성격인 인건비 등 개선책 마련 필요함. |
| Action Plan | 1. 인건비 25%대로 설정하여 일별 근로시간 관리<br>2. 수도광열비 절감을 위한 체크리스트를 통한 일별 계량 진행 및 절감 활동안 마련 |

| | |
|---|---|
| | 3. 가스/수도/전기 줄이기 캠페인 진행<br>4. 소모품 절약을 위한 폐휴지 활용<br>5. 식자재 폐기리스트 만들어서 폐기품 기록<br>6. 기물파손 방지를 위한 기물파손리스트를 만들어서 기록 |

(3) QSC 적인 측면

| 구분 | 세부 내용 |
|---|---|
| 문제점 | 1. 고객만족도 조사를 통해서 본 메뉴만족도가 낮은 메뉴들이 많음.<br>2. 메뉴의 레시피 준수 수준도 70%대로 낮은 수준임.<br>3. 메뉴평가를 통해서 본 C 메뉴군, 문제아 메뉴군 다수 포진됨. 따라서 메뉴개편 및 일부개편을 통한 메뉴 재편에 대한 고려를 해야 할 것으로 판단됨.<br>4. 직원들의 추천판매와 셀링은 우수한 면을 보임.<br>5. 기본적인 눈맞춤, 인사 등은 형식적으로 매뉴얼상 응대수준임.<br>6. 유니폼 스탠다드 등도 잘 지켜지지 않음.<br>7. 테이블 접근 시 등 상냥한 멘트 등이 이루어지지 않고 있음.<br>8. 고객 문제 발생 시나 클레임 제기 시 적극적인 응대가 이루어지지 않고 있음.<br>9. 주방의 내부 위생 상태는 양호한 편임.<br>10. 점포 홀 테이블과 의자의 청결상태 미흡함.<br>11. 홀 내 조명 등 교체가 필요한 것 등이 많음.<br>12. 유리창, 간판 등 청소 필요함.<br>13. 냉장고, 냉동고 등 청소 필요함.<br>14. 점포 전반에 관한 대청소 필요함. |
| Action Plan | 1. 고객 메뉴 만족도 조사 시행<br>2. 주방직원 레시피 재교육<br>3. C 메뉴, 문제아 메뉴군으로 분류된 메뉴 레시피 개편 및 보완 진행을 통해서 고객홍보 활동 강화<br>4. 서비스 매뉴얼 재교육<br>5. 불량서비스 제공 직원 보수 교육제도 도입<br>6. 클레임 응대 매뉴얼 재교육<br>7. 우수 직원 포상 프로그램안 마련<br>8. 점포 대청소 시행<br>9. 일간, 주간, 월간 청소 체크리스트 작성 후 시행<br>10. 청소 책임담당제 시행 |

(4) 마케팅적인 측면

| 구분 | 세부 내용 |
|---|---|
| 문제점 | 1. 외부 홍보의 경우 점포 출입구에 입간판 설치가 전부임.<br>2. 내부 고객들에게 쿠폰발행, 명함추첨 행사가 마케팅 활동의 전부임.<br>3. 외부의 제휴 프로모션, 제휴 활동 등이 전무함.<br>4. 외부 홍보를 위한 툴이 전혀 없음.<br>5. 내부 프로모션도 실시하지 않고 있음.<br>6. 마케팅 관련 활동이 거의 실시하지 않을 정도로 심각한 수준임. |
| Action Plan | 1. 점장 마케팅 관련 외부 교육 시행<br>2. 월 1회 마케팅 도서 독후감 제출(본사 제출)<br>3. 제휴처 매월 3곳 이상 선정 진행<br>4. 고객 대상 내부 프로모션 및 제휴 프로모션 본사 마케팅팀과 협업하여 기획 진행 |

(5) 점포 조직문화적인 측면

| 구분 | 세부 내용 |
|---|---|
| 문제점 | 1. QSC 활동에 대한 의식이 결여됨.<br>2. 점장의 마케팅 활동 등에 대한 리더십 결여됨.<br>3. 점포 홀, 주방 직원들 간의 갈등 심화됨.<br>4. 팀워크 향상을 위한 프로그램 미가동<br>5. 매니저먼트팀의 솔선수범 정신 결여 |
| Action Plan | 1. 월 1회 전 직원 미팅 시행<br>2. 주 1회 매니저팀 미팅 시행<br>3. 아침, 저녁으로 직원 미팅 시행(전달사항, 관리사항 등)<br>4. 매니저팀 30분 일찍 출근하기<br>5. QSC 지표 전체 직원 게시판 공유, 일별 QSC 미팅 시행 |

## 참고 문헌


- 박진우. 「외식경영학」. 형설출판사, 2010.
- 박진우. 「외식점포 점장매뉴얼」. 형설출판사, 2013.
- 이인호 · 조경 옮김. 「점포마케팅」. 고수, 2006.
- 프랜차이즈산업연구원. 「프랜차이즈마케팅전문가과정」. 2011.
- 프랜차이즈협회. 「매출증대와 매장활성화 아카데미」. 2007.

점포 마케팅의 선행요인은
완전한 조직문화와 완벽한 QSC의 토대에서 진행되어야 한다.
혹자는 기본에만 충실해도 매출의 30%는 증가한다는 얘기를 한다.
그만큼 레스토랑 운영의 가장 기본은
QSC의 충실함과 점포운영의 충실함,
고객을 생각하는 진정성이 밑바탕이 되어야
훌륭한 마케팅도 이루어질 수 있다는 것이다.

Local Store
Marketing Manual

## 제5장

# LSM의 운영과 활용

· 제1절

# LSM의 개념과 목표

## 01 LSM의 개념

점포 마케팅(LSM : Local Store Marketing)은 지역상권 개발 마케팅을 의미하며, 상품의 직접적인 판매가 이루어지는 점포에서 고객들이 상품을 구매하러 올 수 있는 한정된 지역을 대상으로 마케팅 활동을 하는 것을 말한다.

점포 마케팅은 일정 지역 내에서 일어나기 때문에 대규모 차원의 마케팅과 달리 세분화된 시장을 더욱 세분화하여 고객의 필요와 욕구가 무엇인지 찾아낼 필요가 있다. 점포에서 행하는 점포 마케팅은 대규모의 마케팅 활동보다 훨씬 적은 비용과 시간이 소요되므로 상대적으로 효율적인 면이 있다.

점포 마케팅은 전국에 걸친 획일적인 전략이 아닌 지역적 특성을 파악하여 차별화 전략을 전개하는 것이기 때문에 각 지역의 특성인 생활방법, 유통조건, 경쟁조건 등을 자세하게 조사할 필요가 있다. 대부분의 대형 브랜드를 운영하고 있는 외식점포에서는 마케팅의 중요성보다 브랜드 전체로 진행하는 브랜드 마케팅만이 매출을 올릴 수 있는 방법이라 생각한다. 매출이라는 것은 브랜드의 파워, 음식의 맛, 인테리어, 서비스 등 다양한 요소들이 결합되어서 발생하는 것이다. 그러면 점포 마케팅을 통해서는 몇 %의 매출을 확보할 수 있을까? 대부분은 점포 마케팅을 통해서 10% 정도의 매출을 더 올릴 수 있다고 한다. 사실 여러 가지 요소들을 평가하고 잘 진행한다면 이보다 더 많은 매출을 올릴 수도 있다.

LSM 역시 브랜드 전체의 마케팅과 같이 점포의 격(格)에 맞게 시행해야 한다. 격은 우리 점포의 수준을 의미한다. 그 수준은 고객이 받아들이는 점포에 대한 생각이다. 동네 배달형 중국음식점과 대형 레스토랑이 같은 형태의 점포 마케팅을 행할 수는 없다. 즉 전단지, 포스터 한 장에도 이러한 점포의 수준이 반영되도록 해야 한다.

LSM이란 고객들 사이에서 인지도를 확보하고 그들에게 영향을 미칠 수 있는 기회를 활용하는 것이다.

따라서 레스토랑의 LSM은 작게는 레스토랑의 4벽면의 포스터와 안내문구부터 크게는 레스토랑으로부터 반경 5km까지 그 규모에 따라서 진행된다. 즉 점포 마케팅은 점포를 우리의 고객들에게 알려 점포를 찾아오게 하고, 찾아온 고객을 만족시키는 일련의 제반 활동이다.

점포 마케팅의 목적은 시장 확보를 위해, 경쟁에서 이기기 위해, 구매 욕구를 창출하기 위해, 시장의 상황 변동을 알기 위해, 고객 니즈의 변동을 알기 위해서 시행한다고 할 수 있으며 가장 궁극적인 목표는 역시 매출과 이익의 증대이다. LSM을 진행하기 전 반드시 기억해야 할 것은 점포의 완전한 조직문화(자신감, 팀워크, 소통, 리더십 등)와 완벽한 QSC의 바탕 위에서 진행하여야 한다는 것이다. 이런 직원들의 의식적 참여 없이 LSM에서 성공을 거두기는 힘들다. 뒤에서 다시 언급하겠지만 레스토랑에서의 마케팅은 메뉴와 서비스, 위생 등과 같은 기본적인 것에 충실하며 진정성을 가지고 고객을 대하는 것에서부터 출발해야 한다. 마케팅은 고객을 끌어들이는 활동이다. 마케팅 활동을 통해서 집객된 고객들에게 좋지 못한 QSC를 제공하여 고객을 불만족하게 한다면 강조했던 고객의 재방문과 방문 빈도의 주기 등에 오히려 악영향을 미치게 된다.

따라서 점포 마케팅의 선행요인은 완전한 조직문화와 완벽한 QSC의 토대에서 진행되어야 한다. 혹자는 기본에만 충실해도 매출의 30%는 증가한다는 얘기를 하기도 한다. 그만큼 레스토랑 운영의 가장 기본은 QSC의 충실함과 점포운영의 충실함, 고객을 생각하는 진정성이 밑바탕이 되어야 훌륭한 마케팅도 이루어질 수 있다는 것이다. 준비되지 않은 마케팅 활동은 오히려 점포에 역효과를 낼 수 있다.

> **점포 마케팅은**
> **점포를 우리의 고객들에게 알려**
> **점포를 찾아오게 하고, 찾아온 고객을 만족시키는**
> **일련의 제반 활동이다.**

## 02 | LSM의 목표

LSM의 목표는 당연히 고객을 방문하게 하고, 방문한 고객이 만족한 상태를 경험하여 지속적으로 구매가 이루어질 수 있도록 하는 것이다. 그리고 이런 일련의 과정을 통해서 점포의 매출과 이익을 상승시키는 데 있다. 효과적인 LSM은 이런 일련의 활동들을 잘 운영하여 효율과 효과를 발휘하도록 하는 것이다. 이 역시 점장의 중요한 역할이다. 점포의 마케팅 활동에 따라서 하루하루의 매출이 조금씩 늘어나고 마케팅에 대한 노하우가 쌓인다면 연간 매출과 이익은 놀랄 만큼 성장해 있을 것이다.

즉 LSM 활동은 매출과 이익의 증대가 목표이며 매출과 이익 증대는 보다 많은 고객이 찾아오게 하고, 보다 많은 구매가 이루어지게 하는 것이며, 현 상황보다 더 자주 방문하게 하는 활동이다. 고객수를 증가시키기 위한 활동으로는 기존 고객(멤버십 고객 등)들에게는 QSC를 통한 만족으로 고객과의 신뢰를 쌓아가는 방법과 다양한 이벤트와 혜택을 통해서 충성도를 높이는 방법이 있다. 신규 고객 창출을 위해서는 마케팅 활동이 필요하며 즉 우리의 제품, 가격, 서비스, 인테리어 등에서 차별화를 통한 방문이 이루어지도록 하는 것이다. 객단가의 증가는 프로모션을 통한 구매의 증가, 직원들의 추천판매, 추가 메뉴 판매 등이 있겠다. 객단가를 늘리는 것은 쉬운 일이나 고객의 만족도와 가격가치의 하락을 동반할 수 있으므로 가급적 적정 객단가 수준을 유지하는 것이 바람직하다.

따라서 점포의 마케팅 활동의 목표는 3가지로 요약할 수 있다.

① 고객수의 증가
② 객단가의 증가
③ 방문 빈도의 증가

점포의 고정비에 대한 부분도 일부 마케팅 활동으로 인해서 줄여나갈 수 있다. 비용관리와 원가관리는 별개의 문제로 생각하겠지만, 고객수의 증가와 객단가의 증가는 자연스럽게 고정비를 낮추는 역할을 한다. 또한 LSM이 진행되는 동안 식자재 원가, 인건비의 운영 등에 대해서 세심하게 관찰하고 운영해야 한다. 이 부분에 대해서는 뒤에서 언급하도록 하겠다.

점포는 당연히 마케팅 활동을 통해서 고객의 증가, 매출과 이익의 증가, 신규 고객의 창출, 고객의 브랜드 충성도 증가 등을 기대한다. 이것이 점포 마케팅의 역할이자 목표이다.

**매출 = 고객수×객단가**

**매출 증가 1 = 고객수 증가×객단가**

**매출 증가 2 = 고객수×객단가 증가**

**매출 증가 3 = 고객수×객단가×방문 빈도 증가**

점포 마케팅을 실행하면 우리 점포에 다음과 같은 이점을 제공한다.

① 신규 고객을 창출할 수 있다(점포를 인지하지 못해서 오지 못하는 경우도 있다.).

② 기존 고객의 방문 빈도(frequency)를 높일 수 있다. 방문 주기는 점포의 매출을 올리는 방법 중에 하나이다. 따라서 만족한 고객이 방문 빈도를 높일 수 있도록 하는 것은 매우 효과적인 방법이다.

③ 내외부로 다양한 방법을 동원하여 객단가(average check)를 높일 수 있다. 하지만 객단가를 무작정 높이는 전략은 가급적 피하는 것이 좋다.

④ 점포의 운영수준이 완벽하다면 고객의 만족도를 높일 수 있다.

⑤ 매출이 부진한 시간, 요일의 매출을 확보할 수 있다.

⑥ 마케팅을 통한 매출의 증진은 고정비를 줄일 수 있는 역할을 한다.

⑦ 점포를 외부에 홍보하고 알릴 수 있다.

⑧ 좋은 점포와 브랜드 이미지를 고객에게 전달할 수 있다.

점포는 당연히 마케팅 활동을 통해서
고객의 증가, 매출과 이익의 증가, 신규 고객의 창출,
고객의 브랜드 충성도 증가 등을 기대한다.
이것이 점포 마케팅의 역할이자 목표이다.

LSM 진행 시 아래의 고객센터(generator)를 적극적으로 활용할 필요가 있다. 점포 마케팅에서 다양한 시도 등이 있겠지만 가장 기본적인 고객센터를 활용하는 것은 굉장히 중요하다.

### (1) people centers

① 상권 내외의 사람들을 매일 유치하게 된다.

② 각급 학교, 전문대학, 대학교 등

③ 사무실, 오피스 빌딩 등

④ 관공서 등

⑤ 학생과 사무실 직원의 경우 단골 고객이 될 가능성이 높다.

⑥ 개인 이용도 있으나 회의, 회식 등의 단체모임이 많다.

### (2) magnet centers

① 다수의 고객을 수차례 유치할 수 있다.

② 쇼핑몰, 종합운동장, 영화관

③ 지속적으로 유동인구를 확보할 수 있고, 유인할 수 있다.

④ 대형병원, 종합병원

⑤ 기타 오락시설

⑥ 기차역, 전철역, 버스 정류장 등 대중교통시설

### (3) influence centers

① 사회단체의 활동에 참가한다.

② 성당, 교회, 사찰 등 종교단체

③ 서로 간의 결속을 통해 고객충성도(customer loyalty)를 형성할 수 있는 기회를 갖게 된다.

④ 타 generator보다 훨씬 높은 영향을 미친다.

⑤ 시민단체, 도서관

## 03 | LSM의 전제 조건

효과적인 LSM을 위한 기본적이고 전제적인 사항을 정리하면 다음과 같다.

① 직감과 경험에 의존하지 마라 : 점포 마케팅이란 '점포의 매출 증대와 점포의 좋은 이미지를 주변 지역에 구축하는 모든 활동'으로 정의할 수 있다. 따라서 '성공 점포'와 '실패 점포'가 생기는 것은 올바른 점장이 올바른 마케팅 지식을 갖고 있는가, 또 지속적으로 활동하는가에 그 원인이 있다고 할 수 있다. 따라서 점장은 마케팅 지식을 습득하기 위한 꾸준한 학습을 하고 또 이를 점포 상황에 맞게 잘 적용할 필요성이 있다.

② 중단하지 마라 : 강력하고 스케일이 큰 지역형 마케팅과 달리 점포 마케팅은 착실하고 끈기 있는 활동을 지속적으로 해 나가야 한다. 점포 마케팅은 업종, 업태, 규모의 크고 작음에 관계없이 각각의 점포가 그 특성을 살려가면서 매출을 증대시키기 위한 실무에 적합한 방법이다. 잘 관리되며 고객이 많은 점포의 경우 대부분 꾸준한 마케팅 활동을 진행하는 경우가 많다. 비록 스케일이 작은 마케팅이라 할지라도 꾸준히 진행하는 것이 가장 중요하다. 전단지와 스탬프카드의 경우 일반 레스토랑 점포에서 가장 흔하게 진행하는 수단이다. 이 역시도 지속성이 필요하다. 화려한 마케팅만을 마케팅이라고 할 수 없다. 전단지가 필요할 때도 있고, 스탬프카드가 오히려 고객을 자극할 수도 있다. 가장 중요한 것은 지속성을 가지고 마케팅 활동에 임하는 것이다.

▶그림 5-1 C 커피브랜드의 스탬프카드

*C 커피브랜드의 경우 오픈 이후 현재 대규모 브랜드가 되었음에도 불구하고 꾸준히 스탬프카드를 고집하고 있다. 이는 지속성의 측면에서 본다면 훌륭한 마케팅 기법이라고 할 수 있다. 왜 이렇게 큰 기업에서 멤버십카드를 만들지 않고 스탬프카드를 고집하는지의 이유에 대해서 고민하라.

▶그림 5-2 S 커피브랜드 스탬프카드

*S 커피브랜드의 경우 매년 연말 다이어리 증정행사를 위한 스탬프카드를 지속해서 운영하고 있다. 이에 고객들은 항상 연말 S 커피브랜드의 겨울음료와 다이어리 출시를 기다리곤 한다. 이 역시 지속성의 마케팅이다. 마케팅은 고객의 머리에 존재하는 것이다. 지속성을 잊지 마라.

③ **저가정책에 의존하지 마라** : 마케팅에서 가장 조심히 다루어야 할 부분이 가격이다. 가격 부분은 점포의 입장에서도, 고객의 입장에서도 민감한 부분이므로 신중하게 결정해서 진행해야 한다. '○○ 할인판매' 등의 저가정책은 타 경쟁업소에서 카피가 가능하다. 따라서 가격으로 승부하기보다는 상품의 필요성이나 장점에 대해서 광고하는 것이 훨씬 좋으며 고객가치의 제공에 늘 관심을 가져야 한다.

④ **매출 증대는 사람에 달려있다** : 외식업에 가장 중요한 것은 역시 직원이다. 점포의 점장, 매니저, 직원의 고객응대가 매출 증대의 열쇠이다. QSC관리 역시 직원이다. 마케팅의 핵심 역시 사람이다. 마케팅 역시 내부직원으로부터 출발한다.

⑤ **경쟁매장과 차별화시켜라** : 경쟁매장이 많을수록 점포의 개성과 특성을 중시해야 한다. 예를 들어 convenience, quick service, best price 등 차별화할 수 있는 포인트를 찾아야 한다. 또 레스토랑이 가장 잘 운영되는 기준은 늘 피크타임이어야 하므로 피크타임 때 점포가 어떻게 운영되는지를 살펴보는 것도 좋은 포인트를 찾을 수 있는 부분이다.

> 직감에 의존하지 마라.
> 중단하지 마라.
> 저가정책에 의존하지 마라.
> 매출증대는 사람에 달려있다.
> 경쟁매장과 차별화시켜라.

▶그림 5-3 L 커피브랜드의 1리터 커피

*프로모션은 창의적이고 차별화되어야 한다.

## 04 | LSM 전략 tool

### 1) 점포 홍보 전략

점포의 홍보 전략이란 점포의 상품 판매를 늘리기 위해서 고객과 잠재 고객들에게 점포를 알리는 광고, 홍보, 인적판매 등의 모든 촉진활동을 일컫는다.

#### (1) off line 홍보 전략

① 현수막 거치
② 전단지 배포
③ 샘플링 행사
④ 직접 방문 행사
⑤ 내 · 외부 장식
⑥ 프로모션 및 이벤트
⑦ 신문, 잡지, 버스 홍보
⑧ 매장 외부 입간판 홍보
⑨ DM, SMS 발송

▶그림 5-4 점포의 홍보방법

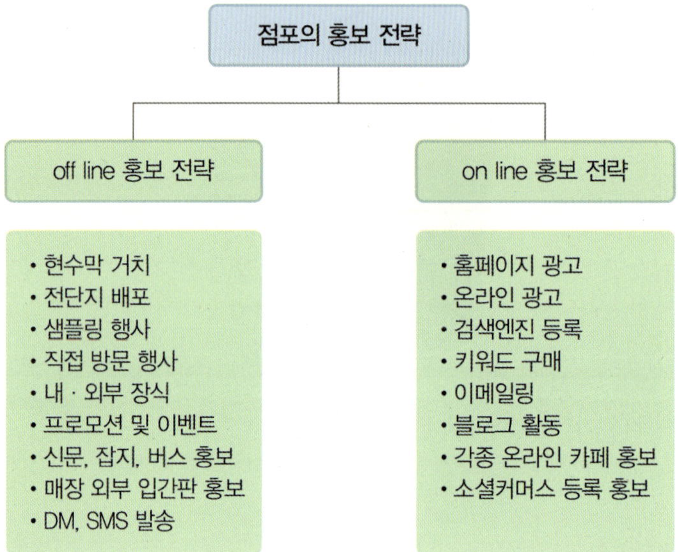


### (2) on line

① 홈페이지 광고

② 온라인 광고

③ 검색엔진 광고

④ 키워드 구매

⑤ 이메일링

⑥ 블로그 활동

⑦ 각종 온라인 카페 홍보

⑧ 소셜커머스 등록 홍보

### (3) 인쇄물의 목적과 활용

① 고객이 구매를 잊지 않도록 확인시킨다.

② 고객에게 추가구입의 동기를 부여한다.

③ 고객에게 재 내점의 동기를 부여한다.

▶표 5-1 인쇄물의 종류

| 인쇄물의 종류 | 인쇄물의 역할 | 제작 포인트 |
|---|---|---|
| 전단지 | 메뉴 전단지와 행사 홍보용 전단지가 있고, 고객들에게 메뉴나 행사 등을 가두나 신문삽지로 활용하여 커뮤니케이션하는 도구이다. | 인쇄물 중에서 가장 빈번하게 사용되는 수단이다. 너무 많은 정보보다 핵심적인 정보만 전달하도록 제작한다. |
| 메뉴판 | 고객에게 상품을 판매하는 도구이다. | 핵심 메뉴와 비핵심 메뉴, 메뉴의 배치와 사진 삽입 등 점포에서 추구하는 메뉴를 어떻게 고객에게 전달할 것인가를 결정한다. |
| 배너 | 시각효과가 가장 좋은 곳에 비치하도록 한다. 점포의 출입구나 행인들이 볼 수 있는 공간에 비치한다. | 단순 명쾌한 메시지만을 담는다. 너무 많은 정보는 지나치기 쉽다. |
| 포스터 | 점포 내의 벽면에서 고객과 의사소통하는 도구이다.<br>행사 포스터, 메뉴 포스터 등이 있다. | 심플, 간결한 것이 좋다. 특히 행사포스터나 메뉴포스터의 경우 간략한 내용만 넣어서 제작하도록 한다. |
| 입간판 | 주로 외부에 세워서 행인이나 고객이 점포를 인지하도록 하는 역할을 한다. | 발광식으로 제작하여 야간에 볼 수 있도록 하고, 점포의 위치나 영업 중임을 알릴 수 있도록 한다. |
| 창문형 스티커 | 점포 앞을 지나는 행인들에게 어필할 수 있는 좋은 인쇄물로 점포의 이미지를 밝게 하거나 재미있게 하는 요소이다. | 점포를 밝게 만들도록 하며, 특히 메뉴 등의 어필로 고객들이 점포로 유인될 수 있도록 제작한다. |
| 깃발 | 점포 간판이나 적당한 위치에 설치하여 바람에 펄럭이도록 하여 점포의 시인성을 높이는 역할을 한다. | 점포의 이미지와 맞는지 확인하여 설치하고 게시장소, 높이, 동선 등을 고려하여 작업한다. |
| 테이블 텐트 | 테이블 위에 올려놓고 이벤트나 판매할 메뉴 등을 넣어 판매도구로 활용한다. | 테이블 앞면과 뒷면 모두 활용하여 추가적으로 고객들이 행사나 메뉴를 선택할 수 있도록 매력적으로 제작한다. |
| 포스면 광고 디자인 | 포스사각면을 이용하여 고객들에게 전달 내용이나 이벤트 등을 게시한다. | 계산대 주변이 혼잡하거나 지저분해보이지 않도록 제작한다. |
| 리플릿 | 점포소개 리플릿이나 메뉴판 대신 리플릿 메뉴판, 프랜차이즈의 경우 가맹점모집 리플릿 등이 있다. 고객이 가지고 가는 경우가 많다. | 리플릿은 외부로 가져가는 고객이 많고, 관심 있는 고객이 추가 정보를 얻고자 하므로 많은 양의 정보를 담아서 점포가 매력적으로 보일 수 있도록 디자인한다. |

| 매장 명함 | 고객이 가지고 가는 경우가 많으므로 기본적으로 위치, 전화번호, 주소, 영업시간 등이 기재되어 있다. | 가장 필수적인 정보인 위치, 전화번호, 주소, 영업시간을 기재하고 뒷면에 약도를 넣어주는 것이 가장 효과적이다. |
|---|---|---|
| 테이블 매트 | 고객의 식사 매트로서의 역할과 점포의 콘셉트 전달, 메뉴 이미지, 행사 등을 고객들에게 전달하는 용도로 사용한다. | 점포의 격에 맞는 이미지를 넣어서 제작한다. |
| 현수막 | 점포의 영업이나 위치 등을 알리기 위해서 제작하거나 오픈 시 오픈을 알리는 용도로 제작한다. | 행정기관별로 게시양식이 다르므로 이를 확인하고 제작하며, 가장 간략한 내용만 넣어서 제작하도록 한다. |

### (4) 기타 점포 사인물

① 메뉴 쇼케이스

메뉴 쇼케이스는 메뉴모형을 넣어두는 케이스를 말하며 고객들에게 메뉴, 메뉴정보, 메뉴가격 등을 제공한다. 이는 깔끔하고 세련되게 제작해야 하며, 메뉴가 맛있어 보이도록 조명 역시 신경을 써야 한다. 메뉴 쇼케이스는 점포의 첫인상을 결정하며, 고객이 점포를 선택하는 동력을 제공한다. 잘 만들어진 쇼케이스는 분명 고객의 마음을 점포로 향하게 만들 수 있으며, 점포를 결정하는 주요 수단이 된다. 메뉴 쇼케이스에서 간혹 메뉴의 가격정보가 들어있지 않아서 고객이 점포를 선택하는 데 꺼리는 이유가 되기도 한다. 메뉴의 가격은 표시해 두는 게 좋다.

▶그림 5–5 음식점의 쇼케이스

*쇼케이스는 항상 깔끔하게 관리되어야 한다. 샘플의 모형뿐만 아니라 조명, 유리의 청결도 매우 중요한 역할을 한다.

② 아이캐처

아이캐처(eye-catcher)는 점포의 상징물을 의미하는 것으로써 KFC 할아버지상, 맥도날드의 아치형 마크, 중식당의 사람모형, 꽁시꽁시의 면과 젓가락 등 다양한 형태로 제작이 된다. 이런 조형물들도 고급스럽고 재미있게 제작이 된다면 고객의 마음을 사로잡는 동력이 될 수 있다. 다이닝 레스토랑처럼 고급화된 레스토랑에서 사용하기는 부적절하나 일반적인 레스토랑에서는 사용하면 효과를 볼 수 있다. 다만 관리의 문제가 중요하다. 대부분의 일반 음식점들이 이런 조형물을 설치한 뒤 관리하지 않아 오히려 설치 안 한 것만 못한 일이 되기도 한다. 따라서 설치의 문제, 관리의 문제 역시 점포의 격에 맞게끔 운영하면 좋은 효과를 거둘 수 있다.

▶그림 5-6 K 패스트푸드점의 아이캐처

*아이캐처 역시 고객이 점포를 선택하게 하는 동력이 된다. 위는 K 패스트푸드점의 캐런 할랜드 샌더스 할아버지 조형물이다.

③ 창유리 스티커

창유리를 활용해서 스티커를 부착하는 방식은 일반적이 되었다. 대형 프랜차이즈 업체뿐만 아니라 일반 외식업소에서도 많이 활용하고 있다. 특히 할인이나 세일, 신메뉴 등이 출시되었을 때 이를 고객들에게 고지하고 고객을 점포로 끌어들이는 역할을 하고 있다. 즉 창유리 스티커를 고객 커뮤니케이션 툴로 활용한다.

▶그림 5-7 창유리 스티커

*창유리 스티커 역시 고객의 시선을 집중시키는 역할을 한다. 따라서 행사나 프로모션, 할인 등 이슈나 크리스마스 등 시즌 장식 등에 활용하는 것도 좋은 방법이다.

### (5) 인쇄물의 구성 및 제작

① 플래카드

플래카드(placard)는 점포 내 또는 점포 외부에 게시하는 경우가 있으며, 저렴한 비용으로 제작 및 게시할 수 있어 단기간 판촉홍보수단으로 사용하기도 한다. 요즘은 점포 외부의 경우 해당 기관의 단속이 가해져 해당 게시대 외에는 게시할 수 없는 단점이 있기도 하다. 또 지역별로 게시기간, 게시방법 등이 다르므로 꼭 확인 후 게시해야 한다. 플래카드는 오픈, 이벤트, 할인행사, 메뉴 출시 등 다양한 내용으로 제작해서 게시한다.

주의해야 할 점으로는 플래카드 내용에 너무 많은 정보를 담지 않도록 해야 하며, 글씨 크기와 색상도 주의해야 한다. 도보 고객이든 차량 이용 고객이든 필요한 정보만 전달이 되어야 하는데 글이 많거나 색상에 문제가 있다면 원하는 정보를 고객들에게 전달하지 못할 가능성이 있다.

② 시설표시 사인물

점포내 · 외부의 사인물은 고객 편의상 설치하여야 하며, 특히 처음 찾는 고객들이 불편해하지 않도록 만들어져야 하며, 이 사인물 역시 통일성을 유지하고 글씨체와 굵기, 색상의 조화 등이 이루어지도록 하고, 우리 점포의 간판이나 각종 인쇄물 등과 동일한 느낌을 주는 것으로 제작되어야 한다. 또한 점포 출입구에는 점포의 영업시간도 표시해두어야 하며, 고객들에게 전달할 필요성이 있는 것들도 그림으로 스티커를 만들어 표시해두어야 한다. 요즘에는 글씨가 아닌 그림으로 표시해서 사용하는 외식업체들도 많이 늘어나고 있다. 예를 들어 애완견 반입금지 그림, 금연 표시 그림 등이 있다. 이처럼 외식점포에서는 화장실, 수유실, 놀이방, 계산대, 주방 출입구 등에 사인물들이 많이 사용된다.

③ 테이블 텐트

종이로 만들어서 테이블 위에 설치한 삼각형 모양의 POP를 테이블 텐트(table tent)라고 한다. 요즘은 플라스틱, 나무 등으로 만들어져서 이 모두를 일컬어 테이블 텐트라고 칭하기도 한다. 여기에는 메뉴, 이벤트, 고객고지 사항 등을 넣어서 제작한다. 특히 테이블에 고객이 앉으면 대다수가 볼 정도로 효과성이 뛰어난 POP물이다. 따라서 가볍고 싼 재질보다 비용이 들더라도 비교적 견고하게 제작하도록 하며, 안의 내용물은 종이 형태로 제작하되 포스터, 배너 등과 마찬가지로 간결하고 심플하게 고객들에게 어필할 수 있도록 제작되어야 한다.

▶그림 5-8 테이블 텐트 대용의 POP

④ 메뉴판

고객이 가장 많이 보고, 점포의 입장에서 커뮤니케이션 툴(tool)로서 활용하기 가장 우수한 도구가 메뉴판이다. 그만큼 메뉴판은 홍보판촉의 가장 최선두의 툴인 것이다. 따라서 메뉴판은 다른 인쇄물보다 많은 비용을 들여서 제작할 필요성이 있다.

메뉴판에 메뉴설명과 메뉴가격만 표시된 경우는 고객의 입장에서 보면 별로 좋지 못한 방법이다. 따라서 메뉴판에는 메뉴설명과 더불어 메뉴의 사진을 넣는 것이 효과적이며 이는 고객이 메뉴를 선택할 때 도움이 된다.

요즘에는 다양하게 메뉴판을 통해서 재미와 펀을 고객에게 전해주려고 하는 특징도 보이고 있다.

사진과 함께 메뉴의 설명, 함께 먹으면 맛있는 메뉴, 메뉴가 가지고 있는 특징과 재미있는 사연 등도 넣어서 고객에게 재미를 주고 있다.

▶그림 5-9 메뉴판

*최근 메뉴판은 다양한 콘셉트로 제작되어 고객들에게 감정을 어필하고 있다. 메뉴판도 독특성, 창의성을 발휘하여 제작하도록 한다.

⑤ 포스터 액자

포스터 액자는 사진이나 그림을 넣을 수도 있고, 또 점포의 행사나 이벤트, 브랜드의 이미지 제고 차원에서 제작되고 점포에 걸린다. 포스터 액자 역시 점포의 분위기를 연출하고 점포의 분위기와 어울릴 수 있게 제작되어야 한다. 그림이나 사진의 경우는 어느 정도의 예술성과 점포의 격에 어울리는 것으로 선택해야 하며 계절적으로도 변화를 느낄 수 있도록 관리되어야 한다. 포스터 역시 심플하고 간결하게 고객에게 메시지를 전해주도록 제작되는 것이 좋다. 이벤트나 행사 포스터를 제외하면 브랜드를 알리는 차원의 메시지를 넣어서 만드는 것도 장기적인 관점에서는 훌륭한 방법이다.

▶그림 5-10 브랜드의 이미지를 알리는 포스터 액자

*A 브랜드의 이미지를 알리고, 고객들에게 안심을 제공하려는 포스터 이미지이다. 사실 행사 포스터보다 고객들은 이런 포스터에 더 매력을 느낀다. A 브랜드는 2002년부터 식자재우선주의를 선택하고 좋은 식자재로 고객들의 건강까지 생각하는 노력을 지속적으로 전개해 고객들로부터 사랑을 받고 있다.

⑥ 외부 메뉴 입간판

쇼케이스와 비슷한 커뮤니케이션 도구로 쇼케이스보다 비교적 저렴한 가격으로 제작할 수 있는 이점이 있다. 전 메뉴를 다 넣어서 고객이 점포를 결정하게 하는 동인이 되게 하기도 하고, 이벤트성 메뉴를 넣어서 운영하기도 한다. 즉 점포 외부에 제작해서 세워둠으로써 고객의 입점에 매력을 느끼게 하는 요소가 된다.

▶그림 5-11 외부 메뉴 입간판

*외부 메뉴 입간판은 고객이 점포를 방문하게 하는 동인이 된다. S 브랜드의 외부 메뉴 입간판이다.

⑦ 간판

간판이 중요하다는 것을 부인할 사람은 없다. 간판에서 가장 중요한 것은 통행인이나 차량이용 고객 등이 점포를 얼마나 쉽게 볼 수 있는가 하는 것이다.

즉 간판이 얼마나 잘 보이고 색채, 형태 등이 잘 융합되어서 눈에 잘 띄는가, 또 예쁘게 디자인되어 있는가 하는 것이다. 따라서 점포 개발 시에도 반드시 고려해야 할 요소이며, 기존 점포의 경우도 단순한 부착물로써가 아니라 홍보판촉 도구임을 잊어서는 안 된다.

대부분 간판만 보아도 프랜차이즈 본부에서 한 간판인지 개인이 운영하는 음식점 간판인지 표시가 난다. 이는 결국 전문성의 부분을 말하는 것이다.

따라서 점포간판 개설 시에는 반드시 전문가의 도움을 받고 간판에 적은 비용이 아닌 적정한 비용으로 점포의 가시성과 우수성이 묻어나도록 제작해야 한다.

간판의 평가항목[1]

㉠ 점포명(상호) 간판의 보기 쉬운 정도

정면 주간판이나 벽면 돌출간판이 점포에서 가까운 큰길을 지나는 보행자에게 잘 보이는지 평가한다.

- 주간판이나 돌출간판은 다른 건물, 시설물, 가로등, 신호등, 가로수 등에 의해서 가리지 않고 잘 보여야 한다.
- 글씨체나 크기, 색깔, 형태 등이 멀리서도 잘 보여야 한다. 글씨만 가득한 간판은 한눈에 들어오기 힘들다. 상호는 간판 전체 면적의 절반 크기를 넘지 않도록 한다.
- 주위 건물이나 시설물의 색깔과 달라 쉽게 구별할 수 있도록 점포 이름이 선명하게 보여야 한다.
- 건물의 크기에 따라 다르나 가로 간판 크기는 폭 60cm 정도로 벽면 절반 이하, 돌출간판 폭은 40~50cm 정도가 적당하다.
- 정면간판은 하나만 달고, 같은 건물에 여러 업소가 있을 경우 공동 간판을 세우는 것이 정보 전달에 효과적이다.
- 점포 이름만 큰 글자로 쓴다. 점포 이름의 글자 크기가 10이라면 전화번호 등 다른 내용은 2 정도의 비율이 이상적이다.

㉡ 간판의 취급 상품 판단 용이성

지나치는 사람들이 간판만 봐도 무슨 가게인지, 어떤 물건을 파는 곳인지 금방 알 수 있게 간판이 만들어져 있는지 평가한다.

- 간판에 너무 많은 내용을 담으려고 하면 안 된다. 통행인이 한눈에 읽을 수 있도록 글자 수를 최소화하고 색깔도 단순하게 한다.
- 점포에서 판매하고 있는 상품과 어울리는 그림을 넣으면 글씨보다 더 효과적으로 정보를 전달할 수 있다.

㉢ 간판의 청결성과 선명성

간판이 깨끗하게 청소되어 있고 주변에 있는 다른 점포의 간판들에 비하여 선명하게 부각돼 보이는지 평가한다.

---

1) 양인호(2012), 「내점포 내가 진단하기」, 한국체인스토어협회, pp. 37~41.

• 배경이 되는 벽면을 여유 있게 활용하는 간판이 눈에 더 잘 띈다. 빈 공간을 많이 확보하면 더 청결하고 선명하게 보인다.
• 넓은 직사각형 간판보다는 다소 작더라도 입체 문자형 간판이 더 고급스럽게 보이고 기억에 오래 남는다.
• 지나치게 화려한 디자인은 거부감을 줄 수 있다.

㉣ 간판 · 부착물의 견고성

정면간판, 벽면간판, 측면 돌출간판, 옥상간판, 기둥 부착간판, 전신주 간판, 현수막 등이 견고하게 부착되어 있는지 평가한다.

• 입간판, 배너 광고물, 파라솔, 폴사인(pole sign) 등은 통행에 불편을 주지 않게 설치하고 바람에 쓰러지지 않도록 견고하게 설치한다.

㉤ 게시판 · 알림판 상태

점포 입구나 길거리에 설치한 상품 안내 게시판이나 행사용 알림판이 깔끔한 서체로, 제 위치에 단정하게 놓여 있는지 평가한다.

• 게시판 · 알림판의 내용은 항상 최신 자료로 갱신한다.
• 게시판 · 알림판에 너무 많은 내용을 넣어 산만해지지 않도록 한다.

㉥ 간판 야간조명의 가시성

각종 간판이나 외부 사인물, 홍보물 등의 야간조명이 멀리서도 잘 보이는지 평가한다.

• 간판 야간조명의 색깔이 취급하고 있는 상품과 잘 어울려야 한다.
• 야간조명은 디자인적 요소나 미적 요소보다는 멀리서도 어떤 상품을 파는 매장인지 알기 쉽도록 하고, 밝게 한다.
• 간판이 야간에 깜빡거리지 않는지, 일부가 어두워지지 않았는지 등 야간조명 상태를 체크한다.
• 간판을 수시로 청소해 때가 끼어 얼룩이 지거나, 지저분해 보이지 않도록 한다.

㉦ 휴일 · 영업시간 표기

점포 입구에 게시한 안내문이나 게시판에 표기한 휴일 · 영업시간이 알아보기 쉽게 표시되어 있는지 평가한다.

• 출입문이 닫혀있는 개점시간 전후에도 지나가는 사람이 볼 수 있도록, 휴일 · 영업시간을 출입문 셔터 등에 표시한다.

▶그림 5-12 점포 출입구 영업시간 표시

*점포 출입구에는 반드시 영업시간을 표시하여 고객의 편의를 도와야 한다.

ⓞ 점포 입구 · 도로의 홍보물 설치 상태

점포 입구나 점포 앞 도로에 입간판, 깃발, 배너, 현수막, 포스터, 게시판, 파라솔 등 점포를 알리거나 상품 또는 행사 내용을 알리는 광고물이 설치되어 있는지 평가한다.

• 홍보물은 하나만 설치하는 것보다 같은 것을 여러 개 연이어 설치하는 것이 효과적이다.
• 입간판이나 점포 입구 홍보물은 보는 즐거움이 있도록 조형물 · 만화캐릭터 · 인형 등을 활용해 유쾌한 느낌을 주도록 한다.

ⓩ 간판의 색깔 · 형태의 조화성

간판의 색깔이나 형태가 주변의 지형지물(가로수, 다른 간판)이나 건물과 잘 어울리는지 평가한다.

• 간판은 주변 지형지물이나 건물과 비슷한 색깔을 피하고, 대비되는 색깔로 설치한다.

- 간판이 부착되는 건물의 벽면 색깔과 대비되는 색이 좋으며, 빨강 · 노랑 · 파랑과 같은 원색은 피한다.
- 색깔이나 모양을 지나치게 예술적으로 하는 등 디자인적 요소만 강조하다 보면, 알리고자 하는 내용이 제대로 전달되지 않을 수 있으므로 주의한다.

▶표 5-2 간판의 평가

점포의 앞과 좌우 100여 m 거리에서 천천히 걸어오면서, 평가 항목별로 점포 안의 현상을 관찰해 기록하고, 평점(0~5점)을 매긴다.

| 평가 항목 | 현상 | 평점 |
|---|---|---|
| 1. 점포명(상호) 간판이 잘 보인다. | | |
| 2. 간판을 보면 어떤 물건을 파는지 바로 알 수 있다. | | |
| 3. 간판은 깨끗하고 선명하다. | | |
| 4. 간판이나 부착물이 단단하게 고정되어 있다. | | |
| 5. 점포입구의 게시판이나 알림판이 단정하다. | | |
| 6. 간판의 야간조명이 밝다. | | |
| 7. 전구가 나가거나 깜빡거리지 않는다. | | |
| 8. 휴일이나 영업시간 표시가 잘 보인다. | | |
| 9. 점포입구나 도로에 홍보물이 잘 설치되어 있다. | | |
| 10. 간판의 색상 · 형태가 건물이나 주위와 잘 어울린다. | | |

▶그림 5-13 잘못된 배너의 배치

*배너는 심플하고 간결하게 메시지를 넣어서 제작해야 한다. 위의 배너 내용이나 진열에 관심을 가지는 고객은 아무도 없을 것이다. 배너의 거치는 우리를 알림에 목적이 있다. 심플함과 메시지의 간결함은 오히려 배너를 더욱 돋보이게 할 것이다.

▶그림 5-14 심플하면서 가독성이 뛰어난 배너

*위의 배너를 보면 가독성, 간결함과 심플함이 모두 다 들어가 있다. 이런 경우가 고객들에게 전달력이나 호소력이 더 많이 있는 배너가 될 수 있다.

### 2) 점포 프로모션 전략

점포 프로모션의 목표는 보다 많은 고객이 보다 자주 찾아오게 하고, 보다 많은 구매가 이루어질 수 있도록 하며 고객이 점포를 찾아올 수 있도록 동기를 부여하는 것이다. 대부분의 점포에서 진행하는 LSM 활동이 과연 매출액을 높일 수 있을까라는 의문을 가지게 한다. 하지만 경험상으로 보아 LSM의 지속적인 활동은 작게는 5%에서 많게는 100% 이상의 매출과 이익을 성장시킬 수 있다. 다만 이는 점포의 조직문화, 고객들에게 제공되는 완벽한 QSCM과 지역상권의 뒷받침 속에서 가능하다.

① 추천판매 제안

점포 내부에서 진행하는 것으로 직원들을 통해 일정한 메뉴 등을 추천해서 판매하는 방식이다. 잘 훈련된 직원은 추가판매나 추천판매로 객단가의 상승을 유도한다.

▶표 5-3 추천판매에 대한 직원의 분류

| 직원의 분류 | 주문받는 방법과 태도 |
|---|---|
| 부족한 직원 | 고객이 주문을 하는대로 받아온다. 특히 메뉴에 대한 설명도 추가 메뉴에 대한 제안도 없다. 그냥 고객이 주문하는대로 받아서 온다. |
| 평범한 직원 | 추가 메뉴에 대한 제안을 한다. 다만 음료를 추천판매할 시 "음료는 주문하시겠습니까?"라는 멘트를 한다. 고객을 망설이게 하는 발언이다. 또 메뉴에 대한 설명을 매뉴얼대로 한다. |
| 우수한 직원 | 추가 메뉴에 대해서 설득력 있게 제안한다. 고객이 메인 메뉴에 대한 주문이 끝나면 "음료는 어떤 것으로 준비해드릴까요?"라고 말한다. 고객이 꼭 음료를 주문해야하는 것처럼 멘트를 던진다. 또 메뉴에 대해서 미사여구를 넣어가면서 고객이 관심을 가지게 만든다. |

② 세트 메뉴 프로모션

외식점포에서 일반적으로 많이 판매하는 방식이다. 특히 패스트푸드점의 경우 세트메뉴가 일반화되어 있다. 대부분 음료를 끼워 세트화해서 원가를 보전하고, 고객들에게는 가격을 할인해 주는 방식이다. 점포운영의 효율화 측면에서도 많은 도움이 된다. 고객만족도, 운영효율화, 식자재 원가 3가지를 모두 해소할 수 있는 좋은 방법이다.

▶그림 5-15 L 사의 세트 메뉴

*외식점포의 세트 메뉴는 고객만족도, 운영효율화, 식자재 원가를 모두 만족시켜주는 역할을 한다.

③ 1+1 행사

고객들에게 미끼상품으로나 유인 전략으로 사용하는 방법이다. 그리고 해피아워 등 고객 없는 시간 등 활용가치가 있다고 생각되는 때에 진행하는 방법이다. 또한 기념할만한 날을 정해서 진행하기도 한다.

▶그림 5-16 M 사의 1+1 프로모션

④ 샘플링

고객들에게 시식행사를 하면서 고객들의 호응을 이끌어내는 마케팅 기법이다. 도심 중심상권 등에서 많이 행하는 기법이다. 아이스크림, 제과 등 간단한 먹거리를 위주로 많이 진행된다.

▶그림 5-17 M 사의 커피 무료 제공 행사

⑤ 쿠폰 프로모션

가장 일반적인 프로모션 기법이다. 지면 쿠폰, 문자 쿠폰, 온라인 쿠폰 등 다양한 형태로 제작된다. 가장 일반적인 기법이지만 고객들이 가장 편하게 선호하는 방법이기도 하다.

쿠폰의 활용과 할인 방법은 굉장히 신중하게 접근해야 한다. 고객들이 할인과 쿠폰에 익숙해지면 브랜드와 점포에 미치는 영향이 크다. 브랜드 인식 자체에 대한 문제점으로 번진다. 따라서 빈번하게 사용하지 않음이 효과적이라 하겠다.

⑥ 할인판매 프로모션

쿠폰과 마찬가지로 부정적인 영향을 미친다. 할인 행사에는 항상 특정한 이유를 붙여서 행사를 진행하도록 한다. 예를 들어서 3주년 기념 등과 같이 행사에 대한 목적성을 부여해야 한다. 현재 소셜커머스에 많이 등록해서 진행하는 방법도 결국 할인이다. 할인이 가져다주는 부정적인 영향은 점포의 매출과 이익, 이미지에 상당한 영향을 미칠 수 있으므로 정말 진중히 다뤄야 한다.

⑦ 게임 프로모션

고객들과 게임을 통해서 진행하는 프로모션이다. 게임의 방법과 방식 등은 점포상황에 따라서 다르게 할 수 있다. 게임 프로모션을 기획할 때는 고객의 즐거움과 창의성이 들어가도록 한다.

⑧ 한정판매 상품 출시 이벤트

특정품목에 대해 한정이라는 용어를 사용해서 상품을 출시하고 고객들의 마음을 움직여 구매욕구를 일으키는 이벤트이다. 마트 등에서도 수량 한정, 시간 한정으로 많은 행사를 하기도 한다.

외식점포 역시 특정 품목을 출시해서 한정적으로 판매를 함으로써 고객의 구매욕구를 일으키려는 이벤트이다.

⑨ 제휴 프로모션

고객의 수요를 늘리기 위해서 가장 많이 진행하는 방식으로 업체와의 제휴를 통해서 진행하는 프로모션이다. 뒤에서 상세히 설명하도록 하겠다.

### 3) 점포 충성도, 재방문의도 높이기 전략

점포의 충성도와 재방문을 높이는 전략의 가장 기본은 점포의 QSC 관리를 통한 고객가치를 제공하는 것이다.

따라서 마케팅, 별도 프로그램을 운영하기 이전에 점포의 QSC 상태를 체크하고 살펴보도록 하며 이를 중점적으로 관리해야 한다. 완벽한 QSC가 갖춰져 있다면 충성고객을 만들기 위한 다양한 프로그램을 만들어서 운영하는 것이 고객의 충성도 증진에 많은 역할을 할 것으로 본다.

① 고객 멤버십 프로그램의 운영

멤버십 제도를 만들어서 운영하고, 이 멤버십은 등급별로 나눠서 혜택을 부여하는 방식이 가장 효과적이다. 예를 들어 아래의 브랜드의 등급별 멤버십 제도를 참조하기 바란다.

▶표 5-4 세종돈가스의 멤버십 프로그램(예시)

| 구분 | Prime | VIP | VVIP |
|---|---|---|---|
| 등급조건 | 가. 연 4회 이상 방문<br>나. 연 20만 원 이상 구매<br>위 2가지 요건을 충족하는 고객 | 가. 연 10회 이상 방문<br>나. 연 40만 원 이상 구매<br>위 2가지 요건을 충족하는 고객 | 가. 연 12회 이상 방문<br>나. 연 80만 원 이상 구매<br>위 2가지 요건을 충족하는 고객 |
| 등급기간 | 1년간 유지 | 1년간 유지 | 1년간 유지 |
| 등급혜택 | • 상시 5% 할인<br>• 방문 시 탄산음료 무료 제공 | • 상시 10% 할인<br>• 방문 시 탄산음료 무료 제공<br>• 연간 사용 쿠폰북 발송 | • 상시 15% 할인<br>• 방문 시 음료 중 택 1(주류 제외)<br>• 연간 사용 쿠폰북 발송<br>• 행사 시 우선 초대권 발송 |

② 정기적, 비정기적 이메일 발송

③ 멤버십 이벤트 진행

④ 멤버십데이 운영

⑤ 어린이 멤버십카드 제도

⑥ 고객의 소리카드, 홈페이지 고객의 소리 운영

⑦ 명함 활용 이벤트

⑧ 행사 초대 우선권 부여

⑨ 멤버십 고객 제안제도 운영

점포 프로모션의 목표는
보다 많은 고객이 보다 자주 찾아오게 하고,
보다 많은 구매가 이루어질 수 있도록 하며
고객이 점포를 찾아올 수 있도록 동기를 부여하는 것이다.

· 제2절

# 점포 내 · 외부의 LSM

## 01 | 점포의 LSM 종류

### 1) 연계 마케팅

타이 인 프로모션이라고도 하며 경쟁사가 아닌 같은 지역 내 또는 연관 사업자와 공동으로 판촉을 진행하는 것으로 현재 대부분의 외식업체가 많이 사용하는 점포 마케팅 기법이다. 인근지역의 영화관, 서점, 카드사, 백화점과의 연계를 통해서 상호 윈-윈(win-win)하는 마케팅 기법이라 할 수 있다.

현재 많이 진행되고 있는 연계 마케팅을 살펴보면 아래와 같다.

① 영화관 : 영화관과 주로 이루어지는 연계 마케팅은 영화관에서 일부 홍보를 해주고 그 대가로 금액을 제공하기도 하고, 티켓 뒷면에 쿠폰을 삽입해서 집객을 목적으로 진행하는 경우도 있다. 또 제휴는 아니더라도 영화관의 관객을 점포로 집객하기 위해서 당일 영화티켓을 가지고 오면 특정 메뉴를 무료로 제공하는 등의 행사도 진행하고 있다. 점포의 입장에서는 집객에 도움이 되므로 상권에 영화관이 있다면 제휴를 진행하는 것도 좋은 방법이다. 영화관 인근에 있는 점포라면 영화관 내에 우리점포를 알리는 포스터나 배너 하나만이라도 세워둔다면 매출과 집객에 상당한 도움이 되리라 생각한다. 따라서 영화관과 점포의 사정에 맞는 제휴 마케팅을 진행하는 것은 점포에 많은 도움이 되리라 생각한다.

② 서점 : 요즘 소형서점은 대부분 사라지고 대형서점들이 대부분의 시장을 석권하고 있다. 물론 서점뿐만 아니라 기타의 산업, 점포들도 대부분이 대형화되어가는 추세이다. 서점 역시 지역 상권 내에서 generator이다. 따라서 서점과의 제휴

역시 일부 집객에 도움이 된다. 대부분의 외식점포들의 경우 서점과의 제휴에서 서점에서 계산 시 쿠폰을 나눠주는 식의 제휴를 진행하고 있다. 또 서점 영수증 하단부에 쿠폰을 삽입하기도 하고, 일정 금액 이상 결제 시 쿠폰을 제공하는 등의 제휴를 진행한다. 쿠폰의 대가로 서점에서의 점포홍보(배너나 포스터를 통해서) 등도 병행하여 진행한다. 요즘은 온라인 서점도 활성화되어 있다. 온라인 서점과도 제휴를 진행하기도 하는데 온라인 서점에서의 행사(온라인상에서 도서행사를 통한 경품 제공 등)를 진행하기도 하고, 도서가 택배로 배송되기 때문에 쿠폰을 삽입해서 배송하여 집객하려는 시도도 하고 있다.

③ **카드사** : 카드사는 많은 고객을 확보하고 있어 어떤 제휴의 툴보다도 집객에 상당한 영향력을 가지고 있다. 점포 마케팅 진행 시 반드시 점포의 카드사별 점유율을 살펴보고 영향력을 많이 가지는 카드사와의 제휴를 진행해야 한다. 카드사의 경우 DM을 보내거나, 이메일로 행사 내용을 고객들에게 공지하는 것이 일반적이다. 점포에서 살펴보아야 할 것은 DM의 경우 과거의 쿠폰 회수율, 이메일의 경우도 마찬가지로 쿠폰 회수율 등을 살펴보고, 이메일의 오픈율(이메일을 열어보는 경우가 몇 %인가?)을 확인해야 한다. 카드사의 경우 데이터가 방대하므로 적극적으로 활용할 필요가 있다.

④ **백화점** : 고객유도시설로서 백화점은 최고의 대상이다. 특히 백화점은 지역 내에서 확실한 generator임에 틀림이 없다. 백화점 이용고객의 경우 소득수준이 타 제휴처보다 높은 편이어서 레스토랑의 레벨에 따라 집객에 상당한 도움이 된다. 백화점 DM을 활용하는 방법이 가장 좋다. 일부 전단광고에 쿠폰을 삽입하거나 광고를 싣는 방법도 좋은 방법이다.

⑤ **대학교** : 대학교와의 연계를 통해서 주기적으로, 시기적으로 성공을 거두는 점포들도 대다수 있다. 대학교는 많은 학생들의 유동이 일어나고 또 학교 인근으로 상업시설들이 상권을 형성하고 있다. 대학교 인근의 외식점포라면 학교와의 연계를 통한 점포매출의 확보에도 노력을 기울여야 한다. LSM 사례에서 언급하지만 대학교의 Day 행사, 또 동아리 지원 및 학생회 지원 행사, 학교 내의 행사에 대한 스폰서 및 광고 등 다양한 방법으로 접촉하여 학교와 학생들과의 관계 고리를 만들어가는 것은 매출 향상에 도움이 된다.

⑥ **문화센터 등** : 문화센터에는 여성 고객들이 주류를 이루고 있다. 만약 문화센터와 연계가 가능하다면 외식점포에 상당한 도움이 된다. 문화센터 고객들에게 일정한 혜택을 주어도 좋고, 문화센터의 주부를 대상으로 하는 요리 일일강좌 등을 개최해도 좋다. 문화센터처럼 여성들이 모이는 장소를 대상으로 연계 마케팅을 진행하는 것은 매출에 상당한 도움이 된다.

▶그림 5-18 **통신사 제휴 마케팅 사례**

*대규모 외식업체에서는 통신사와 제휴해서 다양한 고객층을 흡수하고 있다.

## 2) 쿠폰 마케팅

마케팅의 수단 중 쿠폰은 가장 보편화된 마케팅 기법으로 자리잡았다. 이는 가장 쉽게 적용가능하고, 고객반응도 가장 빠르게 볼 수 있는 단기성과에 유리한 마케팅이다. 다만 쿠폰의 남용으로 인한 점포의 이미지 손실, 브랜드 이미지 손실을 가져올 수 있고, 쿠폰을 중지했을 때 고객의 방문이 중단되는 상황을 맞이하기도 한다. 따라서 배포 시에는 쿠폰의 발행 목적, 종류, 배포방법, 배포 후 결과 등에 대한 사전 점검이 이루어져야 한다. 가장 보편화된 마케팅 기법은 신문, 잡지, 전문 광고, 단독 전단, 우편, 인터넷 등을 이용해서 고객들에게 할인권, 무료 메뉴 시식권 등을 제공하는 방식이다. 최근에는 쿠폰을 전문적으로 제작해서 무가지로 배포하는 업체가 생겨났을 정도로 쿠폰 마케팅은 일반화되었다. 또한 고객들이 소지하고 있는 멤버십카드에 입력시켜주는 전자 쿠폰 등도 일반화되어 고객들로부터 좋은 반응을 얻고 있다. 이와 같이 DM은 비용적인 측면, 이메일은 스팸메일로 보거나 고객들의 오픈율이 저조하다는 등의 이유로 전자 쿠폰, 점포배포방식이 선호되고 있다. 쿠폰의 종류에는 할인권, 무료 시식권, 음료권 등 다양하게 있으나 이 중 원가율이 좋고, 고객반응이 좋은 메뉴를 선정하여 고객들을 끌어들일 수 있도록 해야 한다.

또 쿠폰에 대한 반응률에 대한 데이터를 축적해두어 향후 쿠폰 행사 시 이를 적극 활용하여 남용되는 경우가 없도록 하고, 좋은 효과를 거둘 수 있도록 해야 한다. 다시 한 번 언급하지만 쿠폰의 오남용은 브랜드와 점포의 이미지에 밀접한 연관이 있으므로 쿠폰의 배포에 대해서는 신중을 기해야 한다.

▶그림 5-19 쿠폰 마케팅의 사례

*쿠폰은 할인권, 무료 식사권, 무료 음료권 등 다양한 형태로 제작될 수 있다.

### 3) 가격할인 마케팅

점포에서 행할 수 있는 마케팅은 메뉴의 가격을 할인하는 방법이 있다. 가격할인의 경우 주로 한가한 해피아워나 낮 시간에 주로 이루어지며, 이는 고객을 가격으로 유인하여 매출을 향상시키기 위한 방법이다. 가격할인의 경우 마케팅에서 가장 마지막에 적용해야 할 부분이다. 해피아워 등의 이유가 아니라면 가격의 할인을 통해서 고객을 유인하는 방법은 권하고 싶은 방법은 아니다. 가격의 인식은 미래의 영업에 상당한 영향력을 미친다. 마케팅은 인식의 싸움이다. 가격에 대한 고객의 인식은 향후 브랜드의 이미지와 영업에 상당한 영향력을 미친다.

▶그림 5-20 점포의 할인 정책

*가격할인 마케팅은 결국 가격을 낮춰서 고객의 유입을 늘리고자 하는 마케팅 기법이다. 가격할인을 진행할 경우 향후 고객의 인식 속에 브랜드나 점포를 그 가격으로 인식하게 된다.

### 4) 마일리지 마케팅

단골 고객을 만드는 방법은 쿠폰, 할인권, 스탬프카드 등 여러 가지가 있겠으나 포인트카드 일명 마일리지 적립카드 또는 멤버십카드가 있다. 마일리지를 적립만 할 수 있도록 만든 카드도 있고, 멤버십에 가입하면 할인혜택과 더불어 마일리지까지 적립되는 카드도 있다. 이런 마일리지 적립카드로는 스탬프카드, 자기식 적립카드, 멤버십 마일리지카드가 대표적인 예이다. 이는 이용실적에 따라 특전을 주는 적립방식의 마케팅 기법으로써 외식점포뿐만 아니라 항공사, 신용카드, 백화점 등 거의 모든 기업에서 행하는 방식이다. 개인이 운영하는 소형점포의 경우 마일리지 적립카드를 만들기 위해서 많은 비용을 들여야 하는 현실적인 어려움이 있으므로 자기식카드의 대여나 스탬프카드의 활용도 좋은 방법이다. 스탬프카드의 경우 회수 시 고객의 동의하에 정보를 입력하게 하여 향후 마케팅 수단으로 활용하는 것도 좋은 방법이다. 고객의 입장에서는 마일리지 제도가 적립을 통한 혜택을 누리게 하는 것이고, 점포의 입장에서는 고객의 재방문과 단골 고객 확보를 할 수 있는 수단이 된다. 대부분의 외식점포와 브랜드에서는 마일리지 적립제도를 거의 보유하고 있다. SPC그룹의 Happy Point카드, 아웃백의 멤버십카드 등 대부분의 외식기업이나 브랜드에서 마일리지카드를 가지고 있다. 마일리지카드는 고객의 입장에서는 포인트나 경품을 얻는 등 마일리지의 적립에 따른 서비스의 환원이 있고, 점포의 입장에서는 고객이 브랜드나 기업에서 이탈하지 못하도록 하는 역할을 한다. 다만 마일리지카드의 경우 단기적인 이윤으로 생각하기 보다 장기적인 안목으로 이끌고 가야 할 수단임을 잊지 말아야 한다. 또한 마일리지카드를 가진 단골 고객의 수를 지속적으로 늘려가야 한다는 것도 잊지 말아야 한다. 하지만 요즘은 외식을 즐기는 고객이 한 기업이나 브랜드의 마일리지카드만을 가지고 있는 것이 아니라 대부분의 카드를 소지하는 경우가 많다. 따라서 마일리지카드를 가지고 있다고 해서 안도할 게 아니라 멤버십 고객들 대상으로 하는 행사나 이벤트, 프로그램을 만들어서 지속적으로 관리를 해야 한다.

▶그림 5-21 외식업체의 대표적인 마일리지카드

*대부분의 외식업체에서 마일리지카드를 활용하고 있다. 마일리지카드는 고객이 브랜드를 전환하지 못하게 하는 역할과 동시에 브랜드충성도를 증가시키는 역할을 한다.

### 5) 요일 마케팅

외식점포의 경우 입지에 따라 다소 다르겠지만 요일별로 매출액이 상이하게 나타난다. 따라서 요일별 행사를 마련하거나 다른 가격대의 메뉴를 제공하는 등 요일에 따른 고객 유입에 따라 행하는 마케팅 기법이다.

주 5일제 이후 금요일을 이용한 마케팅 기법도 많이 등장하고 있다. 평일 중 금요일에 대부분의 레스토랑들이 다른 요일에 비해서 매출이 높고, 주말 전이라 회식하는 직장인들이 많아서 이를 이용해서 프로모션을 진행하는 업체도 늘어나고 있다. 특히 최근에는 알콜 도수가 높은 주류를 회피하고, 간단하게 주류를 즐기는 문화가 확산되면서 금요일 저녁에 생맥주를 무료로 제공해주는 외식점포가 늘고 있어 직장인 고객들에게 호평을 받은 경우도 있다.

### 6) 메뉴 마케팅

메뉴는 최고의 마케팅 수단이다. 레스토랑은 메뉴를 통해서 고객과 커뮤니케이션한다. 메뉴의 교체시기, 신 메뉴의 개발, 특정한 고객들(채식주의자, 어린이 등)을 위한 적합한 메뉴의 개발 등 메뉴를 통해서 고객과 어떻게 의사소통하는지에 따라 레스토랑의 성패가 달려있다고 할 수 있다. 메뉴 마케팅으로 진행할 수 있는 부분들에 대해서 살펴보면 다음과 같다.

① **레스토랑 핵심 메뉴(key menu) 개발** : 레스토랑에서 고객들이 기억하고 시장 내에서 이슈가 될 수 있는 독특한 애피타이저나 메인 메뉴, 디저트들을 개발한다. 또 개발된 메뉴는 독창적인 이름을 부여해서 시장 내에서 이슈가 되고 기억이 되도록 해야 한다. 아웃백의 경우 부쉬맨 브레드를 만들고 이를 레스토랑에서 고객들에게 무한 제공하면서 시장에서 이슈가 되고, 고객만족을 이끌어내었다. 이후 타 레스토랑에서 같은 방식으로 많은 시도를 하기도 했다. 그러나 시장에서는 늘 처음만 기억한다. 이를 pioneer effect라고 한다.

② **웨이팅 푸드(waiting food)** : 고객이 레스토랑에 입점하기 위해서 기다리는 시간은 정말 지루하고 배고픈 시간이다. 고객들이 기다리는 동안 먹을 수 있는 간식거리를 제공하는 것은 고객들의 지루함 등을 방지하고 고객만족을 이끌어 낼 수 있다. 또 점포의 입장에서는 고객이 기다리다 이탈하는 것을 방지할 수 있다.

③ **지역 선호 음식을 포함** : 지역에 기호식이 있는지 살펴보고, 그 지역 음식을 메뉴 구성에 넣도록 한다. 또 지역 산지 식자재를 이용해서 메뉴를 개발하는 방법도 활용해야 한다. 레스토랑은 어차피 지역을 위해서 존재하고 그 지역주민을 떠나서는 성공할 수 없기 때문이다.

④ **세트 메뉴** : 애피타이저, 샐러드, 주요리, 디저트, 음료 등을 묶어서 하나의 가격으로 세트 메뉴를 판매하도록 한다. 2인세트, 3인세트, 가족 세트 등으로 다양하게 만들 수 있고, 또 특정일에는 특정일을 기념하는 세트를 만들어보는 것도 적합한 방법이다.

세트의 경우 점포의 입장에서 객단가를 높이거나 원가를 낮춰주는 역할을 한다. 또 세트 메뉴의 판매가 많이 이루어질 경우 주방의 업무효율, 홀의 업무효율성도 높아진다. 물론 가장 중요한 것은 고객만족도라 할 수 있다. 잘 구성된 세트 메뉴의 경우 고객만족을 높이고 레스토랑의 운영 효율성에 상당한 도움이 될 것이다.

⑤ **테이크아웃 메뉴** : 레스토랑에서 테이크아웃이 차지하는 비율은 그리 높지 않다. 하지만 테이크아웃이 점차적으로 늘어나고, 선호하는 고객도 상당히 늘고 있는 추세이다. 따라서 고객이 테이크아웃할 수 있는 메뉴들을 일부 만들어서 제공할 수 있도록 한다.

⑥ **신 메뉴 출시 시 프로모션** : 신 메뉴가 나왔을 때는 반드시 고객들에게 프로모션을 진행해서 고객들이 맛볼 수 있게 한다. 고객들은 실패를 경험하지 않으려는 성향을 가지고 있기 때문에 레스토랑에서도 본인이 먹던 음식을 먹으려는 경향이 있다. 따라서 신 메뉴가 나왔을 때에는 그것을 선택할 수 있도록 경품 등의 프로모션을 하도록 한다.

### 7) 시간 마케팅

한가한 시간의 매출을 올리거나 점심과 저녁 고객을 늘리기 위해 가장 많이 사용하는 방법이다. 해당 시간대에 방문하는 고객에 한해 가격을 할인해준다거나 무료 서비스를 주는 등 특별한 혜택을 제공하는 마케팅 기법이다.

이외에도 외식점포에서 행할 수 있는 마케팅 기법은 무수히 존재한다. 다만 점포 마케팅에서 간과해서는 안 될 부분은 지역 주민들과의 화합과 조화이며. 그들의 필요와 욕구에 대해 면밀히 조사한 후 실행해야 한다는 것이다.

### 8) 스포츠 마케팅

스포츠에 대한 관심이 날로 증대되고 있고, 프로스포츠는 더욱 활성화되고 있다. 따라서 스포츠 구단과의 연계를 통한 마케팅 활동은 스포츠 구단과 레스토랑에 서로 도움이 되고 있다. 스포츠 마케팅의 의미는 기업들의 스폰서십을 활용하여 스포츠 단체가 재원을 확보하여 운영하는 마케팅 활동으로서 최근 각광받고 있는 마케팅 기법이다. 기업들은 스포츠 단체에 재원이나 물품, 외식기업의 경우에는 식사권 등을 제공하고, 스포츠 단체 등은 광고, 브랜드 노출, 프로모션 등의 광고효과를 제공하는 윈-윈 전략이다. 스포츠 마케팅을 진행할 경우 스포츠를 관람하는 고객들에게 자연스럽게 브랜드나 광고가 노출되어 접근하게 되며, 브랜드에 대한 친숙도가 생긴다. 또 스포츠의 활동적이고 공익 추구적인 이미지와 함께함으로써 브랜드 이미지 상승에도 도움이 된다. 또, 스포츠 구단 관객들에게는 일정한 행사 등을 통해서 레스토랑의 식사권 등 경품을 제공하고, 레스토랑의 입장에서는 스포츠 구단 관객들에게 광고 등을 통해서 레스토랑을 홍보하고, 레스토랑 고객으로 유인하는 효과를 볼 수 있다. 특히 유명 프로스포츠 구단과의 연계는 브랜드의 이미지를 높이는 데 상당한 도움이 된다고 볼 수 있다. 지역을 연고로 하는 프로스포츠 구단과의 연계는 지역과 같이 움직인다는 공동체 의식을 심어줌으로써 고객들에게도 좋은 이미지를 줄 수 있다.

### 9) 모바일 마케팅

인구수보다 이동통신 가입자 수가 더 많아졌다. 모바일은 최근 가장 큰 마케팅 도구로 부상하고 있다. 고객의 정보와 데이터를 활용해서 1대 1 마케팅(One to One Marketing)이 가능하고, 손쉽게 고객들에게 정보를 제공하여 고객을 유인할 수 있어서 최근 각

▶그림 5-22 **모바일 마케팅 예시**

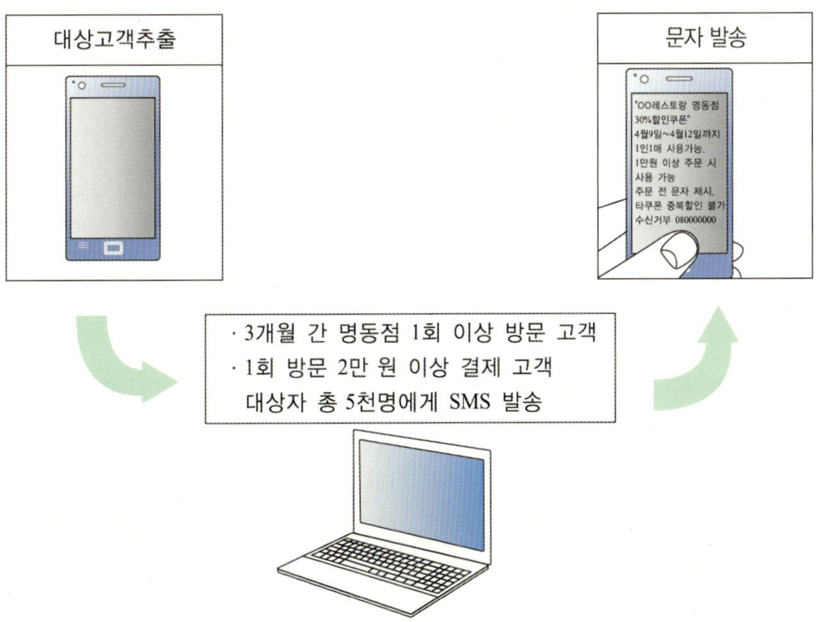

광받는 마케팅 도구로 인식하여, 이를 활용하는 업체들이 늘어나고 있다. 또한 모바일 마케팅의 경우 즉각적이고, 단기적인 고객반응이 있어서 단기적인 매출향상을 위한 효과적인 마케팅방법이다. 다만 몇 가지 주의할 점은 SMS 문자를 활용할 경우 사전에 반드시 고객의 개인정보보호 및 메시지 허용에 관한 동의를 사전에 받아두어야 한다. 그렇지 못할 경우 위법한 경우로 처벌을 받게 되며, 잦은 문자 제공 시 고객들의 항의나 스팸 문자로 간주 받아 효과를 보지 못할 경우가 발생하기도 한다. 그렇지만 단기간의 성과를 위해서나 모바일을 주로 활용하는 젊은 고객층을 대상으로 한 쿠폰의 배포와 행사정보의 제공은 향후 지속적으로 발전할 전망으로 보이며, 외식점포의 경우 이를 적극적으로 활용해서 좋은 성과로 이어나가야 하겠다.

### 10) 기타 마케팅

① **지역 내 행사 참여** : 다른 업종과 달리 음식 장사의 경우 지역 내의 민심이 상당히 크게 작용하는 것이 대부분이다. 물론 입지에 따라서 그렇지 않은 경우도 있지만, 지역 내의 행사 참여 등 지역행사의 경우 점포의 경영자의 인식이 가장 중요하며 브랜드의 파워나 대형 체인점이 아닌 경우를 제외하고는 지역 내의 주민들을 고객화하는 노력을 기울여야 한다. 지역 내에는 많은 행사들이 열린다. 지역 마라톤 대회, 지역구민 체육대회, 양로원 어르신 초청 행사, 지역 축제 등 많은 행사들이 열린다. 이런 행사에 적극적으로 참여하고, 스폰서하는 것은 상당히 중요하다고 할 수 있다. 물론 이런 부분들이 상업적이라고 받아들여질 수 있으나 지역의 주민과 함께한다는 인식을 심어주는 것이기 때문에 굉장히 중요한 부분이라고 할 수 있다. 이는 또 단기적인 성과가 아니라 장기적인 안목으로 지속적으로 진행해야 하는 부분임을 명심해야 한다. 따라서 지역 내 행사에 적극적으로 참여함으로써 레스토랑의 이미지를 끌어올리고, 지역과 함께한다는 인식을 주민들에게 심어주도록 노력해야 한다.

아웃백 스테이크하우스의 경우 2000년 중반 몇몇 점포에서 아침식사 대용으로 수프, 커피, 부쉬맨 브레드 등을 직장인들에게 무료로 나눠주는 행사를 통해 좋은 평가를 받았고, 스타벅스의 경우 '저자와의 대화'를 통해 지역주민들로부터 큰 호평을 받았다. 그 외에도 많은 외식업체들이 불우이웃 돕기 행사, 지역 청소 등 사회 봉사활동을 하면서 지역과 함께 하려고 노력하고 있다.

② **명함추첨 행사** : 고객의 명함(정보)을 모으고, 고객수를 증가시킬 수 있는 효과적인 방법이다. 명함을 모으고 매월 추첨을 통해 고객에게 일정 혜택을 부여하고, 고객만족도를 높여 충성고객화시키는 방법이라 할 수 있다. 또한 명함을 통해서 고객의 정보를 볼 수 있고, 어느 지역과 누가 주 방문객들인지도 파악할 수 있어서 좋은 행사로 볼 수 있다.

이 행사 역시 사전 행사용으로 사용하는 것을 고객들에게 명시하고 다른 용도로 사용할 경우 고객의 정보 동의가 있어야 하며, 사용 후 반드시 고객정보를 폐기해야 한다.

③ **제안 이벤트** : 고객들이 메뉴를 제안하거나, 아이디어를 제안하는 등 고객이 참여하는 프로그램을 기획하고 개발하도록 한다. 이는 적은 비용으로 고객이 관심을 가지고 참여하게끔 하면서 레스토랑을 홍보할 수 있는 최고의 방법이다. 또 고객이 참여한다는 것은 레스토랑에 대한 고객의 관심과도 직결되는 부분이므로 다양한 방법을 시도해볼 수 있다. 예를 들어서 고객 메뉴 제안 대회, 레스토랑 기념일 이벤트(홈페이지 축하 글 남기기), 시식회, 고객 초청 행사(지역주민), 음식 기증 행사(학교, 상가, 지역사회, 양로원 등) 등이 있다.

④ **어린이 마케팅, 행사** : 주 5일제 시행, 초등학생들의 주 5일제 전면 시행, 여가 시간의 증대 등으로 가족이 함께하는 시간이 절대적으로 증가하고 있다. 따라서 어린이 고객은 레스토랑에서 반드시 만족시켜야 할 대상이다. 최근에는 어린이를 위한 놀이방, 식사 중 같이 할 수 있도록 색칠공부 제공, 전용 식기 등은 기본적인 제공 사항이 되어 버렸다. 레스토랑의 주요 고객 중의 하나인 어린이를 위한 행사나 메뉴는 반드시 필요하다. 꼭 행사가 아니어도 반드시 어린이 메뉴를 개발하고, 어린이들이 참여할 수 있는 그림대회, 독후감대회, 체험행사 등을 개최해서 어린이들의 만족도를 높여가야 한다. 그리고 레스토랑에서 어린이를 위한 경품이나 기념품(풍선, 학용품, 즉석사진 등)을 만들어서 나눠주는 것도 좋은 방법이다. 또 어린이 멤버십카드를 만들어 충성고객화시키는 노력을 기울여야 한다. 어린이를 동반한 가족 고객의 경우 레스토랑을 선정하는 대상이 어린이임을 반드시 기억하도록 한다.

▶그림 5-23 L 패스트푸드점의 어린이 햄버거 만들기 체험행사

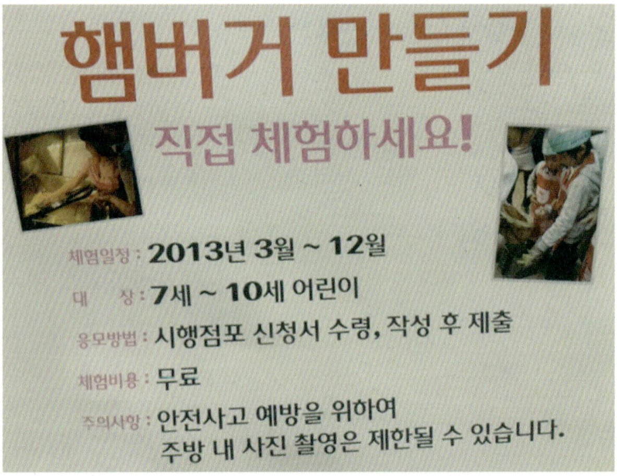


*외식점포에서의 어린이 고객은 장기적인 관점에서 중요하다. 어린이와 함께 하는 행사를 기획해서 시행하는 것은 브랜드 이미지 제고에 도움이 된다.

아웃백 스테이크하우스의 경우 '어린이 매장방문 체험 프로그램'을 만들어서 어린이들이 매장을 체험하는 등 브랜드에 대한 호감도를 가지게끔 하는 행사를 만들어서 진행함으로써 좋은 호응을 얻었다.

⑤ **광고, 전단지, DM** : 광고는 당장 효과를 나타내지 않지만 3개월에서 6개월 정도에서 효과를 볼 수 있다. 브랜드의 내셔널 광고는 브랜드 전체를 광고하지만 점포에서 광고 툴을 활용해서 광고를 하는 것은 매출에 많은 영향을 미친다. 따라서 점포에서 마을버스, 인근 제휴처, 지하철, 학교신문, 지역신문, 온라인 맛집 등 적정한 곳을 선정하여 지속적인 광고를 진행하도록 한다. 광고의 내용은 점포의 소개, 위치, 메뉴, 프로모션 등 적합한 것을 선정해서 하면 된다.

전단지는 점포의 규모나 크기 등에 상관없이 손쉽게 활용할 수 있는 점포의 마케팅 수단이기 때문에 필요할 경우 제작하여 효과적으로 활용할 수가 있다. 다만 전단지의 경우 불특정 다수에게 전달함으로 효과성이나 집중도가 다소 미흡할 수 있고, 대다수의 고객이 전단지를 보지 않고 버리는 경우가 많다. 전단지에는 행사 내용, 메뉴의 소개, 할인쿠폰 등 강하고 임팩트 있는 소재를 활용하여 제작하여야 한다.

▶그림 5-24 신문전단지

*신문전단지의 경우 효과성이나 집중도 면에서 미흡한 광고 수단이다.

DM을 활용해서 마케팅을 진행할 수도 있다. 다만 DM의 경우 특정 다수에게, 또 원하는 고객에게 전달된다는 점에서 훌륭한 마케팅 수단이기는 하나 비용이 많이 든다는 단점이 있다. 특정 다수에게 제공되는 것이니만큼 쿠폰의 삽입이나 할인권의 삽입은 고객들에게 강렬한 인상을 주고, 존중받는다는 느낌을 전달해 주어 집객에 도움이 된다. 시기적으로 필요할 경우나 단골 고객의 로열티 향상을 위한 프로그램의 일환으로 진행하는 것은 효과적이라 하겠다.

⑥ **시즌별 마케팅** : 시즌별로 반드시 프로모션을 해야 할 시기가 있다. 이 시기에 프로모션을 진행하지 않으면 매출이 하락할 수 있다. 모든 레스토랑에서 행사를 진행하기 때문에 연중 필수적으로 해야 할 시기는 반드시 진행하도록 한다. 대표적으로 밸런타인데이, 졸업과 입학, 화이트데이, 5월 가정의 달, 수능 후, 크리스마스 시즌 등이 있다.

⑦ **휴대폰 활용** : 휴대폰을 활용해서 고객들에게 문자를 보내는 것으로 최근 문자를 활용해서 쿠폰을 동봉하거나 프로모션 소식을 알려서 고객을 집객 하는 것을 목적으로 한다. 대부분의 사람들이 휴대폰을 다 사용하고 있어서 가장 적극적으로 커뮤니케이션하는 방법이다. 따라서 문자를 잘 활용하는 방법도 집객을 위한 훌륭한 방법이다.

▶그림 5-25 외식점포 고객을 위한 서적 비치

*외식점포에서 대기하고 있는 고객, 점포 내에서 약속을 기다리는 고객 등을 위해서 점포에 잡지나 서적을 비치는 하는 방법도 고객을 배려하는 훌륭한 방법이다.

▶그림 5-26 진정성의 마케팅

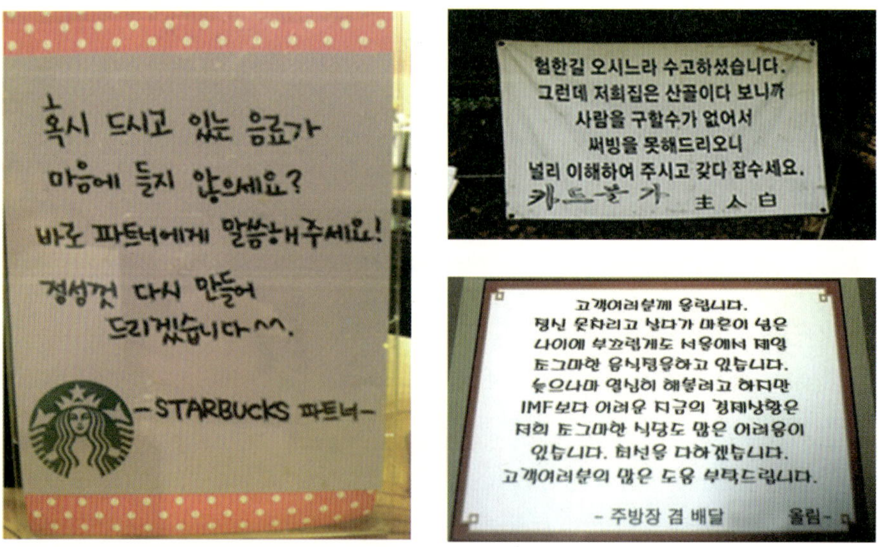


*우리 점포의 고객을 향한 진정성은 얼마나 되는가? 자문하라.

▶그림 5-27 고객에게 신뢰를 주는 POP

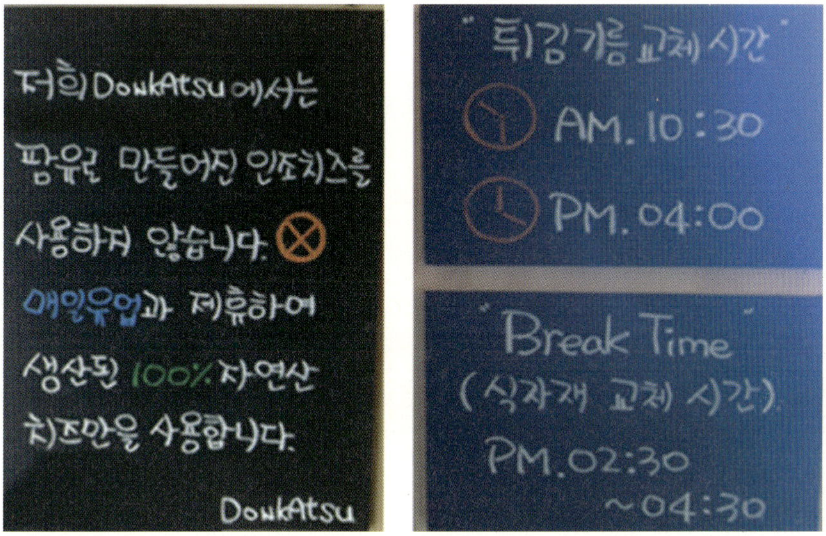


*고객에게 신뢰를 줄 수 있는 것들을 찾아내어 고객들에게 전달하여야 한다.

쿠폰과 가격할인마케팅은 점포에서
가장 손쉽게 할 수 있는 마케팅 기법이다.
쿠폰과 가격할인은 마약과도 같다.
따라서 마케팅에서 가장 어렵게
다뤄야 할 기법이기도 하다.
고객이든 점포이든 쿠폰과 가격할인에
빠지게 되면 헤쳐나올 방법이 없다.
마케팅에서 가장 신중히 다뤄야 할
기법임을 명심하자.

▶표 5-5 LSM 활동 체크리스트

점포명 ______________ 작성자 ______________ 작성일 ______________

| 점포 마케팅 내용 | 실행 여부 | 효과성 정도 | 기타 상황 |
|---|---|---|---|
| 점포의 외부 홍보현황 | | | |
| 전단지, 팸플릿 등의 비치와 배포 | | | |
| 무료 쿠폰의 제공 | | | |
| 지역 백화점, 마트와의 제휴 | | | |
| 영화관, 소극장, 서점 등과의 제휴 | | | |
| 어린이 선물 배포 및 메뉴 행사 | | | |
| 평일 집객 활동을 위한 활동 | | | |
| 학생(직장인 등 타깃층)을 위한 활동 | | | |
| 매일 바뀌는 추천 메뉴 실시 여부 | | | |
| 결제금액에 따른 혜택 실시 여부 | | | |
| 명함 추첨 이벤트 실시 여부 | | | |
| 메뉴 내 POP 홍보물 게시 | | | |
| 기타 활동 | | | |

*매월 LSM 활동을 평가하라. 그리고 잘못된 부분과 잘하고 있는 부분을 체크해서 점포운영에 반영하도록 한다. 이외에도 점포 단위의 특성을 반영한 LSM 활동 내용을 기입하여 넣어서 체크하도록 한다.

· 제3절

# LSM 사례 분석하기

### (1) 크로스 쿠폰(cross coupon) 이벤트 : 레스토랑과 커피하우스의 제휴

▶그림 5-28 O 브랜드와 H 브랜드의 크로스 쿠폰 이벤트

*크로스 쿠폰(cross coupon) 이벤트란 각자의 브랜드 쿠폰을 교환하여 제휴 매장에서 상호 쿠폰을 배포해줌으로써 서로에게 도움을 될 수 있도록 제휴하는 이벤트라 할 수 있다.

〈그림 5-28〉의 경우 O 레스토랑 브랜드와 H 커피하우스 브랜드가 서로의 쿠폰을 교환하여 각 점포에서 배포함으로써 레스토랑 고객들에게는 디저트 점포로의 유입,

디저트 점포로의 유입이 이루어지도록 하는 윈-윈 전략이다. 따라서 인근 제휴 점포가 있다면 이러한 방식을 통해서 고객의 유입을 늘려 볼 수 있다.

그리고 만약 한 회사가 다브랜드, 다업종 방식의 회사라면 이런 방식의 크로스 쿠폰 이벤트를 진행해서 고객에게 재미를 제공하고 가치를 제공하는 방식은 훌륭한 업무 제휴방식이 될 것이다.

### (2) C 커피브랜드의 수능 이벤트(경품 제공 및 시기별 이벤트)

업체별로 진행해야 할 연간 마케팅 캘린더를 작성해야 한다.

제6절에서 캘린더를 설명하겠지만 졸업과 입학, 밸런타인데이와 화이트데이, 가정의 달, 휴가철, 수능, 송년(연말) 등은 외식점포에서는 반드시 프로모션을 진행해야 할 시기이다.

▶그림 5-29 O 사의 수능 프로모션과 C 커피하우스의 수능 프로모션

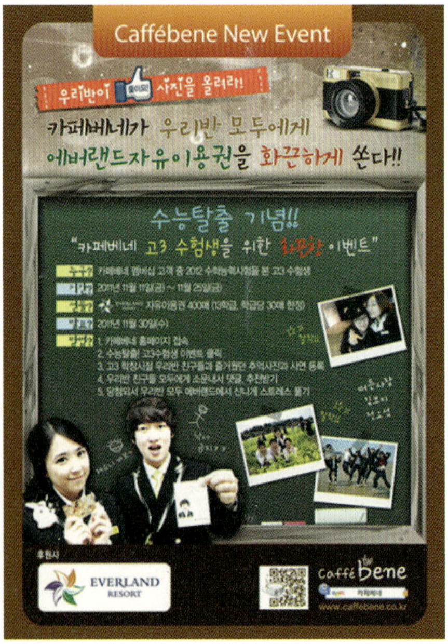


*시기별로 반드시 진행해야하는 프로모션이 있다. 연간 마케팅 캘린더를 작성할 때 필요 시기에는 반드시 프로모션을 진행해야 한다. 프로모션의 미진행은 경쟁업체에 고객을 뺏겨버려 매출에 악영향을 주게 된다.

### (3) M 피자의 우먼데이

▶그림 5-30 M 피자의 여성 고객을 위한 우먼데이

*M 피자의 경우 여성(20~30대)을 위한 피자라는 메시지를 지속적으로 전달했고, 위에서 보는 것과 같이 여성을 위한 프로모션을 지속적으로 진행해서 여성들로부터 많은 사랑을 받았다. 마케팅의 지속성과 고객 타깃층을 명확히 한 성공적인 사례라고 볼 수 있다.

▶표 5-6 고객층 분석

| 구분 | 여성 | 남성 | 합계 | 연령비율 |
|---|---|---|---|---|
| 10대 | 355 | 180 | 535 | 9.1% |
| 20대 | 2,450 | 120 | 2,570 | 43.9% |
| 30대 | 1,955 | 240 | 2,195 | 37.5% |
| 40대 | 350 | 100 | 450 | 7.7% |
| 기타 | 49 | 59 | 108 | 1.8% |
| 합계 | 5,159 | 699 | 5,858 | 100.0% |
| 총 고객수 | 5,858 | | | |
| 성비율 | 88.1% | 11.9% | | |

〈표 5 - 6〉을 보면 여성과 남성, 연령별 데이터를 분석한 것이다. 고객층에서 여성과 남성의 비율은 88.1%와 11.9%로 대다수가 여성 고객의 브랜드이며, 주타깃 고객은 20~30대 여성이 주요 고객임을 알 수 있다. 따라서 이 경우의 예라면 반드시 여성 고객을 공략하고 여심을 움직일 수 있는 마케팅과 프로모션을 진행해야 할 것으로 보인다. M 피자의 사례 역시 흡사한 경우라고 생각이 들며 타깃 고객을 명확히 해서 타깃 고객의 마음을 사로잡은 경우라 볼 수 있다. 점포에서 또는 브랜드에서 이런 타깃 고객을 분석하고 이들이 원하는 바를 조사해서 마케팅, 프로모션에 반영해야 한다. M 피자의 이러한 성공사례는 이러한 철저한 고객층 분석의 바탕 위에서 이루어진 성공사례라 할 수 있다.

### (4) O 캐시백과 M 피자의 타이 인 프로모션

앞에서 주요 타깃층으로 언급한 고객을 유입하기 위한 하나의 프로모션으로 설명할 수 있다. 폭넓은 고객 데이터를 확보한 제휴사의 고객층을 타깃으로 하고, 고객들에게는 즐거움을 주는 프로모션이다. 이러한 프로모션을 통해서 고객은 행복한 상상을 할 수 있다.

▶그림 5-31 O 캐쉬백과 M 피자의 타이 인 프로모션

*M 피자와 O 캐시백과의 제휴 프로모션이다. O 캐시백은 대한민국 대다수의 고객의 하나쯤은 소지한 카드이다. 이러한 고객층이 많은 카드사와의 제휴를 통해서 고객들에게는 기쁨과 즐거움을 제공하고 다양한 고객층을 확보한 제휴사의 고객이 유입되도록 하는 프로모션이다.

### (5) O 브랜드와 L 브랜드의 시간대 활용 이벤트

▶그림 5-32 O 브랜드의 시간대별 이벤트와 L 패스트 푸드점의 해피아워 행사

*위의 프로모션은 고객 유입의 시간대 분석과 어린이 고객층의 유입을 위한 행사이다.

▶표 5-7 시간대별 고객 유입 분석

| 구분 | 남 | 여 | 총합계 | 유입비율 |
|---|---|---|---|---|
| 11시~12시 | 25 | 35 | 60 | 0.5% |
| 12~13시 | 125 | 100 | 225 | 1.7% |
| 13~14시 | 880 | 220 | 1,100 | 8.3% |
| 14~15시 | 1,176 | 754 | 1,930 | 14.5% |
| 15~16시 | 1,155 | 763 | 1,918 | 14.5% |

| 16시~17시 | 771 | 394 | 1,165 | 8.8% |
|---|---|---|---|---|
| 17시~18시 | 950 | 430 | 1,380 | 10.4% |
| 18~19시 | 1,200 | 875 | 2,075 | 15.6% |
| 19시~20시 | 1,350 | 703 | 2,053 | 15.5% |
| 20시~21시 | 780 | 525 | 1,305 | 9.8% |
| 21시~22시 | 37 | 20 | 57 | 0.4% |
| 총합계 | 8,449 | 4,819 | 13,268 | 100.0% |

위의 〈표 5 - 7〉을 보면 11~13시까지의 고객 유입이 2.2%에 불과하다. 즉 이를 다시 말하면 11~13시 사이의 고객 유입만 많아진다면 월매출이 상당히 상승할 수 있다. 이런 현상을 보이는 점포는 주로 서울의 강남과 명동 등 유흥밀집 상권에서 나타나는 현상이다. 고객의 유입이 조금 늦게 일어나는 편이며 11~13시 사이의 매출만 확보된다면 매출의 상승이 높으리라 생각한다. 이것이 시간대 분석을 통해서 나온 마케팅 사례라고 할 수 있다. 하지만 중요한 부분은 점포의 핵심시간에 점포가 원활히 돌아가게 만드는 것도 더욱 중요한 업무이다.

그래서 핵심시간에 대한 관리에 많은 비중을 두고 한가한 시간대는 일부 비중을 두고 운영해야 함을 잊지 말아야 한다.

또한 어린이 고객의 유입을 늘리기 위해서 방문한 어린이들에게 선물을 제공하는 프로모션도 진행하고 있다. 어린이 고객은 어린이를 동반한 가족 고객에게는 방문할 점포를 선택하는 동인이 되고, 또 어렸을 때 좋았던 기억은 성인이 되어서까지 좋은 이미지를 형성하게 되어, 평생 고객이 될 수도 있다.

따라서 이런 측면에서 어린이들에게 혜택을 주는 경우는 훌륭한 마케팅 기법이 될 수 있다. 고객의 유입이 적은 시간을 어떻게 활용할 것인가? 어린이를 위한 만족도 증진은 어떻게 이끌어 갈 것인가? 해피아워 시간은 고객들에게 어떻게 가치를 제공할 것인가를 늘 고민해야 한다.

### (6) O 패밀리레스토랑의 영화 프로모션

영화관은 지역상권에서 고객을 유입하고 확보하는 traffic generator이다. 따라서 영화관에 브랜드의 배너나 포스터를 거치하기 위해서는 비용을 지불해야 한다. 많이 사용되는 것이 배너와 포스터의 거치, 제휴를 통한 할인, 영화티켓에 브랜드의 쿠폰 인쇄 등이 일반적으로 제휴하는 영화관 제휴 방식이다. 그런데 위의 O사의 사례를 보면 모든 당일 영화티켓을 가지고 오면 피자를 무료로 제공한다는 내용을 고객에게 커뮤니케이션하면서 제휴를 통해서 들이는 비용을 절감하고, 고객에게 간결한 메시지를 전달하면서 진행한 훌륭한 프로모션이라 하겠다. 영화가 대중적인 문화로 자리잡고 있고, 영화관의 고객 유입은 지역상권 내에서 무시하지 못할 generator임에 틀림이 없다. 이런 고객의 유입을 어떻게 점포로 시킬 것인지 역시 점포의 관리자가 염두해야 할 부분이다.

▶그림 5-33 O 패밀리레스토랑의 영화 프로모션

*다양한 의미로 해석할 수 있다. “영화 보는 날은 O 패밀리레스토랑에 가는 날”

### (7) O 패밀리레스토랑의 키즈 투어

어린이 고객을 위한 '키즈 투어'를 제일 먼저 시작한 O 브랜드는 어린이 고객들을 위한 식사예절, 식사, 점포 투어를 진행했다. 많은 어린이집, 유치원 등에서 좋은 프로그램으로 인정받으며 어린이 고객에게도 부모님들에게도 좋은 반향을 일으켰다. 앞서 언급한 것처럼 어린이 고객은 외식점포 선정에 있어서, 브랜드에 대한 호감과 충성도 측면에서 중요한 고객이다. 당장 눈앞의 이익만을 생각한다면 실시하지 못할 행사이지만 장기적인 관점에서, 투자의 관점에서 보면 훌륭한 마케팅 기법이다.

T사의 주말 어린이 메뉴 1천 원 할인 행사도 이러한 측면에서 보면 외식점포를 선정하는 결정권자가 어린이이고 어린이 고객에게 유입을 통한 가족 고객의 유입으로 매출을 올리고자 하는 방법이다. 여하튼 어린이 고객의 중요성을 인식하고 어린이 고객을 위한 프로모션과 행사에도 상당한 노력을 점포나 브랜드에서는 기울여야 한다.

▶그림 5-34 O 패밀리레스토랑의 키즈 투어

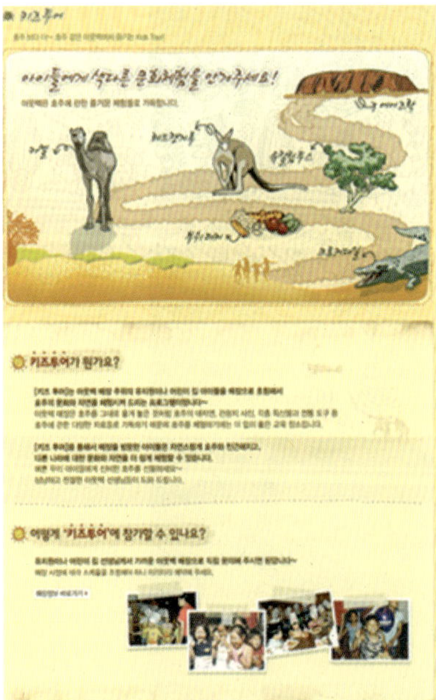

*지속적으로 언급하지만 어린이는 레스토랑이나 음식점에서 가장 중요하게 생각해야 할 고객이다. O 브랜드의 키즈 투어, T 브랜드의 주말 어린이 메뉴 1천 원 행사 등은 어린이들과 가족 고객들에게는 훌륭한 이벤트이다.

### (8) O 캐시백사의 레스토랑 제휴할인 이벤트

고객층이 많은 제휴처와 제휴를 진행하는 것은 점포의 매출에 많은 도움이 된다. 다만 이런 행사가 빈번하게 이루어지면 부정적인 요소도 적지 않다. 가격에 대한 고객들의 생각, 행사 전후의 매출 하락 등 부정적인 영향을 미칠 수 있으므로 적정 시기와 적정한 필요성에 따라서 진행해야 한다.

▶그림 5-35 O 캐시백사의 레스토랑 제휴할인 이벤트

*다양한 고객층을 가지고 있는 O 제휴사의 고객을 유입하고, 해당 레스토랑의 멤버십 고객들에게는 만족감을 주는 행사로 기획된 프로모션이다. 멤버십 고객들에게는 항상 새롭고, 특별한 이벤트를 통해서 그들의 충성도를 증가시키도록 한다.

### (9) N 사의 스크래치 쿠폰 이벤트

방문 고객에게 스크래치 쿠폰을 주고, 재방문을 유도하려는 행사이다. 스크래치 쿠폰 행사는 즉석에서 확인할 수 있으므로 고객들이 선호하는 방식이다. 특정 메뉴나 행사 시 경품을 제공하는 방식을 활용하면 고객들에게 좋은 반응을 불러올 수 있다. N 아이스크림의 경우 사이즈업을 통해 객단가를 높이면서 고객에게는 재미를 주는 행사이다.

▶그림 5-36 N 사와 N 아이스크림의 스크래치 쿠폰 이벤트

*고객들이 가장 선호하는 행사 중 하나가 즉석에서 확인할 수 있는 스크래치 쿠폰이다. 응모함을 넣어서 한 달 후 추첨하는 등의 행사보다 즉석에서 확인할 수 행사를 선호한다.

### (10) N 사의 신 메뉴 출시 기념 이벤트

고객들은 항상 점포나 브랜드를 방문했을 때 새로운 메뉴보다 내가 익숙한 메뉴와 내가 선호하는 메뉴를 선택할 가능성이 높다. 따라서 신 메뉴를 출시했을 경우는 반드시 직원들의 추천판매와 더불어 POP의 제작으로 고객들에게 어필하고, 또 이벤트를 통해서 고객이 신 메뉴를 선택하도록 유도해야 한다. 신 메뉴의 출시가 퇴색되지 않도록 하기도 해야 하고, 이 중 좋은 메뉴는 점포의 핵심 메뉴가 될 수 있다.

따라서 신 메뉴가 출시되었을 때는 모든 업무의 역량을 신 메뉴에 집중해야 한다. S브랜드의 경우 겨울 신 메뉴가 출시되었을 때부터 신 메뉴 몇 종류와 기타 음료 몇 종류 이상을 마시는 고객에게 다이어리를 제공하는 행사를 매년 지속적으로 진행하고 있다. 겨울 시즌만 되면 고객들은 이 행사를 기다린다.

고객은 사실 스탬프를 모으는 재미와 동시에 다이어리의 선물을 선호한다. 이는 신 메뉴 출시, 고객의 즐거움, 이벤트의 지속성, 아날로그적 방식 등 다양한 측면에서 훌륭한 마케팅 기법이라 할 수 있다.

모든 마케팅이 마찬가지겠지만 세련되고 멋있어 보이는 것보다 단순하면서 고객의 마음을 흔들 수 있는 이벤트가 호응을 받을 수 있다.

▶그림 5-37 N 사의 신 메뉴 출시 이벤트와 스타벅스 겨울 신 메뉴 출시 이벤트

*신 메뉴가 출시되었을 때는 항상 이벤트를 진행해서 고객들이 신 메뉴를 선택할 수 있도록 해야 한다. S 커피 브랜드의 경우 연말이면 항상 신 메뉴를 포함 일정수의 메뉴의 스탬프를 모으면 다이어리를 증정하는 행사를 진행한다. 이는 지속성, 신 메뉴 출시, 스탬프 등 프로모션의 모든 좋은 점을 모은 훌륭한 프로모션 기법이다.

### (11) S 브랜드의 문화 마케팅

문화 마케팅이란 문화와 마케팅의 새로운 조합 형태의 마케팅이다. 이런 문화 마케팅은 기업 위주로 진행이 되고 있고, 기업들은 이런 문화 마케팅을 통해서 지역시민과 함께하는 시간을 가지며, 또 지역사회 구성원들에게 다양한 경험을 제공하면서 브랜드에 대한 좋은 인식을 심어주기도 한다. 이외에도 유명초청인을 초대해서 강의, 멘토링 등을 하기도 하고 각종 요리, 커피, 식사예절, 와인클래스를 열어서 좋은 호응을 받고 있다.

▶그림 5-38 S 브랜드의 문화 마케팅

*S브랜드의 저자 초청 이벤트와 쿠킹클래스이다. 문화 마케팅은 이외에도 연극, 영화, 뮤지컬 등과 제휴하여 고객들에게 문화 활동 제공 차원에서도 진행된다. 또 쿠킹클래스, 커피와 와인, 요리 클래스 등을 통하여 지역시민과 함께하는 브랜드, 호감가는 브랜드를 만드는데 역할을 한다고 볼 수 있다.

### (12) 출판사 제휴 이벤트

출판사와 제휴하여 외식점포나 브랜드는 제휴사의 책을 소개하고, 외식점포는 이 책을 고객들에게 증정하는 행사를 함으로써 제휴를 하는 방식이다. 서로에게 도움을 주는 방식으로 외식점포 입장에서는 고객들에게 경품을 주는 프로모션을 진행할 수 있고, 출판사 입장에서는 고객들이 많은 외식업체에 책을 소개할 수 있어서 서로에게 도움이 되는 제휴방식이다. 브랜드 이미지와 맞고, 점포와 브랜드의 타깃 고객층과 맞는 도서를 잘 선택해서 이벤트를 진행한다면 좋은 프로모션으로 성공할 수 있다. E 커피하우스의 경우 고객이 블로그나 홈페이지에 방문하게 함으로써 브랜드에 접근할 수 있도록 하고 있어서 여러 가지 측면에서 잘 기획된 프로모션이라 할 수 있다.

▶그림 5-39 E 브랜드와 S 브랜드의 출판사 제휴 마케팅

*문화 마케팅의 일환이며, 출판사와 외식점포가 모두 서로의 필요요건인 광고와 경품이 맞아 이를 잘 이용한다면 좋은 프로모션으로 성공을 거둘 수 있다.

### (13) 생맥주 무제한 이벤트

뷔페 스타일로 운영되는 레스토랑에서는 생맥주를 즐기는 고객들을 위해서 이제 대부분이 생맥주 무제한 행사를 진행한다. 유독 우리나라 사람들은 무제한과 무한리필, 뷔페 등을 선호하는 양상을 보인다. 따라서 이러한 행사를 술과 음식을 좋아하는 고객들, 회식하는 고객들에게는 기호가 맞는 프로모션이다. 또 특정 세트 메뉴를 주문하는 고객들에게도 생맥주를 무제한 제공하면서 고객들이 세트 메뉴를 선택하도록 한다. 고객의 기호, 점포의 원가에 부담이 가지 않는다면 한시적인 행사로써 진행하는 것이 좋다.

▶그림 5-40 **생맥주 무제한 이벤트**

*해마다 여름철이면 등장하는 생맥주 무제한 이벤트는 이제 일상화된 이벤트가 되었다.

### (14) 프로스포츠 구단과의 제휴를 통한 브랜드 이벤트

스포츠 마케팅이란 스포츠를 이용하여 제품판매의 확대나 브랜드와 상품의 인지도 확대를 목표로 하는 마케팅이다. 이러한 스포츠 마케팅은 브랜드, 상품의 인지도를 높이고 이미지를 고양시키는 역할을 한다. 국내에서 프로스포츠는 국민들로부터 많은 사랑을 받고 있고, 인지도가 해마다 상승하고 있다. 이런 프로스포츠 구단과 제휴를 통해서 브랜드는 알리는 노력을 하는 것은 브랜드 인지도 상승과 제품의 판매에 많은 역할을 한다.

▶그림 5-41 **프로스포츠 구단과의 제휴를 통한 브랜드 이벤트**

*"이대호가 도루하면 B 패밀리레스토랑에서 생맥주가 무제한 공짜"라는 이벤트가 진행되었는데 이때 이대호가 도루에 성공하면서 B 레스토랑이 포털사이트에서 실시간 검색어 1위에 오르기도 했다. P 피자 체인점의 경우 유소년 야구선수 육성프로그램에 메인 협찬사로 나서 이슈가 되기도 했다.

### (15) 세트 메뉴 프로모션

외식업체에서 세트 메뉴는 이제 필수적으로 행하는 메뉴이며, 행사를 통해서 고객들에게 어필하기도 한다. 특히 패스트푸드점의 세트 메뉴는 이제 일반화가 되었다. 그것은 바로 직원들의 입을 통해서 끊임없는 추천판매했던 노력의 결과물이라 할 수 있다. 세트 메뉴 프로모션은 여러 가지로 장점을 지니고 있다. 세트 메뉴를 통해서 객단가를 높일 수도 있고, 세트 메뉴를 프로모션함으로써 판매량이 늘어나면 운영상 효율화 측면에서도 기여할 수 있다. 또 세트 메뉴에는 항상 원가가 좋은 음료를 넣음으로써 식자재 원가 보전 측면에서도 기여한다. 고객의 입장에서 보면 고객들은 조금 할인된 금액으로 여러 가지 메뉴를 먹을 수 있으며, 다양한 메뉴를 한 번에 접할 수도 있어 만족감 또한 높아진다. 그리고 세트 메뉴 프로모션 시 다양한 경품을 받을 수 있는 기회도 있어서 고객과 점포의 입장에서도 모두 좋은 판매 기법이다.

▶그림 5-42 업체의 세트 메뉴 프로모션

*위에서 보는 바와 같이 세트 메뉴에는 항상 음료가 포함되어져 있다. 일반적으로 음식보다 음료가 원가가 좋기 때문에 원가 보전 측면에서 도움이 된다. 잘 만들어진 세트 메뉴는 고객에게는 비교적 싸다는 느낌과 더불어 만족감을 주는 것이며 점포에게도 여러 가지 측면에서 훌륭한 기여를 한다.

### (16) M 브랜드의 항공사 제휴 이벤트

외식 브랜드가 항공사와 제휴해서 주류를 프로모션하는 이벤트이다. 레스토랑에서의 주류는 추가 매출을 올릴 수 있는 방안이 된다. 따라서 주류를 구매하는 고객에게 경품을 제공하는 방식으로 기획된 프로모션이다.

▶그림 5-43 외식 브랜드와 항공사가 함께하는 주류 프로모션

*항공사와 제휴하면서 항공사의 항공사 협찬, 외식업체에서는 브랜드 광고와 고객들에게 경품을 제공하는 형태로 세팅된 프로모션이다.

### (17) 외식업체의 시간 마케팅

외식업체에서 시간을 활용한 다양한 마케팅 기법들이 동원되고 있다.

시즌별 활용 마케팅, 시간대별 활용 마케팅, 해피아워 등  다양한 기법들을 동원하여 매출 증대를 위한 노력을 기울이고 있다. 우리 점포에 필요한 시간대별 마케팅은 어떠한 것들이 있는지 확인하여 이를 점포에 적용해 추가 매출을 확보하도록 한다.

▶그림 5-44 시간 마케팅

### (18) 스탬프카드 이벤트

스탬프카드는 고객이 구매할 때마다 스탬프를 찍어 일정 개수의 스탬프를 모으면 고객들에게 무료 식사, 무료 음료, 할인 등의 혜택을 제공하는 것이다. 스탬프카드 역시 여성 고객들에게는 매력적인 구매동력을 제공한다. 따라서 소규모 외식 브랜드에서는 적용하기 편하며 활용가치가 높은 점포 마케팅 기법이다. 최근 대규모 외식 브랜드에서도 아날로그적인 스탬프카드 방식을 채택해서 활용하는 곳들이 많이 생기고 있다.

### (19) M 브랜드의 서점 제휴 이벤트

대형서점은 고객을 흡인하는 generator이다. 따라서 지역상권에 대형서점이 있다면 〈그림 5 - 45〉와 같은 제휴 이벤트를 진행하는 것도 매출 증대에 도움이 된다.

▶그림 5-45 서점 제휴 이벤트

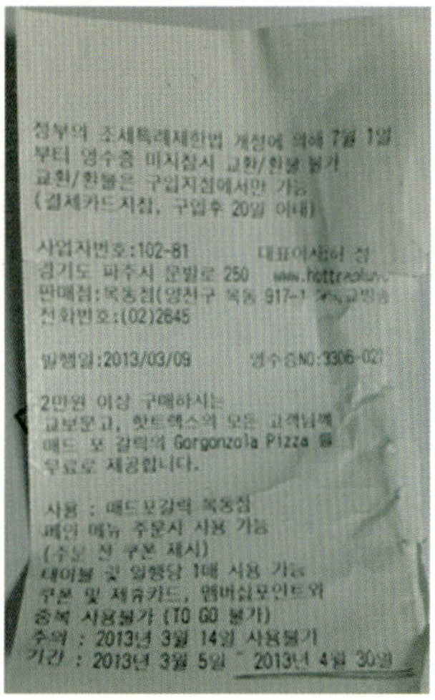

*K 서점과 M사의 제휴 이벤트이다. 이 제휴는 양사 고객들을 모두 만족시킬 수 있는 제휴방법이다.

### (20) 게임 이벤트

고객과의 게임을 통해서 즐거움을 주고 고객들에게 할인이나 쿠폰을 제공하는 행사를 하는 것이다. 다트, 룰렛, 빙고 등 다양한 방법을 통해서 고객들에게 즐거움을 제공하는 방식이다.

### (21) 명함 활용 이벤트

고객들의 명함을 모아서 고객 데이터베이스를 확보할 목적과 고객들에게 이벤트성 행사를 제공할 목적으로 많이 이용된다. 점포에 명함 응모함을 비치하고 이에 명함을 응모하면 추첨을 통해서 매월 또는 매주 식사권을 제공하거나 음식을 무료 제공하는 방식으로 진행된다. 직장인 고객을 타깃으로 해서 단골 고객화시키려는 이벤트이다.

▶그림 5-46 명함 추첨 이벤트

*고객들에게 즐거움을 제공하고(추첨을 통해서 식사권 제공), 데이터베이스를 모으기 위해 자주 활용되는 마케팅 기법이다. 고객이 정보 제공에 동의하면 문자 발송, DM 발송 등을 하게 된다.

### (22) 이메일 마케팅

이메일 수신에 동의한 고객에게 정기적, 비정기적으로 이벤트, 프로모션, 행사, 점포나 브랜드 소식 등을 전하는 기법이다. 이메일은 최근 상업적으로 많이 생각해서 고객들이 이메일 자체를 오픈하지 않는 문제점이 있다. 따라서 이메일을 보낼 수 있는 고객이 제목을 보고 관심을 보일 수 있도록 제목 선정을 잘해서 보내도록 해야 한다. 반드시 이메일 수신 동의 고객에게만 보낼 수 있도록 해야 법적으로 문제가 없다.

### (23) SMS 마케팅

모바일은 최근 가장 핫이슈다. 모바일로 모든 것을 해결하는 고객들이 점차 늘어가고 있고, 또 모바일 이용시간이 점차 늘어가고 있는 시점이다. 따라서 문자를 통한 점포와 브랜드의 소식, 카카오톡 등 메신저를 통한 이벤트와 소식 제공 등이 일반화되고 있다. 따라서 이를 잘 활용하는 것은 필수적인 요소이다.

▶그림 5-47 M 브랜드의 카카오톡 프로모션

### (24) 머천 상품 판매

잘된 머천 상품들의 기획은 점포의 매출에 도움이 된다. 특히 제작원가를 제외하고 인건비 등 기타 부대비용이 들지 않음으로 이익적인 측면에서도 도움이 된다고 하겠다.

▶그림 5-48 머천 상품 판매

· 제4절

# LSM 기획서와 결과보고서 작성방법

## 01 | LSM 기획서

LSM 기획서는 LSM을 보다 구체화하고 이를 어떻게 실행하느냐, 또 실행을 통해서 어떤 목적과 목표를 달성해서 기대에 부응하느냐의 문제를 일목요연하게 정리하는 기획서라고 보면 된다. 목적과 목표가 분명한지 그리고 비용 대비 효과는 있는지, 실행스케줄상 문제는 없는지, 유관부서의 협조, 고객 커뮤니케이션은 어떻게 하는지 등의 상세한 내용을 기획하여 기대했던 목적을 이루기 위함이다.

LSM의 기획서에 들어가야 할 내용은 다음과 같다.

① 행사목적
② 현 시장상황(상권 내 목표와 부합하는지, 경쟁점의 동향, 트렌드 등 우리 점포와 브랜드에 영향을 미칠 수 있는 상황 파악)
③ 주요 내용
   시행점포, 행사제목, 행사기간, 행사방법
④ 홍보방법(고객 커뮤니케이션방법 등)
⑤ 소요비용
⑥ 기대효과
⑦ 실행 스케줄
⑧ 유관부서 협조 사항

LSM 실시의 구체적인 6단계의 흐름을 살펴보면 아래와 같다.

〈표 5 - 8〉에서 보는 것처럼 흐름에 맞추어서 진행하고 각 단계별로 세부 사항을 살펴본다.

자사의 사업 분석 및 현상 분석에서는 월별 매출 추이 분석, 일별 매출 추이 분석, 요일별 매출 추이 분석, 시간대별 매출 추이 분석, 고객수 분석, 객단가 변동 분석, 경쟁사 매출 분석, 주변 상권의 매출 추이 분석 등을 하도록 한다. 주변 시장 분석에서는 자사의 분석을 토대로 경쟁업체의 분석, 고객에 대한 세밀한 분석, 인근 customer center 파악 등을 행하면 된다.

▶표 5-8 LSM 실시 단계

| 단계(Process) | 주요 내용 |
|---|---|
| 1단계<br>자사의 사업 분석 및 현상 분석 | 매출 결과를 낳은 다양한 요인의 파악과 분석을 한다. |
| 2단계<br>주변 시장 분석 | 현 주변 시장에 대한 분석을 통해서 자사와 비교하고 기회와 문제점을 꺼내어 해결의 실마리를 찾는다. |
| 3단계<br>LSM 기회 포착 | 위의 분석을 토대로 하여 점포의 현상을 확인하고 LSM의 기회를 포착하도록 한다. |
| 4단계<br>LSM 구상 | • 전략의 결정, 대상, 지역, 기간에 대한 결정을 한다.<br>• 상권의 변화, 계절 특성 등을 고려하여 최적의 내용을 결정한다.<br>• 전술의 결정, 충분한 정보 전달과 고지 활동을 위한 도구와 방법을 결정한다. |
| 5단계<br>LSM 진행 및 모니터링 | LSM을 진행하고 지속적으로 모니터링한다. |
| 6단계<br>LSM 효과 평가 | 진행된 LSM은 반드시 효과성에 대해서 평가하고 결과보고서를 작성하도록 한다. |

▶표 5-9 단기 고객 유치방법 양식

| | 고객유치 1단계 | 고객유치 2단계 | 비고 |
|---|---|---|---|
| 행사 제목 | | | |
| 행사 내용/컨셉 | | | |
| 행사 담당자 | | | |
| 타깃 고객 | | | |

| 행사 기간 | | | |
|---|---|---|---|
| 커뮤니케이션방법 | | | |
| 홍보 시점 | | | |

LSM을 기획할 때는 다음에 제시하는 양식들을 활용하여 작성하고 검토하여 효과적인 LSM이 되도록 한다. 양식은 기본 양식으로 볼 수 있으나 업체의 성격에 따라서 일부 변경하여 사용하여도 무방하다.

위 〈표 5-9〉는 단기 고객 유치방법에 대한 양식을 보여주고 있다. 점포 마케팅이든 단순한 고객 유치방법이든 간에 항상 위와 같은 양식으로 작성을 해서 점포 마케팅의 목적을 명확히 해야 한다. 정확한 계획과 목표 없이 진행된 마케팅은 무용지물이 될 가능성이 크다. 반드시 고객 유치에 대한 행사 제목, 행사 내용 및 콘셉트, 행사 담당자, 타깃 고객, 행사 기간, 고객 커뮤니케이션방법, 홍보시점 등이 나와 있어야 하며 명확히 기획해서 진행하는 것이 중요하다.

〈표 5-10〉의 장기 고객 유치방법도 마찬가지라 할 수 있다.

▶표 5-10 장기 고객 유치방법 양식

| | 고객유치 1단계 | 고객유치 2단계 | 비고 |
|---|---|---|---|
| 행사 제목 | | | |
| 행사 내용/컨셉 | | | |
| 행사 담당자 | | | |
| 타깃 고객 | | | |
| 행사 기간 | | | |
| 커뮤니케이션방법 | | | |
| 홍보 시점 | | | |

마케팅을 할 때 가장 좋은 마케팅은 일대일 마케팅이다. 즉, 상대방이 원하는 부분을 주면 고객만족을 끌어낼 수가 있다. 다만 이러지 못하는 이유는 비용의 한계 때문이다. 따라서 비용의 효율적 집행은 반드시 필요하며, 최소의 비용으로 최대의 효과를 낼 수 있도록 집행되어야 한다. 점포의 컨디션에 따라 다르겠지만 마케팅 진행 시에도 허용할 수 있는 범위 내에서 비용은 집행되어야 한다.

▶표 5-11 비용 계획 양식

| NO | 행사 내용 | 세부 항목 | 세부 비용 | | | 비고 |
|---|---|---|---|---|---|---|
| | | | 수량 | 단가 | 금액 | |
| 1 | | | | | | |
| | | | | | | |
| | | | | | | |
| | | | | | | |
| | | | | | | |
| 2 | | | | | | |
| | | | | | | |
| | | | | | | |
| | | | | | | |
| | | | | | | |
| 3 | | | | | | |
| | | | | | | |
| | | | | | | |
| | | | | | | |
| | | | | | | |
| 4 | | | | | | |
| | | | | | | |
| | | | | | | |
| | | | | | | |
| | | | | | | |
| 비용 총합계 | | | | | | |

▶표 5-12 세부 실행 스케줄

| No | 행사 내용 | 세부 실행 계획 | | | | | | | | | | | | | | | |
|---|---|---|---|---|---|---|---|---|---|---|---|---|---|---|---|---|---|
| 1 | | | | | | | | | | | | | | | | | |
| 2 | | | | | | | | | | | | | | | | | |
| 3 | | | | | | | | | | | | | | | | | |
| 4 | | | | | | | | | | | | | | | | | |

점포 마케팅을 기획하고 운영할 때도 철저하게 세부 실행 계획 스케줄에 의해서 움직이도록 해야 한다. 마케팅을 기획할 때 중요한 것 중 하나가 시기적인 부분이다. 시기적인 부분을 간과해서 마케팅의 효과를 최대화할 수 없는 경우가 있다. 따라서 마케팅 기획 시 반드시 세부 실행 스케줄을 작성하고 스케줄에 의해서 업무의 진척도를 파악해야 한다.

▶표 5-13 예상 매출 효과 분석

| No | 행사 내용 | 세부 항목 | 기간 | | | | | 비고 |
|---|---|---|---|---|---|---|---|---|
| | | | 1주차 | 2주차 | 3주차 | 4주차 | 5주차 | |
| 1 | | | | | | | | |
| | | | | | | | | |
| | | | | | | | | |
| | | | | | | | | |
| | | | | | | | | |
| 2 | | | | | | | | |
| | | | | | | | | |
| | | | | | | | | |
| | | | | | | | | |
| | | | | | | | | |
| 3 | | | | | | | | |
| | | | | | | | | |
| | | | | | | | | |
| | | | | | | | | |
| | | | | | | | | |
| 4 | | | | | | | | |
| | | | | | | | | |
| | | | | | | | | |
| | | | | | | | | |
| | | | | | | | | |
| 예상 매출 총합계 | | | | | | | | |

점포 마케팅의 가장 궁극적인 목적은 고객수와 매출액의 증가와 이익에 있다. 점포 마케팅 기획 단계 시 이 마케팅을 통해서 얼마의 매출을 올리고, 고객을 얼마만큼 증가시킬 수 있는지를 미리 예측하여 작성하는 부분이 필요하다. 따라서 〈표 5 - 13〉과 같이 예상 매출은 기획전에 반드시 작성하고 또 진행 중간에도 계획했던 것과 비교하면서 매출을 극대화하도록 노력해야 한다.

LSM은 체크표를 가지고 주기적으로 우리 점포가 어떻게 LSM을 운영하고 있는지 점검하는 툴로 사용하고 부족한 부분이 있다면 채워나가는 노력을 기울여야 한다. 어떤 LSM이 점포에 가장 효율적이고 효과적이었는지도 아울러 점검할 필요가 있다.

▶표 5-14 경쟁점 조사표

| 매장명 | | 작성자 | | 작성일 | |
|---|---|---|---|---|---|
| 경쟁점 | | | 주소지 | | |
| 경쟁점 거리 | | | 영업시간 | | |
| 경쟁점 매출 | | | 주요 고객층 | | |
| 좌석수 | | | 객단가 | | |
| 주차장 유무 | | | 입점 형태 | | |
| 오픈일 | | | 주요 메뉴 | | |

| 주요 메뉴 | 가격 | 맛 | 외형 | 주요 특색 |
|---|---|---|---|---|
| | | | | |
| | | | | |
| | | | | |
| | | | | |
| Quality(품질) | | | | |
| Service(서비스) : 인사, 미소, 서비스 시간 등 | | | | |
| Cleanliness(위생, 청결) | | | | |
| LSM | | | | |
| 경쟁점의 강점 | | | | |
| 경쟁점의 약점 | | | | |
| 주요 이슈 사항 | | | | |

〈표 5-14〉의 경쟁점 조사표를 활용해서 매월 또는 분기별로 경쟁점을 지속적으로 관찰하고 상권 내에서 고객들이 어떻게 평가하고 어떤 반응이 있는지를 살펴보아야

한다. 경쟁점의 움직임에 민감하게 반응하는 점포만이 우수한 점포로 살아남을 수 있다고 본다.

## 02 | LSM 결과보고서

결과보고서는 LSM을 평가하고 분석하는 과정이다. LSM의 실시로 어떤 효과가 있었고, 어느 정도의 결과물을 산출했는지를 작성하는 보고서이다. 이런 결과보고서의 데이터를 축적시키는 것은 향후 LSM 진행 시 진행여부에 대한 의사결정의 자료로 활용할 수 있다. 즉 LSM에 대한 우리의 노하우가 축적된다는 것이다. 이런 결과보고서를 정확히, 적극적으로 평가하지 않으면 향후 LSM 진행 시 판단을 잘못 내릴 가능성도 있다. 따라서 결과보고서는 가장 정확하고 적극적으로 기술하여 보관하도록 한다.

### (1) LSM의 결과보고서의 평가 내용

LSM의 결과보고서에는 다음과 같은 5가지 내용이 들어가도록 작성한다.

① 진행목적

LSM 진행 시 목적과 목표로 삼았던 내용 그대로를 기입한다.

② 진행비용

기획서 작성 당시 목표로 했던 비용과 실제 지출된 비용을 비교하여 비용집행이 어떻게 이루어졌는지를 분석한다.

③ 매출영업적인 측면

매출영업적인 측면에서 어떤 기여를 했는지 작성하도록 한다. 즉 매출, 고객수, 객단가, 상품구매에 대한 내용 등을 상세하게 기록해서 매출과 이익적인 측면에서 어떠한 기여를 했는지 작성하도록 한다.

④ 고객적인 측면

LSM이 고객적인 측면에서도 어떠한 기여를 했고, 어떤 효과를 나타내었는지를 상세히 기록하도록 한다. 이는 긍정적인 측면과 부정적인 측면으로 나눠서 작성하도록 한다.

### ⑤ 향후 계획

진행된 LSM이 긍정적이었는지 부정적이었는지에 대한 검토, 매출과 이익, 고객적인 측면에서 다각도로 검토하고, 잘 진행된 부분과 잘못 진행된 부분이 어떤 것들이 있었는지를 파악해서 기록해두도록 한다. LSM 평가 측정표를 만들어서 LSM의 평가 정도를 최고 등급 A부터 최하 등급 E까지 총 5가지 등급으로 나눠서 기입한다.

▶표 5-15 LSM 평가표

| 구분 | LSM 명칭 | LSM 기간 | 정성적목표 | 정량적목표 | 매출목표 | 이익목표 | 달성매출 | 달성이익 | 정성적 평가 | 정량적 평가 |
|---|---|---|---|---|---|---|---|---|---|---|
| | | | | | | | | | 평가등급 | 평가등급 |
| 1 | OO 카드사 제휴의 건 | 60일간 | 추가매출 및 이익 확보 | 경쟁사 고객 차단효과 | 100,000,000 | 10,000,000 | 105,000,000 | 13,000,000 | B | A |
| 2 | | | | | | | | | | |
| 3 | | | | | | | | | | |
| 4 | | | | | | | | | | |
| 5 | | | | | | | | | | |
| 6 | | | | | | | | | | |
| 7 | | | | | | | | | | |
| 8 | | | | | | | | | | |
| 9 | | | | | | | | | | |
| 10 | | | | | | | | | | |

• 제5절

# LSM 기획서 사례 20

## 사례 예시 01 | 카드사 제휴 기획서 및 결과보고서

### 기획서 세종돈가스 명동점 **카드사 제휴의 건

**1. LSM 진행 목적**

명동점(기타 부진점 4개 점포)과 **카드가 제휴하여 **카드 고객 대상 브랜드와 점포를 알리고, 3~4월 비수기 대비 고객 재방문 유도로 고객수와 매출을 증대시키고자 한다.

**2. 현 시장 상황**

가. 현 경쟁사로의 방문이 높아지고 있고, 해당 카드사의 매출이 줄어들고 있는 상황이다. 경쟁사의 행사로 인한 경쟁사 유입이 높으리라 판단된다.

나. 졸업 시즌 이후 3월~4월 극심한 비수기에 대비하여 프로모션을 활용한 기존 고객의 재방문 유도를 통하여 고객수를 확보하는 것이 필요하다.

다. 주요 경쟁사들이 제휴 프로모션, 쿠폰 활동 등을 적극적으로 준비, 시행하고 있다.

**3. 주요 내용**

가. **카드 5만 원 이상 결제 고객 대상 세종돈가스 5,000원 상품권 증정

나. 행사 종료 후 **카드 측에서 5,000원 행사 금액 지원

다. 회수량 1,200매 초과 회수 시 추가 1,000원 금액 지원

**4. 홍보방법**

가. 온라인

양사 홈페이지 팝업창 및 이벤트 페이지 내용 공지

**카드사 홈페이지 내용 공지

**카드사 회원 고객 대상 DM 발송

나. 오프라인

점포 내 배너, 포스터 고지

다. 모바일

세종돈가스 고객 대상 SMS 발송 공지

**카드사 고객 대상 SMS 발송 공지

### 5. 세부 내용

| 구분 | 내용 |
|---|---|
| 시행 점포 | 1. 세종돈가스 점포 중 비수기 매출이 하락하는 모든 점포<br>2. 점장의 판단에 의해서 매출증진을 위해서 필요하다고 판단되는 점포<br>3. 명동점, 강남점, 강동점, 구로점, 안산점 이상의 5개 점포 |
| 행사 제목 | 1. **카드와 함께하는 세종돈가스 5천 원 상품권 증정 행사<br>2. 상품권 배포 기간<br>2014년 1월 2일~2월 28일(총 58일간) |
| 행사 기간 | 1. 상품권 배포 기간 : 2014년 1월 2일~2월 28일(총 58일간)<br>2. 상품권 회수 기간 : 2014년 3월 1일~4월 30일(총 61일간) |
| 행사방법 | 1. 고객증정방법<br>1월 2일~2월 28일 **카드로 결제한 고객들에게 상품권 증정<br>2. 상품권 배포 기간 및 사용 기간<br>가. 상품권 배포 기간<br>2014년 1월 2일 ~ 2월 28일까지 **카드로 결제한 고객 대상 증정<br>나. 상품권 사용 기간<br>2014년 3월 1일 ~ 4월 30일간(총 61일간)<br>3. 세종돈가스와 **카드 제휴 내용<br>가. 세종돈가스 쿠폰 발행(5천 원 상품권 발행)<br>나. **카드 5,000원 행사 금액 지원(행사 후)<br>다. 쿠폰 내용<br>① 5천 원권 상품권 이미지(제작 당사)<br>② 행사 대상점에서 **카드로 결제할 때 본 쿠폰을 제시하면 5천 원 할인혜택을 드립니다.<br>③ 유효 기간 : 2014년 3월 1일 ~ 4월 30일(총 61일간)<br>④ 사용 점포 : 명동점, 강남점, 강동점, 구로점, 안산점 총 5개점 |

⑤ 유의사항
- 성인 1인 이상 주문 시 사용가능하며, 테이블당 1매 사용가능합니다.
- 타 제휴 할인카드와 중복사용이 가능합니다.
- 타 쿠폰과 중복사용은 불가합니다.
- 현금으로 교환되거나 환불되지 않습니다.

### 6. 예상 매출 및 손익분기점 계산

가. 상품권 예상 회수량

당사의 이전 행사를 토대로 비교, 예측하면 약 5% 정도의 회수량을 보일 것으로 판단된다.

20,000장 배포×5% = 1,000장 회수 예상

나. 평균 객단가 15,000(기존 16,500원)×1,000장×2.5명(평균 점포 방문객수)

= 37,500,000원 매출 증대 예상(실객단가로 했을 경우 41,250,000원 매출)

다. 쿠폰 5% 회수 시 할인 금액

5,000원×1,000매 = 5,000,000원 매출 할인

**카드 행사지원 금액 5,000,000원

Total 42,750,000원 추가 매출 발생

라. 그 외 비용

| | |
|---|---|
| 인건비 22% | = 8,965,000원 |
| 식자재비 41,250,000원×0.35 | = 14,375,000원 |
| 운영경비 10% | = 4,075,000원 |
| 총비용 합계 | = 27,415,000원 |
| 영업이익 | = 15,335,000원 |

### 7. 추가 소요비용

가. 온라인 이미지 제작 : 100,000원

나. 오프라인

| | |
|---|---|
| 배너 : 30,000원×5개 | = 150,000원 |
| 포스터 : 점포별 2장씩×5개 점포×3,000원 | = 30,000원 |
| 모바일 : 25원×30,000건 | = 750,000원 |
| 총합계 | = 1,030,000원 |

**8. 기대효과**

가. 5천 원 상품권 제공으로 3월, 4월 경영계획 달성

나. 쿠폰 5% 회수 시 영업이익 15,335,000원 달성

다. **카드 고객에게 쿠폰을 제공함으로써 경쟁사 고객 유입 차단과 당사 브랜드 유입 효과

라. 기존 고객들 만족도 증대

마. **카드 행사 지원 금액으로 추가 매출 발생

**9. 지원사항**

가. 행사 5개 매장 POS키 생성 : 유관부서

나. 5천 원 할인권 이미지 제작 : 마케팅팀 디자이너

다. 행사 배너, POS 이미지 제작 : **카드

## 결과보고서 ▸ 세종돈가스 명동점 **카드사 제휴의 건

**1. 행사 진행 목적**

세종돈가스 5개 점포와 **카드가 제휴하여 **카드 고객 대상 브랜드와 점포를 홍보하고, 3~4월 비수기 대비 고객 재방문 유도로 고객수와 매출을 증대시키고자 한다.

**2. 진행비용**

| | |
|---|---|
| 가. 온라인 이미지 제작 | = 100,000원 |
| 나. 포스터 이미지 제작 | = 100,000원 |
| 다. 포스터 | = 50,000원 |
| 라. 모바일 SMS 발송 | = 1,000,000원 |
| 합계 | = 1,250,000원 |

기 기획서상에서 예상했던 금액 1,030,000원보다 220,000원 초과 발생

*포스터 기존 제작수량보다 추가 제작으로 추가 비용 발생

*SMS 고객 발송 대상 고객 증가로 인한 추가 비용 발생

### 3. 매출 및 영업이익 측면

| | |
| --- | --- |
| 총 1,254건 회수 1,254건×객단가 14,800원×평균 객수 2.8명 | = 51,965,760원 |
| 인건비 22% | = 10,393,152원 |
| 식자재비 57,934,800원×0.35(35%) | = 20,277,180원 |
| (1,254건×원객단가 16,500원×0.35에서 식자재비가 산출됨.) | |
| 운영경비 10% | = 5,793,480원 |
| 총비용 합계 | = 36,463,812원 |
| 영업이익 | = 15,501,948원 |

총 영업이익 15,501,812원 발생

### 4. 고객적인 측면

가. 신규 고객이 전월, 전년 대비 증가하였다.

나. 경쟁사 고객의 유입이 늘어났다. **카드 평균 결제율 15%에서 행사 기간 동안 **카드 결제율 18%로 증대된다(고객 유입이 이루어짐).

다. QSC 지표(미스터리 쇼퍼 결과 고객수가 증가한 당월 전년 대비 1.0점 상승했다. 고객의 증대가 이루어졌으나 QSC 지표는 상승하여 오히려 긍정적 효과가 나타났다.

라. 신규 멤버십 고객의 증대 : 신규 고객이 늘어나면서 자연스럽게 신규 멤버십이 전월, 전년 대비 각각 10%, 8% 신장됐다.

### 5. 향후 계획

총 4개월 정도 진행된 **카드와의 제휴는 신규 고객의 유입, 경쟁사 고객의 유입 등으로 고객의 확보와 매출 증대 등으로 긍정적인 효과를 보였으며 당초 예상보다 식자재 원가, 인건비 등에 부정적인 영향을 보이지 않음으로 비수기 마케팅 활동으로 적합하다고 판단된다.

## 사례 예시 02 | 서점 제휴 이벤트 기획서 및 결과보고서

### 기획서 세종돈가스 목동점 **문고 제휴 프로모션의 건

**1. LSM 진행 목적**

목동점 인근상권에서 고객 인지도와 고객수가 많은 **문고와 제휴하여 **문고 구매 고객 대상에게 쿠폰을 나눠주고 서점 고객의 점포 유입을 늘리고자 한다.

해당 서점의 경우 지역상권에서 인지도가 높고, 일평균 고객수가 많은 제휴처로 당브랜드와 제휴를 통한 영업활성화가 기대된다.

**2. 현 시장 상황**

가. 비수기 고객 유입이 줄어드는 상황에서 다양한 제휴처를 통한 고객확보가 필요한 시점이다.

나. 초/중/고 및 대학교 개강일을 맞이하여 제휴처인 **문고로 많은 고객이 방문할 것으로 사료된다.

다. 주요 경쟁사들이 제휴 프로모션, 쿠폰 활동 등을 적극적으로 준비, 시행하고 있다.

**3. 주요 내용**

가. **문고 2만 원 이상 결제 고객 대상 세종돈가스 모둠튀김(5,900원) 쿠폰 제고

나. 행사 내용에 대한 **문고 배너 및 포스트, 계산대 공지

다. 행사 조건으로 **문고 베스트셀러 도서 30권 지원

**4. 홍보방법**

가. 온라인

양사 홈페이지 팝업창 및 이벤트 페이지 내용 공지

**문고 홈페이지 이벤트 내용 공지

**문고 회원(목동점 주방문 고객) 대상 이메일 발송

나. 오프라인

점포 내 배너, 포스터, 계산대 행사 내용 고지

### 5. 세부 내용

| 구분 | 내용 |
|---|---|
| 시행 점포 | 세종돈가스 목동점 |
| 행사 제목 | **문고 제휴 프로모션의 건 |
| 행사 기간 | 1. 무료 쿠폰 배포 기간 : 2014년 8월 20일~9월 20일(총 21일간)<br>2. 무료 쿠폰 회수 기간 : 2014년 8월 20일~9월 30일(총 51일간) |
| 행사방법 | 1. 고객증정방법<br>8월 20일~9월 20일 **문고 고객 중 2만 원 이상 결제 고객 대상 증정<br>(쿠폰은 결제 영수증 아래의 붙어서 나오는 형태로 진행)<br>2. 상품권 배포 기간 및 사용 기간<br>가. 무료 쿠폰 배포 기간<br>2014년 8월 20일~9월 20일, **문고 2만 원 이상 결제 고객<br>나. 상품권 사용 기간<br>2014년 8월 20일~9월 30일간(총 51일간)<br>3. 세종돈가스와 **문고 제휴 내용<br>가. 세종돈가스 무료 쿠폰 발행(모둠튀김 쿠폰 발행)<br>나. **문고 베스트셀러 50권 지원(점포 고객 증정용)<br>다. 쿠폰 내용<br>① 모둠튀김 무료 쿠폰 이미지(제작 당사)<br>② 세종돈가스 목동점에서 무료 쿠폰을 제시하면 해당 메뉴를 드립니다.<br>③ 유효 기간 : 2014년 8월 20일~9월 30일(총 51일간)<br>④ 사용 점포 : 세종돈가스 목동점<br>⑤ 유의사항<br>• 성인 1인 이상 주문 시 사용가능하며, 테이블당 1매 사용가능합니다.<br>• 타 제휴 할인카드와 중복사용이 가능합니다.<br>• 타 쿠폰과 중복사용이 불가합니다.<br>• 현금으로 교환되거나 환불되지 않습니다. |

### 6. 예상 매출 및 손익분기점 계산

가. 무료 쿠폰 예상 회수량

기존 문고와의 제휴가 없었고 평균 무료 쿠폰 회수량인 2%의 회수량을 감안하여 회수량을 예측한다.

10,200장 배포×2% = 204장 회수 예상

나. 평균 객단가 10,500원(기존 11,500원)×204장×2.5명(평균 점포 방문객수)

= 5,355,000원 매출 증대 예상(실객단가로 했을 경우 5,865,000원 매출)

다. 쿠폰 5% 회수 시 원가 부담 금액

| | |
|---|---|
| 5,900원×30%×204매 | = 361,080원 |
| 추가 매출금액 | = 5,335,000원 |
| 공헌이익 | = 4,973,920원 |

라. 그 외 비용

| | |
|---|---|
| 인건비 22% | = 1,178,100원 |
| 식자재비 5,355,000원×0.30 | = 1,606,500원 |
| 쿠폰원가 5,900원×30%×204매 | = 361,080원 |
| 운영경비 10% | = 535,500원 |
| 총비용 합계 | = 2,620,890원 |
| 영업이익 | = 2,734,110원 |

### 7. 추가 소요비용

| | |
|---|---|
| 가. 온라인 이미지 제작 | = 100,000원 |

나. 오프라인

| | |
|---|---|
| 배너 : 30,000원× 2개 | = 60,000원 |
| 포스터 : **문고 비치 2장×3,000원 | = 6,000원 |
| 총합계 | = 166,000원 |

### 8. 기대효과

가. 무료 쿠폰 제공으로 9월 경영계획 달성

나. 쿠폰 2% 회수 시 영업이익 2,734,110원 달성

다. **문고 고객에게 쿠폰을 제공함으로써 목동점 방문 유도

라. 기존 고객들 만족도 증대

마. **문고 베스트셀러 도서 지원으로 VIP 고객 대상 증정 행사 진행할 수 있다.

### 9. 지원사항

가. 목동점 POS키 생성 : 유관부서

나. 무료 쿠폰 이미지 : 마케팅팀 디자이너

다. 행사 배너, 포스터 비치 : **문고

## 결과보고서 세종돈가스 목동점 **문고 제휴 프로모션의 건

### 1. 행사 진행 목적

목동점 인근상권에서 고객인지도와 고객수가 많은 **문고와 제휴하여 **문고 구매고객 대상에게 쿠폰을 나눠주고 서점 고객의 점포 유입을 늘리고자 한다.

해당 서점의 경우 지역상권에서 인지도가 높고, 일평균 고객수가 많은 제휴처로 당 브랜드와 제휴를 통한 영업활성화가 기대된다.

### 2. 진행비용

가. 온라인 이미지 제작=100,000원

나. 오프라인

| | |
|---|---|
| 배너 : 30,000원×2개 | = 60,000원 |
| 포스터 : **문고 비치 2장×3,000원 | = 6,000원 |
| 영수증 출력 쿠폰 금액 지원 | = 100,000원 |
| 총합계 | = 266,000원 |

기 기획서상에서 예상했던 금액 166,000원보다 100,000원 초과 발생

*문고 측에서 영수증 출력 쿠폰 금액 지원 요청으로 추가 비용 발생

### 3. 매출 및 영업이익 측면

| | |
|---|---|
| 총 354건 회수 354건×객단가 10,700원×평균 객수 2.5명 | = 9,469,500원 |
| 인건비 22% | = 2,083,290원 |
| 식자재비 9,469,500원×0.30(30%) | = 2,840,850원 |
| 쿠폰회수 원가 354×5,900원×30% | = 626,580원 |
| 운영경비 10% | = 946,950원 |
| 진행비용 | = 266,000원 |
| 총비용 합계 | = 6,763,110원 |
| 영업이익 | = 2,706,390원 |

총 영업이익 2,706,390원 발생

### 4. 고객적인 측면

가. **서점 한 개의 제휴처를 통해서 총 51일간 9,469,500원의 매출발생과 영업이익 2,706,390원 발생은 긍정적인 효과로 판단된다.

나. 대다수 고객이 무료 쿠폰 증정에 대한 긍정적인 반응을 보였다.

다. 모둠튀김의 퀄리티에 대한 이의를 제기하는 고객이 주말에는 다수 있었다(향후 개선해야 할 과제로 보임).

라. 신규 멤버십 고객의 증대 : 신규 고객이 늘어나면서 자연스럽게 신규 멤버십이 전월 대비 2% 증가했다. 신규 고객 방문비율이 높아졌다.

### 5. 향후 계획

51일간 진행된 **문고와의 제휴는 높은 금액의 영업이익이 발생하지는 않았지만, 신규 고객의 유입이 늘었고, 무료 쿠폰에 대한 고객의 반응도 높았다. 사이드 메뉴를 제공함으로써 객단가에 미치는 영향도 미비하였고, 쿠폰의 원가도 30%인 메뉴로서 원가에 미치는 부정적인 영향도 없었다고 판단된다.

**문고와의 제휴를 통해서 총 885명의 고객이 내점한 것으로 향후 신규 고객 창출과 더불어 기존 고객 방문의 재방문 유도 형태로의 개강 시점에 맞춘 프로모션으로는 적절하다고 판단된다.

## 사례 예시 03 | 영화관 제휴 이벤트 기획서 및 결과보고서

### 기획서 세종돈가스 당일 영화티켓 이벤트 건

**1. LSM 진행 목적**

점포별로 인근 개별 영화관과 비용을 들여서 제휴를 진행하고 있는 상황이며, 이를 브랜드 전체로 통일하여 대고객 커뮤니케이션을 단순화하고 영화관 고객을 브랜드 고객으로 유도하는 전략으로 활용하고자 한다.

**2. 현 시장 상황**

가. 영화가 문화의 한 현상으로 지속적으로 영화 관객이 늘어나고 있다.

나. 영화 관람 전후로 외식을 하는 현상 역시 하나의 문화로 자리 잡았다.

다. 영화관에 근접한 대다수의 외식 브랜드가 관객 대상으로 행사를 진행하고 있다.

**3. 주요 내용**

가. 특정 영화관과 관계없이 당일 영화티켓을 가지고 오면 치킨샐러드 무료 증정(2인 이상)

나. 당일 영화티켓만 있으면 세종돈가스의 치킨샐러드가 무료라는 메시지를 지속적으로 고객들에게 커뮤니케이션하도록 한다.

다. 특정 영화관 대상이 아닌 전 영화관 대상으로 진행함으로써 비용 절감과 메시지 전달 효과를 볼 수 있다.

**4. 홍보방법**

가. 온라인

홈페이지 팝업창 및 이벤트 페이지 내용 공지

나. 오프라인

점포 내 배너, 포스터, 계산대 행사 내용 고지

다. 미디어

라디오 광고 진행

### 5. 세부 내용

| 구분 | 내용 |
|---|---|
| 시행 점포 | 세종돈가스 전 지점 |
| 행사 제목 | 영화티켓 이벤트 진행의 건 |
| 행사 기간 | 2014년 1년간 진행 후 결과 분석 후 지속 진행 여부 결정 |
| 행사방법 | 1. 고객행사방법<br>당일 영화티켓을 가지고 점포를 방문하시면 치킨샐러드 무료 제공<br>(2인 이상, 메인 메뉴 주문 시 사용 가능)<br>2. 상품권 배포 기간 및 사용 기간<br>당일 영화티켓만 사용할 수 있음.<br>3. 쿠폰 내용<br>① 당일 영화티켓 소지 시 제공(확인도장 뒷면에 날인할 것)<br>② 당일 영화티켓을 제시하면 치킨샐러드를 무료로 드립니다.<br>③ 유효 기간 : 당일 영화티켓<br>④ 사용 점포 : 세종돈가스 전 지점<br>⑤ 유의사항<br>• 성인 1인 이상 메인 메뉴 주문 시 사용가능하며, 테이블당 1매 사용가능합니다.<br>• 타 제휴 할인카드와 중복사용이 가능합니다.<br>• 타 쿠폰과 중복사용이 불가합니다.<br>• 현금으로 교환되거나 환불되지 않습니다. |

### 6. 예상 매출 및 손익분기점 계산

가. 무료 쿠폰 예상 회수량

기존 개별 점포와 영화관과 제휴 시 평균 하루 10장 정도의 영화티켓이 회수된다.

30개점×10매×30일 = 9,000매 회수(1개월 평균)

나. 평균 객단가 10,000원(기존 11,500원)×9,000장×2.5명(평균 점포 방문객수)

= 225,000,000원 매출 증대 예상

점포별 평균 7,500,000원, 월 매출 증대

다. 쿠폰 회수 시 원가 부담 금액

| | |
|---|---|
| 추가 매출금액 | = 7,500,000원 |
| 6,900원×35%×9,000매 | = 225,000,000원 |
| 공헌이익 | = 217,500,000원 |

라. 그 외 비용

| | |
|---|---|
| 인건비 22% | = 49,500,000원 |
| 식자재비 225,000,000원×0.30 | = 67,500,000원 |
| 쿠폰원가 6,900원×35%×9,000매 | = 7,500,000원 |
| 운영경비 10% | = 22,500,000원 |
| 총비용 합계 | = 147,000,000원 |
| 영업이익 | = 78,000,000원 |

점포별 월평균 2,600,000원 영업이익 발생(광고비용 제외)

### 7. 추가 소요비용

가. 온라인 이미지 제작 = 100,000원

나. 오프라인

| | |
|---|---|
| 배너 : 30,000원×1개×30점포 | = 900,000원 |
| 포스터 : 각 점포 2장×3,000원×30점포 | = 180,000원 |
| 총합계 | = 166,000원 |

다. 라디오 광고

5,000,000원 광고 진행

총비용 합계 6,180,000원

### 8. 기대효과

가. 영화관객 점포로 유입효과

나. 각 점포별로 집행되는 제휴 비용을 절감하고 하나의 메시지로 고객 커뮤니케이션 효과 극대화

다. 영화 보는 날 = 세종돈가스 무료 치킨샐러드 이미지 형성으로 당사 브랜드로의 고객 유입 효과

라. 연인, 가족 고객들 만족도 증대

마. 비용 절감 효과

### 9. 지원사항

가. 전 점포 POS키 생성 : 유관부서

나. 각종 이미지 제작 : 마케팅팀 디자이너

다. 행사 배너, 포스터 비치 : 각 점포

라. 라디오 광고 진행 : 마케팅 팀장

## 결과보고서 세종돈가스 당일 영화티켓 이벤트 건

### 1. 행사 진행 목적

점포별로 인근 개별 영화관과 비용 들여서 제휴를 진행하고 있는 상황이며, 이를 브랜드 전체로 통일하여 고객 커뮤니케이션을 단순화하고 영화관 고객을 브랜드 고객으로 유도하는 전략으로 활용하고자 한다.

### 2. 진행비용

| | |
|---|---|
| 가. 온라인 이미지 제작 | = 100,000원 |
| 나. 오프라인 | |
| 배너 : 30,000원×1개×30점포 | = 900,000원 |
| 포스터 : 각 점포 2장×3,000원×30점포 | = 180,000원 |
| 총합계 | = 166,000원 |

다. 라디오 광고

5,000,000원 광고 진행

총비용 합계 6,180,000원

기 기획서상에서 예상했던 금액과 동일한 비용 사용

### 3. 매출 및 영업이익 측면(1개월 분석)

총 9,200건 회수 9,200건×객단가 10,100원×평균 객수 2.2명 = 204,424,000원

| | |
|---|---|
| 인건비 22% | = 44,973,280원 |
| 식자재비 225,000,000원×0.30 | = 61,327,200원 |
| 쿠폰원가 6,900원× 35%×9,200매 | = 22,218,000원 |
| 운영경비 10% | = 20,442,400원 |
| 광고비용 | = 6,180,000원 |
| 총비용 합계 | = 155,140,880원 |
| 영업이익 | = 49,283,120원 |

점포별 월평균 1,642,770원 영업이익 발생

연간 영업이익 1,642,770×12개월 = 19,713,240원

브랜드 전체 연간 영업이익 예상 19,713,240원×30점포 = 591,397,200원

#### 4. 고객적인 측면

가. 고객들이 받아들이는 치킨샐러드 무료 쿠폰에 대한 반응이 좋았다.

나. 샐러드 메뉴를 무료로 주고, 메인 메뉴만 주문함으로서 점포에 대한 만족도가 우수했다.

다. 점포별로 상이하게 진행되던 이벤트를 하나로 통일해서 고객의 이해도가 높아졌다.

라. 신규 멤버십 고객의 증대 : 신규 고객이 늘어나면서 자연스럽게 신규 멤버십이 전월 대비 5% 증가했다. 신규 고객 방문비율이 높아졌다.

#### 5. 향후 계획

1년간 시행하기로 했던 당일 영화티켓 치킨샐러드 무료 제공 이벤트를 1개월간 진행 후 결과치를 보면 신규 고객의 증가, 점포방문 고객의 만족도 증가, 각 점포별 약 1,600,000원의 영업이익 획득, 브랜드 연간 전체로 약 5억 9천만 원의 영업이익 증가로 추산되는 바, 고객적인 측면이나 점포영업적인 측면에서 모두 우수한 프로모션으로 평가된다. 다만 원가가 높은 치킨샐러드를 무료로 제공함으로써 일부 원가 상승률의 요인이 될 수 있으므로 치킨 업체와의 원가 협상, 변동폭이 심한 야채류의 원가에 대한 고민은 해야 할 것으로 판단된다.

## 사례 예시 04 | 휘트니스센터 제휴 이벤트 기획서 및 결과보고서

### 기획서 명동점 **휘트니스센터 제휴 프로모션의 건

**1. LSM 진행 목적**

명동점 주변 상권에서 가장 고객이 많은 **휘트니스센터와의 프로모션을 통해서 휘트니스센터 고객을 점포로 유입하게 하고, 휘트니스로부터 지원받은 휘트니스 이용권은 고객증정품으로 활용하여 고객만족도를 증진하려고 한다.

**2. 현 시장 상황**

가. 지역상권이 최근 내외국인 감소로 매출이 전년비로 하락하고 있다.

나. 유동인구 감소로 인한 경쟁점뿐만 아니라 명동점 역시 매출이 하락하고 있다.

**3. 주요 내용**

가. 휘트니스 회원 대상 10% 할인 및 음료 1종 무료 제공

나. 휘트니스센터에서 연간회원권 1장, 1개월 이용권 10장 무료 제공

다. 인근에서 가장 인지도가 높은 휘트니스센터와 제휴하면서 브랜드 인지도 제고 및 경품을 통한 고객만족도 증진할 수 있을 것으로 사료된다.

**4. 홍보방법**

가. 온라인

홈페이지 팝업창 및 이벤트 페이지 내용 공지

나. 오프라인

휘트니스 센터 내 배너, 포스터 행사 내용 고지

(당점에서는 행사 내용을 고지하지 않는다.)

### 5. 세부 내용

| 구분 | 내용 |
|---|---|
| 시행 점포 | 세종돈가스 명동점 |
| 행사 제목 | **휘트니스 제휴 프로모션의 건 |
| 행사 기간 | 2014년 4월 1일~4월 30일(1개월간 행사 진행 후 결과분석하여 지속진행 여부 결정) |
| 행사방법 | 1. 고객행사방법<br>휘트니스센터 회원권을 가지고 방문하시면 10% 할인 및 음료 무료 증정<br>2. 행사 기간 : 2014년 4월 1일~4월 30일<br>3. 행사 내용<br>① 회원권 소지 시 사용 가능<br>② 테이블당 10% 1회 사용 가능, 음료는 회원카드 개수대로 제공<br>③ 유효 기간 : 2014년 4월 30일까지<br>④ 사용 점포 : 세종돈가스 명동점<br>4. 무료 증정 휘트니스센터 이용권 내부 프로모션 진행<br>세트 메뉴 3가지 중 한 가지를 드신 고객에게 응모권 제공 후 추첨을 통해서 경품을 제공<br>1등 : **휘트니스센터 연간회원권(1명)<br>2등 : **휘트니스센터 1개월 이용권(10명)<br>3등 : 세종돈가스 1인 식사권(30명)<br>① 행사 기간 : 4월 1일~4월 30일<br>② 경품추첨 : 5월 1일 추첨 및 5월 2일 고지<br>③ 세트 메뉴 판매량 목표 : 총 500개<br>④ 응모권 제작 및 응모함 활용 |

### 6. 예상 매출 및 손익분기점 계산

가. 회원권 지참 방문 고객 예상

10명×2.5명(평균 방문객수)×30일 = 750명(월방문 객수)

나. 평균 객단가 10,454(기존 11,500원, 10% 할인 반영)×750명 = 7,840,909원

매출 증대 예상

약 7,840,909원 매출 증대 예상

다. 10% 할인 시 원가 부담 금액

| | |
|---|---|
| 1,046원(할인금액)×750명(예상 고객수) | = 7,840,909원 |
| 추가 매출금액 | = 784,500원 |

라. 그 외 비용

| | |
|---|---|
| 인건비 22% | = 1,724,999원 |
| 식자재비 225,000,000원×0.30 | = 2,352,272원 |
| 10% 할인금액 | = 784,500원 |
| 운영경비 10% | = 784,090원 |
| 총비용 합계 | = 5,645,861원 |
| 영업이익 | = 2,195,048원 |

약 2,200,000원 영업이익 발생(광고비용 제외)

### 7. 추가 소요비용

가. 온라인 이미지 제작 = 100,000원

나. 오프라인

| | |
|---|---|
| 배너 : 30,000원×1개×30점포 | = 900,000원 |
| 포스터 : 각 점포 2장×3,000원×30점포 | = 180,000원 |
| 총합계 | = 166,000원 |

배너, 포스터 등 모든 비용을 휘트니스센터에서 진행하며 비용을 부담하기로 약정

총비용 합계 166,000원

### 8. 기대효과

가. 휘트니스센터 고객 유입효과

나. 휘트니스센터 경품 제공으로 내부 프로모션 진행할 수 있다(세트 메뉴 판매를 통한 객단가 향상, 매출 증대).

다. 휘트니스센터에 배너, 포스터 비치로 인한 점포 홍보

라. 비수기 매출 780만 원 정도 상승 효과

### 9. 지원사항

가. 명동점 10% POS키 생성 : 유관부서

나. 각종 이미지 제작 : 휘트니스센터 진행

다. 행사 배너, 포스터 비치 : 휘트니스센터

라. 담당자 : **휘트니스센터 홍길동 팀장, 명동점 김*정 점장

## 결과보고서 명동점 **휘트니스센터 제휴 프로모션의 건

### 1. 행사 진행 목적

명동점 주변 상권에서 가장 고객이 많은 **휘트니스센터와의 프로모션을 통해서 휘트니스센터 고객을 점포로 유입하게 하고, 휘트니스로부터 지원받은 휘트니스 이용권은 고객증정품으로 활용하여 고객만족도를 증진하려고 한다.

### 2. 진행비용

| | |
|---|---|
| 가. 온라인 이미지 제작 | = 100,000원 |
| 나. 오프라인 | |
| 배너 : 30,000원×1개×30점포 | = 900,000원 |
| 포스터 : 각 점포 2장×3,000원×30점포 | = 180,000원 |
| 총합계 | = 166,000원 |

배너, 포스터 등 모든 비용 휘트니스센터에서 진행하며 비용을 부담하기로 약정

총비용 합계 166,000원

### 3. 매출 및 영업이익 측면(1개월 분석)

총 100건 회수　100건×객단가 10,454원×평균객수 2.5명 = 2,613,500원

| | |
|---|---|
| 인건비 22% | = 574,970원 |
| 식자재비 2,613,500원×0.30 | = 784,050원 |
| 10% 할인금액 1,045원 ×100 | = 104,500원 |
| 운영경비 10% | = 261,350원 |
| 총비용 합계 | = 1,724,870원 |
| 영업이익 | = 888,630원 |

점포 영업이익 888,630원 영업이익 발생

영업매출과 이익 측면에서 목표치를 달성하지 못하였다.

### 4. 고객적인 측면

가. 10% 할인과 음료 무료 제공에 대한 만족도가 높았다.

나. 음료의 제공이 탄산음료로 한정되어 있어서 불만족하는 고객이 있었다.

다. 대다수 휘트니스센터 고객들이 레스토랑 등 방문을 선호하지 않는 행태를 보였다.
라. 신규 고객보다는 기존 고객 차원의 행사로 진행되는 경향이 있어 신규 고객 방문비율에 차등이 없었다.

### 5. 향후 계획

예상했던 목표매출과 이익은 달성하지 못하였으며 탄산음료의 제공에 대한 휘트니스 고객의 불만과 불평도 있었다. 그리고 10% 할인에 대한 큰 이점을 느끼지 못하고 있으므로 향후 휘트니스센터와의 제휴를 통한 프로모션은 심사숙고해서 진행해야 할 것으로 판단된다. 위의 방식이 아닌 다른 방식이 있다면 타 방식으로 진행하는 것도 고려해봐야겠다.

## 사례 예시 05 | 백화점 내 쿠폰 DM 발송 기획서 및 결과보고서

### 기획서 강남점 **백화점 내 쿠폰북 쿠폰삽입 DM 발송 프로모션

**1. LSM 진행 목적**

강남에 위치한 인지도가 좋은 **백화점 VIP 고객(5천 명) 대상으로 발송되는 DM 내 강남점 치즈돈가스정식 1인 50% 할인권을 삽입하여 백화점 고객들을 유입하고자 한다.

**2. 현 시장 상황**

가. 대다수의 고객이 날씨의 영향으로 인한 외부 로드숍 점포 방문보다 mall 위주로 방문하여 로드숍의 매출이 감소하고 있다.

나. 날씨 영향으로 대부분의 점포가 매출이 감소하고 있다.

다. 신규 오픈한 OOmall로 고객들이 몰리고 있는 상황이다.

**3. 주요 내용**

가. 백화점 VIP 고객 대상 치즈돈가스정식(13,900원) 1인 50% 할인권 삽입

나. 백화점 VIP 고객 5천 명에게 DM 발송

다. 백화점 쿠폰 발송 비용과 DM 행사로 강남점에서 1인 무료 식사권 50장(500,000원 상당) 백화점 측에 제공하기로 한다.

**4. 홍보방법**

가. 홍보 활동은 백화점이나 점포에서 진행하지 않는다.

나. 백화점 DM 내용으로 행사를 전적으로 진행한다.

**5. 세부 내용**

| 구분 | 내용 |
|---|---|
| 시행 점포 | 세종돈가스 강남점 |
| 행사 제목 | **백화점 DM 내 쿠폰북 쿠폰 삽입 이벤트 |
| 행사 기간 | 1. 2013년 12월 20일 백화점 측에서 DM 발송(5,000명)<br>2. 쿠폰 회수는 2014년 1월 1일~1월 31일까지(총 31일간) |

| 행사방법 | 1. 고객행사방법<br>백화점 DM에 삽입된 쿠폰을 가지고 방문하는 고객에게 치즈돈가스정식을 (13,900원) 50% 할인(쿠폰 소지 필요)한다.<br>2. 행사 기간 : 2014년 1월 1일~1월 31일(총 31일간)<br>3. 행사 내용<br>① **백화점에서 고객에게 DM 발송(2013년 12월 20일 발송)<br>② 치즈돈가스정식 1인 50% 할인권 백화점 쿠폰북 삽입<br>③ 유효 기간 : 2014년 1월 31일까지<br>④ 사용 점포 : 세종돈가스 강남점<br>⑤ 사용조건<br>• 성인 1인 이상 메인 메뉴 주문 시 사용가능하며, 테이블당 1매 사용가능합니다.<br>• 타 제휴 할인카드와 중복사용 가능합니다.<br>• 타 쿠폰과 중복사용이 불가합니다.<br>• 현금으로 교환되거나 환불되지 않습니다.<br>*행사 진행조건으로 **백화점 측에 1인 식사권 50매 제공 |
|---|---|

### 6. 예상 매출 및 손익분기점 계산

가. 회원권 지참 방문 고객 예상

이전 1인 50% 쿠폰 제공 시 회수율이 15% 정도된다. 따라서 회수율 15% 기준으로 예상한다.

750장(회수)×2.5명(평균 방문객수) = 1,875명(방문객수)

1,875명×8,900원(객단가 예상) = 16,687,500원

나. 평균 객단가 8,900원(기존 11,500원, 1인 50% 반영 시 예측분)×750장×2.5명 (평균 방문객수) = 7,840,909원

매출 증대 예상

약 16,687,500원 매출 증대 예상

다. 1인 50% 할인권 제공 시 매출 할인금액

| | |
|---|---|
| 6,950원(할인금액)×750장(예상 고객수) | = 5,004,000원 |
| 추가 매출금액 | = 16,687,500원 |

라. 그 외 비용

| | |
|---|---|
| 인건비 22% | = 3,671,250원 |
| 식자재비 16,687,500원×0.30 | = 5,006,250원 |
| 1인 50% 식사권 원가금액 | = 1,501,200원 |

| | |
|---|---|
| 운영경비 10% | = 1,668,750원 |
| 총비용 합계 | = 11,847,450원 |
| 영업이익 | = 4,840,050원 |

약 4,840,050원 영업이익 발생(별도 지원금액 제외)

### 7. 추가 소요비용

광고 소요비용은 없다.

DM쿠폰 등 모든 비용은 백화점 측 부담

### 8. 기대효과

가. 백화점 VIP 고객 유입

나. 백화점 VIP 고객들에게 브랜드 홍보

다. 신규 Mall 및 백화점 내로 유동인구로 몰리는 상황에서 고객의 유입을 이끌어내는 효과

### 9. 지원사항

가. 1인 50% 할인 POS키 생성 : 유관부서

나. DM쿠폰 이미지 제작 : **백화점 진행

다. 담당자 : **백화점 김길동 팀장, 강남점 박*우 점장

## 결과보고서 강남점 **백화점 내 쿠폰북 쿠폰삽입 DM 발송 프로모션

### 1. 행사 진행 목적

강남에 위치한 인지도가 좋은 **백화점 VIP 고객(5천 명) 대상으로 발송되는 DM 내 강남점 치즈돈가스정식 1인 50% 할인권을 삽입하여 백화점 고객들을 유입하고자 한다.

### 2. 진행비용

가. 백화점 측에 1인 식사권 50매 증정(500,000원 상당)

나. 백화점 측 추가 1인 식사권 10매 요청 추가 제공(100,000원 상당)

모든 행사용 이미지 제작 및 홍보는 **백화점 측에서 진행하기로 한다.

식사권 증정 외 추가 비용 발생은 없다.

### 3. 매출 및 영업이익 측면(1개월 분석)

총 800건 회수　800건×객단가 8,900원×평균객수 2.5명 = 17,800,000원

| | |
|---|---|
| 인건비 22% | = 3,916,000원 |
| 식자재비 17,800,000원×0.30 | = 5,340,000원 |
| 50% 할인권 식자재비 6,950×0.30×800 | = 1,668,000원 |
| 운영경비 10% | = 1,780,000원 |
| 총비용 합계 | = 12,704,000원 |
| 영업이익 | = 5,096,000원 |

점포 영업이익 5,096,000원 영업이익 발생. 일평균 고객수 64명 증가로 목표치 추가 달성, 성공적인 매출 확보 전략으로 판단된다.

### 4. 고객적인 측면

가. 쿠폰에 대한 고객반응이 타 쿠폰에 비해 월등하게 좋았다.

나. 치즈돈가스정식의 메뉴 만족도 또한 좋았다.

다. 일 객수가 64명이 증가하였으나 QSC 지표 모두 전월 대비 2.0점 상승했다.

라. 신규 고객 비율이 전월 대비 3% 증대되었다.

### 5. 향후 계획

고객수, 추가 매출액, 영업이익, QSC 지표 모두 달성되었다. 어려운 영업환경 속에서 제휴 프로모션으로 아주 좋은 프로모션으로 판단된다. 백화점의 인지도와 더불어 잘 선택도니 메뉴아이템, 높은 쿠폰 만족도 등이 모두 어우러져 우수한 성과를 창출한 것으로 판단된다. 향후 분기별 백화점 DM프로모션을 진행하는 것은 효과성이 클 것으로 판단되는 바 백화점과의 우호적인 관계를 유지하고 윈-윈할 수 있는 전략들을 만들어 낼 필요성이 있다고 사료된다.

## 사례 예시 06 | 어학원 연계 프로모션 기획서 및 결과보고서

### 기획서 종로점 **어학원 제휴 프로모션의 건

**1. LSM 진행 목적**

종로상권의 특성상 학생들과 20~30대 젊은 직장인이 주요 고객층이며, 고객층 중 상당수가 어학원을 이용하고 있어 어학원 수강자 대상 혜택을 제공함으로써 고객 유입을 통한 매출증대를 꾀하고자 한다.

**2. 현 시장 상황**

가. 종로상권의 대부분이 20~30대 고객층으로 형성되어 있다.

나. 유흥상권의 성격이 강해서 저녁 7시 이후 주점 등을 이용하고, 점포 유입이 없다.

다. 점심 영업 위주로 영업이 운영되다보니 저녁 고객 유입을 위한 대책이 필요하다.

**3. 주요 내용**

가. 어학원 수강증을 제시하면 10% 할인 진행(테이블당 1매, 중복할인 불가)

나. 어학원 측으로부터 1개월 수강증 10매, 3개월 수강증 1매 지원 받음.

다. 어학원 내에 세종돈가스 소개 및 행사 내용 배너 및 포스터 부착
(배너 및 포스터 등 제작비용은 모두 **어학원 측 부담)

라. 어학원 10명 이상 단체 모임 예약 시 생맥주 무료 제공

마. 어학원 측 잡지에 종로점 광고 진행

바. 어학원 측 수강생을 위한 1인 식사권 10매 지원

**4. 홍보방법**

가. 점포 내에서는 행사 내용을 고지하지 않음.

나. **어학원 내 배너, 포스터, 팸플릿 제작 비치

다. 어학원 홈페이지 내 행사 내용 공지

## 5. 세부 내용

| 구분 | 내용 |
|---|---|
| 시행 점포 | 세종돈가스 종로점 |
| 행사 제목 | 종로점 **어학원 제휴 프로모션의 건 |
| 행사 기간 | 2014년 3월 1일~6월 30일(총 4개월간 진행) |
| 행사방법 | 1. 고객행사방법<br>**어학원 수강증을 제시하면 10% 할인<br>10명 이상 단체 예약 시 생맥주 무료 제공<br>2. 행사 기간 : 2014년 3월 1일~6월 30일(총 4개월간)<br>3. 행사 내용<br>① **어학원 수강증 제시 시 10% 할인<br>② 어학원 수강생 10명 이상 단체 예약 시 생맥주 무료 제공<br>③ 어학원 월간 잡지에 종로점 광고 진행<br>④ 어학원 수강생을 위한 1인 식사권 10매 지원(매월)<br>⑤ 어학원 측 종로점에 1개월 수강증 10매, 3개월 수강증 1매 지원(매월)<br>⑤ 사용조건<br>• 성인 1인 이상 메인 메뉴 주문 시 사용가능하며, 테이블당 1매 사용가능합니다.<br>• 타 제휴 할인카드와 중복사용 가능합니다.<br>• 타 쿠폰과 중복사용이 불가합니다.<br>• 현금으로 교환되거나 환불되지 않습니다.<br>• 단체 10인 이상 예약 시 생맥주 무료 제공(10명 식사 주문 조건)<br>4. 어학원 수강증 활용 내부 프로모션<br>"명함을 넣어 주세요!" 추첨 이벤트 진행(매월 추첨을 통해서 **어학원 수강증을 드립니다.)<br>매월 1등(1명) : 3개월 무료 수강증 증정<br>2등(10명) : 1개월 무료 수강증 증정<br>*명함은 마케팅 데이터로 활용<br>*고객에게 정보 활용 동의서를 받아둘 것 |

## 6. 예상 매출 및 손익분기점 계산

가. 어학원 수강증 지참 방문 고객 예상

어학원 제휴 프로모션은 처음으로 예측은 일반적인 할인 수준으로 산정

1개월 10건(회수)×2.5명(평균 방문객수)×30일 = 750명(방문객수)

1개월 10명 이상 단체 고객 5건×15명(평균 방문객 예측) = 75명

825명×10,300원(객단가 예상) = 8,497,500원

나. 평균 객단가 10,300원(기존 11,500원, 10% 반영 시 예측분)×825명 = 8,497,500원

약 8,497,500원 매출 증대 예상

다. 10% 할인 시 할인 총금액

| | |
|---|---|
| 1,200원(기존 객단가에서 할인금액)×825(예상고객수) | = 990,000원 |
| 추가 매출금액 | = 8,497,500원 |

라. 그 외 비용

| | |
|---|---|
| 인건비 22% | = 1,869,450원 |
| 식자재비 8,497,500원×0.30 | = 2,549,250원 |
| 10% 할인 금액 | = 849,750원 |
| 운영경비 10% | = 849,750원 |
| 총비용 합계 | = 6,118,200원 |
| 영업이익 | = 2,479,300원 |

월 4개월 진행 시 9,917,200원 영업이익 발생

### 7. 추가 소요비용

광고 소요비용 어학원 부담

1인 식사권 10매 어학원 제공(1개월 약 100,000원 상당, 총 400,000원 제공)

### 8. 기대효과

가. 어학원 젊은 학생층, 직장인 고객 유입

나. 어학원 수강생들에게 브랜드 홍보

다. 디너 매출 확보 효과

### 9. 지원사항

가. 10% 할인 POS키 생성/생맥주 무료 POS키 생성 : 유관부서

나. 잡지광고, 배너, 포스터 이미지 제작 : **어학원 진행

다. 담당자 : **백화점 이*원 팀장, 종로점 정*경 점장

## 결과보고서 종로점 **어학원 제휴 프로모션의 건

### 1. 행사 진행 목적

종로상권의 특성상 학생들과 20~30대 젊은 직장인이 주요 고객층이며, 고객층 중 상당수가 어학원을 이용하고 있어 어학원 수강자 대상 혜택을 제공함으로써 고객 유입을 통한 매출증대를 꾀하고자 한다.

### 2. 진행비용

가. 어학원 1인 식사권 10매 증정(월 100,000원 상당, 4개월 400,000원 상당)

모든 행사용 이미지 제작 및 홍보는 **어학원 측에서 진행하기로 한다. 식사권 증정 외 추가 비용 발생 없다.

### 3. 매출 및 영업이익 측면(1개월 분석)

총 60건 회수　60건×객단가 9,500원×평균객수 2.5명 = 1,425,000원

| | |
|---|---|
| 인건비 22% | = 313,500원 |
| 식자재비 1,425,000원×0.30 | = 427,500원 |
| 10% 할인 비용 6,950×0.30×800 | = 142,500원 |
| 운영경비 10% | = 142,500원 |
| 생맥주 무료 제공금액 | = 120,000원 |
| 총비용 합계 | = 1,157,000원 |
| 영업이익 | = 268,000원 |

점포 영업이익 268,000원 영업이익 발생, 일평균 고객수 5명 증가로 목표치 미달하였다. 영업이익 측면에서도 거의 손익분기점 수준으로 영업 활성화에 도움이 되지 못하였다.

### 4. 고객적인 측면

가. 할인에 대한 반응이 거의 없었다.

나. 생맥주 무료 제공에 대한 반응이 좋았으나 원가적인 측면에서 점포에 부담이 된다.

다. 일일 객수 5명 정도 추가로 매출에 부정적인 영향을 미쳤다.

라. 디너영업보다 대부분 런치 학생들 입장으로 디너 매출에 영향을 미치지 못했다.

### 5. 향후 계획

어학원 제휴 프로모션의 경우 실적분석 결과 고객의 반응이 거의 전무한 상태이고 비교적 저렴한 곳에서의 식사를 원하는 젊은 층이라 향후 어학원과의 제휴는 바람직하지 않다고 판단된다. 디너 매출 활성화를 기대했으나 런치입점이 이루어지고, 생맥주 무료 제공의 경우 점포에 원가부담이 다소 크다. 다만 명함추첨 이벤트로 어학원 수강증 무료 제공에 대해서는 고객의 반응이 좋았다. 디너 매출 활성화를 위한 제휴업체는 다른 제휴처를 선택해서 진행해야 할 것으로 판단된다.

**사례 예시 07** | 경영계획 달성을 위한 할인 행사(SMS 문자발송) 기획서 및 결과보고서

## 기획서 구로점 멤버십 고객 대상 할인 문자 발송의 건

### 1. LSM 진행 목적

비수기를 맞이하여 멤버십 대상으로 20% 할인 문자를 발송해 고객방문을 증대하여 경영계획을 달성하고자 한다. 전년 멤버십 고객 문자 행사 시 약 15% 가량의 회수율을 보였고 매출과 이익에 긍정적인 영향을 미쳤으므로 2014년도에 다시 한 번 진행하고자 한다.

### 2. 현 시장 상황

가. 4월 연중 최고의 비수기로 매출 하락이 심각할 것으로 판단된다.

나. 구로점의 경우 성비수기가 명확히 구분되어 있어 비수기 할인 프로모션이 꼭 필요한 사항이다.

다. D**mall, T**mall로 고객이 이동하고 있는 상황이므로 행사의 필요성이 절실하다.

### 3. 주요 내용

가. 구로점 5천 명 정도의 멤버십 고객 대상으로 20% 문자 할인 쿠폰 발송

나. 문자 할인권 제시 시 총금액의 20% 할인 진행

### 4. 홍보방법

가. 점포 내에서는 행사 내용을 고지하지 않는다.

나. 문자로만 행사 내용 고지

### 5. 세부 내용

| 구분 | 내용 |
|---|---|
| 시행 점포 | 세종돈가스 구로점 |
| 행사 제목 | 구로점 멤버십 고객 대상 SMS 할인권 발송의 건 |
| 행사 기간 | 2014년 4월 1일~4월 30일(총 1개월간 진행) |

| | |
|---|---|
| 행사방법 | 1. 고객행사방법<br>문자 할인권을 제시하면 20% 할인<br>문자 제시 시 사용가능, 중복할인 불가<br>2. 행사 기간 : 2014년 4월 1일~4월 30일(총 30일간)<br>3. 행사 내용<br>① 4월 1일 오전 10시 문자 발송<br>② 멤버십 고객 5,000명 대상<br>③ 문자 제시 시 모든 메뉴 품목 20% 할인 진행<br>④ 문자 내용<br>"안녕하세요? 세종돈가스 구로점입니다. 구로점 오픈 3주년 기념일을 맞이하여 감사의 마음으로 고객님께 20% 할인쿠폰을 보내드립니다. 아래의 내용을 참조하시고 방문하셔서 즐거움을 얻으시길 바랍니다.<br>• 사용 기간 : 2014년 4월 1일~4월 30일<br>• 사용 점포 : 세종돈가스 구로점(타 지점 사용 불가)<br>• 성인 1인 이상 메인 메뉴 주문 시 사용가능하며, 테이블당 1매 사용가능합니다.<br>• 타 제휴 할인카드와 중복사용이 불가합니다.<br>• 타 쿠폰과 중복사용이 불가합니다.<br>• 현금으로 교환되거나 환불되지 않습니다. |

### 6. 예상 매출 및 손익분기점 계산

가. SMS 문자 예상 매출액

2013년 행사 기준으로 총 15%의 회수율을 보였다. 이 기준으로 고객 산출

750건×2.5명(평균 방문객수) = 1,875명(방문객수)

나. 평균 객단가 9,200원(기존 11,500원, 20% 반영 시 예측분)

약 17,250,000원 매출 증대 예상

다. 20% 할인 시 할인 총금액

| | |
|---|---|
| 2,300원(기존 객단가에서 할인금액)×1,875명(예상 고객수) | = 4,312,500원 |
| 추가 매출금액 | = 17,250,000원 |
| 공헌이익 | = 12,937,500원 |

라. 그 외 비용

| | |
|---|---|
| 인건비 22% | = 3,795,000원 |
| 식자재비 17,250,000원×0.30 | = 5,175,000원 |
| 20% 할인 식자재비 | = 1,293,750원 |

| | |
|---|---|
| 운영경비 10% | = 1,725,000원 |
| 총비용 합계 | = 11,988,750원 |
| 영업이익 | = 5,261,250원 |

약 5,261,250원 영업이익 발생(별도 지원금액 제외)

### 7. 추가 소요비용

SMS 문자 발송비용

35원×5,000건 = 175,000원

### 8. 기대효과

가. 멤버십 대상 행사이므로 고객호응도 좋을 것으로 판단된다.

나. 최비수기인 4월을 맞아 1천만 원 정도의 매출을 확보할 것으로 판단된다.

다. 매출과 영업이익 측면에서 필요한 행사로 판단된다.

### 9. 지원사항

가. 20% 할인 POS키 생성 : 유관부서

나. 문자 발송 책임자 : 마케팅팀

다. 점포 책임자 : 이길*점장

## 결과보고서 구로점 멤버십 고객 대상 할인 문자 발송의 건

### 1. 행사 진행 목적

비수기를 맞이하여 멤버십 대상으로 20% 할인 문자를 발송해 고객방문을 증대하는 경영계획을 달성하고자 한다. 전년 멤버십 고객 문자 행사 시 약 15% 가량의 회수율을 보였고 매출과 이익에 긍정적인 영향을 미쳤으므로 2014년도 다시 한 번 진행하고자 한다.

### 2. 진행비용

가. SMS 문자 발송 비용 : 175,000원

나. 발송 대상 : 구로점 멤버십 고객 5,000명 대상

다. 기존 예상 금액으로 진행된다.

### 3. 매출 및 영업이익 측면(1개월 분석)

총 900건 회수 900건×객단가 9,200원×평균객수 2.5명 = 20,700,000원

| | |
|---|---|
| 인건비 22% | = 4,554,000원 |
| 식자재비 20,700,000원×0.30 | = 6,210,000원 |
| 20% 할인 비용 | = 2,875,000원 |
| 운영경비 10% | = 2,070,000원 |
| 총비용 합계 | = 15,709,000원 |
| 영업이익 | = 4,991,000원 |

점포 영업이익 4,991,000원 영업이익 발생하였다. 일평균 고객수 75명 증가로 목표치에 근접 달성하였다. 매출과 영업이익 측면에서 모두 긍정적인 수치를 보였다.

다른 프로모션보다 훨씬 높은 회수율을 보였다.

### 4. 고객적인 측면

가. 할인 쿠폰에 대한 반응률이 높았다.

나. 동반 고객수도 평균 2.5명으로 기존 2.5명과 흡사했다.

다. 런치, 디너 식사시간으로 양분되어 점포의 혼잡도도 거의 없었다.

라. QSC에 대한 만족도도 높고, 점포의 미스터리 쇼퍼 점수도 상승하였다.

### 5. 향후 계획

할인쿠폰 등이 남발되면 브랜드 이미지와 점포의 이미지에 부정적인 영향을 미치므로 향후 남발이 되지 않도록 연간 1회 내지 2회 정도 진행하는 것이 바람직하다고 판단된다. 즉 가장 비수기인 4월과 9월경 행사를 진행하는 것이 타당하다고 판단된다. 문자쿠폰회수율, 고객만족도, 점포운영 측면, 매출 측면에서 모두 긍정적인 모습을 나타내었다. 따라서 향후 최대 비수기인 4월, 9월의 행사로 진행하는 것이 타당하다고 판단된다.

## 사례 예시 08 | 스탬프 쿠폰 배포 기획서 및 결과보고서

### 기획서 전점 스탬프 쿠폰(다이어리 증정) 배포 행사 진행의 건

#### 1. LSM 진행 목적

겨울 성수기를 맞아 고객들에게 만족도를 부여하기 위하여 스탬프카드를 배포하고, 스탬프도장 12개를 모두 모아오면 2014년 세종돈가스 다이어리(판매가 20,000원)를 증정하는 행사이다. 멤버십 고객 대상으로 진행되며, 행사의 참여를 원하면 멤버십 회원으로 가입을 유도한다. 신규 고객 창출 및 기존 멤버십 고객만족도 부여를 목적으로 행사를 진행한다.

#### 2. 현 시장 상황

가. 스탬프카드 행사를 진행하는 브랜드가 늘어나고 있다.
나. S **커피하우스에서 연말 행사로 항시 진행하고 있다.
다. 연말 멤버십 대상 행사를 경쟁 브랜드에서도 진행하고 있다.
라. 연말 기프트 증정 행사는 일반화되고 있다.

#### 3. 주요 내용

가. 구매 고객에게 스탬프카드 증정
나. 메뉴 1개당(음료 제외) 스탬프도장 하나를 찍어드리며 12개를 모으면 2만 원 상당의 다이어리 증정
다. 총 5,000개 제작(점포별 매출에 따른 배분)

#### 4. 홍보방법

가. 온라인
홈페이지 게시
페이스북, 트위터 게시판 공지

나. 점포
점포 내 계산대 주변 POP 거치
다이어리 머천다이징

다. 대고객 문자 메시지

멤버십 회원 50,000명 문자 메시지 전송

## 5. 세부 내용

| 구분 | 내용 |
|---|---|
| 시행 점포 | 세종돈가스 30개 전 지점 |
| 행사 제목 | 스탬프 쿠폰(다이어리 증정) 배포 행사의 건 |
| 행사 기간 | 2014년 11월 1일~12월 31일(총 61일간 진행) |
| 행사방법 | 1. 고객행사방법<br>가. 식사 고객들 중 멤버십 고객 대상으로 스탬프카드 증정<br>나. 스탬프도장 12개를 받으면 2만 원 상당의 다이어리 증정<br>다. 주문 개수당 스탬프도장 1개<br>라. 멤버십카드가 없는 고객은 신규 멤버십 회원으로 유도<br>2. 행사 기간 : 2014년 11월 1일~12월 31일(총 61일간)<br>3. 행사 내용<br>① 11월 1일 오전 10시 문자 발송(50,000명 대상)<br>② 수량 5,000개 한정 제공 실시<br>③ 점포별 100개 증정 기준<br>④ 문자 내용<br>안녕하세요? 세종돈가스입니다. 세종돈가스에서는 연말을 맞이하여 다이어리 증정 행사를 실시하고 있습니다. 아래의 내용 참조하셔서 이벤트에 참여하시고 2만 원 상당의 다이어리를 제공받으시기 바랍니다. 즐거운 연말 보내십시오.<br>• 다이어리에는 연간 사용 10만 원 상당의 쿠폰이 들어있습니다.<br>• 행사 기간 : 2014년 11월 1일~12월 31일<br>• 사용 점포 : 세종돈가스 전 지점<br>• 주문 메뉴 1개당 스탬프도장 1개<br>• 12개의 스탬프를 모으면 스탬프카드를 다이어리로 교환할 수 있습니다.<br>4. 다이어리 판매<br>점포에서 비치 후 다이어리 개별가격 19,800원으로 판매 진행<br>점포별 50개 판매 목표 50개×30점포×19,800원 = 29,700,000원 |

## 6. 예상 매출 및 손익분기점 계산

가. 다이어리 행사비용

다이어리 제작 5,000×7,000원(개당 제작 단가) = 3,500,000원

SMS 문자 발송 비용 50,000명×35원 = 1,750,000원

나. 점포 다이어리 판매 금액

| | |
|---|---|
| 점포별 50개 목표×30점포×19,800원 | = 29,700,000원 |
| 총 소요비용 | = 5,370,000원 |
| 영업이익 | = 24,330,000원 |

### 7. 추가 소요비용

POP 제작 점포별 2장씩

2장×30개 점포 = 60장

| | |
|---|---|
| 60장×2,000원 | = 120,000원 |
| 행사진행 총비용 | = 5,370,000원 |

### 8. 기대효과

가. 멤버십 대상 행사이므로 고객충성도가 증가된다.

나. 신규 고객 멤버십 회원으로 전환할 수 있다.

다. 고퀄리티 다이어리 판매 행사로 영업이익 측면에서도 기여할 것으로 판단된다.

### 9. 지원사항

가. 다이어리 POS키 생성 : 유관부서

나. 문자 발송 책임자 : 마케팅팀

다. 다이어리 담당자 : 마케팅팀 팀장

## 결과보고서 전점 스탬프 쿠폰(다이어리증정) 배포 행사 진행의 건

### 1. 행사 진행 목적

겨울 성수기를 맞아 고객들에게 만족도를 부여하기 위하여 스탬프카드를 배포하고, 스탬프도장 12개를 모두 모아오시면 2014년 세종돈가스 다이어리(판매가 19,800원)를 증정하는 행사이다. 멤버십 고객 대상으로 진행이 되며, 행사 참여를 원하면 멤버십 회원으로 가입을 유도한다. 신규 고객 창출 및 기존 멤버십 고객만족도 부여를 목적으로 행사를 진행한다.

### 2. 진행비용 및 매출, 영업이익 측면

가. 다이어리 행사 비용

다이어리 제작 5,000×7,000원(개당 제작 단가) = 3,500,000원

SMS 문자 발송 비용 50,000명×35원 = 1,750,000원

나. 점포 다이어리 판매 금액

목표 수량인 1,500개 모두 판매 소진

| | |
|---|---|
| 점포별 50개 목표×30점포×19,800원 | = 29,700,000원 |
| 총 소요비용 | = 5,370,000원 |
| 영업이익 | = 24,330,000원 |

1,500개 판매 및 3,500개 증정 행사 모두 완료됨.

### 3. 고객적인 측면

가. 멤버십 대상 행사이므로 고객충성도 증가하고 다이어리에 대한 만족도가 높았다.

나. 신규 고객 멤버십 회원 전년 대비 약 5% 증가하였다.

다. 고퀄리티 다이어리 판매 행사로 영업이익 측면에서도 기여했다.

### 4. 향후 계획

연말연시 행사로 적정하게 운영이 되었고, 판매적인 측면과 고객증정 측면 모두 목표치를 달성하였고, 다이어리에 대한 고객만족도 역시 높은 편이었다. 또 스탬프카드를 모으기 위해 재방문이 많이 늘어나 매출증진에도 도움이 되었다. 내년에도 다이어리를 제작하여 배포하는 행사를 진행하면 좋을 것으로 판단이 되며, 타 커피하우스에서 진행하는 것처럼 시즌 메뉴나 세트 메뉴 몇 종을 포함해서 스탬프카드를 받도록 유도하는 것이 매출증진과 신 메뉴판매 등에 기여할 것으로 판단된다.

## 사례 예시 09 | 타임 마케팅 행사 기획서 및 결과보고서

### 기획서 명동점 주말 타임 마케팅 실시의 건

**1. LSM 진행 목적**

명동점의 주말 매출 중 오전 11시부터 오후 1시까지의 매출이 저조하고, 이 시간대의 매출이 확보되면 주말 매출이 현저히 높아질 것으로 판단된다. 따라서 이 시간대의 이벤트를 통해서 고객들의 유입을 늘려 안정적인 주말 매출을 확보하고자 한다.

**2. 현 시장 상황**

가. 명동 상권 전체가 주말 오전 매출이 낮고, 오후 1시까지의 고객입점이 많이 이루어지지 않고 있다.

나. 명동 상권 특성상 14시 이후부터는 매출이 안정적으로 이루어진다.

다. 경쟁점 등도 타임 마케팅을 실시하는 점포는 현재 없는 상황이다.

*4월 주말 시간대별 고객 유입 현황

| 구분 | 총합계 | 유입비율 |
|---|---|---|
| 11시~12시 | 60 | 0.5% |
| 12시~13시 | 225 | 1.7% |
| 13시~14시 | 1,100 | 8.3% |
| 14시~15시 | 1,930 | 14.5% |
| 15시~16시 | 1,918 | 14.5% |
| 16시~17시 | 1,165 | 8.8% |
| 17시~18시 | 1,380 | 10.4% |
| 18시~19시 | 2,075 | 15.6% |
| 19시~20시 | 2,053 | 15.5% |
| 20시~21시 | 1,305 | 9.8% |
| 21시~22시 | 57 | 0.4% |
| 총합계 | 13,268 | 100.% |

### 3. 주요 내용

가. 주말(토요일, 일요일) 오전 11시~오후 1시까지 입점하는 고객들에게 혜택 제공

나. 시간대에 입점하는 고객들에게 치킨샐러드(6,900원) 무료 제공

다. 어린이 동반 고객들에게는 어린이 돈가스 1,000원에 제공

### 4. 홍보방법

가. 점포 외부 배너 설치, 내부 포스터 비치

나. 홈페이지 이벤트란 공지

다. 멤버십 대상 고객 SMS 문자 발송

라. 제휴업체 전단지 비치

### 5. 세부 내용

| 구분 | 내용 |
|---|---|
| 시행 점포 | 세종돈가스 명동점 |
| 행사 제목 | 명동점 주말 타임 마케팅 실시의 건 |
| 행사 기간 | 2014년 5월 1일~11월 30일, 주말 지속 진행 |
| 행사방법 | 1. 고객행사방법<br>가. 주말(토요일, 일요일) 오전 11시~오후 1시까지 입점 고객들에게 치킨샐러드를 무료로 제공하는 행사를 통하여 고객의 유입을 늘린다.<br>나. 어린이 동반 고객들에게는 어린이 돈가스 1,000원에 제공<br>2. 행사 기간 : 2014년 5월 1일~11월 30일, 지속 진행(주말)<br>3. 행사 내용<br>① 주말 오전 11시~오후 1시까지 입점 고객들에게 치킨 샐러드 무료 제공<br>② 어린이 동반 고객들에게는 어린이 돈가스 4,900원 상당의 메뉴를 1,000원에 제공<br>③ 사용조건<br>• 성인 1인 이상 메인 메뉴 주문 시 사용가능하며, 테이블당 1개 제공됩니다.<br>• 타 제휴 할인카드와 중복사용이 가능합니다.<br>• 타 쿠폰과 중복사용이 불가합니다.<br>• 현금으로 교환되거나 환불되지 않습니다. |

### 6. 예상 매출 및 손익분기점 계산

가. 주말 타임 마케팅 예상

주말 타임 마케팅은 최초 실시로 점장의 의지치로 예상한다.

10일(1개월 토, 일요일 평균 일수)

20건(회수)×2.5명(평균 방문객수)×10일 = 500명(방문객수, 어린이 동반고객 포함)

어린이 돈가스 제공량 : 100개 예상

500명×10,300원(객단가 예상) = 5,150,000원

나. 평균 객단가 10,300원(기존 11,500원)×500명 = 5,150,000원

약 5,150,000원 매출 증대 예상

다. 치킨샐러드 무료 제공과 어린이 메뉴 1,000원 제공 원가 계산

| | |
|---|---|
| 1,200원(기존 객단가에서 할인금액)×500명(예상 고객수) | = 600,000원 |
| 추가 매출금액 | = 5,150,000원 |
| 공헌이익 | = 4,550,000원 |

라. 그 외 비용

| | |
|---|---|
| 인건비 22% | = 1,133,000원 |
| 식자재비 8,497,500원×0.30 | = 1,545,000원 |
| 제공 할인 금액 | = 600,000원 |
| 운영경비 10% | = 515,000원 |
| 총비용 합계 | = 3,793,000원 |
| 영업이익 | = 1,357,000원 |

약 1,357,000원 영업이익 발생(별도 제작금액 제외)

### 7. 추가 소요비용

| | |
|---|---|
| 포스터 제작비용 3장×3,000원 | = 9,000원 |
| 배너 제작비용  2장×30,000원 | = 60,000원 |
| 업체 비치 전단지 10,000원×20개 | = 200,000원 |
| 총합계 | = 269,000원 |

### 8. 기대효과

가. 주말 고객 유입이 적은 시간대 경쟁점 고객 유입 가능

나. 행사를 통한 매출과 이익 확보 가능(행사를 통해서 평균 1일 매출 정도 확보)

다. 주말 안정적인 매출 확보

### 9. 지원사항

가. 치킨샐러드 무료 할인 POS키 생성/어린이 돈가스 1,000원, POS키 생성 : 유관부서

나. 전단지, 배너, 포스터 이미지 제작 : 마케팅 디자인팀

다. 담당자 : 김*호 매니저

## 결과보고서 명동점 주말 타임 마케팅 실시의 건

### 1. 행사 진행 목적

명동점의 주말 매출 중 오전 11시부터 오후 1시까지의 매출이 저조하고, 이 시간대의 매출이 확보되면 주말 매출이 현저히 높아질 것으로 판단된다. 따라서 이 시간대의 이벤트를 통해서 고객들의 유입을 늘려 안정적인 주말 매출을 확보하고자 한다.

### 2. 진행비용

| | |
|---|---|
| 포스터 제작비용 3장×3,000원 | = 9,000원 |
| 배너 제작비용 2장×30,000 | = 60,000원 |
| 업체 비치 전단지 20,000원×20개 | = 400,000원 |
| 총합계 | = 469,000원 |

홍보를 위해서 전단지를 10,000장에서 20,000장으로 추가 제작하면서 200,000원 추가 비용 발생

### 3. 매출 및 영업이익 측면(1개월 분석)

**4월 주말 시간대별 고객 유입 데이터**

| 구분 | 총합계 | 유입비율 |
|---|---|---|
| 11시~12시 | 60 | 0.5% |
| 12시~13시 | 225 | 1.7% |
| 13시~14시 | 1,100 | 8.3% |
| 14시~15시 | 1,930 | 14.5% |
| 15시~16시 | 1,918 | 14.5% |
| 16시~17시 | 1,165 | 8.8% |
| 17시~18시 | 1,380 | 10.4% |

**5월 주말 시간대별 고객 유입 데이터**

| 구분 | 총합계 | 유입비율 |
|---|---|---|
| 11시~12시 | 225 | 1.5% |
| 12시~13시 | 520 | 3.4% |
| 13시~14시 | 1,200 | 7.8% |
| 14시~15시 | 2,130 | 13.8% |
| 15시~16시 | 2,230 | 14.5% |
| 16시~17시 | 1,100 | 7.2% |
| 17시~18시 | 1,450 | 9.4% |

| 18시~19시 | 2,075 | 15.6% |
|---|---|---|
| 19시~20시 | 2,053 | 15.5% |
| 20시~21시 | 1,305 | 9.8% |
| 21시~22시 | 57 | 0.4% |
| 총합계 | 13,268 | 100.0% |

| 18시~19시 | 2,590 | 16.8% |
|---|---|---|
| 19시~20시 | 2,344 | 15.2% |
| 20시~21시 | 1,493 | 9.7% |
| 21시~22시 | 99 | 0.6% |
| 총합계 | 15,381 | 100.0% |

460명×10,500원(객단가 예상) = 4,830,000원 추가 매출 발생

| | |
|---|---|
| 인건비 22% | = 1,062,600원 |
| 식자재비 4,830,000×0.30 | = 1,449,000원 |
| 제공 할인 금액 | = 460,000원 |
| 운영경비 10% | = 483,000원 |
| 총비용 합계 | = 3,454,600원 |
| 영업이익 | = 1,357,400원 |

점포 영업이익 1,357,400원 영업이익 발생. 월 고객수 460명(오전 11시부터 오후 1시까지) 증가로 목표치에 미달하나 이익적인 측면에서는 목표치를 달성하였다. 인력의 생산성 측면에서도 효율적으로 운영할 수 있어서 운영측면의 강점도 있다.

### 4. 고객적인 측면

가. 주말 오전 고객 유입이 많이 이루어지고 있고, 샐러드 무료 제공에 대한 고객의 만족도 측면이 강했다.

나. 어린이 메뉴 1,000원 행사로 인해서 어린이 고객층 동반 고객이 증가하였다.

다. 어린이 동반고객의 만족도 높았다.

라. 전반적으로 고객의 만족도가 높고 외국인 관광객도 증가하였다.

### 5. 향후 계획

1개월 행사 후 타임 마케팅 시간대에 460명의 추가 고객이 확보되었고, 매출 약 4,800,000원 및 영업이익 약 1,300,000원 발생으로 고객수 증가, 매출 및 이익 측면에서 긍정적인 요소로 작용하였다. 따라서 기존에 계획되었던 11월까지 행사를 지속하고 명동, 강남, 신촌 등 비슷한 상권 유형의 점포에서는 시행해볼 수 있는 행사로 판단된다.

## 사례 예시 10 | 여름 바캉스 프로모션(세트 메뉴 연계) 기획서 및 결과보고서

### 기획서 여름 바캉스 프로모션

#### 1. LSM 진행 목적

여름 휴가철을 맞아서 고객들에게 여름 휴가비용을 지원하고, 세트 메뉴 판매를 통해서 객단가, 매출, 이익을 확보하고자 한다. 또 행사를 통한 고객만족도를 제공할 것으로 판단된다.

#### 2. 현 시장 상황

가. 여름 휴가철 이벤트는 진행하는 업체가 다수 있다.

나. 다만 타 브랜드에서 보이지 못하는 다양한 경품을 제휴업체로부터 확보하여 진행한다.

다. 성수기에는 고객만족도 차원에서 다양한 이벤트를 많이 하고 있다.

#### 3. 주요 내용

가. 세트 메뉴를 드신 고객들에게 스크래치카드 제공

나. 스크래치카드를 통해서 경품 1등에서 5등까지 100% 당첨 증정

다. 고객만족도, 매출, 이익 증진

#### 4. 홍보방법

가. 점포 외부 배너 설치, 내부 포스터 비치

나. 홈페이지 이벤트란 및 팝업창 제작

다. 멤버십 대상 고객 SMS 문자 발송

라. 이벤트 테이블 매트 제작

바. 제휴 업체 홈페이지 팝업창 및 이벤트란 게시

#### 5. 세부 내용

| 구분 | 내용 |
|---|---|
| 시행 점포 | 세종돈가스 30개 전 지점 |
| 행사 제목 | **투어와 함께하는 세트 메뉴 먹go, 휴가비 지원받자! |

| 행사 기간 | 2014년 6월 1일~7월 30일(총 60일간 진행) |
| --- | --- |
| 행사방법 | 1. 고객행사방법<br>가. 세트 메뉴 구성<br>① 바캉스 2인 정식(28,400원)<br>치즈돈가스 + 소바정식 + 에이드 2종 = 28,400원<br>*할인가 제공 27,400원<br>② 서머 3인 정식<br>치킨가스 + 알밥정식 + 왕돈가스 + 에이드 3종 = 43,100원<br>*할인가 제공 41,900원<br>나. 세트 메뉴를 2종 구성하고, 이를 주문하는 고객들에게 스크래치카드 제공<br>다. 스크래치카드를 긁어서 나오는 해당 경품 고객 제공<br>라. 경품 내용<br>• 1등(1명) : 괌PIC 4인 가족여행권<br>• 2등(2명) : 제주도 2인 여행권<br>• 3등(3명) : 여행상품권 30만 원<br>• 4등(100명) : 세종돈가스 1인 식사권<br>• 5등(외 전부) : 세종돈가스 에이드 음료권<br>*1등~3등까지의 경품은 제세공과금 22% 고객 부담<br>2. 행사 기간 : 2014년 6월 1일~7월 31까지 2개월간 진행<br>3. 행사 내용<br>가. 4등, 5등 쿠폰 사용조건<br>① 성인 1인 이상 메인 메뉴 주문 시 사용가능하며, 테이블당 1개 제공됩니다.<br>② 타 제휴 할인카드와 중복사용이 가능합니다.<br>③ 타 쿠폰과 중복사용이 불가합니다.<br>④ 현금으로 교환되거나 환불되지 않습니다.<br>나. 제휴업체<br>**투어와 제휴하여 해당 경품 지원<br>① **투어 지원사항<br>1등~3등 경품 지원, 홈페이지 이벤트 공지<br>② 세종돈가스 지원사항<br>• 테이블 매트 **투어 행사 내용 삽입<br>• 모든 인쇄물 **투어 로고 노출 |

## 6. 예상 매출 및 손익분기점 계산

### 가. 세트 메뉴 원가

**바캉스 세트**

| 메뉴명 | 치즈돈가스 | 소바정식 | 에이드 2종 | 합계 |
|---|---|---|---|---|
| 판매가 | 10,900 | 9,900 | 7,800 | 28,600 |
| 원가 | 3,270 | 2,574 | 1,520 | 7,364 |
| 할인판매가 | | | | 27,400 |
| 할인원가 | | | | 26.9% |

**서머 세트**

| 메뉴명 | 치킨가스 | 알밥정식 | 왕돈가스 | 에이드 3종 | 합계 |
|---|---|---|---|---|---|
| 판매가 | 9,900 | 11,900 | 9,900 | 11,400 | 43,100 |
| 원가 | 2,673 | 3,927 | 3,267 | 2,280 | 12,147 |
| 할인판매가 | | | | | 41,900 |
| 할인원가 | | | | | 29.0% |

### 나. 예상 매출액

**세트 메뉴 판매 예상 매출액**

| 판매량 예측 | 점포수 | 일평균 | 영업일수 | 총판매수 | 판매가 | 판매금액 |
|---|---|---|---|---|---|---|
| 바캉스 세트 | 30 | 10 | 61 | 18,300 | 27,400 | 501,420,000 |
| 서머 세트 | 30 | 8 | 61 | 14,640 | 41,900 | 613,416,000 |
| 합계 | | | | | | **1,114,836,000** |

**매출 대비 비율**

| | |
|---|---|
| 6월 예측 매출 | 2,700,000,000 |
| 7월 예측 매출 | 3,000,000,000 |
| 총 세트 판매 매출 | 1,114,836,000 |
| 6월~7월 예측 합계 | 5,700,000,000 |
| 세트 판매 매출 대비 비율 | 19.6% |

다. 원가와 객단가에 미치는 영향

| | |
|---|---|
| 12,500원×456,600명(예상 고객수) | = 5,700,000,000원 |
| 기존 11,500원×456,600명(예상 고객수) | = 5,250,900,000원 |
| 차액 | = 449,100,000원 발생 |
| 추가 매출금액 | = 449,000,000원 |

식자재 원가는 매출 대비 약 1% 하락할 것으로 판단되며, 6~7월 원가 약 29% 달성할 것으로 판단된다. 2개월간 원가절감 금액은 약 160,000,000원이다.

### 7. 추가 소요비용

| | |
|---|---|
| 포스터 제작비용 3장×3,000원×30점포 | = 270,000원 |
| 배너 제작비용 2장×30,000× 30점포 | = 1,800,000원 |
| 테이블 매트 40원×6,000×30점포 | = 7,200,000원 |
| SMS 문자 발송비용 50,000명×35원 | = 1,750,000원 |
| 총합계 | = 11,020,000원 |

### 8. 기대효과

가. 여름 성수기를 고객 유입이 많을 시 객단가 확보

나. 고객만족도를 통한 충성도 확보

다. 세트 메뉴 판매를 통한 운영효율화 및 식자재 원가 다운

### 9. 지원사항

가. 세트 메뉴 POS키 생성 : 유관부서

나. 전단지, 배너, 포스터, 테이블매트 이미지 제작 : 마케팅 디자인팀

다. 담당자 :**투어 담당자 김*길 팀장, 세종돈가스 마케팅 팀장

## 결과보고서 여름 바캉스 프로모션

### 1. 행사 진행 목적

여름 휴가철을 맞이하여 고객들에게 여름 휴가비용을 지원하고, 세트 메뉴 판매를 통해서 객단가, 매출, 이익을 확보하고자 한다. 또한 행사를 통해 고객만족도를 제공할 것으로 판단된다.

### 2. 진행비용

| | |
|---|---|
| 포스터 제작비용 3장×3,000원×30점포 | = 270,000원 |
| 배너 제작비용 2장×30,000×30점포 | = 1,800,000원 |
| 테이블 매트 40원×6,000×30점포 | = 7,200,000원 |
| SMS 문자 발송비용 50,000명×35원 | = 1,750,000원 |
| 총합계 | = 11,020,000원 |

### 3. 매출 및 영업이익 측면(1개월 분석)

**영업 후 결과보고서**

| 구분 | 기존 | 행사후 | 변동폭 |
|---|---|---|---|
| 객단가 | 11,500 | 12,560 | 1,060 |
| 식자재 원가 | 30% | 28.80% | 1.20% |
| 추가 매출 | | | |
| 바캉스 세트 판매량 | 18,500 | | |
| 서머 세트 판매량 | 15,320 | | |

객단가 1,060원 상승, 식자재 원가 1.2% 하락, 세트 메뉴 목표량 추가 달성 등으로 전반적으로 긍정적인 행사였으며 매출, 이익, 원가, 고객만족도 모두 달성한 것으로 평가된다.

### 4. 고객적인 측면

가. 고객 유입이 많이 이루어졌고, 전년 대비 약 3% 정도의 추가 고객 유입이 이루어졌다.

나. 세트 메뉴 판매량 비율이 총매출대비 20%를 넘었다.

다. 세트 메뉴 구성에 대한 고객만족도가 높았다.

라. 부정적인 측면에서 6월과 7월 QSC 지표가 1.5포인트 하락하였다. 향후 고객 증가 시 QSC에 대한 부분이 흐트러지지 않도록 점포관리자의 관리가 요망된다.

## 5. 향후 계획

세트 메뉴의 기획은 점포에 원가적인 측면, 고객만족도 측면, 객단가를 통한 매출과 이익 모두에 도움이 되는 것으로 판명된바 향후 주요 행사를 진행할 시 업체와의 제휴를 통해서 진행하는 것이 좋을 것으로 판단된다. 다만 메뉴 구성에 있어서의 원가적인 측면보다 고객만족도가 우수한 메뉴를 선택해서 세트 메뉴를 구성하는 방법이 효과적이라고 판단된다. 연말, 졸업과 입학, 여름 휴가철 등 주요 행사 가능 시 세트 메뉴를 통한 행사를 기획하는 것은 점포에 많은 도움이 되리라 판단된다.

## 사례 예시 11 | 출판사 제휴 이벤트 기획서 및 결과보고서

### 기획서 출판사 제휴 이벤트 진행의 건

**1. LSM 진행 목적**

**출판사의 신규 도서 ○○○의 출판을 기념하여 출판사와 제휴하여 출판사 신규 도서를 홍보하고, 고객은 홈페이지를 방문하게 하여 홈페이지를 활성화하고, 홈페이지 신규 고객을 확보하는 목적으로 진행한다.

**2. 현 시장 상황**

가. 출판사와의 제휴 이벤트는 거의 전무한 상황이다.

나. 커피하우스의 경우 신규 도서의 홍보를 테이블 매트를 활용해서 진행하고 있다.

다. 출판사와 제휴하여 서로 윈-윈할 수 있는 구조로 만들 수 있을 것으로 판단된다.

**3. 주요 내용**

가. 홈페이지에 방문하여 로그인한 뒤 신규 도서 ○○○을 받고 싶은 사연을 쓰면, 그 중에서 좋은 사연을 남긴 고객을 추첨하여 도서 300권을 증정한다.

나. 점포별로 응모권을 부여해서 응모함에 넣은 후 추첨을 통해서 제공한다.

다. 신규 도서 ○○○은 테이블 매트를 통한 광고를 진행한다.

**4. 홍보방법**

가. 테이블 매트 광고를 진행한다.

**5. 세부 내용**

| 구분 | 내용 |
|---|---|
| 시행 점포 | 세종돈가스 30개 전 지점 |
| 행사 제목 | 홈페이지에 사연올리고, 신규 도서 OOO 받기! |
| 행사 기간 | 2014년 10월 1일~10월 31일(총 31일간 진행) |

<table>
<tr>
<td>행사방법</td>
<td>
1. 고객행사방법<br>
가. 고객이 홈페이지를 방문하여 신규 도서 OOO을 받고 싶은 사연을 작성한다.<br>
나. 31일간 행사를 진행 후 점포별로 10명씩 좋은 사연을 남긴 고객을 뽑아서 도서를 증정한다.<br>
다. 점포에서는 테이블 매트를 비치해서 신규 도서를 홍보해준다.<br>
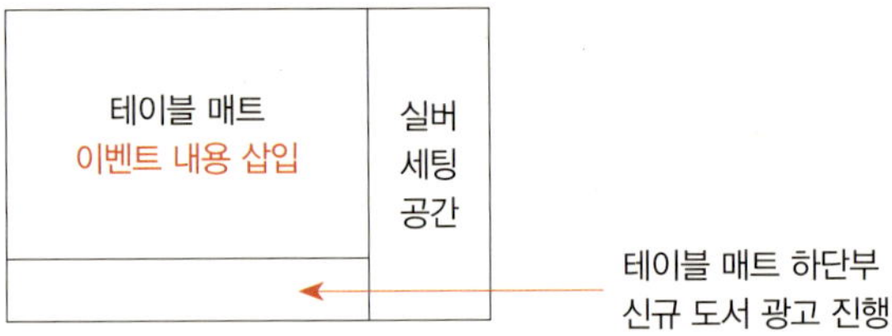
<br>
2. 행사 기간 : 2014년 10월 1일~10월 31일(총 31일간)<br>
3. 행사 내용<br>
① 신규 도서 OOO 300권 **출판사로부터 지원 받음.<br>
② 점포에서는 테이블 매트 광고만 진행함.<br>
③ 고객이 홈페이지를 방문하여 사연 작성함.<br>
4. 지원 내역<br>
**출판사에서 신규 도서 OOO 300권 지원<br>
테이블 매트 비용 40원×10,000 = 400,000원 지원
</td>
</tr>
</table>

### 6. 홈페이지 방문 및 신규 홈페이지 회원 목표

가. 홈페이지 방문 횟수는 최근 일일 700명 정도이며, 일평균 800명이 목표다.

나. 신규 가입회원 일평균 10명 정도로 가입하고 있으며, 일평균 12명이 목표다.

### 7. 추가 소요비용

브랜드에서 소요되는 비용은 없다.

### 8. 기대효과

가. 홈페이지 방문 고객수 증가로 홈페이지 친숙도 증대

나. 신규 홈페이지 가입 회원 증대로 회원수 확보

다. 대고객 이벤트를 통한 고객만족도 증진

### 9. 지원사항

가. 홈페이지 이벤트 페이지 작성 : 마케팅팀

나. 전체 진행 책임자 : 마케팅팀 김*정

## 결과보고서 ▸ 출판사 제휴 이벤트 진행의 건

### 1. 행사 진행 목적

**출판사의 신규 도서 ○○○의 출판을 기념해 출판사와 제휴하여 신규 도서를 홍보하고, 고객으로 하여금 홈페이지를 방문하게 하여 홈페이지를 활성화시켜, 홈페이지 내의 신규 고객을 확보하는 목적으로 진행한다.

### 2. 홈페이지 방문 및 신규 홈페이지 회원 목표

가. 홈페이지 방문 횟수는 최근 일일 700명 정도이며, 목표는 일평균 800명이다. 최종 일평균 885명이 방문하였다.

나. 신규 가입회원 일평균 10명 정도 가입하고 있으며 일평균 12명이 목표다. 최종 신규 가입회원은 일평균 13.3명으로 총 412명이 가입하였다.

일평균 885명 방문, 신규 가입 총 412명으로 목표치보다 상향 달성하였다.

### 3. 고객적인 측면

가. 홈페이지 방문 고객수 증가로 홈페이지 친숙도가 증대되었다.

나. 신규 홈페이지 가입회원 증대로 회원수를 확보했다.

다. 대고객 이벤트를 통한 고객만족도가 증진되었다.

### 4. 향후 계획

출판사 제휴 이벤트를 통해서 고객에게 만족감을 부여하고, 홈페이지 방문을 하게 함으로써 홈페이지로의 접근을 유도하는 등 긍정적인 효과로 나타내었다. 또한 홈페이지 신규 가입회원도 증가하는 양상을 보였다. 부정적인 측면보다 긍정적인 측면이 많았으므로 이에 향후 비수기나 가을철 이벤트로서 적절하다고 판단된다.

## 사례 예시 12 | 프로야구 구단 제휴 이벤트 기획서 및 결과보고서

### 기획서 프로야구 구단 **자이언츠 제휴의 건

**1. LSM 진행 목적**

프로야구 관중이 해마다 증가하여 연평균 8백만 명을 돌파하는 국민 스포츠로 부상하면서 인기가 많은 구단과 제휴를 함으로써 브랜드 인지도 상승 및 광고를 통한 브랜드 친숙도 증진 및 호감도 증진을 이루고자 한다.

**2. 현 시장 상황**

가. 프로야구가 국민 스포츠로 자리매김하고 있다.

나. **자이언츠의 인기는 급상승하고 있고, 최다관중수를 보유하고 있다.

다. 주요 외식업체들의 스포츠팀 광고를 진행하고 있다.

**3. 주요 내용**

가. 세종돈가스 2인 무료 식사권을 **자이언츠 측에 경기당 10매씩 증정

총 70경기×10매 = 700매(700×20,000원 = 14,000,000원)

나. **자이언츠 측에서는 5회 말 이후 고객 이벤트인 키스 타임에 경품으로 세종돈가스 2인 식사권 증정 이벤트를 진행, 세종돈가스 동영상 광고 2회 이상 진행

다. 키스 타임 이외의 사용 식사권은 야구 관람객 중 추첨을 통해서 경품으로 제공

**4. 홍보방법**

가. 온라인

**자이언츠 홈페이지 내 협력업체로 브랜드 로고 노출

나. **자이언츠 구장 내 세종돈가스 홍보용 플랜카드 2장 거치

다. **자이언츠 시즌 이후 선수 3명 사인회 세종돈가스 매장에서 개최

## 5. 세부 내용

| 구분 | 내용 |
|---|---|
| 시행 점포 | 세종돈가스 전 지점 |
| 행사 제목 | 프로야구 구단 **자이언츠 제휴의 건 |
| 행사 기간 | 2014년 3월~2014년 9월(총 7개월간) |
| 행사방법 | 1. 고객행사방법<br>가. 프로야구 구단 **자이언츠 경기 중 키스 타임 행사 경품으로 세종돈가스 2인 식사권 증정(경기당 3매씩)<br>나. 경기 후 추첨을 통해 식사권 경품으로 증정<br>다. 경기장 내 세종돈가스 플랜카드 2종 거치<br>라. 세종돈가스 홍보동영상 2회 상영<br>2. 식사권 사용 기간<br>2014년 3월 1일~2014년 12월 31일<br>3. 쿠폰 내용<br>① 정식을 제외한 모든 메뉴 2가지 선택 가능(2인 식사권)<br>② 계산 전 식사권 제시<br>③ 유효 기간 : 2014년 3월 1일~2014년 12월 31일까지<br>④ 사용 점포 : 세종돈가스 전 지점<br>⑤ 유의사항<br>• 테이블당 1매 사용가능합니다.<br>• 타 제휴 할인카드와 중복사용이 가능합니다(추가 주문 시).<br>• 타 쿠폰과 중복사용이 불가합니다.<br>• 현금으로 교환되거나 환불되지 않습니다. |

## 6. 홍보 효과

가. 매 경기당 평균 관중수 2만여 명의 브랜드 동영상 시청

나. 키스 타임 시 진행되는 세종돈가스 브랜드 노출

다. 경기장 내 플랜카드의 광고 효과

## 7. 소요비용

가. 소요비용 : 2인 식사권×70매 = 14,000,000원(1매당 20,000원 상당)

총비용 합계 14,000,000원

**8. 기대효과**

가. **자이언츠와 연계를 통한 브랜드 친숙도 증진

나. 경기 중 광고를 통한 브랜드 홍보 효과

다. 키스 타임 시 노출되는 브랜드 노출 효과

**9. 지원사항**

가. 전 점포 2인 식사권 POS키 생성 : 유관부서

나. 각종 이미지, 동영상 제작 : 마케팅팀 디자이너

다. 담당자 : **자이언츠 김*경 팀장, 세종돈가스 마케팅 팀장

## 결과보고서 프로야구 구단 **자이언츠 제휴의 건

**1. 행사 진행 목적**

프로야구 관중이 해마다 증가하여 연평균 8백만 명을 돌파하는 국민 스포츠로 부상하면서 인기가 많은 구단과 제휴를 함으로써 브랜드 인지도 상승 및 광고를 통한 브랜드 친숙도 증진 및 호감도 증진을 이루고자 한다.

**2. 진행비용**

가. 소요비용 : 2인 식사권×70매 = 14,000,000원(1매당 20,000원 상당)
　　총비용 합계 14,000,000원

기 기획서상에서 예상했던 금액과 동일한 비용 사용

**3. 홍보 및 기대 효과**

가. 매 경기당 평균 관중수 2만여 명의 브랜드 동영상 시청

나. 키스 타임 시 진행되는 세종돈가스 브랜드 노출

다. 경기장 내 플랜카드의 광고 효과

위 과정을 통한 당장의 매출 효과보다는 장기적인 관점에서 브랜드 노출을 통한 인지도와 친숙도가 상승한 것으로 판단된다.

### 4. 고객적인 측면

가. 세종돈가스에 대한 브랜드 친숙도가 증대되었다.

나. 브랜드가치가 상승했다.

다. 세종돈가스 홍보가 이루어졌다.

### 5. 향후 계획

1년간 진행한 후 결과를 토대로 하여 향후 지속적으로 진행할지 그 여부를 결정하면 될 것으로 판단된다. 장기적인 관점의 광고와 브랜드에 대한 친숙도, 이미지 상승에 포커스를 두고 제휴를 지속적으로 진행한다. 현재 3개월 정도 후 고객반응도나 인지도 상승 등 미미하지만 증가할 것으로 보인다. 향후 고객조사를 통해 정확한 데이터를 산출하여 지속 여부를 판단하는 것이 좋겠다.

## 사례 예시 13 | 생맥주 무한제공 이벤트 기획서 및 결과보고서

### 기획서 수원점 생맥주 무한제공 이벤트 진행의 건

**1. LSM 진행 목적**

가을로 접어들면서 20시 이후 입점 고객이 현격히 줄어들어 20시 이후 입점 후 식사하는 고객들에게 한시적으로 생맥주를 무제한으로 공급하는 행사를 진행하고자 한다.

**2. 현 시장 상황**

가. 가을철로 접어들면서 20시 이후 입점 고객이 현격히 줄어들고 있다.

나. 여름철 디너 시간이 활성화되었으나 디너 고객이 현격히 줄어들었다.

다. 객단가가 다소 높은 디너 시간을 공략함으로서 고객수를 확보할 필요성이 있다.

*8월과 9월 시간대별 고객수

8월 시간대별 고객수

| 구분 | 총합계 | 유입비율 |
|---|---|---|
| 11시~12시 | 120 | 0.9% |
| 12시~13시 | 1,325 | 10.0% |
| 13시~14시 | 1,500 | 11.3% |
| 14시~15시 | 1,300 | 9.8% |
| 15시~16시 | 995 | 7.5% |
| 16시~17시 | 870 | 6.6% |
| 17시~18시 | 884 | 6.7% |
| 18시~19시 | 1,200 | 9.0% |
| 19시~20시 | 1,300 | 9.8% |
| 20시~21시 | 450 | 3.4% |
| 21시~22시 | 100 | 0.8% |
| 총합계 | 10,044 | 75.7% |

9월 시간대별 고객수

| 구분 | 총합계 | 유입비율 |
|---|---|---|
| 11시~12시 | 98 | 0.7% |
| 12시~13시 | 1,126 | 8.5% |
| 13시~14시 | 1,100 | 8.3% |
| 14시~15시 | 1,196 | 9.0% |
| 15시~16시 | 880 | 6.6% |
| 16시~17시 | 866 | 6.5% |
| 17시~18시 | 770 | 5.8% |
| 18시~19시 | 980 | 7.4% |
| 19시~20시 | 976 | 7.4% |
| 20시~21시 | 112 | 0.8% |
| 21시~22시 | 25 | 0.2% |
| 총합계 | 8,129 | 61.3% |

### 3. 주요 내용

가. 20시 이후 입점해서 식사하시는 고객들에게 생맥주 무제한 제공

나. 22시 폐점 시간까지 무제한 생맥주 제공

### 4. 홍보방법

가. 멤버십 고객 대상 SMS 문자 공지

나. 홈페이지 이벤트란 공지

### 5. 세부 내용

| 구분 | 내용 |
|---|---|
| 시행 점포 | 세종돈가스 수원점 |
| 행사 제목 | 수원점 생맥주 무제한 제공 이벤트 건 |
| 행사 기간 | 2014년 10월 1일~11월 30일(총 61일간 한시적 진행) |
| 행사방법 | 1. 고객행사방법<br>가. 20시 이후 입점해서 식사를 주문하시는 고객에게 생맥주 무한제공<br>나. 22시 폐점까지 생맥주 무제한 리필 서비스 제공<br>2. 행사 기간 : 2014년 10월 1일~11월 30일(총 61일간 진행)<br>3. 행사 내용<br>① 식사 주문개수에 해당하는 생맥주잔 제공<br>② 폐점시간까지 생맥주 무한 리필 제공<br>③ 사용조건<br>• 메뉴 주문 개수에 해당하는 생맥주 사용 |

### 6. 예상 매출 및 손익분기점 계산

가. 객수 목표

10월~11월 행사기간 총 객수 목표 18,000명

20시 이후 입장 고객 1,000명 목표

500명×11,500원 = 5,750,000원 매출 목표

5,750,000×2개월 = 11,500,000원 매출 목표

(전월 137명×11,500원 = 1,575,000원)

나. 생맥주 무료 제공 원가

일별 1통×35,000×61 = 2,130,000

다. 그 외 비용

| | |
|---|---|
| 매출 | = 11,500,000원 |
| 인건비 22% | = 2,530,000원 |
| 식자재 원가 11,500,000원×0.3 | = 3,450,000원 |
| 무료 제공 생맥주 원가 | = 2,130,000원 |
| 운영경비 10% | = 1,150,000원 |
| 총비용 합계 | = 9,260,000원 |
| 영업이익 | = 2,240,000원 |

약 2,200,000원 영업이익 발생(별도 제작금액 제외)

#### 7. 추가 소요비용

SMS 공지비용 35원×3,000건 = 105,000원

#### 8. 기대효과

가. 디너 타임 20시 이후 입장 고객 증가

나. 디너 시간 직원들의 생산성 향상

다. 디너 매출 확보를 통한 매출과 이익의 성장

#### 9. 지원사항

가. 생맥주 무료 할인 POS키 생성 : 유관부서

나. SMS 문자 발송 : 마케팅팀

다. 담당자 : 방*호 매니저

### 결과보고서 수원점 생맥주 무한제공 이벤트 진행의 건

#### 1. 행사 진행 목적

가을로 접어들면서 8시 이후 입점 고객이 현격히 줄어들어서 8시 이후 입점 후 식사하는 고객들에게 한시적으로 생맥주를 무제한으로 공급하는 행사를 진행하고자 한다.

### 2. 진행비용

| | |
|---|---|
| SMS 공지비용 35원×3,000건 | = 105,000원 |
| 무료 제공 생맥주 원가 | = 2,562,000원 |
| 총합계 | = 2,667,000원 |

생맥주 사용량이 1일 1통 정도로 예상했으나 1.2통 정도의 사용량을 보였다.

### 3. 매출 및 영업이익 측면(1개월 분석)

**9월 시간대별 고객수**

| 구분 | 총합계 | 유입비율 |
|---|---|---|
| 11시~12시 | 98 | 0.7% |
| 12시~13시 | 1,126 | 8.5% |
| 13시~14시 | 1,100 | 8.3% |
| 14시~15시 | 1,196 | 9.0% |
| 15시~16시 | 880 | 6.6% |
| 16시~17시 | 866 | 6.5% |
| 17시~18시 | 770 | 5.8% |
| 18시~19시 | 980 | 7.4% |
| 19시~20시 | 976 | 7.4% |
| 20시~21시 | 112 | 0.8% |
| 21시~22시 | 25 | 0.2% |
| 총합계 | 8,129 | 61.3% |

**10월 시간대별 고객수**

| 구분 | 총합계 | 유입비율 |
|---|---|---|
| 11시~12시 | 103 | 0.8% |
| 12시~13시 | 1,182 | 8.9% |
| 13시~14시 | 1,155 | 8.7% |
| 14시~15시 | 1,256 | 9.5% |
| 15시~16시 | 924 | 7.0% |
| 16시~17시 | 909 | 6.9% |
| 17시~18시 | 809 | 6.1% |
| 18시~19시 | 1,029 | 7.8% |
| 19시~20시 | 1,025 | 7.7% |
| 20시~21시 | 358 | 2.7% |
| 21시~22시 | 228 | 1.7% |
| 총합계 | 8,978 | 67.7% |

**11월 시간대별 고객수**

| 구분 | 총합계 | 유입비율 |
|---|---|---|
| 11시~12시 | 104 | 0.8% |
| 12시~13시 | 1,194 | 9.0% |
| 13시~14시 | 1,167 | 8.8% |
| 14시~15시 | 1,268 | 9.6% |
| 15시~16시 | 933 | 7.0% |
| 16시~17시 | 918 | 6.9% |
| 17시~18시 | 817 | 6.2% |
| 18시~19시 | 1,039 | 7.8% |
| 19시~20시 | 1,035 | 7.8% |
| 20시~21시 | 382 | 2.9% |
| 21시~22시 | 259 | 2.0% |
| 총합계 | 9,117 | 68.7% |

1,227명×11,500원(평균 객단가) = 14,110,500원 매출 발생

| | |
|---|---|
| 인건비 22% | = 3,104,310원 |
| 식자재비 14,110,500원×0.30 | = 4,233,150원 |
| 생맥주 무료 제공비용 | = 2,562,000원 |
| 운영경비 10% | = 1,411,050원 |
| 총비용 합계 | = 11,310,510원 |
| 영업이익 | = 2,799,990원 |

점포 영업이익 목표인 2,240,000원보다 초과한 2,799,990원 영업이익 달성, 목표 고객수 1,000명이었으나 1,227명으로 고객수 또한 달성하였다. 인력의 생산성 측면에서도 효율적으로 운영할 수 있어서 운영 측면의 강점도 있다.

#### 4. 고객적인 측면

가. 생맥주 무한제공으로 인한 단체 고객의 방문이 많았다.

나. 생맥주 무한제공에 대한 만족도가 높았다.

#### 5. 향후 계획

이벤트성 행사로 2개월간 진행하였으나 행사의 계획대로 높은 만족도를 나타내고 입점시간이 늦어져 가을철 야간 매출과 고객수 확보에 성공적이었다고 평가된다. 향후 야간 매출이 저조한 점포에서 진행할 수 있는 타임 마케팅이라고 생각된다. 다만 레스토랑이 주점의 느낌이 나지 않도록 점포 분위기 형성을 위한 점포 관리자의 노력은 있어야 한다고 판단된다.

## 사례 예시 14 | 크로스 쿠폰 이벤트 기획서 및 결과보고서

### 기획서 강남점 **커피하우스와 크로스 쿠폰 이벤트 진행의 건

**1. LSM 진행 목적**

고객수를 창출하기 위해서 서로 다른 유입 고객들에게 크로스 쿠폰을 제공함으로써 고객 유입의 효과를 보고자 한다. **커피하우스 고객들에게 세종돈가스 치킨샐러드 쿠폰을 제공하고, 세종돈가스 고객들에게는 **커피하우스 무료 음료권을 제공하여 각 점포가 윈윈할 수 있도록 한다.

**2. 현 시장 상황**

가. 상권 내 레스토랑의 경쟁이 갈수록 치열하고 신규 점포들이 오픈하고 있는 상황이다.

나. 커피하우스의 입점으로 경쟁도 치열한 상황이다.

다. 고객에게 어떤 가치를 주느냐하는 것이 관건이다.

라. 고객들에게 쿠폰의 증정은 일반화되어 가고 있다.

**3. 주요 내용**

가. 각 브랜드에서 크로스 쿠폰 증정

나. 세종돈가스에서 2만 원 이상 식사한 고객들에게는 **커피하우스 1인 무료 음료권 증정, **커피하우스에서 음료를 2잔 이상 주문한 고객에게 세종돈가스 치킨샐러드 무료 쿠폰 제공

다. 세종돈가스 치킨샐러드 쿠폰 5,000장 제공, **커피하우스 1인 무료 음료권 5,000장 제공

**4. 홍보방법**

가. 온라인

홈페이지 이벤트란에 게시

나. 점포

점포 내 계산대 주변 POP 거치

### 5. 세부 내용

| 구분 | 내용 |
|---|---|
| 시행 점포 | 세종돈가스 강남점 |
| 행사 제목 | 강남점 **커피하우스와 크로스 쿠폰 이벤트 진행의 건 |
| 행사 기간 | 2014년 6월 1일~6월 30일(총 1개월간) |
| 행사방법 | 1. 고객행사방법<br>가. 세종돈가스에서 2만 원 이상 식사한 고객들에게 **커피하우스 1인 무료 음료권 제공<br>나. **커피하우스에서 음료 2잔 이상 주문한 고객들에게 세종돈가스 치킨샐러드 무료 쿠폰 제공<br>다. 각 점포별로 쿠폰 5,000매씩 제작<br>2. 행사 기간 : 2014년 6월 1일~6월 30일(총 1개월간)<br>3. 행사 내용<br>① 각 점포에서 크로스 쿠폰 제공<br>② 수량 5,000개 한정 제공 실시<br>4. 쿠폰 내용<br>① 각 수원 점포에서만 사용 가능<br>② 계산 전 쿠폰 제시<br>③ 유효 기간 : 2014년 6월 1일~2014년 6월 30일<br>④ 사용 점포 : 세종돈가스 수원점, **커피하우스 수원점<br>⑤ 유의사항<br>• 테이블당 1매 사용가능합니다.<br>• 타 제휴 할인카드와 중복사용이 가능합니다(추가 주문 시).<br>• 타 쿠폰과 중복사용이 불가합니다.<br>• 현금으로 교환되거나 환불되지 않습니다.<br>• 추가 주문 시에만 사용가능합니다. |

### 6. 예상 매출 및 손익분기점 계산

가. 예상 추가 매출

평균 쿠폰 회수율보다 상회할 것으로 판단되어 약 5%의 회수율을 보일 것으로 판단된다.

5,000장×5% = 250장

250장×10,500원(쿠폰 제공으로 객단가 1천 원 하락 예상)×2.5명 = 6,562,500원

| 매출 | = 6,562,500원 |
|---|---|
| 인건비 22% | = 1,443,750원 |
| 식자재비 6,562,500×0.30 | = 1,968,750원 |
| 쿠폰 무료 제공 원가 2,070원×250장 | = 517,500원 |
| 운영경비 10% | = 656,250원 |
| 총비용 합계 | = 4,586,250원 |
| 영업이익 | = 1,976,250원 |

**7. 추가 소요비용**

| 쿠폰 제작비용 5,000매×25원 | = 125,000원 |
|---|---|
| POP 제작 점포별 2장씩 | = 30,000원 |
| 행사진행 총비용 | = 155,000원 |

**8. 기대효과**

가. 다른 고객층을 공략하여 점포로 입점 유도한다.

나. 식사 고객에게는 커피 쿠폰, 커피 고객에게 레스토랑 쿠폰을 제공함으로써 고객들에게 만족도를 부여한다.

다. 각 브랜드에서 양사를 홍보해주면서 신규 고객을 창출할 수 있다.

**9. 지원사항**

가. 무료 쿠폰 POS키 생성 : 유관부서

나. 담당자 : 박*진 점장, 협력업체 담당자 해당 점포 점장

## 결과보고서 강남점 **커피하우스와 크로스 쿠폰 이벤트 진행의 건

**1. 행사 진행 목적**

고객수를 창출하기 위해서 서로 다른 유입 고객들에게 크로스 쿠폰을 제공함으로써 고객유입의 효과를 보고자 한다. **커피하우스 고객들에게 세종돈가스 치킨샐러드 쿠폰을 제공하고, 세종돈가스 고객들에게는 **커피하우스 무료 음료권을 제공하여 각 점포가 윈-윈할 수 있도록 한다.

## 2. 진행비용 및 매출, 영업이익 측면

쿠폰 회수율 7% 보였다.

5,000장×7% = 350장

350장×10,400원(쿠폰 제공으로 객단가 1천 원 하락 예상)×2.5명 = 9,100,000원

| | |
|---|---|
| 매출 | = 9,100,000원 |
| 인건비 22% | = 2,002,000원 |
| 식자재비 9,100,000원×0.30 | = 2,730,000원 |
| 쿠폰 무료 제공 원가 2,070원×350장 | = 724,500원 |
| 운영경비 10% | = 910,000원 |
| 총비용 합계 | = 6,366,500원 |
| 영업이익 | = 2,733,500원 |

추가 매출 9,100,000원 달성, 영업이익 2,733,500원 달성함.

## 3. 고객적인 측면

가. 다른 고객층을 공략하여 점포로 입점 유도하여 좋은 반응을 보였다.

나. 식사 고객에게는 커피 쿠폰, 커피 고객에게 레스토랑 쿠폰을 제공함으로써 고객들에게 만족도를 부여하였다.

다. 각 브랜드에서 양사를 홍보해주면서 신규 고객을 창출할 수 있었다.

## 4. 향후 계획

커피하우스로 한정해서 처음으로 크로스 쿠폰을 제작하여 배포하여 성공적인 마케팅 사례를 남기게 되었다. 따라서 향후 커피하우스뿐만 아니라 제휴할 수 있는 협력업체를 개발하여 크로스 쿠폰을 제공하고 타 고객층을 공략하여 점포를 알리고 브랜드를 홍보할 수 있도록 하는 것은 점포의 매출과 이익, 신규 고객의 창출 측면에서 좋은 성과를 보일 것으로 판단된다.

## 사례 예시 15 ㅣ 메뉴 올림픽(동계올림픽 기념) 프로모션 기획서 및 결과보고서

### 기획서 메뉴 올림픽(동계올림픽 기념) 프로모션

**1. LSM 진행 목적**

2014년 동계올림픽을 맞이하여 고객과 함께 대한민국을 응원하고 고객 이벤트를 통해서 고객의 즐거움과 만족도를 증진하고자 한다. 추천 메뉴를 정해서 판매량을 높이고 메뉴를 통한 고객만족도 또한 증진하고자 한다.

**2. 현 시장 상황**

가. 대부분의 외식업체에서 올림픽 관련 이벤트를 진행하고, 한국 경기를 생중계하려고 한다.

나. 타 동계올림픽에 비해서 2014년 동계올림픽의 경우 국민의 관심도가 가장 큰 올림픽으로 이벤트를 통한 고객접근을 진행할 필요성이 있다.

다. 한국 경기가 있는 시간을 고객에게 고지하고, 중계하는 업체가 다수 보인다.

**3. 주요 내용**

가. 금메달 개수 맞추기 이벤트를 홈페이지 내에서 진행하여 금메달 개수를 맞춘 고객을 대상으로 금메달을 증정하는 행사 진행

나. 세종돈가스 올림픽 메뉴를 선택한 고객에게 스크래치카드를 증정하여 경품을 제공하는 행사 진행

다. 세종돈가스 홈페이지에 대한민국 선수단의 응원 댓글을 남겨주신 고객들에게 추첨을 통해서 식사권 제공

**4. 홍보방법**

가. 온라인 : 홈페이지 팝업창 및 이벤트 페이지 내용 공지

나. 오프라인 : 점포 내 테이블 매트, 배너, 포스터, 계산대 행사 내용 고지

다. 모바일 : 페이스북, 트위터 게시

## 5. 세부 내용

| 구분 | 내용 |
|---|---|
| 시행 점포 | 세종돈가스 전 지점 |
| 행사 제목 | 대한민국 응원하go, 신나는 경품 받go, 한번 더 받go~ go! go! go! 이벤트 |
| 행사 기간 | 2014년 1월 23일~2014년 2월 22일 |
| 행사방법 | 1. 고객행사방법<br>가. 홈페이지에서 금메달 개수 맞추기 행사 진행<br>홈페이지에 로그인하여 대한민국 동계올림픽 예상 금메달 개수를 등록하고, 맞춘 고객들을 대상으로 하여 1명(금메달 1냥), 2명(금메달 다섯돈)에게 증정하는 행사<br>나. 세종돈가스 대표 메뉴 3종을 드시는 고객에게 스크래치카드를 증정하여 경품을 제공하는 행사<br>다. 로그인하여 홈페이지에 대한민국을 응원하는 댓글을 남기는 고객에 한해 추첨을 통해서 식사권을 증정하는 행사<br>2. 경품 내역<br>이벤트 1. 금메달 1냥, 금 다섯돈 2개<br>이벤트 2. 1등(금메달 1냥), 2등(LED TV 1대), 3등(**노트북 2대), 4등(4인 식사권 10장), 5등(1인 식사권 100장), 6등(에이드 음료 교환권 1,000명)<br>이벤트 3. 총 50명을 추첨해서 2인 식사권 증정<br>*5만 원 이상 경품에 대해서는 제세공과금 22% 본인 부담<br>3. 세부 진행 내역<br>이벤트 1. 홈페이지에 로그인하면 이벤트에 참여할 수 있게 세팅<br>이벤트 2. 대표 메뉴 치즈돈가스, 왕돈가스, 치즈돈가스정식 3가지 메뉴<br>이벤트 3. 응원 댓글을 남길 수 있도록 이벤트 공간 세팅<br>4. 제공되는 쿠폰 내용<br>① 모든 쿠폰 유효 기간 : ~2014년 11월 30일까지<br>② 사용 점포 : 세종돈가스 전 지점<br>③ 유의사항<br>• 성인 1인 이상 메인 메뉴 주문 시 사용가능하며, 테이블당 1매 사용가능합니다.<br>• 타 제휴 할인카드와 중복사용이 가능합니다.<br>• 타 쿠폰과 중복사용이 불가합니다.<br>• 현금으로 교환되거나 환불되지 않습니다. |

## 6. 고객참여 예상 및 매출 예상

가. 고객참여도

홈페이지 방문 횟수는 최근 일일 700명 정도이며, 목표는 일평균 1,000명이다.

신규 가입회원은 일평균 10명 정도 가입하고 있다. 일평균 15명이 목표다.

행사기간 총 31일

홈페이지 방문 고객수 목표 31일×1,000명 = 31,000명

신규 가입회원 목표  31일×15명 = 465명

나. 메뉴 판매량 예측

**12월 판매량(고객수 210,000명 기준)**

| 메뉴명 | 판매가 | 원가 | 12월 판매량 |
|---|---|---|---|
| 생선가스 | 8,900 | 2,225 | 12,703 |
| 치즈돈가스 | 10,900 | 3,270 | 27,014 |
| 치킨가스 | 9,900 | 2,673 | 16,523 |
| 세종돈가스 | 7,900 | 2,212 | 27,856 |
| 왕돈가스 | 9,900 | 3,267 | 37,043 |
| 소바정식 | 9,900 | 2,574 | 5,464 |
| 우동정식 | 8,900 | 2,225 | 15,093 |
| 알밥정식 | 11,900 | 3,927 | 14,983 |
| 모둠튀김 | 5,900 | 2,360 | 3,398 |
| 치킨샐러드 | 6,900 | 2,070 | 7,720 |
| 우동 | 4,900 | 1,372 | 9,981 |
| 치즈돈가스정식 | 13,900 | 4,309 | 24,987 |
| 어린이돈가스 | 4,900 | 1,715 | 8,256 |
| 총합계 | | | 211,021 |

➡

**행사기간 판매량 예측**

| 메뉴명 | 판매가 | 원가 | 12월 판매량 |
|---|---|---|---|
| 생선가스 | 8,900 | 2,225 | 10,321 |
| 치즈돈가스 | 10,900 | 3,270 | 30,123 |
| 치킨가스 | 9,900 | 2,673 | 12,097 |
| 세종돈가스 | 7,900 | 2,212 | 24,876 |
| 왕돈가스 | 9,900 | 3,267 | 41,452 |
| 소바정식 | 9,900 | 2,574 | 3,345 |
| 우동정식 | 8,900 | 2,225 | 15,093 |
| 알밥정식 | 11,900 | 3,927 | 12,044 |
| 모둠튀김 | 5,900 | 2,360 | 5,897 |
| 치킨샐러드 | 6,900 | 2,070 | 7,720 |
| 우동 | 4,900 | 1,372 | 9,999 |
| 치즈돈가스정식 | 13,900 | 4,309 | 31,856 |
| 어린이돈가스 | 4,900 | 1,715 | 8,343 |
| 총합계 | | | 213,166 |

주요 메뉴인 치즈돈가스, 왕돈가스, 치즈돈가스정식의 메뉴 판매량이 위의 목표로 늘어날 것으로 예측이 되며 객단가 상승 요인으로 작용할 것으로 판단된다. 또 경기 관람으로 인한 사이드 메뉴인 모둠튀김과 치킨샐러드도 동반으로 판매량이 상승할 것으로 판단된다. 다만 3가지 메뉴 모두 원가가 다소 높은 메뉴이므로 원가 상승요인은 될 수 있으나 공헌이익이 좋으므로 판매하는 것이 내부적인 목표와 고객만족도 측면에서 좋을 것으로 판단된다.

다. 경품 금액 및 쿠폰 회수 시 부담 금액

| 경품 | 금2냥 | TV | 노트북 | 4인 식사권 | 2인 식사권 | 1인 식사권 | 음료권 | 총금액 |
|---|---|---|---|---|---|---|---|---|
| 수량 | 1 | 1 | 1 | 10 | 50 | 100 | 1,000 | |
| 금액 | 5,000,000 | 2,000,000 | 1,000,000 | 12,000 | 6,000 | 3,000 | 760 | |
| 합계 금액 | 5,000,000 | 2,000,000 | 1,000,000 | 120,000 | 300,000 | 300,000 | 760,000 | 9,480,000 |

경품금액으로 9,480,000원 예상된다.

라. 목표 고객수

전월 대비 고객수 약 5% 증가 예측

전월 총 210,000명 방문/220,050명 방문 예측

10,500명×11,500원(객단가) = 120,750,000원 매출 증가 예상

마. 영업이익 산출

| | |
|---|---|
| 매출증가분 | = 120,750,000원 |
| 인건비 22% | = 26,565,000원 |
| 식자재비 120,750,000원×0.30 | = 36,225,000원 |
| 경품쿠폰원가 | = 9,480,000원 |
| 운영경비 10% | = 12,075,000원 |
| 총비용 합계 | = 84,345,000원 |
| 영업이익 | = 36,405,000원 |

영업이익 36,405,000원 달성, 점포별 평균 1,213,5000원 영업이익 발생 (광고비용 제외)

### 7. 추가 소요비용

| | |
|---|---|
| 가. 온라인 이미지 제작 | = 300,000원 |

나. 오프라인

| | |
|---|---|
| 배너 : 30,000원×1개×30점포 | = 900,000원 |
| 테이블 매트 40원×1,500매×30점포 | = 1,800,000원 |
| 포스터 : 각 점포 2장×3,000원×30점포 | = 180,000원 |
| 총합계 | = 3,180,000원 |

### 8. 기대효과

가. 동계올림픽을 응원하는 브랜드로 브랜드의 젊은 감각을 어필

나. 고객의 홈페이지 방문, 홈페이지 회원가입 등으로 브랜드 노출 및 친숙도 증대

다. 고객 이벤트를 통한 고객만족도 증대

라. 고객에게 가장 사랑받는 메뉴를 추천판매함으로써 메뉴만족도 증대

마. 행사를 통한 고객충성도 증대

### 9. 지원사항

가. 전 점포 POS키 생성 : 유관부서

나. 각종 이미지 제작 : 마케팅팀 디자이너

다. 행사 배너, 포스터 비치 : 각 점포

라. 경품 구매 및 담당 : 마케팅팀 이*숙

## 결과보고서 메뉴 올림픽(동계올림픽 기념) 프로모션

### 1. 행사 진행 목적

2014년 동계올림픽을 맞이하여 고객과 함께 대한민국을 응원하고 고객 이벤트를 통해서 고객의 즐거움과 만족도를 증진하고자 한다. 추천 메뉴를 정해서 판매량을 높이고 메뉴를 통한 고객만족도 또한 증진하고자 한다.

### 2. 진행비용

| 경품 | 금2냥 | TV | 노트북 | 4인 식사권 | 2인 식사권 | 1인 식사권 | 음료권 | 총금액 |
|---|---|---|---|---|---|---|---|---|
| 수량 | 1 | 1 | 1 | 10 | 50 | 100 | 1,000 | |
| 금액 | 5,000,000 | 2,000,000 | 1,000,000 | 12,000 | 6,000 | 3,000 | 760 | |
| 합계 금액 | 5,000,000 | 2,000,000 | 1,000,000 | 120,000 | 300,000 | 300,000 | 760,000 | 9,480,000 |

가. 온라인 이미지 제작 = 300,000원

나. 오프라인

배너 : 30,000원 ×1개×30점포 = 900,000원

테이블 매트 40원×1,500매×30점포 = 1,800,000원

| 포스터 : 각 점포 3장×3,000원×30점포 | = 270,000원 |
|---|---|
| 총합계 | = 3,270,000원 |

기존 포스터 제작 금액보다 점포별로 1장씩 추가하여 90,000원 추가되었다.

총비용 합계 12,750,000원 집행

**3. 매출 및 영업이익 측면(1개월 분석)**

전월대비 11,254명 증가

11,254명×객단가 11,650원 = 131,109,100원 추가

| 매출증가분 | = 131,109,100원 |
|---|---|
| 인건비 22% | = 28,844,002원 |
| 식자재비 131,109,100원×0.30 | = 39,332,730원 |
| 경품쿠폰원가 | = 9,480,000원 |
| 운영경비 10% | = 13,110,910원 |
| 총비용 합계 | = 90,767,642원 |
| 영업이익 | = 40,341,458원 |

영업이익 40,341,458원 달성, 점포별 평균 1,344,715원 영업이익 발생 (광고비용 제외)

**4. 고객적인 측면**

가. 조건 없는 행사들에 대한 고객의 반응이 좋았다.

나. 주 메뉴인 3가지 메뉴에 대한 메뉴호응도 높았다,

다. 홈페이지 방문과 신규 가입회원이 늘어났다.

① 목표

홈페이지 방문 고객수 목표 31일×1,000 = 31,000명

신규 가입회원 목표  31일×15명 = 465명

② 달성

홈페이지 방문 고객수  31일×1,050 = 32,550명

신규 가입회원 목표  31일×17명 = 527명

## 5. 향후 계획

대형 스포츠 이벤트인 동계올림픽을 국민과 함께하는 이벤트로 승화시켰고, 판매와 매출증대의 목표보다는 고객참여라는 테마로 운영되어서 고객들로부터 더 많은 관심을 받은 이벤트로 사료된다. 그런 평가에도 불구하고 고객의 방문객수는 전월 대비 현저히 증가하여 매출과 이익에도 많은 기여를 하였다. 따라서 향후 빅 스포츠 이벤트는 어떤 형태로던 함께하는 이벤트로 기획해서 진행할 필요성이 있을 것으로 사료된다.

## 사례 예시 16 | 신 메뉴 출시 이벤트 기획서 및 결과보고서

### 기획서 신 메뉴 출시 기념 프로모션 진행의 건

**1. LSM 진행 목적**

봄철 메뉴 개편을 통해서 출시된 3가지 메뉴의 프로모션을 진행하여 고객에게 메뉴를 평가받도록 한다. 또 신 메뉴를 선택하는 고객들에게 이벤트성 혜택을 제공하여 고객이 메뉴를 선택하도록 유도한다.

**2. 현 시장 상황**

가. 경쟁점들 역시 반기별로 신 메뉴를 출시하고 있다.

나. 봄철 제철 식자재를 활용한 신 메뉴를 출시하는 브랜드가 다수이다.

다. 현재의 세종돈가스 메뉴에 식상함을 토로하는 고객들도 있다.

라. 신 메뉴 출시 시 선택하지 않은 고객들이 많아 이벤트를 통해서 선택하도록 유도해야 한다.

**3. 주요 내용**

가. 봄철 신 메뉴 출시 3가지

새우가스정식(11,900원), 해산물크림돈가스(12,900원), 딸기치즈샐러드(7,900원) 총 3종

나. 신 메뉴를 선택하는 고객들에게 응모권을 제공해 응모한 고객들 대상으로 추첨을 통하여 경품을 증정

〈경품 내역〉

1등(1명) 신형 양문형 냉장고

2등(2명) **브랜드 일체형 컴퓨터

3등(5명) 태블릿 PC

4등(10명) **문화상품권 5만 원

5등(100명) 세종돈가스 2인 식사권

신 메뉴를 드시는 모든 고객에게 에이드 음료권 제공

**4. 홍보방법**

가. 온라인

홈페이지 이벤트란에 게시

나. 점포

테이블 매트, 배너, 포스터 고지

다. 멤버십 회원 대상 SMS 고지

**5. 세부 내용**

| 구분 | 내용 |
|---|---|
| 시행 점포 | 세종돈가스 전 지점 |
| 행사 제목 | 봄 메뉴 개편 이벤트에 참여하시고 푸짐한 경품을 받으세요. |
| 행사 기간 | 2014년 3월 1일~3월 31일(총 1개월간) |
| 행사방법 | 1. 고객행사방법<br>가. 봄철 신 메뉴 3가지를 선택하는 고객에게 응모권 부여<br>나. 응모권을 응모함에 넣은 후 추첨을 통해서 경품 제공<br>다. 신 메뉴를 선택한 모든 고객에게 무료 음료권 증정<br>2. 행사 기간 : 2014년 3월 1일~3월 31일(총 1개월간)<br>추첨 일시 및 고지 : 2014년 4월 2일<br>3. 경품 내용<br>1등(1명) 신형 양문형 냉장고<br>2등(2명) **브랜드 일체형 컴퓨터<br>3등(5명) 태블릿 PC<br>4등(10명) **문화상품권 5만 원<br>5등(100명) 세종돈가스 2인 식사권<br>신 메뉴를 선택한 모든 고객에게 에이드 음료권 제공<br>4. 쿠폰 내용<br>① 전 지점 사용 가능<br>② 계산 전 쿠폰 제시<br>③ 유효 기간 : 2014년 3월 1일~2014년 5월 31일<br>④ 유의사항<br>• 테이블당 1매 사용가능합니다.<br>• 타 제휴 할인카드와 중복사용이 가능합니다(추가 주문 시).<br>• 타 쿠폰과 중복사용이 불가합니다.<br>• 현금으로 교환되거나 환불되지 않습니다.<br>• 추가 주문 시에만 사용가능합니다. |

## 6. 예상 매출 및 손익분기점 계산

가. 신 메뉴 판매량 예측 및 원가

| 메뉴 | 판매가 | 원가 | 판매량 | 판매금액 |
|---|---|---|---|---|
| 새우가스정식 | 11,900 | 4,165 | 9,000 | 107,100,000 |
| 해산물크림돈가스 | 12,900 | 4,257 | 12,600 | 162,540,000 |
| 딸기치즈샐러드 | 7,900 | 2,133 | 3,600 | 28,440,000 |
| 총합계 | | | 25,200 | 298,080,000 |

| 메뉴 | 원가 | 원가율 |
|---|---|---|
| 새우가스정식 | 37,485,000 | 35.0% |
| 해산물크림돈가스 | 53,638,200 | 33.0% |
| 딸기치즈샐러드 | 7,678,800 | 27.0% |
| 총합계 | 98,802,000 | 33.1% |

신 메뉴 판매량 목표는 298,080,000원이며 원가율은 평균 원가율 30%보다 상회하는 33.1%로 판매량이 높을 경우 원가율이 조금 올라갈 것으로 판단된다.

## 7. 추가 소요비용

가. 인쇄물비용

| | |
|---|---|
| 음료 쿠폰 제작비용 26,000매×25원 | = 650,000원 |
| 테이블 매트 제작 40원×1,500매×30점포 | = 1,800,000원 |
| 포스터 제작 점포별 2장씩×3,000×30점포 | = 180,000원 |
| 총합계 | = 2,630,000원 |

나. 경품비용

| 경품 | 냉장고 | 일체형 PC | 테블릿 PC | 문화상품권 | 2인 식사권 | 총금액 |
|---|---|---|---|---|---|---|
| 수량 | 1 | 2 | 5 | 10 | 100 | |
| 금액 | 2,000,000 | 1,500,000 | 500,000 | 50,000 | 6,000 | |
| 합계금액 | 2,000,000 | 3,000,000 | 2,250,000 | 500,000 | 600,000 | 8,600,000 |

행사진행 총비용 11,230,000원

**8. 기대효과**

가. 봄철 메뉴로 신규 출시된 메뉴에 대한 만족도 증진

나. 제철 식자재를 활용한 메뉴와 타깃 고객이 여성을 공략할 수 있는 메뉴

다. 신규 메뉴 판매를 통한 객단가 증진

**9. 지원사항**

가. 무료 쿠폰 POS키 생성 : 유관부서

나. 인쇄물 제작 디자인 : 마케팅팀 디자이너

다. 담당자 : 마케팅 팀장, 메뉴개발 팀장

## 결과보고서 신 메뉴 출시 기념 프로모션 진행의 건

**1. 행사 진행 목적**

봄철 메뉴 개편을 통해서 출시된 3가지 메뉴의 프로모션을 진행하여 고객에게 메뉴를 평가받도록 한다. 또 신 메뉴를 선택하는 고객들에게 이벤트성 혜택을 제공하여 고객이 메뉴를 선택하도록 유도한다.

**2. 진행비용 및 매출, 영업이익 측면**

가. 진행비용

나. 판매량 달성율

① 판매량 목표

| 메뉴 | 판매가 | 원가 | 판매량 | 판매금액 |
| --- | --- | --- | --- | --- |
| 새우가스정식 | 11,900 | 4,165 | 9,000 | 107,100,000 |
| 해산물크림돈가스 | 12,900 | 4,257 | 12,600 | 162,540,000 |
| 딸기치즈샐러드 | 7,900 | 2,133 | 3,600 | 28,440,000 |
| 총합계 | | | 25,200 | 298,080,000 |

| 메뉴 | 원가 | 원가율 |
| --- | --- | --- |
| 새우가스정식 | 37,485,000 | 35.0% |
| 해산물크림돈가스 | 53,638,200 | 33.0% |
| 딸기치즈샐러드 | 7,678,800 | 27.0% |
| 총합계 | 98,802,000 | 33.1% |

② 판매량 실적

| 메뉴 | 판매가 | 원가 | 판매량 | 판매금액 |
| --- | --- | --- | --- | --- |
| 새우가스정식 | 11,900 | 4,165 | 9,250 | 110,075,000 |
| 해산물크림돈가스 | 12,900 | 4,257 | 12,025 | 155,122,500 |
| 딸기치즈샐러드 | 7,900 | 2,133 | 6,475 | 51,152,500 |
| 총합계 | | | 27,750 | 316,350,000 |

| 메뉴 | 원가 | 원가율 |
| --- | --- | --- |
| 새우가스정식 | 38,526,250 | 35.0% |
| 해산물크림돈가스 | 51,190,425 | 33.0% |
| 딸기치즈샐러드 | 13,811,175 | 27.0% |
| 총합계 | 103,527,850 | 32.7% |

판매량 목표보다 상회하는 실적을 보임으로써 성과를 달성하였다.

### 3. 고객적인 측면

가. 신 메뉴에 대한 만족도 측정결과 5점 만점에 4.68점 획득으로 만족도가 높았다.

나. 신 메뉴 이벤트 기획에 대한 만족도가 높았다,

다. 해산물크림돈가스에 대한 여성고객의 만족도가 높았다.

라. 신 메뉴 출시가 다양하고 자주 이루어졌으면 좋겠다는 고객의 의견이 다수 있었다.

### 4. 향후 계획

신 메뉴가 출시될 때마다 신 메뉴 출시 이벤트를 진행하여 신 메뉴에 대한 고객의 선택을 높여주고, 고객만족도를 증진하여 메뉴에 대한 식상함을 없애주도록 한다. 이벤트성 행사로 고객의 참여도나 만족도가 높아서 우수한 이벤트로 평가할 수 있다. 신 메뉴 출시마다 이벤트를 기획하여 고객과 함께할 필요성이 있다고 사료된다.

## 사례 예시 17 | 대학교 제휴 Day 행사 기획서 및 결과보고서

### 기획서 신촌점 **대학교 Day 행사 진행의 건

**1. LSM 진행 목적**

지역상권에서 가장 영향력이 있는 **대학교의 월별 **대학교의 날을 만들어서 이 날 학생증을 제시하는 고객들에게 혜택을 제공하여 많이 학생들의 방문을 촉진하여 매출증진을 달성하고자 한다.

**2. 현 시장 상황**

가. 대부분의 학생들이 저렴한 분식집 등으로 식사를 해결하려고 한다.

나. 런치는 고객의 방문이 높은 편이나 지역특성상 디너는 술집으로 고객들이 대다수 이동한다.

다. 학생들의 방문을 유도하기 위해서는 할인 행사 등 이벤트를 진행하는 것이 바람직하다고 사료된다.

라. 타 경쟁점들도 학생들에게 혜택을 주는 행사를 다수 진행하고 있다.

**3. 주요 내용**

가. 매월 11일을 **대학교의 날로 지정한다.

나. 해당 메뉴를 선택한 고객들에게 30% 할인 가격으로 제공한다(학생증 제시).

다. 4인 이상 단체 고객들에게는 치킨샐러드를 무료로 제공한다.

**4. 홍보방법**

가. 온라인

홈페이지 이벤트란에 게시

나. 대학교

대학교 내 현수막 게시(학생회 측과 협의 진행, 학교 내 상시 게시)

다. 멤버십 회원 중 **대학생 SMS 고지

라. 점포 게시는 타 고객들에게 반감을 가지게 할 수 있으므로 게시하지 않는다.

마. 대학교 내 포스터 게시 30장

### 5. 세부 내용

| 구분 | 내용 |
|---|---|
| 시행 점포 | 세종돈가스 신촌점 |
| 행사 제목 | **대학교의 날 이벤트 |
| 행사 기간 | 2014년 9월 1일부터 지속 진행 |
| 행사방법 | 1. 고객행사방법<br>가. 매월 11일을 **대학교의 날로 지정한다.<br>나. 해당 메뉴를 선택한 고객들에게 30%할인 가격으로 제공한다(학생증 제시).<br>다. 4인 이상 단체 고객들에게는 치킨샐러드를 무료로 제공한다.<br>2. 행사 기간 : 2014년 9월 1일부터 지속적으로 진행한다. |

### 6. 예상 매출 및 손익분기점 계산

가. 방문 고객 예상

평일 일평균 방문 고객 100명 100명×11,500원 = 1,115,000원

데이(DAY) 행사 목표 방문 고객 300명(학생 고객 200명 방문 예상)

300명×8,500원(예상 객단가) = 2,550,000원

평일 평균보다 당일 약 1,400,000원 추가 매출 확보

나. 손익분기점 계산

| | |
|---|---|
| 매출증가분 | = 2,550,000원 |
| 인건비 22% | = 561,000원 |
| 식자재비 2,550,000원×0.30 | = 765,000원 |
| 추가 식재 할인금액 | = 600,000원 |
| 운영경비 10% | = 255,000원 |
| 총비용 합계 | = 2,181,000원 |
| 영업이익 | = 369,000원 |

월 영업이익은 369,000원이나 행사가 매월 진행되면서 더 많은 학생들이 늘어날 것으로 판단되며, 데이(Day) 행사가 자리매김할 시 월 2회 정도 진행하여 매출과 이익 모두 증진시켜줄 수 있을 것으로 기대된다.

### 7. 추가 소요비용

가. 인쇄물 비용

| | |
|---|---|
| 현수막 1매×500,000원 | = 500,000원 |
| SMS 35원×1,000매 | = 35,000원 |
| 포스터 제작 30장×3,000원 | = 90,000원 |
| 총합계 | = 625,000원 |

### 8. 기대효과

가. **대학교 학생들의 만족도 증진

나. 부진한 디너 매출을 보완할 수단으로서의 역할

다. 점포의 매출과 이익 증진

### 9. 지원사항

가. 치킨 샐러드 무료 쿠폰/**대학교 30%할인 POS키 생성 : 유관부서

나. 인쇄물 제작 디자인 : 마케팅팀 디자이너

다. 담당자 : 신촌점 점장

## 결과보고서 신촌점 **대학교 Day 행사 진행의 건

### 1. 행사 진행 목적

지역상권에서 가장 영향력이 있는 **대학교의 월별 **대학교의 날을 만들어서 학생증을 제시하는 고객들에게 혜택을 제공하여 많이 학생들이 방문을 촉진하여 매출증진을 달성하고자 한다.

### 2. 매출, 영업이익 측면

가. 방문 고객

① 목표

평일 일평균 방문 고객 100명 100명×11,500원 = 1,115,000원

데이(Day) 행사 목표 방문 고객 300명(학생 고객 200명 방문 예상)

300명×8,500 = 2,550,000원

② 실적

352×8,700원(실제 객단가) = 2,827,500원 발생

예상 2,550,000원보다 다소 높은 2,827,500원 매출 달성

나. 손익분기점 계산

| | |
|---|---|
| 매출증가분 | = 2,827,500원 |
| 인건비 22% | = 622,050원 |
| 식자재비 2,827,500원×0.30 | = 848,250원 |
| 추가 식재 할인금액 | = 650,000원 |
| 운영경비 10% | = 282,750원 |
| 총비용 합계 | = 2,403,050원 |
| 영업이익 | = 424,450원 |

월 영업이익은 424,450원으로 당초 목표치는 초과달성하였으며, 많은 이익을 확보하지는 못했다. 다만 행사가 매월 진행되면서 학생들의 호응은 더 좋을 것으로 판단된다.

### 3. 고객적인 측면

가. **대학교 학생들의 만족도 높게 나타났다.

나. 할인율과 단체 고객 샐러드 무료에 대한 호응도 높았다.

다. 일부 타 대학생들의 불만이 있었다.

라. 행사의 날을 늘려주기 바라는 고객의 소리와 타 대학교 학생들 역시 데이(Day) 행사를 해주기를 바라는 의견이 많았다.

### 4. 향후 계획

당장의 이익은 높지 않으나 지역상권에서 많은 영향력을 미치는 **대학교 학생들에게 혜택을 주어 브랜드에 대한 선호도를 높이고, 지속 진행하면서 학생들의 호응도는 더 높아질 것으로 판단된다. 따라서 대학교 인근에 있는 점포들은 향후 이런 데이(Day) 행사를 통해서 매출증진을 할 수 있을 것으로 판단된다.

## 사례 예시 18 | 어린이 그림대회 관련 기획서 및 결과보고서

### 기획서 **피카소 미술학원과 함께하는 브랜드 어린이 그림대회 진행의 건

**1. LSM 진행**

5월 어린이달을 맞이하여 세종돈가스 주요 고객인 가족 고객과 어린이 고객들의 브랜드 애호도 증진과 참여를 통한 기부행사의 실천으로 어린이 고객을 사랑하는 마음을 전달하고, 사랑받는 브랜드로서 자리매김하려고 한다.

**2. 현 시장 상황**

가. 세종돈가스 주요 고객은 가족 고객과 어린이 고객 및 여성 고객

나. 어린이를 위한 행사를 통해서 어린이들에게 즐거움 추억을 선사

다. 브랜드에 대한 선호도로 고객의 재방문 유도

**3. 주요 내용**

가. 점포를 방문한 모든 어린이(초등부) 고객 참여 가능

기부금 1,000원을 내고 도화지를 받아서 간다.

도화지에 그림을 그려서 마감일까지 제출

제출 후 심사를 통해서 시상한다.

나. 1,000원 기부 금액은 모아서 어린이 재단에 기부한다.

다. 출품한 모든 어린이에게 그림물감 제공

**4. 홍보방법**

가. 온라인

홈페이지 이벤트란에 게시

나. 점포

배너, 포스터 고지

다. 모바일

페이스북, 트위터

라. 팩스 또는 우편

점포 인근 미술학원, 초등학교에 팩스 또는 우편 고지

## 5. 세부 내용

| 구분 | 내용 |
|---|---|
| 시행 점포 | 세종돈가스 전 지점 |
| 행사 제목 | 봄 메뉴 개편 이벤트에 참여하시고 푸짐한 경품을 받으세요. |
| 행사 기간 | 2014년 4월 1일~4월 30일(총 1개월간) |
| 행사방법 | 1. 고객행사방법<br>가. 점포를 방문한 모든 어린이(초등부) 고객은 참여 가능하다.<br>① 기부금 1,000원을 내고 도화지를 받아서 간다.<br>② 도화지에 그림을 그려서 마감일까지 제출한다.<br>③ 제출 후 심사를 통해서 시상한다.<br>나. 1,000원 기부 금액은 모아서 어린이 재단에 기부한다.<br>다. 출품한 모든 어린이에게 그림물감 제공<br>2. 행사 기간 : 2014년 4월 1일~4월 30일(총 1개월간)<br>시상식 일시 및 고지 : 2014년 5월 2일 고지, 시상식 5월 4일 진행함.<br>출품작 심사는 **피카소 미술학원에서 진행함.<br>3. 경품 내용<br>대상(1명) 도서상품권 1,000,000원 및 상패<br>금상(1명) 도서상품권 500,000원 및 상패<br>은상(2명) 도서상품권 300,000원 및 상패<br>동상(3명) 도서상품권 200,000원 및 상패<br>장려상(10명) 도서상품권 50,000원 및 상패<br>가작상(30명) 도서상품권 20,000원 및 상패<br>시상자 전원에게는 시상식 당일 무료 식사 제공<br>도화지 및 심사는 **피카소 미술학원에서 제공하며 도화지에 **피카소 미술학원 간접광고 진행<br>**피카소 미술학원에서 도서상품권 1,500,000원 지원 |

## 6. 추가 소요비용

가. 인쇄물 및 경품비용

배너 제작비용 30,0000원×30개점 = 900,000원

포스터 제작비용 3,000원×2장×30개점 = 180,000원

시상금액 도서상품권 3,700,000원 중 1,500,000원은 **피카소 미술학원 지원

당사 2,200,000원 상품권 지출

도화지 비용은 모두 **피카소 미술학원 지원(간접광고 진행)

행사 진행 총비용 3,280,000원

### 7. 기대효과

가. 참여한 어린이 고객의 만족도 증진

나. 어린이 고객들에게 브랜드 애호도 증진

다. 지역사회와 함께하는 브랜드로서 자리매김

라. 기부를 통한 기부문화 형성

### 8. 지원사항

가. 인쇄물 제작 디자인 : 마케팅팀 디자이너

나. 도화지 제작 : **피카소 미술학원

다. 담당자 : 마케팅 팀장, 미술학원 마케팅 팀장

## 결과보고서 **피카소 미술학원과 함께하는 브랜드 어린이 그림대회 진행의 건

### 1. 행사 진행 목적

5월 어린이달을 맞이하여 세종돈가스 주요 고객인 가족 고객과 어린이 고객들의 브랜드 애호도 증진과 참여를 통한 기부행사의 실천으로 어린이 고객을 사랑하는 마음을 전달하고, 사랑받는 브랜드로서 자리매김하려고 한다.

### 2. 진행비용 측면

가. 인쇄물 및 경품 비용

배너 제작비용 30,0000원×30개점 = 900,000원

포스터 제작비용 3,000원×2장×30개점 = 180,000원

시상금액 도서상품권 3,700,000원 중 1,500,000원은 **피카소 미술학원 지원

당사 2,200,000원 상품권 지출

도화지 비용은 모두 **피카소 미술학원 지원(간접광고 진행)

### 3. 고객적인 측면

가. 참여한 어린이 고객의 만족도가 증진되었다.

나. 어린이 고객들에게 브랜드 애호도가 증진되었다.

다. 지역사회와 함께하는 브랜드로서 자리매김하였다.

라. 기부를 통한 기부문화가 형성되었다.

### 4. 향후 계획

이번 어린이 그림대회를 통해서 어린이 고객의 만족도와 더불어 부모님, 학교 선생님, 미술학원의 반응과 만족도가 매우 좋았다. 연간 2회 정도 어린이 그림대회, 가을철 글짓기 또는 독후감 대회 등을 제휴업체와 기획해서 진행한다면 어린이와 어린이를 동반한 가족 고객들에게 만족감을 주고 지역사회와 함께한다는 이미지를 전달할 수 있을 것으로 판단된다.

## 사례 예시 19 | 밸런타인데이 및 화이트데이 이벤트(프러포즈 기회) 기획서 및 결과보고서

### 기획서 밸런타인데이, 화이트데이 프러포즈(Propose) 행사 진행의 건

**1. LSM 진행 목적**

본 브랜드의 주요 고객인 여성 고객과 젊은 층을 공략하고, 주요 고객의 참여와 만족도를 이끌어 내기 위해서 주얼리 업체와 연계하여 프러포즈 이벤트를 진행하며, 밸런타인데이 고객을 화이트데이까지 연결해서 고객이 방문할 수 있도록 이벤트를 진행한다.

**2. 현 시장 상황**

가. 밸런타인데이 행사는 대부분의 외식업체에서 진행하고 있다.

나. 밸런타인데이는 매출이 안정적으로 확보되는 상황이나 화이트데이는 매출에 큰 영향이 없는 상황이다.

다. 밸런타인데이와 화이트데이를 연계하여 행사를 진행하고 연인 고객들의 만족도를 높여 충성고객으로 전환할 필요성이 있다.

**3. 주요 내용**

가. 주얼리 업체와 연계하여 주얼리 업체의 광고를 당브랜드에서 해주며, 주얼리 업체는 총 30개의 반지(시가 150,000원×30개=4,500,000원)를 현품으로 제공하여 준다.

나. 2월 1일부터 2월 30일 방문한 고객을 대상으로 홈페이지에 프러포즈 사연을 올린 고객 중 총 30분을 선정하여 무료 식사와 반지를 제공하여 프러포즈를 할 수 있도록 준비하여 준다.

**4. 홍보방법**

가. 온라인

홈페이지 게시

페이스북, 트위터 게시판 공지

나. 점포

테이블 매트 고지(테이블 매트 내 **주얼리 광고 게시)

## 5. 세부 내용

| 구분 | 내용 |
|---|---|
| 시행 점포 | 세종돈가스 30개 전 지점 |
| 행사 제목 | 아름다운 프러포즈를 **돈가스와 함께 하세요. |
| 행사 기간 | 1. 2014년 2월 1일~2월 28일(총 28일간 응모)<br>2. 3월 14일 프러포즈 이벤트 진행(고객 방문, 점포별 1팀) |
| 행사방법 | 1. 고객행사방법<br>가. 점포에서 식사를 하시고 응모권을 부여받는다.<br>나. 부여받은 응모권을 가지고 홈페이지를 방문하여 사연을 올린다.<br>다. 3월 2일 홈페이지에서 당첨자 명단을 확인한다.<br>라. 마케팅팀이 각 점포별로 한 분씩 선정하도록 한다.<br>2. 행사 기간 : 2014년 2월 1일~2월 28일(총 28일간)<br>3. 행사 내용<br>① 고객들은 방문 후 응모권을 가지고 홈페이지에 사연을 올린다.<br>② 마케팅팀은 사연 중 좋은 사연을 점포별로 한 분씩 선정<br>③ 점포 준비사항<br>선정된 고객들이 프러포즈할 수 있도록 룸을 준비(풍선, 음악, 테이블 세팅 등 전반적인 준비)<br>마케팅팀은 반지를 점포별로 1개씩 배분<br>식사는 2인 식사 무료 제공(와인 1병 무료 제공 포함)<br>④ 후기 작성<br>프러포즈를 성공적으로 한 고객들에게 후기를 홈페이지 고객의 소리에 올려달라고 요청<br>4. 테이블 매트 광고<br>테이블 매트는 점포별로 1,500장×30점포=45,000장 제작<br>테이블 매트 제작 형식 50원×45,000=2,250,000원<br>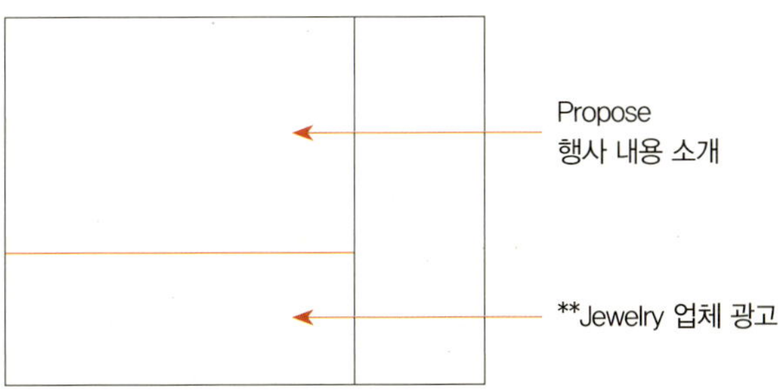<br> |

**6. 예상 비용**

가. 진행비용

| | |
|---|---|
| 테이블 매트 | = 2,250,000원 |
| 응모권 | = 100,000원 |

나. 무료 식사비용

| | |
|---|---|
| 2인 식사 35,000원×30점포 | = 1,050,000원 |
| 와인 제공 비용 20,000원×30점포 | = 600,000원 |
| 테이블 세팅 비용 20,000원×30점포 | = 600,000원 |
| 총합계 | = 2,250,000원 |

행사진행 총비용 2,250,000원

**8. 기대효과**

가. 연인 고객들에 대한 만족도 증진

나. 기존 고객들의 충성고객화 진행

다. 홈페이지를 방문을 통한 브랜드 친숙도 증진

라. 고객참여 이벤트를 지속적인 진행을 통한 브랜드로열티 증대

**9. 지원사항**

가. 무료 식사 POS키 생성 : 유관부서

나. 테이블 매트 제작 및 응모권 제작 : 마케팅팀

다. 각 업체 담당자 : 세종돈가스 마케팅팀 팀장, **주얼리 마케팅팀장

## 결과보고서 밸런타인데이, 화이트데이 프러포즈(Propose) 행사 진행의 건

**1. 행사 진행 목적**

본 브랜드의 주요 고객인 여성 고객과 젊은 층을 공략하고, 주요 고객의 참여와 만족도를 이끌어 내기 위해서 주얼리 업체와 연계하여 프러포즈 이벤트를 진행하며, 밸런타인데이 고객을 화이트 데이까지 연결해서 고객이 방문할 수 있도록 이벤트를 진행한다.

### 2. 진행비용 및 매출, 영업이익 측면

가. 진행비용

| 테이블 매트 | = 2,250,000원 |
|---|---|
| 응모권 | = 100,000원 |

나. 무료 식사비용

| 2인 식사 35,000원×30점포 | = 1,050,000원 |
|---|---|
| 와인 제공비용 20,000원×30점포 | = 600,000원 |
| 테이블 세팅비용 20,000원×30점포 | = 600,000원 |
| 총합계 | = 2,250,000원 |

행사진행 총비용 2,250,000원

### 3. 고객적인 측면

가. 당첨 고객들의 굉장한 만족도, 홈페이지 칭찬의 글 25개가 게시되었다.

나. 참여 고객들의 충성고객화가 진행되었다.

다. 홈페이지 방문을 통한 브랜드 친숙도 증진 및 게시글 조회수 2배 이상 증가하였다.

라. 고객참여 이벤트를 지속적인 진행을 통한 브랜드로열티가 증대되었다고 판단된다.

### 4. 향후 계획

시기별로 꼭 진행되어야 할 시즌 이벤트는 반드시 필요하다는 생각을 하였으며 특히 이번 밸런타인데이 이벤트는 기존 방식과 달리 고객참여형 이벤트로 진행하여 고객의 반응도가 상당히 높았다. 따라서 향후 이벤트 기획 시 진부한 이벤트보다 좀 더 창의적이고 고객참여를 바탕으로 한 이벤트가 진행되었으면 한다. 특히 당첨 고객들의 만족도는 상당하였고, 홈페이지 내의 고객반응 역시 폭발적이었다.

## 사례 예시 20 | 수능 이벤트 기획서 및 결과보고서

### 기획서 **놀이공원과 함께하는 톡톡 페스티벌 진행의 건

**1. LSM 진행 목적**

수능시험을 본 70만 학생들에게 혜택을 제공하여 본 브랜드를 방문하게 하고, **놀이공원과 제휴를 통한 공동 프로모션을 제공함으로써 고객혜택, 고객만족도, 매출과 이익을 신장을 꾀하도록 한다.

**2. 현 시장 상황**

가. 수능 이벤트는 대부분의 외식업체에서 진행하고 있다.

나. 수능 70만 수험생들은 11월 비수기 구매파워를 가지고 있는 고객이다.

다. 대부분의 업체에서 수능 수험생 관련 이벤트를 진행하고 있어서 이벤트를 진행하지 않을 시 매출에 영향을 받을 수 있다.

**3. 주요 내용**

가. 제휴하여 크로스 방문을 유도하는 행사를 진행한다.

① 세종돈가스 고객들이 영수증을 가지고 **놀이공원을 방문하면 자유이용권 40% 할인(영수증 한 장당 최대 4인까지, 영수증/수험표 동시 지참)

② **놀이공원 영수증을 가지고 오는 고객들에게 세종돈가스 20% 할인 및 탄산음료 무료 제공

③ 상품권 패키지 구성 판매

2인 **놀이공원 자유이용권+2인 식사권=45,000원 판매

(판매금액은 22,500원씩 매출로 확보)

나. 행사 진행은 2014년 11월 10일~2014년 12월 15일까지 진행

**4. 홍보방법**

가. 온라인

홈페이지 게시

페이스북, 트위터 게시판 공지

나. 점포

포스터, 배너 행사 고지

## 5. 세부 내용

| 구분 | 내용 |
|---|---|
| 시행 점포 | 세종돈가스 30개 전 지점 |
| 행사 제목 | **놀이공원과 함께하는 톡톡 페스티벌 |
| 행사 기간 | 2014년 11월 10일~12월 15일(총 36일간) |
| 행사방법 | 1. 고객행사방법<br>가. 세종돈가스 영수증, 수험표를 가지고 **놀이공원을 방문하면 자유이용권 40% 할인을 받는다.<br>나. **놀이공원 이용권을 가지고 세종돈가스를 방문하면 20% 할인 및 탄산음료 무료 제공(테이블 당 1매 사용 가능)<br>다. 상품권 패키지 구성<br>2인 **놀이공원 자유이용권 + 2인 식사권 = 45,000원 판매<br>① 판매금액은 22,500원씩 매출로 확보<br>② 왕돈가스 + 세종돈가스 + 탄산음료 1잔 제공<br>라. 양사에서 상품권을 제작하여 패키지로 판매하도록 한다.<br>2. 행사 기간 : 2014년 11월 10일~12월 15일(총 36일간)<br>상품권 판매는 10월부터 진행함.<br>3. 행사 내용<br>① 11월 비수기 최대의 고객인 수능 수험생들을 대상으로 한 이벤트이다.<br>② 각 양사에서 할인혜택을 부여하여 방문하도록 한다.<br>③ 점포 준비사항<br>배너, 포스터 게시<br>포스키 확인<br>④ 상품권 판매<br>양사 상품권 판매(각 지점 판매 진행)<br>4. 배너, 포스터 제작<br>가. 배너와 포스터는 양사에서 각각 제작하도록 한다.<br>나. 인쇄비용 역시 양사에서 부담하도록 한다.<br>5. 상품권 제작<br>가. 상품권 제작은 세종돈가스에서 진행하도록 하며, 총비용은 양사가 각각 반반씩 나눠서 집행하도록 한다.<br>나. 상품권 수취 시 판매금액은 판매처에서 보관하고 이를 매월 말 정산하도록 한다.<br>다. 1개월 행사 후 반응이 좋을 경우 1년간 진행하도록 한다. |

## 6. 예상 비용 및 손익분기점 계산

가. 행사 포스터, 배너

| | |
|---|---|
| 포스터 2장×30개 점포×3,000원 | = 180,000원 |
| 배너 1장×30개 점포×30,000원 | = 900,000원 |
| 상품권 제작 | = 1,000,000원 |
| 총합계 | = 2,080,000원 |

나. 예상 매출

① 목표 매출 및 목표 고객

일평균 방문 고객 10,000원(객단가)×[100명×3.0명(평균 방문객수)] = 3,000,000원

행사 기간 매출 3,000,000×26일 = 78,000,000원

② 상품권 매출

판매량 일양사 30장×60일×22,500 = 40,500,000원

③ 손익분기점 계산

| | |
|---|---|
| 매출증가분 | = 78,000,000원 |
| 인건비 22% | = 17,160,000원 |
| 식자재비 2,827,500원×0.30 | = 23,400,000원 |
| 추가 식재 할인금액 | = 3,500,000원 |
| 운영경비 10% | = 7,800,000원 |
| 총비용 합계 | = 51,860,000원 |
| 영업이익 | = 26,140,000원 |

(인쇄비용 제외)

행사진행 총비용 51,860,000원 영업이익 26,140,000원

## 8. 기대효과

가. 수능생 수험생들의 만족도 증진

나. 향후 주요 고객층이 될 수험생들의 브랜드 친숙도 증진

다. 타깃에 맞는 제휴업체를 선정함으로써 명확한 타깃층 공략

라. 신규 멤버십 고객 확보

### 9. 지원사항

가. 할인 및 상품권 POS키 생성 : 유관부서

나. 배너, 포스터 제작 및 응모권 제작 : 마케팅팀

다. 상품권 제작 : 마케팅팀 디자이너

다. 각 업체 담당자 : 세종돈가스 마케팅팀 팀장, **놀이공원 마케팅 팀장

## 결과보고서 **놀이공원과 함께하는 톡톡 페스티벌 진행의 건

### 1. 행사 진행 목적

수능시험을 본 70만 학생들에게 혜택을 제공하여 본 브랜드를 방문하게 하고, **놀이공원과 제휴를 통한 공동 프로모션을 제공함으로써 고객혜택, 고객만족도, 매출과 이익을 신장을 꾀하도록 한다.

### 2. 진행비용 및 매출, 영업이익 측면

가. 행사 포스터, 배너

| | |
|---|---|
| 포스터 2장×30개 점포×3,000원 | = 180,000원 |
| 배너 1장×30개 점포×30,000원 | = 900,000원 |
| 상품권 제작 | = 1,000,000원 |
| 총비용 | = 2,080,000원 |

나. 온라인 홈페이지 이미지 제작 추가 100,000원 집행

당초 예측보다 홈페이지 이미지 제작을 위한 추가 비용 100,000원이 집행되었다.

행사진행 총비용 2,350,000원

### 3. 고객적인 측면

가. 수능생 수험생들의 만족도가 증진되었고 약 1만명이 방문하였다.

나. 향후 주요 고객층이 될 수험생들의 브랜드 친숙도가 증진되었다.

다. 타깃에 맞는 제휴업체를 선정함으로써 명확한 타깃층을 공략하였다.

양사에 모두 긍정적인 매출과 이익 효과 있어서 향후 프로모션 진행하기로 하였다.

라. 신규 멤버십 고객 1,000명을 추가로 확보하였다.

### 4. 매출과 이익적인 측면

10,000장(수능수험생 방문고객수)×10,150원(평균객단가) = 101,500,000원
매출 발생
당초 78,000,000원보다 29,000,000원 추가 달성

| | |
|---|---|
| 매출 | = 101,500,000원 |
| 인건비 22% | = 22,330,000원 |
| 식자재비 101,500,000원×0.30 | = 30,450,000원 |
| 할인제공 추가 식재 원가 | = 4,050,000원 |
| 운영경비 10% | = 10,150,000원 |
| 총비용 합계 | = 66,980,000원 |
| 영업이익 | = 34,520,000원 |

매출 101,500,000원 달성, 영업이익 34,520,000원 달성
각 점포별 1,150,666원 영업이익 달성

### 5. 향후 계획

타깃층에 맞는 제휴업체를 선정함으로써 고객의 반응이 좋았고, 반응이 매출과 이익에 귀결되면서 양사에 모두 도움이 되는 이벤트였다. 따라서 향후 제휴 시 반드시 행사에 맞는 제휴업체를 선정하여 진행하는 것이 필요할 것으로 사료가 되며, 상품권 역시 판매량이 일정 수준 이상이므로 연간 단위로 제작하여 진행하는 것이 필요할 것으로 판단된다. 밸런타인데이, 화이트데이 등 연인과 젊은 층을 공략할 수 있는 제휴업체였으며 이벤트였다고 판단된다.

## 제6절

# 연간 52주 LSM Calendar 작성

점포 마케팅은 당연히 고객을 방문하게 하고, 방문한 고객이 만족한 상태를 경험하여 지속적으로 구매가 이루어질 수 있도록 하는 것이며 이런 과정을 통해서 점포의 매출과 이익을 상승시키는 데 있다.

이렇듯 점포 마케팅을 통해서, 또 브랜드 마케팅을 통해서 결국 고객의 만족을 통한 매출과 이익의 증가라는 순환구조를 만들어가야 한다. 여기서의 문제는 조화이다. 즉 브랜드 마케팅을 통해서 진행해야 할 마케팅 타깃이 있고, 점포 단위에서 점포의 특성과 상권의 특성에 맞는 점포 마케팅 활동이 있을 수 있다. 이는 서로 상반된 관계가 아니라 조화로움 속에서 이루어져야 우수한 점포로 성장할 수 있다. 점포의 현장을 외면한 브랜드 마케팅 활동을 진행해서 현장으로부터 외면 받는 활동 등, 매출의 압박 속에서 할인 행사만이 능사인줄 알고 급박하게 진행되는 점포를 망치게 하는 점포 마케팅 활동 등을 많이 보아왔다. 중요한 것은 브랜드 마케팅과 점포 마케팅이 서로 조화를 이루며 타깃을 해나가는 것이 점포의 건강에 좋다는 것이다. 따라서 이런 문제점을 해결하고 좋은 결과를 창출하기 위해서는 연말에 경영계획을 작성하듯 브랜드 마케팅과 점포 마케팅의 LSM 운영 Calendar를 작성하는 것이다. 52주간 행해야 하는 마케팅 타깃들을 미리 계획하고, 계획된 마케팅 타깃을 시행하는 것이 점포 마케팅의 목표와 역할을 수행하는 첫걸음이 될 것이다. [별첨]으로 제시된 52주 LSM 캘린더를 보면서 본인의 점포에 맞는 LSM 캘린더를 작성해보길 바란다.

### 참고 문헌


- 박진우.「외식경영학」. 형설출판사, 2010.
- 박진우.「외식점포 점장매뉴얼」. 형설출판사, 2013.
- 이인호 · 조경 옮김.「점포마케팅」. 고수, 2006.
- 프랜차이즈산업연구원.「프랜차이즈마케팅전문가과정」. 2011.
- 프랜차이즈협회.「매출증대와 매장활성화 아카데미」. 2007.

[별첨]

## 2014년 LSM Calendar

(파랑) 브랜드 마케팅
(갈색) 점포 마케팅

| 대구분 | 소구분 | 주요 내용 | 담당자 | 1월 | | | 2월 | | | | 3월 | | | | | 4월 | | | | |
|---|---|---|---|---|---|---|---|---|---|---|---|---|---|---|---|---|---|---|---|---|
| | | | | 1 | 2 | 3 | 1 | 2 | 3 | 4 | 1 | 2 | 3 | 4 | 5 | 1 | 2 | 3 | 4 | 1 |
| 프로모션 | 졸업 | 졸업장 할인 | 마케팅팀 | | | | 졸업장 10% 할인 | | | | | | | | | | | | | |
| | 입학 | 입학선물 페스티발 | 마케팅팀 | | | | | | | | 입학 경품제공 이벤트 | | | | | | | | | |
| | 발렌타인데이 | 프로포즈 이벤트 | 마케팅팀 | | | | **쥬얼리 제휴 프로포즈 이벤트 | | | | | | | | | | | | | |
| | 화이트데이 | 프로포즈 이벤트 | 마케팅팀 | | | | ** 쥬얼리 제휴 프로포즈 이벤트 | | | | | | | | | | | | | |
| | 여름휴가 | 휴가비 지원 | 마케팅팀 | | | | | | | | | | | | | | | | | |
| | 수능수험생 이벤트 | **놀이공원 제휴할인 | 마케팅팀 | | | | | | | | | | | | | | | | | |
| | 송년 이벤트 | 송년 메뉴 축제 | 마케팅팀 | | | | | | | | | | | | | | | | | |
| | 영화티켓 프로모션 | 영화티켓 메뉴 무료 제공 | 마케팅팀 | | | | | | | | | | | | | | | | | |
| | 동계올림픽 프로모션 | 메뉴 올림픽 등 | 마케팅팀 | | | | 메뉴 올림픽 프로모션 | | | | | | | | | | | | | |
| | | | | | | | | | | | | | | | | | | | | |
| 제휴 | **프로야구단 | 제휴광고 | 마케팅팀 | | | | | | | | | | | | | | | | | |
| | **놀이공원 | 수능 이벤트 연계 | 마케팅팀 | | | | | | | | | | | | | | | | | |
| | **쥬얼리 | 프로포즈 이벤트 제휴 | 마케팅팀 | | | | **쥬얼리 제휴 프로포즈 이벤트 | | | | | | | | | | | | | |
| | **휘트니스센터 | 할인 | 정*민매니저 | | | | | | | | | | | | | 휘트니스센터제휴의 건 | | | | |
| | **커피하우스 | 크로스 쿠폰 제공 | 박*우점장 | | | | | | | | | | | | | | | | | |
| | **교회 | 교회 할인 | 이*진매니저 | | | | | | | | | | | | | | | | | |
| | **어학원 | 할인 | 이*진매니저 | | | | | | | | | | | | | **어학원 제휴 프로모션 | | | | |
| | **대학교 | **대학교 Day 행사 | 정*민매니저 | | | | | | | | | | | | | | | | | |
| | **카드사 | 상품권 증정 | 마케팅팀 | 세종돈가스 **카드 제휴의 건 | | | | | | | | | | | | | | | | |
| | **문고 | 무료 쿠폰 증정 | 박*우점장 | | | | | | | | | | | | | | | | | |
| | **출판사 | 신규 도서 증정 | 마케팅팀 | | | | | | | | | | | | | | | | | |
| | **백화점 | DM 쿠폰 | 박*우점장 | **백화점 DM쿠폰 | | | | | | | | | | | | | | | | |
| | **미술학원 어린이그림대회 | 그림대회 시상 | 마케팅팀 | | | | | | | | | | | | | 어린이그림대회 | | | | |
| | | | | | | | | | | | | | | | | | | | | |
| 멤버십 | 멤버십할인 이벤트 | 10% 추가 할인 SMS | 마케팅팀 | | | | | | | | | | | | | | | | | |
| | 멤버십 무료 쿠폰 전송 | 메뉴 쿠폰 전송 | 박*우점장 | | | | | | | | | | | | | 메뉴 쿠폰 전송 | | | | |
| | VIP 할인 이벤트 | 20% 추가 할인 SMS | 마케팅팀 | VIP 20% 추가 할인 | | | | | | | | | | | | | | | | |
| | | | | | | | | | | | | | | | | | | | | |
| 신 메뉴 | 봄 신 메뉴 출시 | 경품 증정 프로모션 | 마케팅팀 | | | | | | | | 신 메뉴 출시 기념 프로모션 | | | | | | | | | |
| | 여름 신 메뉴 출시 | 경품 증정 프로모션 | 마케팅팀 | | | | | | | | | | | | | | | | | |
| | 가을 신 메뉴 출시 | 없음 | | | | | | | | | | | | | | | | | | |
| | 겨울 신 메뉴 출시 | 없음 | | | | | | | | | | | | | | | | | | |
| | | | | | | | | | | | | | | | | | | | | |
| 기타 | SMS 문자 할인 | 10% 할인 SMS | 마케팅팀 | | | | | | | | | | | | | 10% 할인 쿠폰 | | | | |
| | 명함 이벤트 | 매월 응모함 추첨 식사권 증정 | 정*민매니저 | | | | | | | | | | | | | | | | | |
| | 블로거 초청 이벤트 | 우수 블로거 선정, 초청 행사 | 마케팅팀 | | | | | | | | | | | | | | | | | |
| | 주부모임 초청 이벤트 | 우수 주부모임 초청 행사 | 박*우점장 | | | | | | | | 우수 주부모임 초청 행사 | | | | | | | | | |
| | 스탬프 쿠폰 다이어리 증정 | 다이어리 증정(스탬프 쿠폰) | 마케팅팀 | | | | | | | | | | | | | | | | | |
| | 타임 마케팅 | 주말 타임 할인 행사 | 이*진매니저 | | | | | | | | | | | | | | | | | |
| | 생맥주 무제한 제공의 건 | 생맥주 무제한 제공 | 박*우점장 | | | | | | | | | | | | | | | | | |

| | 6월 | | | | 7월 | | | | | 8월 | | | | | 9월 | | | | 10월 | | | | 11월 | | | | 12월 | | | | |
|---|---|---|---|---|---|---|---|---|---|---|---|---|---|---|---|---|---|---|---|---|---|---|---|---|---|---|---|---|---|---|---|
| 4 | 1 | 2 | 3 | 4 | 1 | 2 | 3 | 4 | 5 | 1 | 2 | 3 | 4 | 5 | 1 | 2 | 3 | 4 | 1 | 2 | 3 | 4 | 1 | 2 | 3 | 4 | 1 | 2 | 3 | 4 | 5 |
| | | | | | | | | | | | | | | | | | | | | | | | | | | | | | | | |
| | | | | | | | | | | | | | | | | | | | | | | | | | | | | | | | |
| | | | | | | | | | | | | | | | | | | | | | | | | | | | | | | | |
| | | | | | | | | | | | | | | | | | | | | | | | | | | | | | | | |
| | 휴가비 지원 세트 메뉴 프로모션의 건 | | | | | | | | | | | | | | | | | | | | | | | | | | | | | | |
| | | | | | | | | | | | | | | | | | | | | | | | **놀이공원 제휴 프로모션 | | | | | | | | |
| | | | | | | | | | | | | | | | | | | | | | | | | | | | 송년 메뉴 프로모션 | | | | |
| 세종돈가스 당일 영화티켓 이벤트 건 | | | | | | | | | | | | | | | | | | | | | | | | | | | | | | | |
| | | | | | | | | | | | | | | | | | | | | | | | | | | | | | | | |
| | | | | | | | | | | | | | | | | | | | | | | | | | | | | | | | |
| **프로야구단 제휴의 건 | | | | | | | | | | | | | | | | | | | | | | | | | | | | | | | |
| | | | | | | | | | | | | | | | | | | | | | | | **놀이공원 톡톡 페스티벌 | | | | | | | | |
| | | | | | | | | | | | | | | | | | | | | | | | | | | | | | | | |
| | | | | | | | | | | | | | | | | | | | | | | | | | | | | | | | |
| | 크로스 쿠폰 제공의 건 | | | | | | | | | | | | | | | | | | | | | | | | | | | | | | |
| **교회 10%할인 | | | | | | | | | | | | | | | | | | | | | | | | | | | | | | | |
| | | | | | | | | | | | | | | | | | | | | | | | | | | | | | | | |
| | | | | | | | | | | | | | | | ** 대학교 Day 행사 진행의 건 | | | | | | | | | | | | | | | | |
| | | | | | | | | | | | | | | | | | | | | | | | | | | | | | | | |
| | | | | | | | | | | | | | **문고 제휴 프로모션의 건 | | | | | | | | | | | | | | | | | | |
| | | | | | | | | | | | | | | | | | | | 출판사 제휴 이벤트 | | | | | | | | | | | | |
| | | | | | | | | | | | | | | | | | | | | | | | | | | | | | | | |
| | | | | | | | | | | | | | | | | | | | | | | | | | | | | | | | |
| | | | | | | | | | | | | | | | | | | | | | | | | | | | | | | | |
| | | | 20% 할인 | | | | | | | | | | | | | | | | | | | | | | | | | | | | |
| | | | | | | | | | | | | | | | | | | | 메뉴 쿠폰 전송 | | | | | | | | | | | | |
| | | | | | | | | | | | | | | | | | | | | | | | | | | | | | | | |
| | | | | | | | | | | | | | | | | | | | | | | | | | | | | | | | |
| | | | | | | | | | | | | | | | | | | | | | | | | | | | | | | | |
| | 신 메뉴 출시 기념프로모션 | | | | | | | | | | | | | | | | | | | | | | | | | | | | | | |
| | | | | | | | | | | | | | | | | | | | | | | | | | | | | | | | |
| | | | | | | | | | | | | | | | | | | | | | | | | | | | | | | | |
| | | | | | | | | | | | | | | | | | | | | | | | | | | | | | | | |
| | | | | | | | | | | | | | | | | | | | | | | | | | | | | | | | |
| 명함 응모함 추첨 식사권 제공 이벤트 | | | | | | | | | | | | | | | | | | | | | | | | | | | | | | | |
| | | | | | | | | | | | | | | | 우수블로거 초청 행사 | | | | | | | | | | | | | | | | |
| | | | | | | | | | | | | | | | | | | | | | | | | | | | | | | | |
| | | | | | | | | | | | | | | | | | | | | | | | 스탬프 쿠폰(다이어리 증정) 배포 행사의 건 | | | | | | | | |
| 주말 타임 마케팅 실시의 건 | | | | | | | | | | | | | | | | | | | | | | | | | | | | | | | |
| | | | | | | | | | | | | | | | | | | | 생맥주 무한제공 이벤트 진행의 건 | | | | | | | | | | | | |

쿠폰은 마약과도 같다.
금단증상이 너무 고통스러워
도무지 놓을 수가 없다.

Local Store
Marketing Manual

# 제6장

# 부진점포 클리닉

## 제1절

# 부진점포 클리닉의 정의

부진점포 클리닉이란 기대하고 있는 매출과 수익을 올리지 못하여 운영상의 어려움을 겪고 있는 점포의 매출증대와 운영의 효율성을 높이기 위한 것으로, 경영의 진단을 통하여 점포를 정상적인 운영 상태로 돌려놓는 프로그램을 정의한다.

점포가 부진한데는 여러 가지 원인이 있지만 아이템의 경쟁력 하락, 브랜드의 경쟁력 하락, 점포의 운영경쟁력 하락, 아이템과 점포의 입지와의 부적합성 등 다양한 요인이 존재한다. 부진 점포의 유형을 보면 ① 매출이 계속 감소하면서 이익도 같이 감소하는 점포, ② 매출은 오르고 있으나 이익이 감소하는 점포, ③ 매출은 오르고 있으나 이익은 그대로인 점포, ④ 매출은 그대로나 이익은 감소하고 있는 점포 모두 부진점포로 판단할 수 있다. 부진 점포의 경우 한 가지의 원인이 영향을 미치지 않고 여러 가지 영향이 복합적으로 진행되는 경우가 대부분이다. 이런 복합적인 요인을 모두 합쳐서 부진점이라 명명할 수 있다. 부진점포는 〈그림 6 - 1〉처럼 정의되기도 한다. 부진점포의 매출 감소현상과 이익 감소현상이 지속된다면 이에 대한 원인을 빠르게 파악해서 처방할 필요가 있다. 부진점포의 징후가 나타날 때 바로 처방하느냐 아니면 시간을 두고 처방하느냐에 따라서 활성화가 진행되는 시간도 달라지게 된다. 따라서 부진의 징후가 보이면 빠르게 대책을 세워서 처리할 필요성이 있다. 매출감소, 이익감소가 지속되면 평소보다 2배 이상의 노력을 기울여야 매출과 이익이 회복되는 경향이 있다. 따라서 원인의 진단과 진단에 따른 처방이 가장 중요한 부분이다.

부진점포를 진단하는 가장 큰 목적은 부진한 점포에 대한 진단을 통해서 부족한 부분을 처방하고 현재보다 더 좋은 점포를 만들기 위함이며 점포에서 가장 필요한 부분들을 찾아내어 점포를 업그레이드하는 것이다. 즉 점포의 QSC가 잘 운영되고 있는지, 고객의 입장에서 편의성이 잘 갖추어져 있는지, 현재의 비용구조는 문제가 없는지 등 여러 가지 사안들에 대한 냉철한 평가를 통하여 점포의 구조를 진단 및 평가하여 실행하는 과정으로 볼 수 있다.

> 부진점포 클리닉이란 기대하고 있는 매출과 수익을 올리지 못하여 운영상의 어려움을 겪고 있는 점포의 매출증대와 운영의 효율성을 높이기 위한 것으로, 경영의 진단을 통하여 점포를 정상적인 운영 상태로 돌려놓는 프로그램을 정의한다.

▶그림 6-1 부진점포의 정의

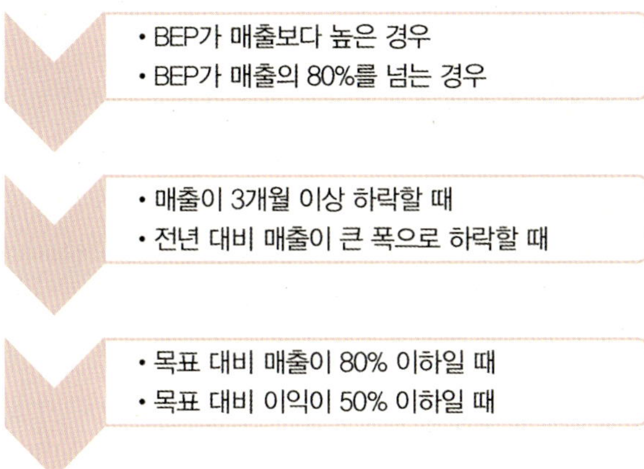


*부진점포는 단순한 매출의 하락만을 의미하는 것이 아니라 이익의 관점에서도 보아야 한다. 또 부진의 원인을 파악해서 진단하는 것이 가장 중요하다.

부진점포 클리닉의 유형으로는 매출과 이익부진으로 인한 클리닉, 경영역량 강화 클리닉, 마케팅 강화 클리닉, QSC 강화 클리닉, 기타 운영역량 강화 클리닉 등이 있다. 전반적으로 매출과 이익의 부진으로 인한 점포클리닉이 대부분이며, 매출 극대화를 위해서 경영역량 강화, 마케팅 강화, QSC 강화 클리닉 등을 진행하게 된다. 또 점포가 다양한 방법을 시도하였으나 성과를 얻지 못하면 점포의 업종 전환이나 폐업의 방법 등도 강구하게 된다.

부진점포 클리닉의 유형으로는 매출과 이익부진으로 인한 클리닉,
경영역량 강화 클리닉, 마케팅 강화 클리닉,
QSC 강화 클리닉, 기타 운영역량 강화 클리닉 등이 있다.

▶그림 6-2 부진점포 클리닉

▶그림 6-3 부진점포의 개선효과

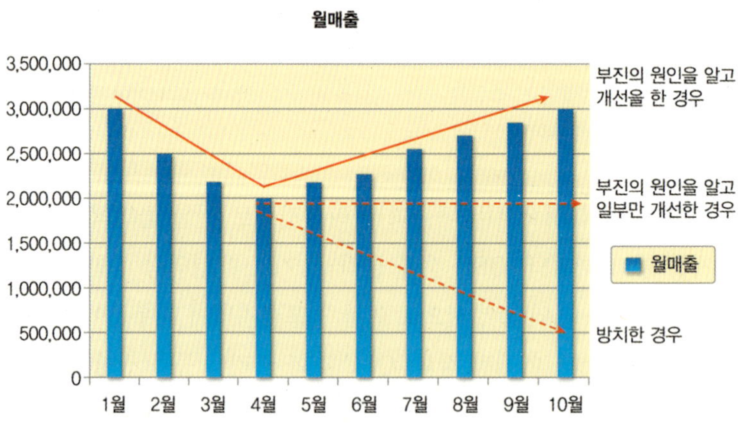


*부진점포를 개선하는 데는 기존의 2배 이상의 노력을 기울여야 한다.

· 제2절

# 부진점포의 원인 분석

## 01 | 업종의 경쟁력 하락

### 1) 과다출점으로 인한 경쟁심화

경쟁점의 과다출점이나 같은 업종의 과다출점으로 인한 경쟁이 심화되는 것은 결국 한정된 시장에서의 매출을 나눠먹는 식이 되어버린다. 따라서 과다출점으로 인해서 매출이 하락할 수 있다. 과다출점 속에서 고객들에게 가장 만족감을 줄 수 있도록 다른 부분에서의 차별화를 진행해야 한다. 예를 들어서 독특한 서비스, 차별화된 인테리어, 메뉴의 독특성 등 같은 업종이지만 차별화할 수 있는 요소를 찾아서 고객들에게 적극적으로 어필해야 한다.

### 2) 업종의 유행과 트렌드 및 브랜드 라이프사이클

메뉴들 중에는 유행과 트렌드를 따르는 메뉴가 있다. 업종을 선택할 때 가장 유의해야 하는 점이며 유행성 업종이나 메뉴는 선택하지 않는 것이 좋고, 선택한 후 트렌드에 민감하다면 빠르게 다른 방향으로의 대처를 진행해야 한다. 한동안 외식시장에서 선풍적인 인기를 끌었던 오므라이스 전문점도 한때의 유행으로 고객의 인기가 최고조였으나 유행이 지나고 매출이 급락하는 경우도 보았다. 반대로 돈가스의 경우 일본에서 들어와서 지금은 유행을 타지 않는 아이템으로 잘 안착한 경우이다. 따라서 업종과 메뉴의 유행과 트렌드 등에 빠르게 대처하고 반응하는 것이 부진점포를 벗어나는 지름길이다.

또 브랜드가 라이프사이클에 있어서 성숙기를 지나 쇠퇴기에 접어든 경우 부진점포로 갈 가능성이 높아진다. 성숙기 시장을 지속하기 위해서는 광고나 마케팅의 적극적인 투자가 필요하다. 따라서 브랜드가 이미 성숙기에 접어들었다면 적극적인 광고와 마케팅활동이 이루어져야 한다.

### 3) 고객들의 외면

업종과 메뉴에 대한 가치를 느끼지 못할 경우 고객들은 외면하게 된다. 고객들이 외면하는 브랜드와 점포는 흔하게 볼 수 있다. 잘 살펴보면 고객들이 외면하는 브랜드들은 고객가치창출에 실패한 경우이다. 고객가치를 창출하지 못하면 브랜드는 쇠퇴하게 된다. 이러한 모든 것에 대해 다음 부분에서 알아보겠지만 고객들이 왜 외면하고 방문하지 않는지에 대해 고민해볼 필요성이 있다. 브랜드에서 가장 중요한 것은 역시 고객가치 제공임을 명심해야 한다.

## 02 | 운영 방식의 문제점

### 1) 소비 트렌드 변화에 대한 부적절한 대응

위에서 잠시 언급하였지만 최근에 와서 소비 트렌드는 급격하게 변화한다. 변화하는 트렌드 속에서는 빠르게 대응하는 것만이 부진점포가 되지 않는 지름길이다. 고객의 입맛도 빠르게 변화하지만 인테리어에 대한 민감도, 서비스 스타일, 먹는 방식 등 다양한 형태로 소비 트렌드는 변화하게 된다. 따라서 고객의 빠른 변화에 적절하게 대응하는 것만이 시장에서 살아남을 수 있는 방법이다.

### 2) 신규 경쟁점포의 인근 출점

신규 경쟁점포가 출점하게 되면 매출은 나눠 먹기식이 되어버린다. 다만 이 부분에서 중요한 것은 오픈 당시 매출이 급락할 수 있으나 이에 대한 적절한 대처만 한다면 오히려 성공점포가 될 수 있는 가능성은 커진다. 그 부분이 바로 내부 운영역량의 강화이다. 서비스의 강화, 상품력의 강화, 위생능력의 강화, 마케팅 활동 이런 것들이 충실히 행해진다면 경쟁점포와의 경쟁에서 이길 수 있다.

### 3) 주 소비객층의 변화

주 소비객층이 변화하는 것이다. 점포를 운영하다보면 점포의 주요 객층이 변화하는 경우, 실제 오픈할 때 목표로 삼았던 고객이 오픈해보니 다른 경우를 경험하는 경우도 있다. 따라서 주 소비객층이 변화하거나 실제와 다르면 빠르게 메뉴의 보완이나 접객 방식의 변화, 인테리어의 변화 등을 주어야 한다. 각 소비층마다 추구하는 방식, 원하는 스타일이 있기 마련이다. 따라서 이런 소비객층의 변화에 빠르게 대응함이 부진점포를 벗어나는 방법이다.

## 03 | 상권의 상권력 감소

### 1) 인근에 경쟁 상권 출현

인근에 경쟁 상권이 출현하게 되면 상권력은 현격하게 줄어든다. 최근에는 대형 복합몰 등이 많이 오픈을 하고 있는 실정이다. 대단위 복합단지가 개발되면 인근 상권에 큰 영향을 준다. 따라서 상권력이 쇠약해지면서 점포는 부진점포가 될 가능성이 커질 수 있다.

### 2) 도시계획상 변화요인

도시계획시설의 결정, 구조 등의 변경에 의해서 상권력은 쇠퇴할 수 있다. 이는 공공기관에서 진행하는 사항인 만큼 별도의 방법은 없다. 따라서 미리 도시계획 변경안 등에 대한 정보를 취득해서 사전에 준비를 해야 한다.

### 3) 유동인구 동선의 변화

점포를 운영하다 보면 시설 구조물 등의 변경, 교통시설의 변경, 건물의 신축 등으로 유동인구의 흐름이 바뀌는 경우가 있다. 이때에도 점포에는 상당한 영향력을 미치게 된다. 규모가 작은 점포일수록, 목적성을 가지지 않고 방문하는 점포일수록 유동인구의 영향을 많이 받기 때문에  유동인구의 변화에 대해서 민감하게 반응해야 한다.

### 4) 상권 내 사각지대

상권이나 상권력이 좋은 곳이라고 할지라도 상권 내에는 사각지대가 있다. 이럴 경우 점포는 좋은 매출을 올리기가 쉽지 않다. 상권의 판단도 중요하지만 입지에 대한 판단 역시 중요한 부분이다. 상권이 좋다고 해서 무조건 입지도 좋다는 편견은 버려야 한다. 만약 우리 점포가 상권 중에 사각지대에 놓여 있다면 적극적인 홍보와 광고를 진행해서 사각지대의 한계점을 극복해야 한다.

### 5) 인근 대형 집객시설

위에서 언급한 것처럼 최근에는 대형 복합몰이 많이 형성되고 있다. 대형 복합몰의 경우 그 자체로 하나의 상권을 형성하게 되며, 인근 상권에는 많은 부정적인 영향을 미치게 된다. 특히 쇼핑, 문화, 여가, 주차의 편리성 등 모든 문제를 한 번에 해결해주는 대형 복합몰의 경우 그 자체로 상권에 위협이 될 수 있고, 점포 매출에 큰 영향을 미치게 된다.

## 04 | 점포 자체의 경쟁력 부재

### 1) 가시성과 접근성 취약

점포가 가진 가시성과 접근성이 취약하다면 매출에 영향을 받게 된다. 가시성을 높이기 위한 방법에는 간판, 배너, POP, 쇼케이스 등이 있다. 이를 적절하게 잘 활용하여야 한다. 또 접근성이 떨어지는 경우라면 인위적으로라도 접근성을 높이기 위한 방안을 만들어야 한다. 가시성과 접근성은 점포운영과 매출에 있어서 가장 기본이 되는 사항이다.

### 2) 고객편의성 및 주차편의성

우리 점포는 고객편의를 위한 준비가 되어있는지 살펴보아야 한다. 고객이 가장 편리하고 편안하게 점포를 이용할 수 있는 방법을 찾아서 점포운영에 필수적으로 넣어두어야 한다. 예를 들어서 핸드폰 충전기, 여성 고객을 위한 여성용품, 어린이 고객을 위한 놀이방 및 메뉴, 비오는 날을 대비한 우산과 드라이기, 대기 고객을 위한 잡지 비치 등 고객의 편의성에 많은 심혈을 기울여야 한다. 또 점포를 방문하는 주요 고객이 도보 고객이 아니고 차량 이용 고객이라면 주차의 편의성은 반드시 갖춰야 할 조건이다. 특히 여성 고객을 대상으로 하는 점포라면 주차의 필요성은 더욱 중요하다. 여성 고객들은 주차가 불편하면 재방문을 꺼리는 경향이 남성 고객들에 비해서 훨씬 높다. 따라서 주차장의 확보, 주차의 편리성(발레파킹, 주차안내원 배치 등)을 위한 다각도의 노력을 기울여야 한다. 이 부분 역시 부족하다면 매출에 영향을 미치게 된다.

### 3) 과다한 임대료(경제성)

외식업에서 가장 중요한 비용 3가지를 들자면 바로 인건비, 식자재비, 임대료이다. 임대료는 기본적으로 매출의 10% 정도, 3일 영업매출로 커버할 수 있는 정도 수준이 적정하다. 물론 더 적다면 더욱 효율적인 운영이 가능할 것이다. 따라서 점포 오픈 시 반드시 참고해야 한다. 점포의 임대료가 매출 대비 적정하지 않다면 부진점포로 이어질 가능성은 높다. 임대료를 극복하는 방법은 무조건 매출을 높이는 방법밖에 없다.

### 4) 시설경쟁력 취약

점포의 내 · 외관을 면밀히 살펴보자. 고객이 바라보는 점포의 내 · 외관에 따라서 점포의 입점여부가 결정될 수 있으며 이는 매출로 직결될 수 있다. 따라서 점포의 내 · 외관이 고객의 선호도를 높일 수 있도록 기획되어야 하며, 지속적으로 관리되어야 한다. 항상 깔끔하며 세련된 모습으로 관리할 수 있도록 해야 한다.

### 5) QSC관리

QSC는 외식점포의 가장 기본이다. 부진의 원인 중 매출에 가장 많은 영향력을 미치는 것이 점포의 QSC이다. 점포의 QSC에 만족한다면 고객들은 재방문할 것이고, 이는 매출에 긍정적인 영향을 미치게 될 것이다. 반대로 QSC에 대한 고객의 불만과 불신이 쌓이는 점포에 재방문은 이루어지지 않게 되며 매출에도 부정적인 영향을 미치게 된다. 외식점포 운영에 있어서 QSC는 가장 핵심적인 사항임을 잊어서는 안 된다. 내부적인 요인에 집중하지 않고 마케팅 등 외부요인에만 집중한다면 절대 우수한 점포로 성장할 수 없다. 따라서 QSC에 대부분의 역량을 집중해야 함을 잊지 말자. 기본만 잘해도 점포는 충분히 성장할 수 있다.

### 6) 매니지먼트 역량 부족

여기서의 운영역량은 관리자들의 점포운영역량이다. 운영역량은 점포의 QSC 관리능력, 수치관리 능력, 마케팅 능력, 고객에 대한 이해 등 모든 역량을 의미한다. 점포의 관리자의 역량에 점포의 매출은 평균적으로 10%~30%를 좌지우지 한다. 따라서 외식점포의 관리자들은 위에서 언급한 관리역량을 갖추기 위한 노력을 기울여야 한다.

### 7) 비용의 과다 집행

점포의 비용이 적정한지 매주, 매월 트래킹해야 한다. 점포의 관리자는 점포의 비용이 적정한지, 정상적으로 집행되고 있는지를 파악해야 하며, 특히 외식점포에서 큰 비중을 차지하고 있는 식자재원가, 인건비, 수도광열비 등은 관심을 가지고 더욱 적극적으로 관리해 나갈 필요가 있다. 불필요한 비용 집행이 많은 점포가 우수한 점포가 될 리 만무하다.

## 05 | 기타 부진점포의 요인

### 1) 메뉴와 점포의 입지, 상권과 궁합

메뉴와 입지, 상권과 잘 맞지 않아 점포가 실패하는 경우도 볼 수 있다. 유흥상권에 들어가야 할 업종이 있음에도 불구하고 주부를 상대로 하는 레스토랑을 입점해서 점포가 어려워진다거나 카페가 즐비한 카페거리에 주점이 들어가서 실패하는 경우 등 메뉴와 점포의 상권, 입지가 어울리지 않아서 실패하는 경우도 많이 있다. 따라서 우리가 가진 메뉴와 점포의 입지, 상권과의 궁합이 잘 맞는지 살펴보고 입점해야 한다.

만약 입점이 잘못된 경우를 나중에 알았다면 점포의 이동을 고려하거나 업종을 전환하는 등의 방식을 신중히 검토해볼 필요성 있다.

### 2) 주 수요층과 메뉴와의 부적합성

상권별로 연령과 성별 등 고객이 형성되는 주 수요층이 있기 마련이다. 그런데 우리가 가진 메뉴가 상권의 주 수요층과 일치하는 메뉴를 운영하는지를 검토해볼 필요가 있으며, 또 입점 전이라면 이런 상권의 주 수요층에 대한 점검을 하고 점포를 입점시켜야 한다. 우리가 가진 메뉴와 주 수요층이 일치하지 않는다면 메뉴를 바꾸던지 아니면 입점자체를 하지 말아야 한다. 그리고 지속적으로 영업을 원한다면 주 수요층이 선호하는 메뉴를 출시할 필요성이 있다. 메뉴뿐만 아니라 인테리어, 서비스 등도 이런 맥락에서 살펴보아야 한다. 우리가 가진 것들이 주 수요층과 일치하는지의 여부에 대해서 말이다.

주 수요층의 라이프스타일도 살펴보아야 한다. 주 수요층의 라이프스타일에 따라서 특정 제품과 상품, 서비스를 추구하기도 한다. 그리고 우리의 주 수요층이 가지고 있는 생활양식도 점포 운영에 활용할 수 있도록 한다. 자세한 것은 제2장 소비자행동의 이해를 참고하기 바란다.

### 3) 실패의 원인을 외부로 돌리는 경우

부진점포의 경우를 살펴보면 대부분의 관리자들이 원인을 외부로 돌린다. 즉 "경기가 좋지 못하다.", "고객들이 너무 많은 것을 원하는 게 문제다.", "상권이 좋지 않다.", "점포의 위치가 좋지 못하다." 등 원인을 모두 외부로 돌리는 경향이 있다. 하지만 사실 점포의 실패와 부진의 원인 관리자나 점포 내부에 있는 경우가 대부분이다. 따라서 외부환경 문제보다 내부적인 관점으로 접근할 필요성이 있다. 관리자들은 항상 이 부분을 염두에 두고 점포를 운영해야 한다.

### 4) 손익만 생각하고 점포를 운영

실패하거나 부진한 점포를 보면 대부분의 관리자들이 손익만 생각하고 고객만족이나 점포의 부족한 부분을 위한 노력을 기울이지 않는 경우가 대부분이다. 손익이 조금이라도 부족하면 식자재를 줄이거나 인원을 줄여 그 불편을 고스란히 고객들에게 전가한다. 이러다보니 고객의 감소는 더 늘어나게 된다. 지속적으로 언급하지만 부진 점포가 되지 않기 위한 방법은 모든 사고를 고객중심적으로 하고, 이익은 고객만족을 중심으로 인해 따라오는 결과물로 사고를 해야 한다. 손익만 따져서 기본에 충실하지 않으면 부진점포로 가는 지름길이다. 모든 사고를 고객만족에 두어야 한다.

### 5) 시장환경의 불안정성

경기의 불황, 소비시장의 위축, 기타 외부적인 요인(비브리오, 콜레라, 광우병, 구제역, 조류 인플루엔자) 등으로 시장환경이 불안한 경우에도 점포의 매출에는 심각한 영향을 미친다. 따라서 외부환경에 더욱 더 적극적으로 대응할 필요성이 있다. 마케팅 활동의 강화, 대안 메뉴의 개발 등 내부적으로 할 수 있는 모든 방법을 강구해야 한다.

### 6) 간접운영으로 인한 실패요인

점포를 점포의 주인이 직접 경영하지 않고 별도의 인원을 고용해서 간접운영하는 경우에는 점포의 주인이 직접운영하는 결과보다 좋지 못한 경우가 대부분이다. 직접 관리하는 것보다 간접적으로 관리했을 경우 아무래도 점포운영에 있어서 소홀해지기 마련이며 이런 상황이 누적되면 부진점포가 된다. 따라서 될 수 있으면 점포의 주인이 점포에 상주하면서 직접 경영하도록 노력을 기울여야 한다.

> 부진점포의 원인을
> 대부분 외적인 요인에서 찾고 있지만
> 부진점포는 사실상 외적 요인보다 내적 요인이
> 더 큰 영향을 미친다.

▶그림 6-4 부진점포의 원인

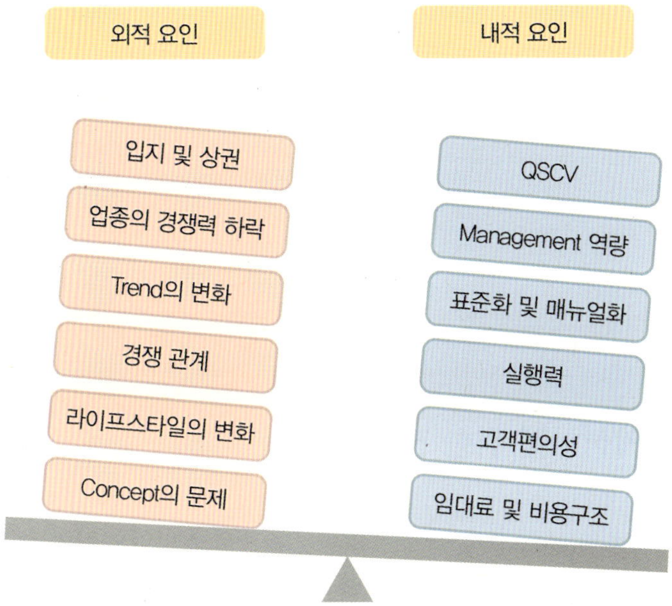


*부진점포의 원인을 대부분 외적인 요인에서 찾고 있지만 부진점포는 사실상 외적 요인보다 내적 요인이 더 큰 영향을 미친다.

· 제3절

# 부진점포 클리닉방법

## 01 | 매출활성화를 위한 전략

부진점포의 유형을 보면 첫째, 매출이 계속 감소하면서 이익도 같이 감소하는 점포, 둘째, 매출은 오르고 있으나 이익이 감소하는 점포, 셋째, 매출은 오르고 있으나 이익은 그대로인 점포, 넷째, 매출은 그대로 있으나 이익은 감소하고 있는 점포 모두 부진점포로 판단할 수 있다. 부진점포의 경우 한 가지의 원인이 영향을 미치지 않고 여러 가지 영향이 복합적으로 진행되는 경우가 대부분이다.

그래서 구조적이고 시스템적으로 접근하여야 한다. 업종, 점포의 입지와 상권, 아이템 자체의 경쟁력 하락, 브랜드의 경쟁력 하락, 메뉴의 문제, 서비스 문제, 직원들의 팀워크 등 다양한 문제가 산재해서 부진점포로 연결되는 것이다.

여러 가지 부진의 원인 중 가장 중요한 것은 점포 책임자 본인에게 있음을 명심해야 한다.

물론 외부적인 요인으로 경기가 좋지 못하고, 가계의 부채비율에 대한 이자부담이 증가되면서 소비심리가 위축되어 영향을 받게 된다. 또 외식점포의 임대료, 인건비, 식자재 원가 상승 등과 같은 비용구조의 악화도 영향을 미치며, 외식점포 수의 수직 상승으로 인해 경쟁구도가 가속화되는 것도 영향을 미친다.

하지만 명심할 것은 경기가 좋지 못하거나 경쟁이 치열한 상황에서도 잘 되는 점포는 항상 존재한다는 것이다.

▶표 6-1 점포 외 · 내부의 문제점

| 점포 외부의 문제점 | 점포 내부의 문제점 |
| --- | --- |
| • 업종이나 아이템의 경쟁력 저하<br>• 브랜드의 경쟁력 저하<br>• 상권이나 입지조건의 변화<br>• 경쟁업소의 증가<br>• 임대료 등 원가의 상승 | • 점포의 운영경쟁력의 하락<br>• 고객관리 미흡<br>• 직원관리 미흡<br>• 시설경쟁력 미비<br>• QSC 운영 미흡 |

▶그림 6-5 점포 진단 프로세스

| 현상 분석 | 문제점 파악 | 전략 도출 | 실행 | 결과 피드백 |
| --- | --- | --- | --- | --- |
| • 매출 및 원가 분석<br>• 점포 마케팅 분석<br>• 경쟁사 분석<br>• 상권입지 분석 | 점포의 각종 문제점 파악 | • 매출원가 방안<br>• 점포 마케팅 방안<br>• QSC 방안<br>• 경쟁사 대응 방안<br>• 상권입지 대응 방안 | 전략 방안 실행 | 컨트롤 및 피드백관리 |

외식점포 매출활성화를 위해서 기본적으로 단계별로 점검할 필요성이 있다. 매출활성화를 위해서 다방면의 노력이 요구되지만 일단 기본적인 사항을 미리 점검해볼 필요가 있다. 매출활성화를 위한 기본 전제 조건으로 저자는 점포의 조직력, 점포의 QSC, 상권 내에서의 마케팅 실행에 대한 공격적인 성향에 있다고 생각한다. 따라서 아래의 사항들을 기본적으로 점검해 보아야 한다.

첫째, 상권과 업종의 적합성을 점검해야 한다. 상권은 수시로 변화한다. 따라서 이런 상권의 변화에 대처하지 못하지는 않았는지 점검을 해야 하고 이런 상권의 변화에 대해 업종이 적합한지 적합성을 점검해야 한다. 즉 상권 배후지의 재개발, 재건축, 대형 편의시설 등의 이전으로 쇠퇴기에 접어들었는지 등에 대한 점검을 하고 상권의 변화가 있었다면 즉시 매도하거나 이전을 검토해야 한다. 상권의 변화가 있었음에도 불구하고 변화를 감지하지 못해서 매출부진이 일어나기도 한다.

상권의 변화는 없었으나 매출이 부진한 경우에는 경쟁점포를 조사한 후 이상이 없다면 점포의 마케팅에 문제가 있는 것으로 판단하면 된다. 앞서 언급한 것처럼 마케팅은 지속적이고 적극적으로 진행되어야 한다. 실제로 마케팅을 전혀 진행하지 않아서 매출이 부진한 경우를 시장 내, 상권 내에서 흔하게 볼 수 있다. 또 유사업종이나 다른 업종을 추가하는 방법도 검토해 보아야 한다.

둘째, 점포의 고객층을 재분석해야 한다. 흔하게 실수를 하는 부분으로서 점포의 고객층이 누구인지를 모르는 경우가 많이 발생하고, 점포 마케팅도 타깃 대상 없이 무작위로 진행되는 경우가 허다하다. 따라서 점포의 내점 고객이 누구인지, 점포의 타깃 고객이 누구인지, 고객이 무엇을 원하는지를 점검해서 보완 전략을 구사하고 정확한 타깃을 선정해서 타깃 고객을 위한 선택과 집중 전략을 구사해야 한다.

셋째, 고객만족도를 조사해야 한다. 요즘은 고객만족도 조사, 미스터리 쇼핑 등 다양한 방법으로 고객만족도나 점포상황을 점검하고 있으나 아직도 고객만족도 조사를 하지 않고 고객이 무엇을 원하는지조차도 파악하지 않은 점포들을 볼 수가 있다. 반드시 고객에게 직접 조사해서 고객들이 원하는 바가 무엇인지 찾아내고 이를 충족시켜 줄 수 있는 방법을 찾아야 한다. 즉 메뉴만족도, 가격만족도, 서비스만족도, 이용행태, 개선사항 등에 대해서 수시로 조사하고 액션플랜을 수립하여 실천하여야 훌륭한 점포로 성장할 수 있다. 마케팅에서 가장 중요한 것은 고객이 원하는 바를 만족시켜주는 것이다.

넷째, 점포의 강점과 약점을 파악하고 행동으로 옮겨야 한다. 입지, 고객, 만족도 조사 등을 통해서 나온 점포의 강점과 약점을 파악하고 강점을 보강할 수 있는 방안, 약점을 극복할 수 있는 방안을 찾아 액션플랜을 수립하고 이를 적극적으로 실천해 나가야 한다. 또 액션플랜을 수립할 때 반드시 직원들이 고객들로부터 듣는 현장의 소리를 반영해야 한다.

다섯째, 메뉴의 구성과 주기를 파악해야 한다. 고정적인 메뉴로 운영하는 점포와 순환 메뉴로 운영하는 점포가 있으나 외식점포의 경우 꾸준히 메뉴를 개발하고 이를 고객들에게 선보이는 노력을 기울여야 한다. 메뉴에도 라이프사이클이 있다. 따라서 운영하고 있는 메뉴의 반응을 정확히 파악하고 고객만족도를 조사하여 메뉴의 현재 상황이 라이프사이클에서 어느 지점에 해당되는지를 점검해야 한다. 그리고 상황에 따른 적절한 판매대책도 강구되어야 한다.

여섯째, 적극적인 LSM과 판매촉진 활동이 필요하다. 앞서 언급한 LSM 활동을 얼마나 잘 진행하고 있는지를 점검하고 또 점포 내에서 고객을 유인할 수 있는 대안들이 있는지를 점검하고 실천해야 한다. 이처럼 LSM 활동에 대해서 명확한 목적과 목표를 갖고 적극적으로 실천하고 있는지 점검하고 실천하는 것이 매출을 활성화시키는 방법이다.

일곱째, 점포의 QSC 상태 점검을 실시해야 한다. 외식점포에 있어서 가장 중점적으로 관리되어야 하는 부분이 바로 QSC이다. 메뉴의 품질이 굉장히 까다롭고 뛰어나야 하며 메뉴의 구성, 가격, 고객만족도, 적정성 등을 수시로 점검하고 체크해야 한다. 외식업에 있어서 메뉴는 그 점포를 선택하는 가장 큰 이유가 된다. 그리고 직원들의 서비스도 마찬가지이다. 점포 내의 문화가 고객지향적인 사고로 움직이고 있는지도 점검을 해야 하며, 직원 한 명 한 명이 고객들에게 최고의 서비스를 제공하고 있는지도 점검해야 하고, 또 고객들이 점포를 이용하면서 불편한 점이 없는지도 항상 점검하고 체크해서 수정 · 보완하도록 해야 한다. 마지막으로 위생청결 부분이다. 점포의 청결상태, 직원들의 위생상태 등 점포 전반적으로 위생과 청결에 늘 신경 써야 한다.

이것은 외식점포를 운영하면서 가장 기본적으로 유의해야 하는 부분이다. 기본에 가장 충실한 점포가 훌륭한 점포이다. 이런 기본적인 것이 충실히 갖추어져 있는 점포는 우수한 점포로서의 기본적인 준비가 된 것으로 보면 되겠다.

여덟째, 시장조사를 주기적으로 철저히 해야 한다. 1주일에 한 번 또는 2주에 한 번 정도 점포의 반경 1km 이내에서 직접 시장조사를 다닐 필요가 있다. 상권의 변화, 주변 업종 변화, 전체 상가의 경기흐름, 경쟁점포의 이벤트나 마케팅현황 등을 파악하고 외부환경 변화에 적극적으로 대응하고 점포의 영업방향을 결정하거나 전환 또는 개선해 나가야 한다.

또 경쟁점의 세부상황까지 적극적으로 조사해야 한다. 경쟁점에 직접 찾아가 장점을 배우고 이를 수용해서 점포에 적용하는 일도 필요 시에는 진행해야 한다. 경쟁점 조사는 월별, 분기별로 정기적으로 진행하는 것이 좋다. 주위의 경쟁점만 이겨도 점포의 매출액은 상승하게 된다. 따라서 다른 멀리 있는 요인보다 경쟁점을 분석하여 그들을 이기는 전략을 만드는 것이 점포활성화를 위한 가장 기본적인 방법일 수 있다.

아홉째, 이 모든 것의 진행 주체는 직원임을 잊지 말아야 한다. 외식업은 사람이 하는 사업임에 틀림이 없다. 점포활성화 주체 역시 직원이 되어야 한다. 서비스 제공자로서의 주체, 메뉴 생산자로서의 주체, 내부 고객이면서 외부 고객들에게 광고를 하는 주체이다. 이렇듯 직원들이 주체임을 잊지 않고, 직원들을 어떻게 교육시키고, 동기부여시키며, 권한위임을 하고 강한 팀을 만들어서 팀워크를 발휘할 수 있게 할지 생각하는 것 역시 점포경영자로서의 임무이다. 직원들이 모든 전략의 주체임을 잊지 말아야 한다.

> **매출활성화를 위한 기본 전제 조건으로 저자는 점포의 조직력, 점포의 QSC, 상권 내에서의 마케팅 실행에 대한 공격적인 성향에 있다고 생각한다.**

▶그림 6-6 **점포활성화 프로세스**

| 전략적 사고 | | 점포의 공격력 | | 점포활성화 |
|---|---|---|---|---|
| 점포 마케팅 전략 | | 점포 직원의 팀워크 사기 | | 고품질의 QSC |
| 점포 홍보 전략 | | 점포 직원들의 교육 | | 직원들의 사기 up |
| 점포 프로모션 전략 | ➡ | 점포의 공격적 운영 | ➡ | 매출 20% up |
| 점포 원가관리 전략 | | 점포 경영자의 리딩 | | 원가 10% down |
| 메뉴 운영 전략 | | 상황에 대한 철저한 분석 | | 이익 20% up |
| QSC 전략 | | | | |

## 02 | 상권 및 입지 재조사

### 1) 상권과 입지의 기본조사

외식업을 입지산업(local business)이라고 한다. 그만큼 입지는 점포 성공의 중요한 역할을 한다고 볼 수 있다.

성공점포의 경우 좋은 입지를 선정해서 입지에 맞는 업종을 선택하고 입지업종에 맞는 가격대, 메뉴를 선정하여 점포를 운영하는 경우가 많다. 또 고객층을 철저히 분석해서 점포의 특성에 맞는 메뉴를 구비하고 있다. 부진점포의 경우를 살펴보면 점포가 경영주 위주로 선정되고, 경영주의 취향에 맞는 입지가 선택되어 영업이 되고 있다. 또 고객층을 고려하지 않는 메뉴와 가격대가 선정이 되는 등의 실수를 범하고 있기도 하다.

따라서 상권 및 입지조건을 재조사한 후 고객층이 누구인지, 고객들이 무엇을 원하는지, 어떤 업종과 가격대가 적정한지 등을 파악하고 이를 적용하는 것이 매출활성화의 중요한 부분이다.

① **상권 조사를 위한 자료의 수집** : 세대 수 및 연령대, 성별, 거주현황, 주거현황 및 상권 내 업종별 분포현황 등을 세밀하게 파악한다.

② **1차 상권 조사** : 소점포는 반경 500m, 대형점포의 경우 1km 이내 상권으로, 점포를 기준으로 원을 그려 원 안의 세대 수 및 인구 수 파악, 점포 앞 유동량 파악(성별, 연령별, 시간대별 등)하도록 한다.

③ **2차 상권, 3차 상권 조사** : 반경 1km, 반경 2~5km 내 상권의 특성을 파악한다.

### 2) 상권과 업종의 적합성 조사

① **상권의 쇠퇴기로 인한 점포의 부진** : 점포의 성공 여부는 상권과 밀접한 관련이 있다. 상권의 변화 여부를 미리 감지하는 것이 가장 좋으나 그렇지 못했다면 상권이 라이프사이클 중 어디에 있는지 파악하고 향후 변화가능성에 대해서 집중 점검해야 한다. 예를 들어 상권의 재개발이나 재건축, 대형 집객시설의 이전(백화점, 병원, 대학교 등)으로 인하여 상권이 라이프사이클 중 쇠퇴기에 접어들었

다면 점포가 회생하기 불가능할 경우가 많다. 그러므로 상권의 라이프사이클을 면밀히 검토해야 한다.

② **상권의 변화가 없는 상황에서 점포의 부진** : 상권에는 아무런 변화가 없는데 점포가 부진한 경우에는 대부분 경쟁점이 생겨서 고객이 이동한 경우이며 만약 이런 경우가 아니라면 점포 내부에 문제가 있을 경우가 대부분이다. 점포의 QSC가 문제라든가 아니면 점포 마케팅의 문제 등 대부분이 내부적 원인일 경우가 많다.

③ **상권의 변화는 없으나 업종 자체가 상권과 맞지 않는 경우** : 점포를 오픈할 시점에 상권과 업종이 맞는지 점검해야 한다. 상권의 형성과 우리가 운영하는 점포의 고객층 등 여러 가지 상황이 맞지 않는다면 타 업종으로 오픈해야 한다. 다만 오픈 이후 이런 상황을 감지했다면 유사업종으로 변경해야 한다. 상권과 업종의 관계에 대해서 면밀한 검토가 요구된다.

▶표 6-2 **상권 형태와 업종**

| 유동인구가 필요한 음식점 | 찾아오는 음식점 |
|---|---|
| • 분식점(김밥, 라면, 소형 전문점)<br>• 패스트푸드 점포<br>• 테이크아웃점(커피, 아이스크림)<br>• 기타 음식점(제과, 빵, 도너츠) | • 도심지 외곽의 대형 전문점<br>• 유명 패밀리레스토랑<br>• 유명 맛집<br>• 백화점, 유흥시설, 유원지 음식점 |

상권 및 입지조건을 재조사한 후
고객층이 누구인지,
고객들이 무엇을 원하는지,
어떤 업종과 가격대가 적정한지 등을
파악하고 이를 적용하는 것이
매출활성화의 중요한 부분이다.

## 03 | 고객 조사 및 고객만족도 조사

고객만족도 조사가 왜 필요한가? 고객만족도 조사를 통해 우리 점포의 문제점을 진단하고 변화를 통해서 고객들에게 만족감을 부여하고 매출증진과 이익증진을 이루기 위함이다. 고객이 우리의 실패원인에 대해서 더 명확히 알고 있다.

따라서 고객의 소리를 귀담아 들을 필요가 있는 것이다. 정기적인 고객만족도 조사를 통해서 내 · 외부 경쟁력에 대한 요소를 면밀히 파악하고 우리의 시스템에 반영해야 한다.

매출부진의 원인 중 하나로 점포의 타깃 고객이 잘못 설정된 경우가 많다. 따라서 고객층을 심도 있게 분석하여 타깃 고객을 정확히 설정할 필요가 있다. 고객층은 시간대, 연령대, 성별, 동반 고객 등을 분석하여 이 조사된 자료를 바탕으로 영업방침을 수립해야 한다. 또한 분석을 통하여 가격정책 변화, 메뉴정책 변화, 주력 상품의 변화 등을 기해야 한다.

고객만족도 조사는 대면 조사, 설문 조사, 인터넷 조사, 미스터리 쇼퍼 조사, 전화 조사, FGI(Focus Group Interview), FGD(Focus Group Discussion) 등이 있다. 설문은 메뉴만족도, 가격만족도, 서비스만족도, 위생청결만족도 등이 주를 이루고 점포 이용 시 기타 필요한 서비스에 대한 만족도 등도 체크해야 한다. 설문 조사나 전화 조사는 고객들이 기피하는 현상이 다소 있으므로 명확한 조사를 위해서 FGI 등을 적극 활용하는 것도 방법이다. 그리고 홈페이지상의 고객의 소리 내용, 점포 내의 고객의 소리카드, 고객 블로그, 인터넷 외식 관련 카페 등도 세밀하게 관찰해서 전반적인 내용을 정리한 후 대응 전략을 만들어야 한다

또, 점포 내의 직원의 소리 즉, 현장의 소리도 중요한 부분이다. 외식점포의 경우 현장이 답일 경우가 많다. 현장에서 직접 고객과 접촉하는 직원들의 소리를 많이 듣는 것은 전략을 수립하는 데 반드시 필요한 부분이다. 따라서 직원들과의 대화를 많이 가져서 직원들이 서비스, 위생청결, 메뉴, 가격, 광고, 복지 등 다방면에 걸친 많은 얘기들을 할 수 있도록 해야 한다.

이런 모든 조사 등을 통해서 점포의 전략을 도출하고, 개선방안을 수립하여 액션플랜을 작성한 후 그에 맞게 업무를 분장하여 진행하고 점검하면 된다.

고객만족도 조사를 통해 우리 점포의 문제점을 진단하고
변화를 통해서 고객들에게 만족감을 부여해서
매출증진과 이익증진을 이루기 위함이다.
고객만족도 조사는 대면 조사, 설문 조사, 인터넷 조사,
미스터리 쇼퍼 조사, 전화 조사, FGI(Focus Group Interview),
FGD(Focus Group Discussion) 등이 있다.

## 04 | 내부상황 재점검

외식점포는 관리 포인트들이 타 업종에 비해서 많은 편이다. 경쟁점을 이기고 매출을 활성화하려면 많은 관리 포인트를 잘 관리하여야 한다. 관리 포인트로는 점포의 QSC, 내부직원의 팀워크 · 열정, 조직력의 문제, 점포의 매출 및 마케팅을 통한 이익의 확보 등이 있다.

QSC는 점포 이미지이며 점포의 운영수준 또는 고객만족도로 볼 수 있다. 만족도는 QSC 레벨과 내용에 의해서 결정되며 좋은 QSC를 경험하게 되는 고객의 만족도는 올라가고 그렇지 못할 경우 하락하게 되어서 점포 매출에 영향을 미치게 된다. 그리고 가장 기본적인 QSC가 이루어지지 않는 점포에서의 마케팅 활동은 무용지물이다. 따라서 외식점포의 경우 QSC가 매출을 좌우하는 중요한 열쇠가 되고, 가장 기본적으로 관리되어야 하는 부분인 것이다.

외식업의 근간을 이루는 것은 직원의 구성이다. 그 다음이 교육, QSC, 매출, 이익으로 볼 수 있다. 경영자는 직원을 상하관계가 아닌 사업의 파트너로 인식해야 한다. 어떠한 경우에도 홀로 음식점을 운영할 수는 없다. 따라서 직원을 파트너로 인식하는 것으로부터 출발해야 한다. 채용의 경우 반드시 정직원과 아르바이트를 구분해서 점포 내에서 역할의 구분이 되도록 해야 하며, 정직원과 아르바이트 채용 시에도 반드시 인턴기간을 거쳐서 채용을 확정해야 한다. 서둘러서 채용할 경우 잘못된 판단으로 점포에 악영향을 끼치는 경우가 있기 때문이다. 이렇게 채용된 직원의 경우 반드시 우수한 직원으로 성장시켜 점포의 성장을 도모할 수 있어야 하는데 우수한 직원으로 성장시키기 위해서는 성과에 대한 보상, 직원에 대한 복리후생 제도, 미래에 대한 비

전을 제시해줘야 한다.

직원들을 교육하고, 적정 인력을 확보하며 능력 있는 인력을 채용하는 것은 외식점포에 있어서 중요한 부분이다. 적정 인력을 확보하고 교육을 통해서 훌륭한 QSC를 고객들에게 전달한다면 이익은 자연스럽게 창출된다. 그러므로 내부 직원들이 열정을 가지게 하고, 구성원끼리의 팀워크를 유지하여 이를 토대로 조직력을 갖추도록 해야 한다.

▶그림 6-7 점포이익 피라미드

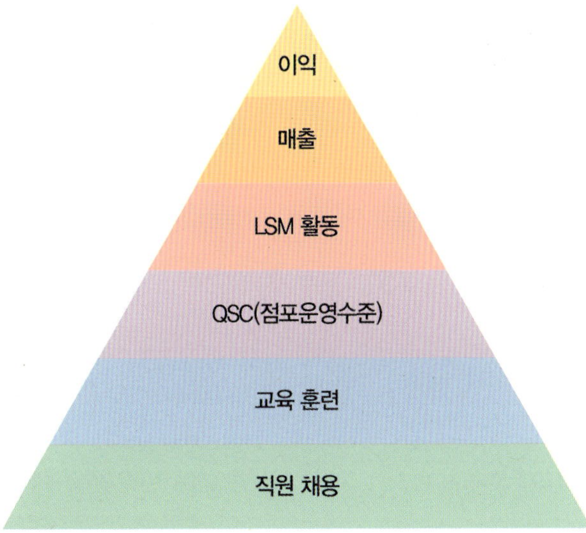


경쟁점을 이기고 매출을 활성화하려면
많은 관리 포인트들이 잘 관리되어야 한다.
점포의 QSC, 내부 직원의 팀워크 · 열정 등 조직력의 문제,
점포의 매출 및 마케팅을 통한 이익의 확보 등이다.

## 05 | 경쟁점 및 상권 조사

앞서 잠깐 언급했듯이 경쟁점 조사는 점포의 전략을 결정하는 주요한 단서를 제공하기도 한다. 경쟁점을 조사할 때는 경쟁점이 상호 양립관계에 있는지, 경쟁상대 업종인지를 명확히 할 필요성이 있고, 고객이 왜 경쟁점을 이용하는지도 정확히 조사하고 파악해야 한다. 경쟁점 조사표는 앞서 언급하였는데 경쟁점의 상품력, 가격, 서비스, 위생청결, 인테리어, 익스테리어, 서비스, 프로모션현황, 마케팅현황 등을 면밀히 살펴서 시사점을 찾아낼 필요가 있다.

상권의 변화상황도 철저하게 조사할 필요가 있다. 건물 신축, 증축, 사무실 이동사항, 관공서 신설, 병원, 아파트 재건축, 교통시설물 변경 등의 변화에 대해서 항상 조사해야 하고, 신규 경쟁점포 출현정보도 파악해야 한다. 또 주변 업종의 변화도 눈여겨보아야 한다. 부상하는 업종은 어떤 것이고, 쇠퇴하는 업종은 어떤 것인지도 살펴볼 필요가 있다.

▶표 6-3 경쟁점 대응 전략

| 경쟁점상황 | 점포 전략 |
|---|---|
| **신규점포로 메뉴 가격대 유사** | • 점포 장점 부각<br>• 경쟁점포 판촉 전략, 마케팅 전략, 가격 참고해서 운영 |
| **신규점포로 주요 메뉴군 판매가 더 저렴할 때** | • 주요 메뉴 조정, 가격 저렴하게 운영<br>• 장점 상품 부각 |
| **개별점포로 가격이 더 저렴할 때** | • 주요 메뉴 가격 조정<br>• 경쟁점포 광고상품 반영<br>• 고객 서비스 강조 |
| **신규점포로 인테리어 등이 우수할 때** | • 리모델링 고려<br>• 점포 익스테리어, 인테리어 리뉴얼<br>• 점포 내 · 외부 업그레이드 |
| **구형점포로 신규장비로 교체했을 때** | • 경쟁점포 고객의 반응 조사<br>• 광고, 외부 머천다이징 고려 |

| 점포보다 대형점포일 때 | • 점포 강점 메뉴, 상품 강화<br>• 대형점포의 단점인 고객밀착 서비스 강화 |
|---|---|
| 점포보다 소형점포일 때 | • 메뉴 다양화, 고객 서비스 강화 |

경쟁점 조사와 상권 조사는
주기적이고 정기적으로 진행하도록 한다.
진행된 자료를 토대로 하여 우리 점포와
비교 및 진단해봐야 한다.

· 제4절

# 부진점포 활성화 전략

부진점포의 활성화 전략으로는 상품력 개선, 가격정책의 개선, 입지와 상권에 대한 대응력, 마케팅 활동의 개선, 내부판매 및 내부 QSC의 개선, 점포 환경개선, 인적자원의 개선 등으로 살펴볼 수 있다. 요약하자면 점포의 외부환경에 대한 대응력, 점포 마케팅 능력, 조직구성원들의 팀워크 및 인적자원의 개선, 실행력 등으로 요약할 수 있겠다.

## 01 | 상품력의 개선

외식점포에서 가장 중요한 것은 역시 메뉴이다. 메뉴에 있어서 중요한 것은 고객의 평가이며, 메뉴에 대한 경쟁력이 있는지를 점검하고 조사해야 한다. 또 메뉴가 생산될 때 표준화되어 생산되고 있는지도 점검할 필요성이 있다. 고객들이 우리 점포를 선택할만한 경쟁력 있는 메뉴(key menu)가 있는지도 살펴볼 필요성이 있다. 이런 일련의 점검을 위해서는 고객들을 대상으로 조사를 행하는 것이 가장 좋고, 고객의 만족도 조사를 통해서 나오는 내용이 수정되고 피드백된 후 외부 경쟁사의 메뉴들과 비교하여 경쟁력이 있는지 살펴보고 내부적으로 레시피에 따른 조리가 시행되고 있는지도 점검해 보아야 한다.

경쟁점과의 메뉴 비교를 통해 차별성, 구매목적성, 구매주기, 대체성 등에 대한 평가도 이루어져야 한다. 이런 부분에 대한 평가를 통해서 상품력의 개선을 가장 시급한 과제로 정리해주어야 한다.

요약해서 정리하자면 상품에 대한 고객 조사, 문제점의 총정리, 문제점에 대한 피드백, 상품개선에 대한 실행력의 순으로 상품력의 개선과제를 수행해 나가야 한다.

부진점포의 활성화 전략으로는
상품력 개선, 가격정책의 개선,
입지와 상권에 대한 대응력, 마케팅 활동의 개선,
내부판매 및 내부 QSC의 개선, 점포 환경개선,
인적자원의 개선 등으로 살펴볼 수 있다.

## 02 | 가격정책의 개선

마케팅정책에 있어서 적용이 가장 쉽고도 어려운 것은 역시 가격이다. 가격은 고객이 지불하는 대가이면서 우리 상품과 서비스에 대한 가치의 척도이다. 따라서 고객의 가격에 대한 만족도가 어느 정도인지를 체크하고, 또 우리의 상품과 서비스가 어느 정도의 가격에서 가장 높은 만족도를 전해주는지를 파악해야 한다.

경쟁사의 가격과도 견주어 보면서 가장 적정한 가격을 책정해서 고객에게 전달해주어야 한다. 가격의 할인은 좋은 정책은 아니지만 가격할인을 하지 않으면서 할인효과를 내는 덤 서비스, 포인트제도, 사은품 증정 등의 행사도 기획해 볼만하다. 가격책정의 성공 사례와 실패 사례를 잘 살펴보는 것도 한 방법이다. 2012년 스타벅스는 모두가 커피가격을 인하할 때 오히려 가격을 올리는 정책을 사용했다. 필자의 생각으로는 스타벅스가 "우리의 품질은 다른 브랜드와 다르다."라는 암묵적 표시를 가격으로 제시하고, 브랜드 가치를 더 높이려는 전략으로 파악할 수 있다.

많은 브랜드나 기업들이 어려운 시기에 할인 전략을 펼쳐서 지속적인 할인가격으로 제공하다가 결국 브랜드의 가치를 잃고 고객으로부터 외면받는 경우도 많다. 따라서 우리 점포가 부족하다고 평가하고 가격정책에 있어서 개선의 여지가 있다면 어떠한 방법이 고객에게 가장 높은 가치를 제공할 수 있는지를 충분히 검토한 후에 시행해야 한다.

## 03 | 입지와 상권에 대한 대응력

대부분의 점포를 운영하는 경영자들을 만나보면 점포 실패의 원인으로 상권의 문제, 입지선정의 오류를 가장 많이 거론한다. 물론 상권과 입지에 따라 매출이 달라지는 현상은 있을 수 있다. 입지를 잘못 선정했다고 하더라도 입지를 옮기는 것은 쉬운 문제는 아니며 옮긴다 하더라도 성공의 보장은 장담할 수 없는 부분이다. 따라서 입지를 극복하는 방법으로 점포의 가시성에 문제가 되는 부분은 없는지 살펴보고 이를 개선해야 한다. 그리고 접근성에 문제가 되는 부분 등도 체크를 해보아야 한다. 또한 상권의 문제점도 있다. 상권이란 상품과 서비스를 구매하기 위해서 찾아오는 거리상의 기준이다. 따라서 이 상권 내에서 점포방문을 하지 않는 사각지대를 찾아내어 집중적으로 프로모션하는 것도 하나의 방법이다. 또 상권 내의 주 고객층의 특성이 무엇인지를 파악해서 필요한 부분을 충족시켜줘야 한다. 그러므로 상권 내의 고객 분석을 진행해서 성공 포인트를 찾아가야 한다.

점포가 점포 내의 판매만 하는 점포라면 테이크아웃 판매, 보조 상품의 결합 판매 등도 생각해 볼 수 있으며, 점포 분위기의 개선, 포인트 제도의 활용, 고객의 접근을 막는 교통비 절감 방안 마련 등도 행해볼 수 있다.

## 04 | 마케팅 활동의 개선

마케팅비용은 점포가 어렵거나 브랜드가 어려울 경우 줄이게 되는 가장 일반적인 현상이다. 하지만 필자의 경우 마케팅비용은 지속적으로 매출대비 변동비적 성격으로 지속적인 투자가 이루어져야 한다고 생각한다. 이는 점포의 매출과 관련된 시간과의 싸움이며 미래를 위한 투자의 문제이다. 따라서 일정부분의 마케팅비용은 지속적으로 투자하는 것이 바람직하다. 부진점포의 경우도 마찬가지다. 점포를 폐업할 생각이 아니라면 이 부분에 대한 투자는 지속적으로 이루어져야 한다고 본다. 다만 마케팅비용을 집행하기 이전에 반드시 선행되어야 할 것은 점포운영과 관련된 QSC 부분이다. QSC의 안정적인 운영을 위한 마케팅이 진행될 수 있도록 해야 한다. 우리가 가장 쉽게 하는 것으로는 전단지, POP 제작, 포스터 등으로 점포를 홍보하는 것이다. 최근에는 온라인을 통한 블로그, 지식인, 지역정보 등록 등도 활발하게 전개되고 있다. 따라서 점포의 내부부터 1차 상권 내의 집중적 홍보, 온라인상에서 행할 수 있는 활동 등도 끊임없이 진행될 수 있도록 노력해야 한다.

앞서 언급하였지만 부진점포의 경우 1차 상권 내에 집중적인 홍보활동이 이루어지도록 노력해야 한다. 80% 이상의 고객이 1차 상권(500m~700m)에 집중되어 있다. 이 1차 상권 내에서 우리 점포가 행할 수 있는 홍보와 판촉수단은 무엇이 있는지 고민해서 적극적으로 실행해 나가야 한다.

## 05 | 내부 QSC 개선 및 내부 판매

부진점포의 경우 외부적 환경요인보다 내부적인 요인의 문제가 더 큰 비중을 차지한다. 따라서 외부환경 개선과 더불어 내부적인 문제해결을 위한 노력도 같이 병행해서 진행하도록 한다.

특히 직원들의 QSC와 관련한 문제점들을 파악하고 정기교육 및 수시교육이 이루어지도록 한다. QSC와 관련된 문제점들을 직접 롤플레잉을 시켜서 직원들이 직접 시연하고, 연습할 수 있도록 하는 것이 가장 효과적이다. 또 점포진단을 위해서 고객만족도 조사, 미스터리 쇼퍼 운영 등도 검토해볼 필요가 있다. 점포의 문제점이 무엇인지 가장 객관적으로 파악해서 문제점을 해결해 나가도록 한다. 경영자나 관리자들이 가장 점포를 잘 알고 있다고 판단할 수 있으나, 사실은 고객들이 점포의 문제점을 더욱 객관적으로 파악한다는 것을 명심하도록 한다.

부진점포의 경우 내부 판매에 있어서도 표준화, 시스템화, 매뉴얼화되지 않고 있어서 내부적으로 매출개선 활동이 전혀 이루어지지 않는 경우도 많다. 각 업무 단계별로 업무 프로세스와 체크리스트, 핵심포인트 정리 등 표준작업 지시서나 매뉴얼을 작성하여 직원들이 대고객 판매에 있어서 매뉴얼적인 접근을 할 수 있도록 하며, 이를 통해서 내부 판매 활동을 적극적으로 진행하는 것도 점포의 매출개선을 위한 한 가지 방법이라 하겠다. 직원들의 매뉴얼적 접근, 업셀링, 크로스셀링 등 다방면적 교육과 시스템화를 통해서 일부지만 매출을 극복해 나가야 한다.

## 06 | 점포환경의 개선

점포는 고객이 머무르면서 편안함과 편리함을 느낄 수 있도록 해야 하는 것이 가장 기본적인 것이다. 고객이 방문하고 싶은 점포를 만들기 위해서 내 · 외부적인 시설에 대한 투자와 점검도 상시적으로 이루어져야 한다.

필자가 생각하기에 점포는 고객에게 가장 안락하고 편안하고 편리한 공간이 되어야 한다. 필자의 경우 점포를 운영할 때 점포 내에 고객의 핸드폰 충전을 위해서 충전존 마련, 대기 고객이나 일행을 기다리는 고객을 위해서 잡지나 최신 신간 서적 비치, 즐거움 선사를 위한 포토존 마련, 비오는 날 고객을 위한 우산의 비치, 여성 고객을 위한 담요, 여성용품 비치 등 다방면으로 불편함을 줄이기 위한 노력을 끊임없이 진행했다. 이런 식으로 외식점포는 어떻게 하면 고객에게 편리함과 편안함을 줄 수 있을까를 늘 고민해야 한다.

또 외부에서 바라보았을 때 청결뿐만 아니라 조명도 신경써서 관리하고, 고객의 테이블과 좌석의 안락함, 고객의 프라이버시 보호를 위한 다른 좌석과의 간격, 화장실의 쾌적성, 인테리어의 지속적인 변화 등 점포환경 개선을 위한 활동을 진행해야 한다. 어떻게 하면 고객이 가장 편하고 즐겁게 우리 점포를 이용할 수 있을까를 고민하는 것이 부진점포를 탈출하기 위한 하나의 방안임을 명심해야 한다.

## 07 | 조직구성원들의 팀워크 및 인적자원의 개선

부진점포의 경우 직원들이나 관리자 역시 점포부진에 대한 압박감을 가지고 있다. 이러한 압박감은 점포가 경직되고 유연한 대처가 어렵게 만드는 또 하나의 요인으로 작용한다. 따라서 이런 직원들의 압박감을 없애기 위한 관리자의 노력이 필요하다. 그리고 직원들의 사기를 높이고 직원들 간의 팀워크 강화 활동 또한 병행해야 한다. 이러한 활동 등을 통해서 팀워크가 형성되었다면 직원들을 통한 QSC 강화 활동을 진행해야 하고 점포개선 활동을 위해서 액션플랜 수립, 점포 활성화 프로그램 가동을 진행해야 한다.

▶표 6-4 부진점포 진단 체크리스트

| 진단 항목 | 진단 세부항목 | 검토 내용 | 조치사항 |
|---|---|---|---|
| 상권입지 재조사 | • 상권변화가 있는 경우<br>• 상권변화가 없는 경우 | 업종에 대한 점검 | • 매도<br>• 재투자<br>• 내부 점검 |
| 점포 마케팅 관리 | • 점포 홍보 전략<br>• 점포 프로모션 운영 전략<br>• 상품과 서비스의 가격 전략<br>• 1차 상권 대응 전략 | | • 점포 마케팅 진행 |
| 점포 메뉴 운영 전략 | • 상권과 맞는 메뉴 운영<br>• 메뉴의 가격<br>• 메뉴의 고객만족도<br>• 고객층과 메뉴의 적합성 | | • 메뉴의 교체<br>• 메뉴에 대한 투자<br>• 상권에 적합한 메뉴 구성 |
| 점포 내부 운영 전략 | • 점포 직원들의 팀워크 및 사기<br>• 점포의 인테리어 등 환경 개선 | | • 내 · 외부 환경 개선 |
| QSC 전략 | • 메뉴 만족도<br>• 서비스 만족도<br>• 위생/청결 만족도 | | 고객만족도 조사 실시 |
| 점포 원가 관리 전략 | • 인건비관리<br>• 식자재 원가관리<br>• 기타 경비관리 | | |
| 경쟁점 조사 | • 점포의 입지, 시설, 메뉴, 가격 등 경쟁점과의 경쟁력 정도 | | • 경쟁점포 체크리스트 활용해서 점포경쟁력 평가 후 활성화 전략 마련 |

그리고 직원들의 보상체계의 마련 역시 필수적인 요소이다. 따라서 직원들의 인센티브, 직원들이 복리후생 문제의 해결안 등도 마련해야 한다. 점포에서 가장 중요한 것은 직원들이며 이 직원들의 사기와 팀워크 강화가 결국 점포의 매출과 연동이 되며, 부진점포를 살리기 위한 첫걸음임을 명심해야 한다.

▶표 6-5 부진점포 활성화 전략안

| 전략 구분 | 전략안 | 세부 전략안 | 기타 |
| --- | --- | --- | --- |
| 상권 공략 전략안 | 상권 쇠퇴기 | 상권 쇠퇴기에는 업종 전환 및 매도 고려 | |
| | 상권 성장기 | 상권 성장기에는 내부 진단 및 경쟁점 조사 진행 | |
| 점포 마케팅 전략안 | 홍보 전략 | • 지역정보지 광고, 다양한 이벤트, 신문잡지 광고, DM 발송<br>• 홈페이지 구축, 온라인 광고, 키워드 구매, 검색 엔진 등록, 이메일 | |
| | 프로모션 전략 | • 추천판매로 내부 객단가 상승<br>• 상권의 고객집객유발센터와 제휴 프로모션 진행<br>• 세트 메뉴 판매, 1+1 행사, 샘플링 진행, 쿠폰 제고, 할인판매, 특정상품 할인 행사, 콘테스트, 도장 모으기 쿠폰 제공 | |
| 점포 메뉴 운영 전략안 | 메뉴 만족도 조사 | 현 메뉴 운영에 대한 만족도 조사 진행 | |
| | 메뉴 개발 | • 상권 적합 메뉴 개발<br>• 점포의 핵심 메뉴, 고객유인 메뉴 개발 | |

**예시** 점포의 경쟁력 진단 및 액션플랜 양식

부진점포 활성화 시 반드시 해야 할 업무들

1. 점포의 사명

점포명 :

점 훈 :

우리점포의 핵심가치 :

*점포의 점훈 작성, 우리 점포에서 가지고 가야 할 핵심가치를 작성하도록 한다. 점포의 점훈과 행동양식을 결정 및 공유하는 것은 점포 직원들의 행동과 마음가짐에 큰 영향을 미치게 된다.

2. 점포의 경쟁력 분석

| 점포의 강점(Strength) | 점포의 약점(Weakness) |
|---|---|
| | |
| **점포의 기회(Opportunity)** | **위협(Threat)** |
| | |

*점포의 직원들이 모여서 점포의 강점, 약점, 기회, 위협에 대해서 토론하고 이에 대한 정리를 하도록 한다.

3. 성공 실패 노트 작성

| 구분 | 성공 사례 | 실패 사례 |
|---|---|---|
| 구체적인 업무 사례 | | |
| 업무 목표 | | |
| 부진 원인 및 성공 원인 | | |
| 원인 진단 | | |
| 결과 | | |
| 시사점 | | |

*점포에서 행했던 모든 업무들에 대해서 성공노트와 실패노트를 작성해서 시사점을 도출하도록 한다.

4. 벤치마킹 보고서

| 평가 항목 | 시사점 |
|---|---|
| 입지 및 상권의 특성 | |
| 점포 분위기 및 인테리어 | |
| 점포의 고객 특성 | |
| QSC 능력 및 차별화 요소 | |
| 시스템의 완성도 | |
| 고객의 편의성 | |
| 점포 마케팅 진행사항 | |
| 기타 요소 | |

*부진점포 활성화를 위해서는 경쟁점포, 우수점포를 벤치마킹하도록 한다.

5. 경영성과 진단

| 구분 | 1월 | 2월 | 3월 | 4월 | 5월 | … |
|---|---|---|---|---|---|---|
| 영업일수 | | | | | | |
| 매출액 | | | | | | |
| 일평균매출액 | | | | | | |
| 고객수 | | | | | | |
| 일평균 고객수 | | | | | | |
| 객단가 | | | | | | |
| 식자재 원가 | | | | | | |
| 식자재 원가율 | | | | | | |
| 인건비 | | | | | | |
| 인건비율 | | | | | | |
| 근로시간 | | | | | | |
| 근로시간당 매출 | | | | | | |
| 수도광열비 | | | | | | |
| 영업이익 | | | | | | |
| 월별 점포 BEP | | | | | | |
| Quality 점수 | | | | | | |
| Service 점수 | | | | | | |
| Cleanliness 점수 | | | | | | |
| QSC 평균 점수 | | | | | | |
| 메뉴판매현황 | | | | | | |
| 1위 메뉴(비율) | | | | | | |
| 2위 메뉴(비율) | | | | | | |
| 3위 메뉴(비율) | | | | | | |
| 최하위 메뉴 | | | | | | |
| 프로모션 건수 | | | | | | |

*진단시점으로부터 1년 전까지의 경영성과에 대해서 진단하도록 한다. 진단 후 문제점을 파악하고 이 부분에 대해서 향후 액션플랜을 작성하도록 한다.

6. 액션플랜(action plan) 수립

| 구분 | 목표 | 실행안 |
|---|---|---|
| 상품력 | | |
| 가격 | | |
| 입지와 상권 | | |
| 마케팅 | | |
| QSC | | |
| 점포환경 | | |
| 인적 자원 | | |

*분석을 통해서 나온 안건들에 대해서 정리하고 항목별로 구체적인 목표 설정과 세부적인 실행안에 대해서 작성하도록 한다.

## 참고 문헌


- 박진우. 「외식경영학」. 형설출판사, 2010.
- 박진우. 「외식점포 점장매뉴얼」. 형설출판사, 2013.
- 이인호 · 조경 옮김. 「점포마케팅」. 고수, 2006.
- 프랜차이즈산업연구원. 「프랜차이즈마케팅전문가과정」. 2011.
- 프랜차이즈협회. 「매출증대와 매장활성화 아카데미」. 2007.

외식점포 점장, 슈퍼바이저, 경영자를 위한

# 외식점포 마케팅매뉴얼

초판 1쇄 발행 / 2014년 6월 16일
초판 3쇄 발행 / 2017년 12월 8일

저자 박진우

발행처 형설출판사
경기도 파주시 회동길 37-23 · 전화 (031) 955-2361~4 · 팩시밀리 (031) 955-2341

발행인 장진혁

등록 라-제9호 · 1962년 5월 1일

홈페이지 http://www.hyungseul.co.kr

e-mail hs@hyungseul.co.kr

정가 25,000원



ISBN 978-89-472-7508-8 93320



이 도서의 국립중앙도서관 출판시도서목록(CIP)은 서지정보유통지원시스템 홈페이지(http://seoji.nl.go.kr)와 국가자료공동목록시스템(http://www.nl.go.kr/kolisnet)에서 이용하실 수 있습니다.(CIP제어번호 : CIP2014014956)

MEMO

MEMO

MEMO

MEMO